复杂条件下深水大跨双线铁路连续刚构梁柔性拱施工综合技术

董启军　王爱国　谢芳君　王新丰　尹紫红　编著

西南交通大学出版社
·成 都·

图书在版编目（CIP）数据

复杂条件下深水大跨双线铁路连续刚构梁柔性拱施工综合技术／董启军等编著. —成都：西南交通大学出版社，2015.8
ISBN 978-7-5643-4080-3

Ⅰ. ①复… Ⅱ. ①董… Ⅲ. ①铁路桥－桥梁工程 Ⅳ. ①U448.13

中国版本图书馆 CIP 数据核字（2015）第 170393 号

复杂条件下深水大跨双线铁路连续刚构梁柔性拱施工综合技术

董启军　王爱国　谢芳君　王新丰　尹紫红　编著

责任编辑	姜锡伟
封面设计	原谋书装
出版发行	西南交通大学出版社 （四川省成都市金牛区交大路 146 号）
发行部电话	028-87600564　028-87600533
邮政编码	610031
网址	http://www.xnjdcbs.com
印刷	成都蜀通印务有限责任公司
成品尺寸	185 mm × 260 mm
印张	18.25
插页	6
字数	377 千
版次	2015 年 8 月第 1 版
印次	2015 年 8 月第 1 次
书号	ISBN 978-7-5643-4080-3
定价	98.00 元

1

2 3

1.征地
2.采集土样
3.现场预制钢筋笼

1	3
2	4

1.钢护筒下沉
2.钻孔平台施工（一）
3.钻孔平台施工（二）
4.现场预制钢护筒

1. 单壁钢吊箱围堰施工
2. 双壁钢吊箱围堰施工
3. 钻孔灌注桩施工
4. 双壁钢吊箱承台施工（一）

3	1
4	2

1	3
2	4

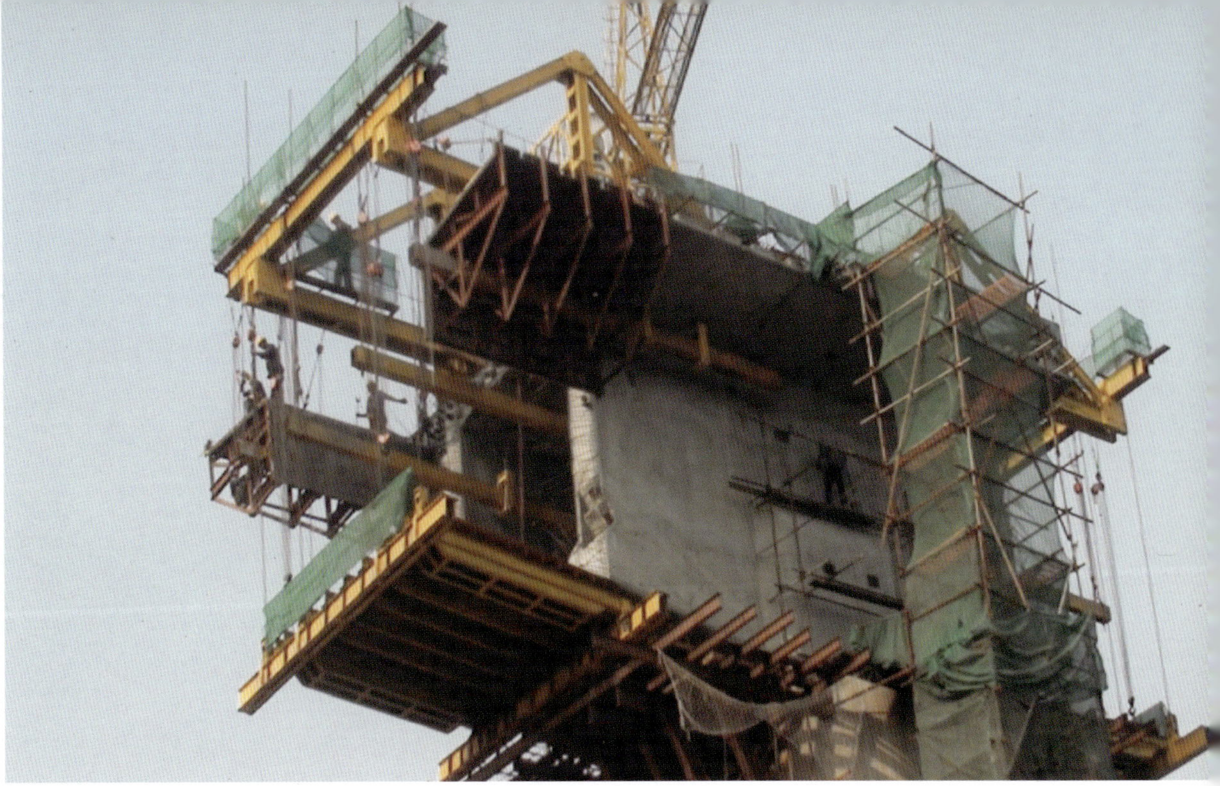

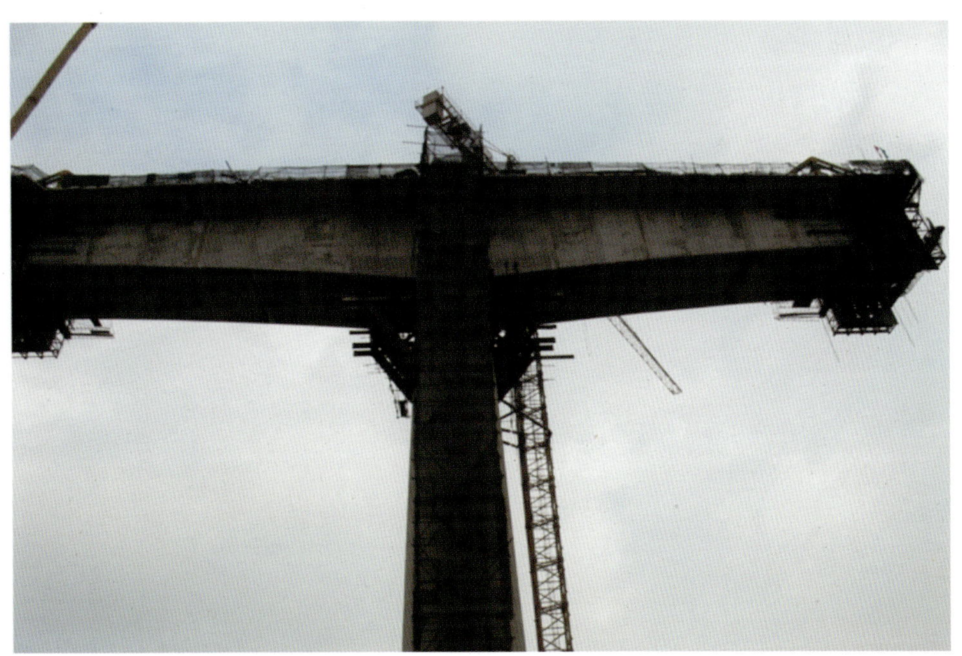

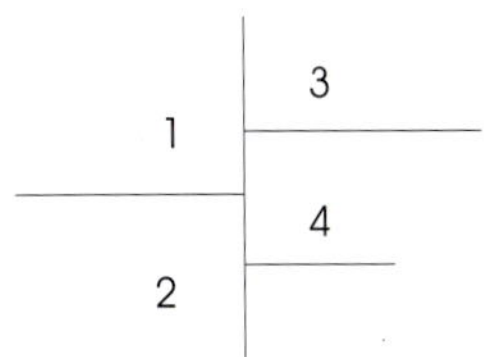

1.双壁钢吊箱承台施工（二）
2.挂篮施工（一）
3.挂篮施工（二）
4.挂篮施工（三）

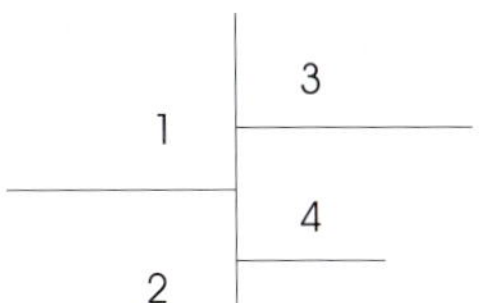

1.竖转施工（一）
2.竖转施工（二）
3.竖转施工（三）
4.钢吊箱拼装

竖转施工（四）

西江特大桥建成后全景

◎前　言…………

广珠铁路西江特大桥主桥为（110 + 2 × 230 + 110）m、长 682 m 的大跨度连续刚构柔性拱组合桥梁，跨越主航道的两孔梁上部是纵横竖三向预应力混凝土连续刚构柔性钢管拱结构，跨度均达 230 m。

本书总共分为 13 章，第 1 章主要对目前国内外连续刚构钢管混凝土拱桥的发展状况、转体施工及安全技术、钢吊箱围堰关键施工技术作了简要回顾；第 2 章介绍了西江特大桥具体工程概况；第 3 章介绍了栈桥平台的设计与施工，重点阐述了深水、裸岩等复杂条件下栈桥平台的稳定性措施；第 4 章介绍钻孔灌注桩的施工；第 5、6 章介绍了单壁、双壁钢吊箱围堰设计与施工，重点介绍了隔舱式双壁钢吊箱围堰，具有独创性和创新性；第 7 章介绍了混凝土连续刚构桥起始平台 0#块的设计与施工，重点阐述了其详细的施工工艺和存在风险；第 8、9、10、11 章介绍了竖转施工技术，着重阐述了施工工艺、风险评估、施工安全监控；第 12 章介绍了社会效益；第 13 章对施工物流管理的铁路桥梁质量保证体系研究作了一般的介绍。

本书突出工程实际应用，结合西江特大桥案例，对大桥的设计、施工、风险评估、施工物流管理等做了一般的介绍，重点阐述了在复杂条件下栈桥平台、钻孔灌注桩、钢吊箱围堰等的施工工艺，尤其是大跨度桥梁竖转的施工和施工安全监控，解决了我国转体施工技术工程实践相对落后的问题，能为类似工程提供丰富的经验，促进复杂条件下桥梁转体施工技术的进一步发展。

在编著本专著时，我们得到了西南交通大学尹紫红副教授、陈伟庆副教授及研究生郭潇、向东、乔盈丹、杨邦强等的大力帮助和支持，再次表示衷心感谢。

限于作者的水平，书中难免有不妥之处，欢迎读者批评指正！

编　著

2015 年 7 月

◎目　录…………

第 1 章　绪　论

拱桥为桥梁的基本形式，至今已有 3 000 多年的历史，从早期的石拱桥到后来的混凝土拱桥、钢拱桥、钢管混凝土拱桥，再到组合体系拱桥（拱-连续刚构组合体系桥梁、拱-斜拉组合体系桥梁、拱-悬索组合体系桥梁等）[1]，近几十年，随着我国科学技术的进步和国家基础设施建设规模的不断扩大，拱桥这种古老的桥式重新焕发了青春。特别是近二十年来，由于钢管混凝土等新型材料在桥梁工程中的广泛应用，拱桥在我国取得了迅猛的发展。

竖向转体施工是一种无支架的施工方法，其工艺由于具有经济性好、施工安全可靠、操作方便灵活等优点，在该类桥梁中得到了较广泛的应用，其施工技术在国内已达到世界领先水平。然而我国相关理论研究相对滞后，目前尚未颁布统一完善的钢管混凝土拱桥转体施工技术规范，导致该类桥梁竖转施工往往无章可循，留下施工隐患，因此研究桥梁转体施工关键技术是工程界的迫切要求。

随着桥梁建设的发展，桥梁施工经常面临在深水中施工桥墩的情况，使现有施工技术面临严峻挑战。深水桥梁桩基础的防水构筑物主要包括钢板桩围堰、钢围堰、钢吊箱围堰等。其中，钢吊箱作为桥梁桩基础施工中的防水围堰具有施工工期短、不需沉入河床、材料用量少、经济合理等特点，已被广泛应用于深水桥梁桩基础施工中。但是钢吊箱在整个施工过程中受到多种荷载作用，其整体空间结构及关键连接节点在施工阶段的应力应变变化规律并不为人们所熟知。[2]

1.1　国内外连续刚构钢管混凝土拱桥的发展状况

1.1.1　连续刚构桥概述

连续刚构桥是桥墩和梁固结的桥梁体系。连续刚构桥结合了 T 形刚构桥与连续梁桥各自的主要优点，具有 T 形刚构桥不设或少设支座、施工无须转换体系的特点，同时具备连续梁少量伸缩缝、行车平顺的优点。连续刚构的桥墩与主梁固结，墩柱可以承担部分弯矩，从而使桥梁跨中弯矩峰值大为减小，使主梁截面高度比同跨径的梁桥要小，节约了材料，也使得上部结构较为轻型，提供了更多的桥下净空。同时，连续刚构桥的抗震稳定性优于梁桥，横桥向水平力可以分配给各个桥墩，不需要像连续梁桥那样设置昂贵的抗震支座[3]。三大桥型主要优缺点对比如表 1-1 所示。

表 1-1　三大桥型主要优缺点

桥型	优　点	缺　点
T 形刚构	墩梁固结，不设支座，无须体系转换，跨中设铰支座使结构静定，在温度、混凝土徐变、收缩作用下结构不会产生多余的内力	伸缩缝数量较多，行车舒适度低，桥梁跨中易产生较大的收缩徐变挠度，不利于行车舒适要求
连续梁	伸缩缝可根据连续梁长度设置，最少 2 个，桥面平顺，行车舒适；设置滑动支座时，连续梁长度可以进一步加大，在温度、混凝土徐变、收缩作用下，结构产生的内力较小	主墩设置大吨位支座，更新换代、维护较为麻烦，施工时结构需要进行体系转换，顺桥向抗弯刚度和横桥向抗扭刚度小，不利于大跨度桥梁悬臂施工时的横向抗风稳定
连续刚构	主墩无支座，施工时结构体系转换少，伸缩缝仅两道，桥面平顺度好，行车舒适，顺桥向抗弯刚度与横桥向抗扭刚度较大，较好满足大跨径桥梁的施工运营，纵桥向抗推刚度小，能满足由于温度、混凝土徐变、收缩引起的位移变形	对地质要求高，基础若发生沉降会产生内力，难以调整桥梁标高；主墩刚度较小，通航河道需要考虑防撞

1. 连续刚构桥国内外发展

连续刚构桥最早是在国外发展，1985 年，在连续刚构历史上较为著名的 Gateway Bridge（门道桥）在澳大利亚建成，主跨 260 m 保持了长达 12 年的纪录，2011 年又在旁边建成了同等跨径大小的门道二桥，跨径（162 + 2 × 260 + 162）m，如图 1-1 所示。

图 1-1　Gateway Bridge，Australia

随后连续刚构桥在世界各地迅速发展，国外部分连续刚构桥如表 1-2 所示。

表 1-2 国外部分连续刚构桥

序号	年份和国别	桥名	主跨径/m
1	1969 年瑞士	Chillon Viaduct（希尔高架桥）	92～104
2	1982 年美国	休斯敦（Houston）运河桥	(114 + 229 + 114)
3	1985 年澳大利亚	Gateway Bridge（门道桥）	260
4	1998 年挪威	Stolma Bridge（斯托尔马桥）	301
5	1998 年挪威	Raftsundet Bridge（拉夫森德桥）	298
6	2011 年澳大利亚	门道二桥	(162 + 2×260 + 162)

连续刚构桥在我国的发展始于 1988 年的广东洛溪大桥（图 1-2），该桥主跨 180 m，四跨一联，主梁为单室箱，双肢薄壁桥墩。它的成功为我国连续刚构桥的推广迈出了重要的一步，与此同时，铁路连续刚构桥也在飞速发展。我国部分连续刚构桥如表 1-3 所示。

图 1-2 广东洛溪大桥

表 1-3 我国部分连续刚构桥

序号	年份	桥名	主跨径/m
1	1988 年	广东洛溪大桥	180
2	1995 年	黄石长江大桥	(162.5 + 3×245 + 162.5)
3	1997 年	虎门大桥辅航道桥	270
4	2008 年	牛角坪双线特大桥	192
5	2009 年	广东沙湾水道双线连续刚构特大桥	(112 + 2×168 + 104)
6	2011 年	雅西高速公路段腊八斤特大桥	(105 + 2×200 + 105)
7	2013 年	山西南庄特大桥	(56 + 104×2 + 56)
8	2013 年	贵州北盘江特大桥	(82.5 + 220 + 290 + 220 + 82.5)

2. 连续刚构桥的发展趋势

连续刚构桥跨度大小在一定程度上反映了当时建造技术水平的高低，而自身的性质则决定了其跨度的范围大小。连续刚构桥跨度大都为 100 ~ 250 m；而由于混凝土自重过大，跨度在 300 m 左右的连续刚构桥则屈指可数。继续增大跨度则会投入更多的资金，与其他桥型相比会丧失其经济优势，得不偿失。随着跨径和连续长度增大，连续刚构桥更多地与其他桥型相结合而形成了各种组合体系，如刚构-连续梁组合体系、连续刚构-钢管混凝土拱组合体系（连续刚构与钢管混凝土拱组合结构的宜昌长江铁路大桥，见图 1-3）、连续刚构-斜拉桥组合体系等。这些新型体系不仅可以充分发挥各自的优点，还能较好地改善连续刚构桥的内力变形。

图 1-3 宜昌铁路大桥

1.1.2 钢管混凝土拱桥概述

钢管混凝土拱桥是将钢管内填充混凝土，由于钢管的套箍作用产生径向约束而限制受压混凝土的膨胀，使混凝土处于三向受压状态，从而能显著提高混凝土的抗压强度。同时钢管兼有纵向主筋和横向套箍的作用，可作为施工模板，方便混凝土浇筑。施工过程中，钢管可作为劲性承重骨架，其焊接工作简单，吊装质量轻，从而能简化施工工艺，缩短施工工期。

1. 钢管混凝土拱桥国内外发展

钢管混凝土拱桥在国外应用较少，1930 年，法国巴黎郊区修建了第一座跨径 9 m 的上承式钢管混凝土拱桥。国外部分钢管混凝土拱桥如表 1-4 所示。

表 1-4 国外部分钢管混凝土拱桥

序号	修建年份和国别	桥名	跨径/m
1	1937 年苏联	跨越列宁格勒涅瓦河	110
2	1979 年南斯拉夫	KRK 大桥	390
3	1996 年日本	青叶大桥	180
4	1999 年法国	法国昂特那斯（Antrenas）钢管拱桥	

1990 年，我国第一座钢管混凝土拱桥——四川旺苍东河大桥建成通车（图 1-4）。钢管混凝土拱桥由于具有材料强度高、施工方便、造型优美等优点，在我国迅速发展。据不完全统计，国内建造的钢管混凝土拱桥已超过 250 座，我国部分钢管混凝土拱桥如表 1-5 所示。

图 1-4　旺苍东河大桥

表 1-5　我国部分钢管混凝土拱桥

序号	修建年份	桥名	跨径/m
1	1998 年	广西三岸邕江大桥	270
2	1999 年	浙江象山铜瓦门大桥	238
3	1999 年	广西六景郁江大桥	220
4	2000 年	武汉江汉五桥	240
5	2001 年	武汉江汉三桥	280
6	2002 年	重庆合川合阳嘉陵江大桥	200
7	2004 年	广西南宁永和大桥	338
8	2005 年	重庆巫山长江大桥	460
9	2007 年	宜万铁路宜昌长江大桥	2×275
10	2009 年	沪蓉西高速小河大桥	338
11	2010 年	河北石家庄滹沱河特大桥	200
12	2012 年	内蒙古准朔铁路黄河特大桥	360
13	修建中	云桂铁路丘北南盘江特大桥	416

2. 钢管混凝土拱桥优缺点

（1）钢管混凝土结构最适用于轴心受压构件。而在公路和城市拱式体系的桥梁中，我们可以选择合理的拱轴线，使得拱肋所承受弯矩很小，这样便可以充分发挥钢管混凝土抗压承载力高的优势，从而节省材料。

（2）钢管混凝土结构架设方便，施工快捷，综合经济效益高。修建钢管混凝土拱桥时，可以先通过缆索吊装法或转体施工完成空钢管拱肋的架设，再以此为支架完成管内混凝土的浇筑和桥面系的吊装。这样由于空钢管自重小，运输和安装十分方便，而且节省施工费用，同时也促进了拱桥向更大跨度的发展，使长期以来钢筋混凝土拱桥跨径无法突破 200 m 的现象成为历史。

（3）和过去常用的钢筋混凝土拱桥相比，不存在混凝土开裂的问题。

3. 钢管混凝土拱桥的结构

桥梁钢管拱桥的结构多种多样，就从支承的形式来划分，可以分为上承式、中承式和下承式。这三种形式的适用条件和处理水平推力的方式也都不相同。

上承式拱桥构造简单，横向容易布置，桥面支承于立柱上，这样的结构会使拱桥的整体性、横向稳定性和抗震性都比较好，但是由于有推力拱的存在，它对于地基的要求比较高。所以其数量并不多，这主要是受到地质条件的限制。

中承式拱桥采用带有两个悬臂的无推力刚架系杆。其主要形式是带悬臂的三跨式，它又被称为飞鸟式或飞燕式。除此之外，中承式拱桥有相当部分都是有推力结构的。它对于地质条件的要求同上承式拱桥，但是桥面也分上承部分和下承部分。

下承式拱桥一般带有拉杆，它主要是用在建筑高度受到限制或者是地基条件比较差的情况之下的。下承式根据是否有支座，可以分为有支座的拱梁组合结构和无支座的刚架系杆拱。

1.1.3 连续刚构钢管混凝土拱桥概述

拱桥和梁桥是我国两大基本桥型。梁桥是我国最早出现也是最常见的桥梁体系，以受弯作用为主的主梁作为承重构件。梁桥按其支撑形式的不同又分为简支梁桥、连续梁桥和悬臂梁桥，其造型简洁、构造简单，备受青睐；拱桥则因其造型优美，经济适用，得到人们喜爱。拱桥在竖向荷载作用下，主拱主要承受压力，拱脚处还会产生水平推力。为了满足桥梁结构的跨度要求和优化结构的受力形式，单一体系的桥梁已不能满足结构的使用功能，这时设计人员将两种不同结构体系的桥梁相结合以满足设计要求，组合桥梁由此应运而生。组合桥梁形式多样，可以是梁和拱的组合、桁架与梁的组合、梁与悬索的组合，也可以是拱与斜拉、悬索的组合等，不仅可以优化结构受力模式，更能做到与环境相协调。将连续刚构桥和拱桥两种结构组合在一起形成组合体系拱桥，能充分发挥两种结构的各自优势，具有跨越能力强、结构刚度大、施工方便等优点。我国部分国内修建的连续刚构拱组合桥如表 1-6 所示。

表 1-6　我国部分连续刚构拱组合桥

序号	修建年份	名称	桥型	跨径/m
1	2004 年	浙江省衢州市衢江公路大桥	V 形刚构拱组合桥梁	50 + 120 + 50
2	2006 年	常州阳湖大桥	V 形刚构拱组合桥梁	35 + 108 + 35
3	2007 年	广州新光大桥	系杆拱桥和三角刚构的组合体系桥梁	177 + 428 + 177
4	2007 年	重庆菜园坝长江大桥	Y 形刚构钢箱提篮拱组合体系	主跨 420
5	2007 年	宜昌长江大桥	连续刚构钢管混凝土柔性拱组合桥	130 + 2×275 + 130
6	2008 年	福州湾边特大桥	单肋拱加劲 V 形支撑连续刚构组合桥	45 + 90 + 106 + 90 + 45
7	2011 年	广珠铁路西江特大桥	连续刚构钢管混凝土柔性拱组合桥	110 + 2×230 + 110

连续刚构柔性拱组合桥式结构，从结构受力情况来看，梁体自重主要由梁部承担，二期恒载及活载由梁、拱共同承担，各自承受力的大小受梁拱相对刚度、柔性吊杆面积的影响。荷载在梁、拱中产生的内力大部分转变为它们所形成自平衡体系的相互作用力。拱的水平推力与梁的轴向拉力相互作用，梁拱截面的总弯矩效应主要表现为拱受压、梁受拉；跨中剪力主要由拱压力的竖向分力平衡。大部分外部永久荷载不产生对桥墩的水平推力。

进入 21 世纪之后，我国开始修建连续刚构拱组合桥，这种结构结合了钢管混凝土拱结构和连续刚构的优点，具有整体刚度大、跨越能力大以及施工方便等优点，尤其较好地解决了高速铁路行车要求。

1.2　转体及其关键施工技术

1.2.1　转体施工概述

转体施工法最早出现的是竖转法，从 20 世纪 40 年代就开始在国外使用[4]。1947 年，法国修建了一座主跨为 110 m 的拱桥。这种竖转法主要运用于中小钢筋混凝土肋拱桥中，而当桥梁跨径增大以后，拱肋过长，竖向塔架过高，转动难于控制。

在竖转法产生 30 年后，平转工艺开始得到尝试。此后转体施工技术逐步应用于斜拉桥、梁桥，进一步发展了平转法施工技术。平转法于 1976 年首次在奥地利维也纳的多瑙河运河桥上运用，该桥为跨度（55.7 + 119 + 55.7）m 的双塔斜拉桥，采用了平转施工，转体质量 3 000 t。该桥的成功转体，惊动了世界桥梁界。

我国早期的转体施工桥梁多建于山谷或河流等地。在山区典型“V”形河套上，谷深流急，建桥十分困难。采用常用的施工方法，施工设备与用钢量剧增，费用昂贵，施工安装难度大。而一旦采用转体施工，就会方便很多。

为适应山区建桥，1975 年我国进行了“拱桥转体施工工艺”的研究，并于 1977 年完成第一座跨径为 70 m 的钢筋混凝土箱形肋拱转体施工试验桥——四川遂宁建设桥。其后，转体施工工艺在全国范围内得到推广应用，桥型包括箱形拱、双曲拱、刚架拱、斜腿刚架、斜拉桥、T 形刚构、板拉桥、连续梁桥及中承式拱桥等，分别用于跨越河流、铁路、公路以及大型馆堂建筑物。这一工艺对地形的适应也由山区进入了平原，取得了较好的技术经济效益，且施工时不影响通航，不中断通车。

统计表明，截至目前，我国采用转体施工的桥梁总数已居世界第一。

当前，我国正进行着大规模的基础设施建设，并且在未来很长一段时间仍将持续，在这个大背景下，大量跨线桥适宜采用转体施工技术，但是目前我国对转体施工技术的研究较工程实践相对落后，对一些关键技术的掌握不够，比如球铰制作技术、转体安全监控技术等，同时，工程界尚未形成有关转体施工的设计施工指南，这些理论与技术上的不足制约了转体施工技术的进一步发展。

1.2.2　转体施工基本概念

转体施工概念清晰、施工简便，逐渐受到工程界的认可。下面将介绍一些关于转体施工的基本概念。

1. 转体施工方法分类

转体法施工，根据桥梁结构的转动方向，可分为竖向转体法、水平转体法以及竖转和平转相结合的方法，其中以平转法应用最为广泛，而近年来更大跨径的桥梁转体则更多地考虑竖转和平转相结合的方法。竖向转体法按其转动方向分为向上和向下两种。水平转体施工可分为平衡转动体系转体施工和无平衡重转体施工方法，其中平衡转动体系施工又可分为结构自平衡转体施工与需要专门配重的转体施工。

（1）竖转施工方法。

竖向转体施工是将桥梁在跨中分为两半，在轴线上利用地形搭设简单支架，在其上组装或现浇拱架，也可工厂预制，用浮船运至桥轴线下方，在拱脚安装转动铰，铰的摩阻力应尽量减小。同时在岸边搭设索塔，利用扣索的牵引力将结构竖向旋转至设计高程，跨中合龙完成结构安装。半跨结构的重力对转铰的力矩是半拱的重量和重力臂的乘积，而用扣索力和扣索力臂的乘积来抵消重力矩。设法增大扣索力臂就可减小拉索的拉力，竖向转体就是利用这个原理在岸边搭设塔架，来增大扣索力臂，减小扣索力，用较小的动力设备就可以达到转动较重结构的目的。图 1-5 所示是贵州珍珠大桥采用竖转法施工。

图 1-5　贵州珍珠大桥竖转法施工

除此之外，国外采用了滑模施工，竖直浇筑主体结构，安装机锚系统，将结构向下竖转至设计高程，完成主体结构施工，亦可取得较好的技术经济效益。

（2）平衡转动体系转体施工方法。

将主体结构分为两个半跨，分别在两岸利用地形做简单支架预制（拼装）主梁结构，利用结构本身及结构用钢组成扣锚体系，张拉扣索使主梁结构脱架。由主梁结构、平衡重、上转盘及扣索组成转动体系（其重心通过转轴中心），借助于预先设置的具有较小摩擦系数的环形滑道，用卷扬机或千斤顶牵引（需要时可增加助推设施），将桥梁结构转至桥轴线就位合龙。

① 结构自平衡转体施工。

斜拉桥、板拉桥、T 形刚构、连续刚构、桁式拱桥、拱梁体系组合梁桥、中承式系杆拱等桥型依靠结构自身就能实现平衡，且结构自身强度完全满足转体施工阶段的受力要求，转动体系较为简单，采用转体施工更为经济合理。采用这种类型进行转体施工的桥梁有山东大里营斜拉桥、江西德兴太白桥（图 1-6）。

图 1-6　江西德兴太白桥

② 需专门配重的转体施工。

这种转动体系设计的基本思路是通过调整背墙尺寸或配重把转动体系的重心设计在中心上，利用桥梁两岸的地形，选择合适的角度制作土牛拱胎，搭设简易支架，在支架上组装或浇筑桥梁上部构造。这种类型的转体桥可以做成钢筋混凝土桁架拱、刚架拱、斜腿刚架、双曲拱、箱肋拱或是钢管混凝土桁架拱、钢管混凝土上承式肋拱等桥型。采用这种转体方式施工的桥梁有河东大桥、江西高安樟树岭水库大桥。

（3）无平衡重转体施工方法。

无平衡重转体施工利用锚固体系形成平衡体系，节省了平衡转动体系的庞大平衡圬工，再通过转动体系及位控体系的作用，实现结构转动就位合龙。无平衡重转体施工由锚固体系、转动体系和位控体系组成。

（4）平转与竖转相结合。

平转与竖转结合综合了平转方法与竖转方法的特点。采用平竖转结合转体施工的桥梁有广东佛山东平大桥（图 1-7）、广州丫髻沙大桥。

图 1-7　广东佛山东平大桥

2. 转体施工方法优缺点

转体施工法有如下优点：

（1）转体施工法用桥梁结构本身做成转动体系，充分利用结构本身及结构用钢作施工设施，完全避免了在河道上搭设大量支撑管架，大大减少了钢管等周转性材料的投入，降低了成本。

（2）改高处作业或水上作业为岸边陆地作业，扩大了施工场地，改变了施工环境和施工条件，施工安全性得到了提高。

（3）在航河道或车辆频繁的跨线立交桥的施工中可不间断通航、不干扰交通，且当主要构件先期合龙后，能给以后的施工带来方便。

（4）用简单的机械（如手拉葫芦、千斤顶、手摇绞车等）就能使结构转体合龙，且能很好地控制桥梁成型后的线型和外观质量。

（5）转体施工法施工简单快速，有利于加快工程进度，缩短施工周期，直接经济效益十分明显。

目前转体施工法已经得到广泛的应用，但是，它还不是最完善的体系。和其他施工方法一样，也存在一些缺点：

（1）施工中钢筋混凝土球缺铰（上、下转盘）的加工制作、磨合等工艺都很烦琐复杂，控制精度对于土建施工而言也很难达到。

（2）合龙过程中连续千斤顶沿着钢绞线只能上升不能自动下降，当顶升超位，需要把结构高程下调时，必须手工放松夹片，这是非常困难的。一旦控制夹片的小螺钉拉断，要取出夹片就更困难了。

（3）转体施工结构为了减轻重量、增大跨度，尽量采用轻型结构或劲性骨架，这样很容易使得结构的稳定性降低，所以转体阶段容易出现结构失稳的现象，必须予以关注。

（4）转体阶段结构容易出现裂缝，尤其是在背墙和拱架等部位，为结构埋下了安全隐患。

3. 转体施工适用条件

（1）平转法：对于山区的深谷高桥、两岸陡峻及预制场地狭窄的桥位，利用两岸地形搭设简单支架，采用平转施工法具有较大的优越性；对于平原地区的跨线桥施工，特别是桁架桥、刚构桥、斜拉桥等结构自平衡体系，采用转体施工可以将对交通的影响降到最低。

（2）竖转法：对于季节性河流或河流水深较浅、搭设支架不困难的河流，常采用搭设简单支架组拼和现浇拱肋（大田口渡槽、南昌体育馆、三滩沟桥）。对于通航河流，也可采用工厂制造，浮船浮运至桥位，拱肋由下向上竖转至设计高程。国外竖转施工常用桥台结构竖向搭设组拼或现浇拱肋的脚手架，拱肋由上向下竖转至设计高程。

（3）平竖结合法：主要用于平原区。当跨越宽阔河流及桥位地形较平坦时，采用平转法施工难以有效利用地形，宜采用竖转与平转相结合的方法。

4. 转体体系基本组成

（1）平转法。

平转体系主要由转动支承系统、转动牵引系统和平衡系统组成。其中，转动支承系统是平转法的核心。

① 转动支承系统。

转动支承是平转法施工的关键部件，由上转盘、下转盘构成。上转盘支承转动结构，下转盘与基础相连。通过上转盘相对于下转盘转动，达到转体目的。转动支承往往必须兼顾转体、承重及平衡等多种功能。按转动支承时的平衡条件，转动支承可分为中心支承、撑脚支承和中心与撑脚共同支承 3 种。

第一种中心支承，即由中心承压面承受全部转动质量，有时在中心插有定位转轴。为了保证安全，通常在支承转盘周围设有支重轮或承重柱块。正常转动时，支重轮或承重柱块不与滑道面接触，只在有倾覆倾向时才起支承作用。在已转体施工桥梁中，一般要求此间隙为 2～20 mm，间隙越小对滑道面的平整度要求也越严格。中心支承有钢制体系与混凝土体系之分，其中钢制体系又可分为钢制球铰转盘和钢制平面转盘。

第二种转动支承为撑脚支承形式。撑脚支撑形式下转盘为一环道，上转盘的撑脚有 4 个或 4 个以上，以保持平转时的稳定。这种形式，转动过程支撑范围大，抗倾稳定性能好，但阻力力矩也随之增大，而且环道与撑脚的施工精度要求较高。撑脚形式有采用滚轮，也有采用柱脚的。滚轮平转时为滚动摩擦，摩阻力小，但加工困难，而且常因加工精度不够或变形使滚轮不滚。采用柱脚平转时为滑动摩擦，通常用不锈钢板加四氟板再涂黄油等润滑剂，其加工精度比滚轮容易保证，通过精心施工，已有较多成功的例子。当转体结构悬臂较大、抗倾覆稳定要求突出时，往往采用此种结构。

第三种支承为中心与撑脚共同支承。如果撑脚多于 1 个，则支承点多于 2 个，上转盘类似于超静定结构，在施工工艺上保证各支撑点受力基本符合设计要求比较困难。广州丫髻沙大桥原采用多撑脚与中心共同受力体系，后考虑到这种困难，减小了中心受压的比例，使其蜕化为撑脚体系。水平转体施工中，转得动转不动是一个很关键的技术问题。一般情况下可设启动摩擦系数为 0.06～0.08，有时为保证有足够的启动力，按 0.1 配置启动力。因此，减小摩阻力、提高转动力矩是保证平转顺利实施的两个关键。转动力通常安排在上转盘的外侧，以获得较大的力臂。转动力可以是推力也可以是拉力。推力由千斤顶施加，但千斤顶行程短，转动过程中千斤顶安装的工作量又很大，为保证平转过程的连续性，所以单独采用千斤顶顶推平转的较少。转动力通常为拉力，转动重量小时，采用卷扬机，转体重量大时采用牵引千斤顶，有时还辅以助推千斤顶，用于克服启动时静摩阻力与动摩阻力之比的增量。

② 转动牵引系统。

桥梁转体施工的牵引系统主要有两种。一种是锚碇加电动或手动卷扬机滑车轮组系统。由于该牵引系统需修筑锚碇并灌注相当数量的混凝土，一次性使用后便废弃不用，材料浪费多，且需要较大的施工场地和较大的专用设备投资等。此牵引系统控制精度不高、效率低下，在现代大跨桥梁转体中很少采用。另一种是液压千斤顶牵引系统，随时间发展为间断牵引方法和连续牵引方法。连续牵引避免了因频繁启动、停止而发生的颤动，是牵引转体施工技术的进步。连续牵引系统由连续自动伸缩两台千斤顶和钢绞线索柔性拉杆、自动工具锚以及拉锚器等系统组成。目前桥梁转体的重量和跨径都有增大的趋势，这也为液压千斤顶牵引系统的发展创造了机遇。佛山东平大桥更是成功地应用此技术完成 3 000 t 竖提转体和 14 800 t 的平面转体。

③ 平衡系统。

平衡系统是转体施工成败的关键。对于斜拉桥、T 形刚构桥以及带悬臂的中承式拱等上部恒载关于墩轴线方向基本对称的结构，一般以桥墩轴心为转动中心，为使重心降低，通常将转盘设于墩底。对于单跨的拱桥、斜腿刚构等，可分为有平衡重与无平衡重转体两种。有平衡重时，上部结构与桥台一起作为转体结构，上部结构悬臂长、重量轻，桥台则相反，在设置转轴中心时，尽可能远离上部结构方向，以求得平衡，如果还不平衡，则需在台后加平衡重。无平衡重转体，只转动上部结构部分，利用背索平衡，使结构转体过程中被转体部分始终为索和转铰处两点支承的简支结构。对于双肋拱，双肋分于两侧，然后向中间转。

（2）竖转法。

竖转法主要用于肋拱桥。我国在应用竖转法时，拱肋在低位浇筑或拼装，然后向上拉升达到设计位置。

竖转体系通常由牵引系统、索塔、拉索组成。竖转的拉索索力在脱架时最大，因为此时拉索的水平角最小，产生的水平分力也最小，而且拱肋要实现从多跨支承于拱架的连续曲梁转化为铰支承和扣点处索支承的曲梁，脱架时要完成结构自身的变形和受力转化。

为使竖转脱架顺利，有时需在提升索点安置助升千斤顶。竖转施工方案设计时，要合理安排竖转体系。索塔高、支架高（拼装位置高），则水平交角也大，脱架提升力也相对小，但索塔、拼装支架受力（特别是受压稳定问题）也大，材料用量也多；反之亦然。在竖转过程中，主要要考虑索塔的受力和拱肋的受力，尤其是风力的作用。

在施工工艺上，竖转铰的构造与安装精度、索鞍与牵转动力装置、索塔和锚固系统是保证竖转质量、转动顺利和安全的关键所在。国内的拱桥基本上为无铰拱，竖转铰是施工临时构造，所以，竖转铰的结构与精度应综合考虑满足施工要求和降低造价。跨径较小时可采用插销式，跨径较大时可采用滚轴。拉索的牵引系统当跨径较小时，可采用卷扬机牵引；跨径较大，要求牵引力较大，牵引索也较多时，则应采用千斤顶液压同步系统。

1.2.3 转体施工关键技术

桥梁转体施工与其他施工工艺的最大区别在于，要实现桥梁转体“转得动、转得稳、转得准”的目标。为此，桥梁转体施工存在以下几项关键技术：① 球铰的设计与施工；② 转动体系的布置；③ 转体施工准备；④ 转体稳定性控制。

1. 球铰的设计与施工

（1）球铰材料的开发。

转动支承体系中最重要的部件就是球铰。目前，最常用的两种球铰类型是混凝土球铰和钢制球铰。一般来说，混凝土球铰适用于小吨位转体，大吨位转体一般都采用钢制球铰。一些高性能混凝土球铰还处于研究阶段，距离实际应用还有很长的路要走。

（2）转盘结构。

我国转体施工所采用的转盘结构，基本上只有两种，即环道与中心相结合的转盘和中心支承转盘结构。

（3）球铰施工技术。

钢制球铰需要加工制作，并现场安装。目前，国内能生产钢制球铰的厂家较少，而且价格昂贵。

混凝土球铰的施工则较烦琐。施工过程中，除了加强现场管理、严格控制质量外，还参照转体工艺流程对重要部位和关键工序的施工制定了技术对策。混凝土球铰施工要点主要有以下两点：

① 研制母线板，准确浇筑球铰转动轴。② 涂油细磨，提高球铰表面圆顺光滑度。

2. 转动体系布置

转动系统由牵引及助推系统、防过转及微调系统、测量系统等构成。转体施工设备采用全液压、自动、连续运行系统。

采用电动分离式油压千斤顶作为转体动力装置，除了可以直接在压力表上读取转体作用力值外，还能克服采用卷扬机、普通千斤顶作转体动力装置，转体过程中作用力大小无法准确测量控制、作用力不易保持平衡，加载难以保持同步进行，桥梁转体到位后中心及顶部高程容易出现偏差，接正合龙前尚须用大吨位千斤顶、卷扬机、导链等机具进行纠偏的缺陷，对桥梁尤其是高重心桥平稳转体具有明显功效。

3. 转体施工准备

转体施工的关键构件就是承载整个转动体质量的转动球铰，而转动球铰摩擦系数的大小直接影响着转体时所需牵引力矩的大小。在施工支架完全拆除后以及在转体过程中，转动体的自平衡或配重平衡又对施工过程的安全性起着至关重要的作用。

转体桥梁在沿梁轴线的竖平面内，由于球铰体系的制作安装误差和梁体质量分布差异以及预应力张拉的程度差异，可能导致桥墩两侧悬臂梁段质量分布不同以及刚度不同，从而产生不平衡力矩。

4. 转体稳定性控制

转体桥梁的稳定性控制包括两方面：一是转动体的倾覆稳定性控制；二是拱肋屈曲稳定性控制。

（1）转动体倾覆稳定性控制。

在施工支架完全拆除后及在转体过程中，转动体的自平衡或配重平衡对施工过程的安全性起着至关重要的作用。施工支架拆除后，转动体的平衡体系将出现下列两种情况中的一种：转动体球铰摩阻力矩小于转动体不平衡力矩；转动体球铰摩阻力矩大于转动体不平衡力矩。当转动体球铰摩阻力矩小于转动体不平衡力矩时，意味着支架拆除后，转动体部分在自身的不平衡力矩作用下发生转动。

当转动体球铰摩阻力矩大于转动体不平衡力矩时，意味着支架拆除后，转动体部分在自身的不平衡力矩作用下不能发生转动。为了保证桥梁转动体形成整体后拆架过程中的安全和转体过程的顺利进行，及时为大桥转体阶段的指挥和决策提供依据，有必要在转体前进行转动体称重试验，测试转动体部分的不平衡力矩、偏心距、摩阻力矩及静摩擦系数。

所以，在桥梁转体施工中，尤其是在转体重达万吨以上的桥梁施工中，为了确保转体过程的安全性，及时为大桥转体阶段的指挥和决策提供依据，有必要在转体前对转动体部分的不平衡力矩进行测试。

（2）拱肋屈曲稳定性控制。

拱肋的屈曲稳定性一向都是拱桥施工中的关键技术问题，而当采用转体施工时，这个问题又进一步被强调。长期以来，对拱的稳定性研究都只限于光滑的理想拱轴线（圆弧拱、抛物线拱或悬链线拱）的状态，而实际上理想拱轴线在拱桥的施工过程中几乎不可能实现。转体桥为了实现自重轻、施工方便，往往采用薄壁结构，从而使得桥梁整体在转动过程中和二期荷载施加过程中的稳定安全问题显得突出。

特别是对钢箱薄壁截面拱肋，主拱在合龙前后容易发生加劲肋板及侧板的局部屈曲，合龙后的二期混凝土浇筑时，由于刚浇筑的混凝土没有任何承载力，纯粹以自重荷载的形式施加在薄壁箱形拱圈上，加之转体桥施工应用范围主要在高山深涧之中，无法做有效支架。这些不利因素导致二期混凝土加载过程中，桥梁可能发生平面外屈曲。

实际施工中，拱肋稳定性可以通过计算和施工监控来保证。首先，要通过有限元程序进行施工全过程的受力分析，确保在计算上拱肋稳定性满足要求。然后在施工过程中进行施工监控，若出现变形异常或明显屈曲，则应当立即停止施工，商讨解决办法，采取适当的处理措施保证拱肋稳定性后再进行施工。

1.2.4 国内外桥梁转体施工技术发展现状

1. 国外转体施工发展概况

转体施工法最早出现的是竖转法，从 20 世纪 40 年代就开始在国外使用，如 1947 年法国修建的一座主跨为 110 m 的拱桥、20 世纪 50 年代意大利修建的跨径 70 m 的多姆朗斯河桥。这种竖转法主要运用于中小钢筋混凝土肋拱桥中，因为当桥梁跨径增大以后，拱肋过长，竖向塔架过高，转动很难控制。

在竖转法产生 30 多年后，才在竖转法的启迪下开始了平转工艺的尝试。后来又将转体施工技术应用于斜拉桥、梁桥，进一步发展了平转法施工技术。平转法于 1976 年首次在奥地利维也纳的多瑙河运河桥上运用，对跨度为（55.7 + 119 + 55.7）m 的双塔斜拉桥采用了平转施工，转体质量 3 000 t。该桥的成功转体，惊动了世界桥梁界。图 1-8 是日本 2001 年修建的神原溪谷大桥。

图 1-8 日本神原溪谷大桥

此后，法国、德国、日本、比利时等国家开始采用此法，并相继修建了斜拉桥、T 构桥、钢桁架桥、预应力连续梁桥和拱桥等桥型的桥梁。迄今为止，转体质量最大的是 1991 年在比利时修建的本·艾因桥，该桥为斜拉桥，跨径布置为（3 × 42 + 168）m，转体质量达 1.95 万吨。表 1-7 所示的是国外部分采用转体施工的桥梁。

表 1-7 国外部分采用转体施工的桥梁

修建时间	桥名	桥跨/m	转体方式	吨位/t
20 世纪 40 年代	法国某桥	110	竖转法	
20 世纪 50 年代	意大利多姆朗斯河桥	70	竖转法	
1981 年	法国 Gilly 桥	67 + 103	平竖转相结合	
1986 年	德国 Argentobel 桥	150	竖转法	
1991 年	比利时 Ben-Ahin 桥	128 + 168	平转法	19 500
2001 年	日本神原溪谷大桥	135	竖转法	

2. 国内转体施工发展状况

为适应山区建桥，1975 年，我国进行了“拱桥转体施工工艺”的研究，并于 1977 年完成第一座跨径为 70 m 的钢筋混凝土箱形肋拱转体施工试验桥——四川遂宁建设桥。其后，转体施工工艺在全国范围内得到推广应用，桥型包括箱形拱、双曲拱、桁架拱、刚架拱、斜腿刚架、斜拉桥、T 形刚构、板拉桥、连续梁桥及中承式拱桥等。分别用于跨越河流、铁路、公路以及大型馆堂建筑物。这一工艺对地形的适应也由山区进入了平原，取得了较好的技术经济效益，且施工时不影响通航，不中断通车。

转体施工技术在斜拉桥和刚构桥中的应用，使其从山区推广至平原，尤其是跨线桥的施工。例如 1980 年四川金川县的曾达桥（图 1-9），独塔斜拉桥，转体质量 1 344 t。

为解决大跨径拱桥转体质量大的问题，四川省交通运输厅公路规划设计院从 1979 年开始“拱桥双箱对称同步转体施工工艺”研究，并于 1987 年成功进行了跨径 122 m 的四川巫山龙门实验桥（图 1-10）。

图 1-9　四川金川县曾达桥

图 1-10　巫山龙门实验桥

本书对国内 1977 年建成的第一座转体桥以来的大部分转体施工桥梁进行了调研，具体信息如表 1-8 到表 1-10 所示。

表 1-8　我国部分采用竖转施工的桥梁

序号	年份	桥名	结构类型	跨径/m	吨位/t
1	1985	自贡市水电局渡槽	桁架	100	320
2	1990	三滩沟刚架拱桥	刚架拱	70	
3	1996	三峡莲沱桥	钢管混凝土拱桥	160	
4	1999	广西鸳江桥	三孔自锚式钢管混凝土系杆拱桥	175	
5	2001	徐州京杭运河桥	钢管混凝土提篮拱桥	235	
6	2007	贵州珍珠大桥	混凝土箱拱	120	600
7	2011	广珠铁路西江特大桥	钢管混凝土拱桥	110＋2×230＋110	3 200

表 1-9　我国部分采用平转施工的桥梁

序号	年份	桥名	结构类型	跨径/m	吨位/t
1	1977	四川遂宁	钢筋混凝土箱肋拱	70	1 200
2	1979	四川宋科桥	桁架拱	50	526
3	1980	四川金川曾达桥	独塔斜拉桥	41 + 70	1 344
4	1980	四川壤塘枣科桥	桁架拱	50	526
5	1980	四川三台鲁班水库桥	钢桁架	35	50
6	1981	四川黑水穿洞子桥	双曲拱	35	260
7	1981	四川黑水渔巴渡桥	双曲拱	30	274
8	1982	四川卧龙核桃坪桥	桁架拱	40	292
9	1983	湖南洞口县洪溪桥	刚架拱	40	322
10	1983	四川木里县安定桥	桁架拱	45	460
11	1983	四川南平县绕腊桥	刚架拱	30	192
12	1984	四川松潘镇江关桥	刚架拱	35	382
13	1984	江西庆平县杨村流槽桥	刚架拱	67	440
14	1985	山东济南前进桥	刚架拱	40	836
15	1985	四川自贡大田口渡槽	桁架拱	100	320
16	1985	江西贵溪跨线桥	斜脚刚构	38.6	1 100
17	1986	湖南洞口县石背桥	箱形拱	90	1 666
18	1986	四川壤塘县幸福桥	桁架拱	24	
19	1987	四川巫山龙门桥	钢筋混凝土箱形拱	122	424
20	1987	湖南资兴县游埪桥	双曲拱	60	38
21	1987	四川小金县抚边桥	斜腿刚构	31	750
22	1987	广东罗定县古榄桥	刚架拱	60	640
23	1988	广西饮江大桥	钢筋混凝土箱形拱	120	3 003
24	1988	四川涪陵乌江大桥	钢筋混凝土箱形拱	200	750
25	1988	湖南保靖县仙人桥	刚架桥	80	1 570
26	1989	四川茂县木学堡桥	桁架拱		
27	1990	四川茂县烟灯坡桥	桁架拱		
28	1990	四川绵阳桥	T 构桥	70	2 350
29	1990	四川广元三滩沟桥	刚架桥	60	
30	1990	广西红水河桥	箱肋拱	120	
31	1991	江西德兴小港桥	斜腿刚架	62	1 300

续表

序号	年份	桥名	结构类型	跨径/m	吨位/t
32	1991	湖南江华县消水河桥	独塔斜拉桥	95 + 60	
33	1992	湖北景阳桥	箱形拱		
34	1992	广东顺德西安亭桥	T 形刚构	128	3 000
35	1993	四川马尔康阿拉伯桥	桁架拱	85	
36	1993	江西德兴太白桥	刚架拱桥	130	1 810
37	1994	山西白勉峡桥	箱肋拱	105	1 643
38	1994	广西南海谢叠桥	T 形刚构	68	3 505
39	194	福建新岭大桥	钢筋混凝土箱拱	80	
40	1995	吴江市云梨桥	连续梁拱	75	
41	1995	苏州运河友联桥	连续梁桥	88	
42	1995	湖北恩施汪家寨桥	刚架拱	75	1 300
43	1996	常州武进奔牛东桥	单悬臂梁拱	80	
44	1997	山东大里营斜拉桥	刚性索斜拉桥	50 + 40.75	3 040
45	1998	北津桥	梁箱刚构	65	
46	1998	三岔沟桥	箱肋拱	105	1 700
47	1998	湖北杉木溪桥	箱肋拱	100	2 000
48	2000	湖北兴山李家沟桥	刚架拱	130	1 630
49	2000	江西林新二号桥	刚架拱	62	1 630
50	2000	湖北清江肖儿河桥	刚架拱	84	1 500
51	2001	吴江市頔塘大桥	变截面双薄壁连续刚构	32.7 + 84 + 32.7	
52	2001	贵州北盘江大桥	上承式钢管混凝土拱桥	236	
53	2002	吴县新家桥	空腹式连续梁	39.46 + 88	
54	2003	北京石景山斜拉桥	混凝土斜拉桥	65 + 95	14 000
55	2004	云南庄大桥	箱肋拱	98	2 186
56	2004	跳鱼坎大桥	箱肋拱	125	2 670
57	2004	贵州鞍山大桥	预应力混凝土箱梁		8 498
58	2005	绥芬河斜拉桥	预应力混凝土斜拉桥	100 + 100	
59	2006	松江辰塔路跨线桥	上承式拱梁组合	42 + 80 + 42	
60	2008	吴江长湖春申大桥		55 + 100 + 55	
61	2009	贵州小兴浪大桥	混凝土箱拱	122	3 850
62	2009	刘房子大桥	预应力混凝土连续箱梁	48 + 80 + 48	4 700
63	2010	贵州花江大桥	混凝土箱拱	140	3 800
64	2010	沪杭客运专线	钢筋混凝土拱桥	80 + 160 + 80	16 800

表 1-10　我国部分采用平转竖转相结合施工的桥梁

序号	年份	桥名	结构类型	跨径/m	吨位/t
1	1992	云南兴平县漠沙桥	双曲拱	65 + 65	3 000
2	1993	安阳钢管混凝土拱桥	钢管混凝土拱桥	150	
3	1995	安阳文峰路钢管混凝土拱桥	钢管混凝土拱桥	48.3 + 114 + 48.3	
4	2000	广州丫髻沙大桥	拱桥	360	13 685
5	2006	广东佛山东平大桥	混凝土连续梁-钢箱组合拱桥		14 800

1.2.5　转体施工前景

转体工艺由有平衡重转体发展到无平衡重转体；转体方式由竖转、平转发展到竖转加平转施工；涉及的桥型包括了箱形拱、双曲拱、桁架拱、刚架拱、斜腿刚构、斜拉桥、T 形刚构、连续梁等，取得了较好的经济效益和社会效益。早期转体施工基本上仍以拱桥为主，其转体质量多数不大且大都采用配重平衡转体，转体方式采用环道与球铰相结合，转动摩阻大，制约了转体质量与跨度的提高。我国桥梁转体施工方法的研究与应用处于特定的历史时期，当时与外界交往很少，虽然时间上晚于国外，实际上是独立发展起来的，而且一开始就应用于拱桥之中，极具中国特色。

近年来，随着我国经济发展的需要，公路和铁路交通工程事业的发展也迫在眉睫，一些大跨度大吨位的桥梁也成了建设发展的趋势。但由于桥梁施工的条件限制，如城市交通繁忙地区、城市平原等，会给桥梁建设带来顾虑。幸运的是，我国桥梁转体施工工艺的进步，实现了在交通繁忙城市建设桥梁的目标，并且相对于其他施工方法也节约了工程成本；同时，该技术成功地实现了由原来的小吨级桥梁转体向过万吨级桥梁转体，由拱桥向斜拉桥和刚构桥等多种桥型推广。

目前，我国桥梁转体施工正向过万吨级的转体质量突进，为实现这样的转体，相应的转体设备和转体技术都有较大的发展更新。对于大吨位的转体施工，采用连续千斤顶、中心支承与环道支承相结合和钢球铰单点平转法是未来发展趋势，转体施工技术应用前景广阔，将有待于进一步发展应用：

（1）转体施工在山区应用更为有利，也可用于平原区，特别适合在交通繁忙的市区和常规施工方法无法实现的山区修建桥梁、大型堂馆工程及其他跨越结构。

（2）随着新材料研究的进展以及桥梁转体施工工艺的日渐成熟，将有可能借助于转体施工方法，利用简单的设备修建 300 ~ 500 m 跨度的特大桥梁，特别是连续液压同步提升技术在转体施工中的应用，很好地解决了转动牵引体系控制问题，并且可以满足更大提升力的要求。新材料、新工艺的成熟使得转动摩擦系数进一步降低，转体质量和跨径可以进一步向前发展。

（3）目前我国正实施西部大开发战略，西部要开发、要发展经济，基础设施是保证，特别是交通要先行，为西部大开发提供必要物流、人流通道。而西部地区多为山区，山高谷深，地势险峻，建一条公路，桥梁较多，而且施工难度大，造价高。因此研究推广适用于在深山峡谷中施工的桥梁转体施工工艺具有深远的现实意义与发展前景。

（4）目前我国正在大规模地进行基础设施建设，不可避免地会出现新建路线跨越已有路线，特别是跨越高速公路等重要路线，传统的支架施工或悬臂施工都会对已有线路造成困扰，将影响降到最小的做法就是采用转体施工法，因此在此类情况下，转体施工将独具优势。

（5）斜拉桥由于斜拉索的作用，可大大降低梁高，转体时其悬臂小，临时配筋少，斜拉索在平转时可起到扣索作用，能增加桥梁结构的平衡稳定。因此与其他桥型相比，斜拉桥采用转体施工技术，具有更大的优越性和较为广泛的发展前景。

1.3 钢吊箱围堰关键施工技术

1.3.1 钢吊箱围堰概述

钢吊箱围堰主要由承重梁式定型底板、单壁钢模侧模板、吊挂拉压柱等三部分组成。钢吊箱围堰是为承台施工而设计的临时阻水结构，其作用是通过吊箱围堰侧板和底板上的封底混凝土围水，为承台施工提供无水的干燥施工环境。钢吊箱围堰具有施工工期短、水流阻力小、利于通航、不需沉入河床、施工难度小、混凝土用量少等优点。

1.3.2 钢吊箱主要施工技术[5]

1. 工厂制作，现场吊放

在工厂将钢吊箱围堰制作完成以后转运至施工现场，再由驳船运至桥墩位置处，然后运用浮吊直接起吊钢吊箱下沉就位，将钢吊箱放于钢护筒顶部焊接的钢牛腿之上。在此方法中，钢吊箱的制作质量较好，但只适用于中小型钢吊箱。

2. 水上拼装，分节分块吊装

将钢吊箱分节分块制作完成后，分别利用一艘驳船装载入水，然后在水上合龙成整节，拖运至桥墩位置水域，运用浮吊吊放钢吊箱并使其自浮，将钢吊箱接高后定位、固定。这种方法钢吊箱质量难以保证，因为钢吊箱需要在水下焊接、拼装。

3. 现场制作，浮运到位后吊放

在岸边组拼完成钢吊箱，然后利用气囊顶升后牵引下水，或在岸边滑道上拼装完成钢吊箱，并借助滑移设备滑移入水。将钢吊箱运用推轮推至浮吊施工作业区，之后用浮吊起吊钢吊箱下放就位。钢吊箱可以分节吊装，也可以一次整体吊装。如南京长江二桥采用类似方法分节吊装后再接高；而润扬大桥南汊桥北桥塔施工钢吊箱也是采用类似方法，但是是一次性整体吊装到位。这种方法简便易行，但是需要大吨位的浮吊，并且起吊设备受波浪的影响较大。

4. 现场原位制作，整体下放或逐节下放

在桥墩水域处现场拼装钢吊箱，而后由钢护筒上方的固定吊点沉放钢吊箱就位，钢吊箱可以整体下沉，也可以分节下放后接高。依据拼装钢吊箱时下方支撑形式的不同，这种钢吊箱下沉方式分别有如下两种形式：运用现有墩位钻孔平台作为拼装钢吊箱时的支撑；利用钻孔灌注桩的钢护筒作为拼装钢吊箱时的支撑。此方法不需要大型起吊设备，起吊时受周围水域环境的影响相对也较小，但在钢吊箱起吊后拆除墩位平台，操作空间有限，对工期有一定影响。

5. 利用浮体运输钢吊箱，门架吊放钢吊箱就位

将钢吊箱在岸边的浮体上拼装好，然后浮运至墩位水域处，运用浮体上安装的门架整体起吊钢吊箱下沉就位，譬如宜昌夷陵长江大桥钢吊箱施工即采用这种方法。在运用这种方法的时候，通常采用两个浮体，每个浮体由数量不等的浮箱拼装组成。在浮体上整体拼装吊装构件，将两个浮体拼装成整体。钢吊箱拼装完成后，由拖轮将浮体拖运至桥墩水域处，并在墩旁精确定位。此方法不需要大型起吊设备的配合，钢吊箱的拼装和墩位平台的拆除可以同时进行，也不会对工期产生影响，当然同样受到季节和气候的影响。

6. 船坞制作或岸边逐层制作，拖运至墩位下沉、固定，钢护筒施打

将钢吊箱在船坞或岸边拼装，然后将拼装完成的钢吊箱浮运至桥墩位置水域处。钢吊箱下沉到位后，周边插打定位桩，将钢吊箱固定于定位桩上。在钢吊箱底板孔洞内插打钢护筒后进行灌注桩施工。如南京长江三桥和东海大桥钢吊箱的施工都采用了这种方法。这种方法是在钻孔桩施工前将钢吊箱安装就位，在钢吊箱上插打钢护筒后进行钻孔桩的施工，此方法节省了平台部分费用，也节省了工期。但是沉桩时，如果没有设置导向设施，在施工中操作不当，容易引起损坏。

1.3.3 刚吊箱主要结构

1. 底 板

底板由吊梁、加劲肋、底板支撑桁梁及面板组成，为竖向主要受力构件。

2. 壁 板

壁板采用竖向钢箱梁、水平桁架、竖向加肋、内外面板构成空间结构，是钢吊箱水平间承受静水压力、水流力和波浪力的受力构件。

3. 内支撑结构

内支撑由内圈梁、水平撑杆及竖向支架三部分组成。内圈梁的作用主要是承受侧板传递的荷载，并将其传给水平撑杆。水平撑杆的作用是通过对钢吊箱侧板的支撑减小侧板位移，竖向支架的作用主要是支撑水平支撑，同时减小水平撑杆的自由长度。

1.3.4 钢吊箱围堰国内发展状况

一些国内基础部分使用钢吊箱围堰施工的桥梁见表 1-11。

表 1-11 我国基础部分钢吊箱围堰施工的桥梁

工程名称	桥型	基础形式	施工水深/m
苏通大桥	主跨 1 088 m 连续钢箱梁双塔双索面斜拉桥	双壁钢吊箱高桩承台钻孔灌注桩	50
武汉白沙洲大桥	(50 + 180 + 618 + 180 + 50) m 钢-混凝土组合梁斜拉桥	双壁钢吊箱高桩承台钻孔灌注桩	20
铜陵长江大桥	主跨 432 m 预应力混凝土斜拉桥	双壁钢围堰钻孔灌注桩	50
武汉天兴洲公铁两用长江大桥	(98 + 196 + 504 + 196 + 98) m 的钢析梁	锚旋式双壁钢吊箱围堰钻孔桩施工	8
安徽省望东长江公路大桥	五跨连续组合梁、双塔双索面半漂浮斜拉桥	双壁钢吊箱围堰施工	21
广珠城际铁路西江特大桥	(110 + 2×230 + 110) m 连续刚构拱结构	双壁钢吊箱围堰施工	7.134

1.3.5 钢吊箱围堰施工前景

随着我国基础建设的快速发展，钢吊箱围堰施工作为一种新型的桥梁深水基础技术，在近几年桥梁复杂条件和深水条件的基础施工中发挥着重要作用。虽然国内外对钢吊箱围堰的研究取得了很大的成果，但还是存在一些问题，即对此类特大型钢吊箱的空间整体受力分析较少，对钢吊箱某些关键节点的研究几乎空白。

第 2 章 工程概况

2.1 工程简介

广珠铁路复工工程是铁道部与广东省共同出资建设的重点工程项目，纳入国家铁路网建设“十一五”规划。本工程是按国铁Ⅰ级标准建造的电气化铁路，在京广线江村编组站接轨，途经广州、佛山、江门、珠海四市，终点站为珠海高栏港站，全长 189.376 km，设计项目总投资 136.726 亿元。

西江特大桥为广珠铁路复工工程的关键控制工程，是该条线路上技术最复杂、施工难度最大的桥梁，为跨越西江而设。该桥起于佛山市南海区西樵镇，跨越西江后，止于江门鹤山市古劳镇。特大桥起点里程为 DK69 + 194.845 m，终点里程为 DK76 + 219.620 m，共 186 孔，全长为 7 024.775 m。该桥由铁道第四勘察设计院设计，由华铁咨询与广东至艺监理联合体监理，由中铁二十二局集团有限公司负责施工。

发源于云南的西江是广西、广东的一条水上“黄金通道”。为了保证 3 000 t 级轮船在一级航道西江上畅通无阻，西江特大桥主桥设计为（110 + 2 × 230 + 110）m 长 682.1 m 的大跨度连续刚构柔性拱组合结构，跨越主航道的两孔梁上部是纵横竖三向预应力混凝土连续刚构柔性钢管拱结构，跨度均达 230 m。这种连续刚构加柔性钢管拱的结构，确保了大桥建成后通航净空 22 m，同时保证铁路线路的平顺。

主桥跨越国内第二大水系西江主航道，常水位水深达 35 m，部分河床无覆盖层，为裸岩，这在国内同类桥梁施工中非常罕见，主墩钻孔桩直径 2.8 m，桩基础长，从作业平台面到桩基础底部达 101 m。

该桥地处西江河道转弯处，东岸为深厚（35 m）、承载力极低（60 kPa）的淤泥层，西岸受水流冲刷无覆盖层，岩面裸露且局部高差大，给栈桥、钻孔平台施工带来了极大困难；受西江洪水汛期影响（4 ~ 9 月），施工作业难度极大；桥梁深水基础在我国长江、黄河、珠江以及江河入海口等主要江河上有众多结构形式和多样地质条件下施工的先例，但广珠铁路西江特大桥，由于地质条件复杂，通过技术研究发现，在西江上施工深水大直径超长钻孔桩、大型钢吊箱围堰阻水的施工方法是非常困难的。200 m 以上大跨度混凝土铁路桥世界上也是很少的，在国内大跨度钢结构桥梁中也是屈指可数的。大跨度混凝土连续刚构梁与钢管拱组合结构铁路桥，在国内乃至世界也很罕见。

主跨采用（110 + 2 × 230 + 110）m 大跨度连续刚构柔性拱组合梁，44 m 高钢管拱，内填自密实混凝土，对连续刚构柔性拱施工技术研究和空间线形控制研究都是非常必要的。

西江特大桥全长 7 024.775 m，共 186 孔。本桥于 DK73 + 870 ~ DK75 + 060 跨越西江。桥位处常水位河面宽约 950 m，桥轴线与河道基本正交。桥区河面较宽，水流较为平顺，主流偏向西岸，河床由两岸向中间逐渐加深，桥轴线深槽居于西岸。

荷载标准：中-活载，双线，线间距 4.0 m，轨底至梁顶高度 0.668 m，有砟轨道。速度目标值：120 km/h。

主桥采用（110 + 2 × 230 + 110）m 连续刚构拱跨越主航道。主桥长 682.1 m。主墩墩号为 141# ~ 143#，边墩墩号为 140#、144#。

主墩 141# ~ 143#基础均为 12 根 ϕ2.8 m 钻孔桩，高桩矩形承台。142#墩为 9 m × 10 m 箱形断面空心墩，壁厚 1.5 m；141#、143#墩均为 2.4 m × 10 m 双薄壁墩，中心距 6.6 m，墩高 30.5 m。140#为 12 根 ϕ2.2 m 钻孔桩，144#为 12 根 ϕ2.0 m 钻孔桩，承台为矩形高桩承台、圆端形实体断面桥墩。

主梁采用单箱双室截面，两边腹板为直腹板。吊杆索采用箱外牛腿锚固形式。箱梁中支点处梁高 12.0 m，端支点及中跨中处 4.0 m，其端支点处平段长 11.0 m，中跨中平段长 23.0 m，中间 98.0 m 长度变高段梁底曲线为抛物线，抛物线方程为 $y = -8x^{1.5}/98^{1.5}$。

主梁顶板除梁拱墩结合区局部加宽到 14.8 m（不含人行道加宽）外，其余宽为 13.2 m。

钢管拱拱轴线立面投影采用二次抛物线，拱肋计算跨度 220 m，矢跨比 1/5，矢高 44.0 m。每片拱肋由 4-ϕ750 mm 钢管混凝土组成，由横向平联板、竖向腹杆连接成为钢管混凝土桁架，其中横向平联板之间亦灌注混凝土。拱肋钢管法向中心距 3.5 m。每片拱肋钢管横向中心距 1.4 m，两片拱肋中心距 12.0 m。

每跨拱肋共布置 9 道横撑，其中跨中共布置 7 道“米”字撑，其水平间距 25 m；拱肋两端各布置一道“K”字撑，其水平间距 24 m，全桥横撑共 18 道。钢管拱管内采用 C50 微膨胀混凝土。

吊杆索采用抗拉标准强度 1 860 MPa 整束挤压式钢绞线拉索体系，间距为 10 m 和 9 m。除主梁两端 D10、D9 吊杆采用规格 OVM.GJ16-12 外，其余吊杆均采用规格 OVM.GJ16-19，主桥布置见图 2-1。

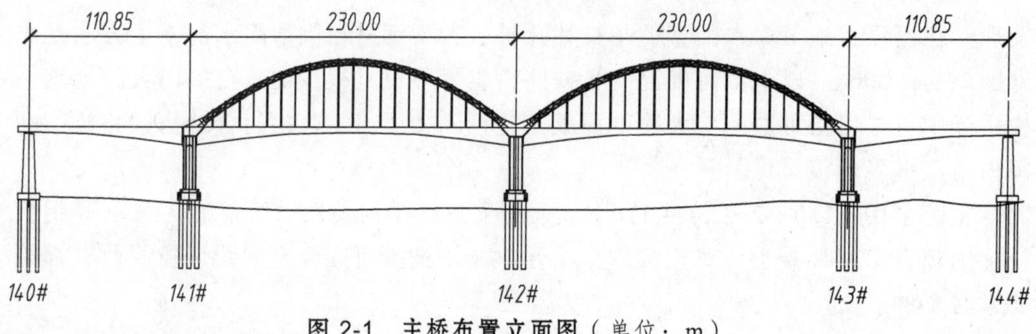

图 2-1 主桥布置立面图（单位：m）

2.2 工程建设条件

2.2.1 地形地貌

本桥地貌单元主要为冲积平原区，尾部为丘陵区，桥位处西江河道内东岸侧从河床往下分别为：细砂、淤泥质砂（60 kPa）；粗圆砾土（350 kPa）；强风化砂岩（300 kPa）；弱风化砂岩（450 kPa）。西岸侧从河床往下分别为：全风化砂岩（200 kPa）；强风化砂岩（300 kPa）；弱风化砂岩（450 kPa）。

137#～141#墩处河床细砂、淤泥质砂覆盖层较厚，均在 20 m 以上，142#墩处较薄，为 8.21 m；144#～145#墩处河床淤泥覆盖层较薄，为 4～10 m，143#墩处无覆盖层。

2.2.2 地 质

特殊岩土主要为第四系全新统以冲击为主的海路交互相层淤泥质黏土，为含水量高、压缩性高、承载力低的软弱土层，其工程性能差。根据《铁路混凝土结构耐久性设计暂行规定》，本工程地下结构暂为 L1 环境，地上结构为 T2 环境等级。

2.2.3 水文条件

西江降雨年内分配不均，汛期的降雨量占全年降水总量的 80%以上。西江 4～9 月为汛期，径流主要集中在 4～9 月，约占全年的 75%，径流年内分配不均匀，其中又以 4～6 月最为集中，约占全年的一半。铁路所经地区主要河道洪水水面坡度为 0.007 2%～0.009 6%。珠江三角洲的潮汐属不规则的半日潮、日潮等现象严重，台风暴潮相对最大增水，是低纬度河口区显著的水文特征之一。珠江河口沿岸是我国风暴潮多发区之一，也是遭受暴潮灾害严重地区。珠江属少沙河流。

桥址处：$F = 23\ 259.15\ \text{km}^2$，$Q_{1\%} = 47\ 894.01\ \text{m}^3/\text{s}$，$v_{1\%} = 2.3\ \text{m/s}$，$H_{1\%} = 8.854\ \text{m}$，$Q_{0.33\%} = 51\ 624.993\ \text{m}^3/\text{s}$，$H_{0.33\%} = 9.344\ \text{m}$，主桥墩施工水位 7.134 m。

2.2.4 地震动参数

按国标《建筑抗震设计规范》（GB 50011—2001），场地抗震设防烈度为Ⅵ度区，设计基本地震加速度值为 0.05g。沿线场地土类型属软弱土-中软土，场地类别为Ⅱ类，地震动反应谱特征周期值为 0.35 s，沿线场地属于对抗震不利地段。

根据勘察结果，场地内埋藏的砂类土有细砂、中砂层。按照《铁路工程抗震设计规范》（GBJ 111—87）有关规定判别：场地内的饱和细砂、中砂属液化土。按照《建筑抗震设计规范》（GB 50011—2001）以Ⅶ度抗震设防为依据来计算，其液化指数为 0.059 ~ 16.184，场地砂土在大于或等于 7 级地震作用的影响下，饱和砂土会产生轻微—中等液化，局部地段内饱和砂土会产生严重液化，导致地面震陷。按有关规范、规程进行抗震设防。

2.2.5 砂土震陷及软土液化

沿线普遍分布有淤泥及淤泥质黏土，均属于对震陷敏感的软弱土层，需要考虑软土震陷的影响。

2.2.6 气象条件

沿线属亚热带季风海洋性气候，冬季无严寒，夏季湿热多雨。由于地处沿海，受南亚季候风影响，台风、暴雨及冷风都比较强烈，造成冬春季节多阴雨并有冷空气侵袭，但无冰雪。雨季长，夏季汛期多台风暴雨，对铁路建筑物，特别是桥梁工程影响大。

1. 气　温

本线经过地区地处北回归线以南，终年气温较高，冬季无严寒、冰冻现象，气温从北至南逐渐递增。年平均气温 21.9 ~ 22.4 °C，最热月 7 月为 28.2 ~ 28.8 °C，最冷月 1 月为 13.0 ~ 14.6 °C，极端最高气温 37.3 ~ 38.5 °C，极端最低气温 − 1.9 ~ 2.5 °C。

夏季超过 35 °C 的高温天气年平均只有 3 ~ 7 d，由北向南递减。冬季寒潮次数年平均 0.3 ~ 1.0 次。多年平均相对湿度均为 80%。

2. 降　水

由于受海洋季风影响，本区域雨量充沛，年平均降雨量 1 625 mm，有的年份降雨量多达 2 200 ~ 3 300 mm，雨量集中在 4 ~ 9 月份，占年降雨量的 80%左右。沿线暴雨强度相当大，一次最大降雨可达 580 ~ 800 mm，24 小时最大降雨量在 200 ~ 400 mm 以上。

3. 风

工程所在区域风向有明显的季节变化，年平均风速 2.2 m/s。夏半年多吹东南风和东南偏南风，年频率最大为东南风，达 9%，最大风速为 13 m/s；其次为东南偏南风，年频率达 8%，最大风速为 10 m/s。冬半年多吹北风，北风的年频率最大为 18%，最大风速为 18 m/s；其次为西北偏北风，年频率为 12%，最大风速为 23 m/s。

4. 主要天气现象

雷暴：雷暴较多，主要集中在雨季的 4 ~ 9 月份，有的年份冬季也有雷暴。

雾：出现雾时，水平能见度≤1 km，主要出现在 2 ~ 4 月，其次是 11 月至次年的 1 月，其他月份少见。

5. 主要灾害性天气（强对流天气）

台风：台风登陆时间一般为 5 ~ 10 月，并以 7 ~ 9 月多见。台风出现时，沿线各地的强对流天气短时风力可达 14 级，同时各地出现洪涝灾害。

2.2.7 通航情况

桥区河段规划航道等级为通航 3 000 t 级海轮的Ⅰ级航道，桥梁通航净高不少于 22 m，通航净宽不少于 210 m，上底宽和侧高不少于 168 m 和 8 m。最高通航水位 8.234 m。

2.2.8 主要技术条件

本桥为双线桥，线间距 4.0 ~ 4.21 m。桥位于曲线上。左线曲线 1 要素为 α = 51°15′48″，l = 190 m，R = 1 600 m，T = 863.12 m，L = 1 621.55 m；曲线 2 要素为 α = 13°49′24″，l = 180 m，R = 2 000 m，T = 332.51 m，L = 662.51 m。主桥位于直线段，其主要标准见表 2-1。

表 2-1 主桥主要技术标准

序号	项目名称	技术指标
1	铁路等级	Ⅰ级
2	正线数目	双线
3	线间距	4.0 m

续表

序号	项目名称	技术指标
4	最小曲线半径	1 200 m，困难 800 m
5	限制坡度	6‰
6	牵引种类	电力
7	机车类型	SS6B
8	牵引质量	4 000 t
9	到发线有效长度	850 m
10	闭塞类型	江村至江门南站双线自动闭塞，之后为站间自动闭塞
11	建筑限界	满足双层集装箱列车开行条件
12	设计行车速度	设计速度为 120 km/h 客货共线

2.3 施工技术难点和创新

西江特大桥施工工程量大、结构构造复杂、技术难度高、施工周期长；主跨水深（142#墩处水深达 35 m）、跨度大（主跨 230 m），高桩承台，钻孔桩桩径大（ϕ2.8 m）、桩长（81.5 m，施工长度达 101 m），地质条件复杂，墩位处基岩存在夹层，主墩处河床无覆盖层，河床高程局部突变，其他墩位处覆盖层软弱、承载力低，至基岩无过渡层。航道运输干扰大，汛期长（4～9 月），钢管拱跨度大。西江特大桥水中基础、高桥墩及大跨度刚构拱是本项目工程的重点和难点工程。本桥有以下技术难点和创新点：

1. 深水裸岩栈桥钻孔平台设计与施工及稳定性控制

深水裸岩条件下栈桥和钻孔平台设计的主要影响因素是经济和安全的统一。因施工平台数量大，和一般的临时结构物的设计不同，保证大桥施工期间栈桥平台的使用安全是本工程关键。但在施工所在地区，存在台风、汛期洪水等恶劣气候现象，汛期洪水带来的大量漂浮物对栈桥和施工平台的安全带来严重影响。同时在栈桥、施工平台上要走行 50 t 履带吊、大吨位运输车，建造材料的选材也是关键。

双线货运铁路深水（水深 35 m）、大流速、裸岩（大坡度倾斜岩面）钢结构钻孔平台、栈桥施工中，钢管桩基础桩尖采用 16 Mn 钢环形套箍加固及 16 Mn 钢锥形桩尖，保证钢管桩在裸岩河床入岩深度，保证本桥栈桥平台的稳定。栈桥和钻孔平台采用贝雷梁、型钢和管桩等拼组而成，具有结构合理、内力储备大、安全可靠、拼装灵活方便、节约材料等特点，采用特制桩尖成功解决了桩端嵌岩难题，采用打入斜桩支撑保证了汛期栈桥、平台的抗倾覆稳定，是深水裸岩条件下进行桥梁栈桥、施工平台施工的一大范例。

2. 深水裸岩大直径钻孔桩施工技术研究

墩位处水深、流速大、河床面岩面裸露、岩面高差大、护筒定位难、裸岩条件下护筒稳定性差和护筒底容易漏浆，进而影响平台的稳定性和钻孔桩成桩质量。因此对深水大直径超长钻孔桩施工工艺进行研究，合理配置设备，制定可行的操作工艺，确保成桩质量和进度具有重要的意义。

双线货运铁路深水裸岩（大坡度倾斜岩面）情况下 2.8 m 大直径超长钻孔桩（施工长度 101 m）施工，针对墩位处裸岩、岩面高差大的实际，采取大直径锤头冲孔、护筒跟进施工工艺，解决了护筒定位难、裸岩条件下稳定性差和孔底漏浆的难题；针对深水大直径超长钻孔桩施工工艺较为复杂的特点，合理配置设备，制定可行的操作工艺，使所有成桩质量均为 I 类桩，保证了施工质量和进度，为今后同类桥梁施工积累了丰富的经验。

3. 深水隔舱式双壁钢吊箱围堰设计与施工技术研究

先桩后堰的施工方法过程中，钢吊箱围堰作为承台施工的围护结构，需为承台施工提供无水的施工环境，又要保证承台施工的安全。钢吊箱围堰的设计和施工既要考虑安全性又要考虑经济性。在水流流速过大、潮汐影响严重、河道通航要求较高的地段，钢吊箱安装定位和锚固的难度非常大，施工技术非常复杂。

大型深水高桩承台的施工多采用双壁钢吊箱围堰，桁架格构式双壁钢吊箱是应用较多的一种吊箱结构形式，但其使用的材料品种多、加工周期长、内部支撑结构体系庞大，对工程施工进度有一定的影响。隔舱式双壁钢吊箱是根据吊箱的受力特点对传统的吊箱设计进行创新形成的新型吊箱结构。设计的隔舱式双壁钢吊箱减少了材料的规格，节约了大量的机械台班和人工工日，施工方便，结构合理，安全可靠，具有独创性。吊箱下放方案结构简单，吊箱受力明确，技术合理，具有创新性。

双线货运铁路矩形高桩承台 21.5 m 高双壁钢吊箱采用竖向板梁隔舱结构，提高了吊箱壁的抗弯能力，节约材料数量 20%。结合主墩承台的实际创新性提出的隔舱板式结构形式，设计的隔舱式双壁钢吊箱受力合理，减少了材料的规格，节约了大量的机械台班和人工工日，施工方便，结构合理，安全可靠，具有独创性。吊箱下放方案结构简单，吊箱受力明确，技术合理，具有创新性，丰富了国内高桩承台施工围堰施工工艺，为类似的工程提供了经验。

4. 单壁钢吊箱设计与施工技术

在单壁钢吊箱围堰的设计与施工中，潮汐的影响较大，在设计中，利用潮水涨落特点，围堰间连接全部设计为栓接，施工后，可以充分回收钢料。而在围堰下放施工过程中，随潮水下落而逐步下放到位，消除江中流水及涌潮压力的影响。同时充分利用潮水涨落的有利特点进行封底，并在封底时，围堰侧模开孔，使围堰内外无水头差，确保封底混凝土的质量。

栓焊结合，设置内外围檩的单壁钢吊箱在施工中应用较多，但安拆复杂。由于本桥水中墩较多，承台施工吊箱投入较大，结合主跨边墩承台的实际设计了外置围檩拆装式栓接组合单壁钢吊箱，创新性地设计了壁板和底板承插式连接方式，拼装拆除方便。双线货运铁路矩形高桩承台采用外置围檩拼装式（预应力）栓接组合单壁钢吊箱，底板与侧壁板通过底板焊接牛腿，用精轧螺纹钢筋（施加预应力）固结，安拆方便，可周转使用，提高了工作效率。结合主跨边墩承台的实际设计了外置围檩拆装式栓接组合单壁钢吊箱，创新性地设计了壁板和底板承插式连接方式，拼装拆除方便，可周转使用，大大节约了资源，节省了工期，加快了施工进度。

5. 大跨度钢管混凝土双连拱竖转施工技术研究

大跨度钢管混凝土双连拱竖转施工过程中，施工监控以吊索塔架塔顶位移的监控尤为重要，各竖转过程须对塔顶位移进行严格控制，防止塔架偏位过大，造成塔架结构破坏。

双线货运铁路连续刚构下承式平行桁架拱采用在梁面卧拼，（拼装式提升塔架结合）计算机控制连续提升两跨连续钢管拱竖转后合龙，此技术解决了大跨度超高度钢管拱桥无法在梁面一次拼装成型的难题。连续刚构下承式平行桁架拱采用在梁面卧拼，采取计算机控制液压同步提升技术，利用柔性钢绞线承重、提升油缸集群、计算机控制、液压同步提升原理，连续提升两跨连续钢管拱竖转到设计位置后合龙。此技术解决了大跨度超高度双连拱钢管拱桥无法在梁面一次拼装成型的难题，高精度地实现了两连跨大吨位钢管拱的竖转合龙，保证了工程施工质量，丰富了国内外大跨径桥梁的施工技术，同时增加了大跨径拱桥转体施工的宝贵经验。

6. 大跨度连续刚构拱桥全桥施工控制数值分析与仿真技术研究

大跨度连续刚构拱桥全桥施工控制数值分析中的重要环节是保证模型计算具有较高的仿真度，根据施工进度及时修正模型中的时间参数和环境参数，如何确保结构的实际状态不偏离理想状态。

双线货运铁路 2×230 m 连续刚构下承式平行桁架拱桥施工过程中全桥全结构多点综合应力监控，对连续刚构拱桥施工的全过程进行仿真数值分析，并对墩、刚构梁、钢管拱进行全过程全结构多点综合应力和变形监控，利用数值分析和现场控制测量进行线形控制，确保了刚构梁和钢管拱的合龙精度及施工质量，保证了桥梁的线形满足设计要求。

7. 双线铁路桥梁双连拱竖转施工风险评估研究

根据施工现场环境的特殊性，分析双线铁路桥梁施工过程中的安全隐患，确定双连拱转体施工的技术风险，对风险造成的后果进行模型分析，采取防范措施保证施工顺利进行。

8. 基于施工物流管理的铁路桥梁质量保证体系研究

针对目前铁路桥梁施工管理的现状，从分析铁路桥梁施工所需设备以及构件运输的特点及其相关物流特性入手，促进我国铁路施工企业物流管理水平，从而完善施工企业质量管理体系。

第 3 章　栈桥平台施工

西江特大桥施工工程量大、结构构造复杂、技术难度高、施工周期长，右岸河床无覆盖层；主跨水深达 35 m、跨度 230 m，高桩承台，钻孔桩桩径 ϕ2.8 m、施工长度达 101 m，地质条件复杂，墩位处基岩存在夹层，主墩处河床无覆盖层；汛期长（4 ~ 9 月），航道运输干扰大。西江特大桥水中基础施工是本项目的重点和难点。

深水裸岩条件下栈桥平台设计的主要影响因素是经济和安全的统一。因施工平台数量大，和一般的临时结构物的设计不同，保证大桥施工期间栈桥平台的使用安全是本工程关键。但在施工所在地区，存在台风、汛期洪水等恶劣气候现象，汛期洪水带来的大量漂浮物对栈桥和施工平台的安全带来了严重影响。同时在栈桥、施工平台上要走行 50 t 履带吊、大吨位运输车，建造材料的选材也是关键。

为保证工程的顺利实施，需解决两个难题：① 栈桥平台基础如何保证在裸岩河床上立足生根，及在水流冲击下保持稳定。② 如何保证钻孔桩钢护筒在水深流急情况下埋入河床的深度，避免钻孔漏浆。

3.1　栈桥平台布置

为便于水中各墩施工，达到变水上为陆上施工的目的，特大桥水中墩采用分别自两岸向江中搭设钢栈桥和水上固定钻孔平台进行钻孔桩施工的方法，在 141 ~ 143#墩间留出主航道两个通航孔。栈桥布置在桥位上游，栈桥轴线距线路左线中心线 24 m，在各水中墩墩位处，栈桥与下游钻孔平台连接成一体。根据历年来的水文资料和设计施工水位确定栈桥和钻孔平台顶面标高为 + 9.323 m（表 3-1 为近 10 年西江最高洪水水位）。平台上安放钻机和泥浆循环设备，存放钻杆、钢筋笼、导管和混凝土灌注设备，并能停放混凝土运输车，钻孔平台上设 1 台 50 t 履带吊机。根据承台尺寸、围堰尺寸和在平台上存放的材料、设备等确定主墩平台的尺寸。

表 3-1　西江近十年最高洪水水位记录表

年份	洪峰出现日期	桥位处水位/m
1998	6 月 27 日	8.024
1999	7 月 16 日	6.084
2000	6 月 10 日	4.954
2001	7 月 09 日	6.344
2002	6 月 20 日	6.914
2004	7 月 25 日	6.404
2005	6 月 24 日	8.024
2006	6 月 10 日	4.424
2008	6 月 16 日	7.414

注：表中所使用为 85 国家高程。

行车荷载为双车道 60 t（满载混凝土罐车和一辆空车）；单车道（一辆混凝土罐车）45 t；风载 0.5 kN/m^2；施工水位 + 7.134 m，水流速度 2 m/s。

栈桥布置在桥位上游，栈桥轴线距线路左线中心线间距 24 m（栈桥与钻孔平台连接成一体），桥面为双车道 6 m，设计施工水位为 7.134 m，栈桥梁底标高按 7.5 m 控制，栈桥顶面标高 + 9.323 m。

右岸栈桥从右岸河堤起，至 143#墩止，孔跨布置为 2 × 15 m + 2 × 18 m + 6 × 24 m + 18 m + 3 m，共 11 孔，全长 231 m（右岸栈桥布置见图 3-1）。

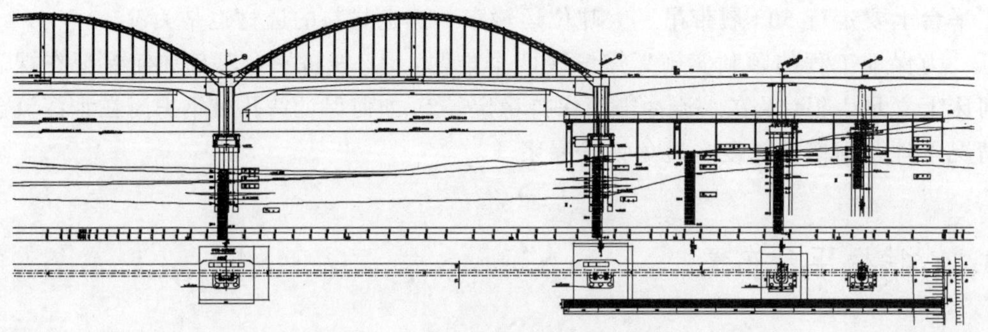

图 3-1　右岸侧栈桥布置示意图

50 t 履带吊荷载；钻机荷载；水流荷载，按桥位流速为 2.0 m/s 计算，施工水位 7.134 m，水深 28 m；风荷载，最大风压 10 年一遇 0.3 kN/m^2，50 年一遇 0.5 kN/m^2。

3.2　栈桥施工

3.2.1　栈桥发展历史及现状

在土木工程中，为运输材料、设备、人员而修建的临时桥梁设施，按采用的材料分为木栈桥和钢栈桥。目前，世界上最长的施工栈桥——宁波杭州湾跨海大桥南岸施工栈桥，全长 9 444 m，共 633 跨，是海上主桥施工物资供应及交通出入的唯一通道，也是整座跨海大桥施工的基础性工程和控制性工程[6]。

总的来说，栈桥有很多特殊服务功能。较大的承载力、施工便捷、方便拆除、临时性和可重复利用等都是栈桥所具备的显著特点[7]。目前，因为栈桥这些人性化的特点，其建设已经广泛地应用在我国的桥梁施工和大坝施工之中。

从理论上说，栈桥的上部结构可以采用任何形式，但从施工便捷和拆除方便的角度来考虑，大多数采用工厂化拼装的结构形式，诸如钢箱梁和桁架梁等。栈桥的下部结构也是从施工和拆除便捷性两方面考虑，一般均采用钢管桩作为基础[8-12]。

在江河或近海流域中修建桥梁下部结构的时候，潮位变化大、浪高、水流急都是经常面临的不利影响，造成修筑便道和水上运输的很多困难[6]。此时，施工栈桥作为临时设施的架设就成了一个很好的选择方案。临时施工栈桥作为材料设备的运输通道，利用下部结构的施工平台，水上施工变成陆上施工，不但减小了恶劣环境对施工的影响，而且还缩短和保证了工期，同时它具有减少工程建设对环境的污染与破坏等优点[7]。从而，临时栈桥的搭设在桥梁施工中得到了大量的应用，图 3-2 到图 3-5 为不同栈桥施工平台图。

图 3-2　一般区段栈桥施工

图 3-3　深水栈桥施工

图 3-4　东海大桥浅滩区施工栈桥

图 3-5　苏通大桥北引桥施工栈桥

上述列举的栈桥的梁部采用贝雷桁，钢管桩作为下部基础。在恶劣环境中，栈桥遭受浪、风、流和局部冲刷作用。栈桥也经常在大坝施工过程中得到应用。比如，为设立各种运输通道，三峡大坝在施工过程中，在泄洪段下游、左厂坝下游和连通厂坝处修建了 3 座施工栈桥，其中规模最大的是泄洪段和连通厂坝这两处的栈桥。

最近几年来，我国一些长、大临时栈桥的修建实例见表 3-2。

表 3-2　近年来国内部分长大栈桥一览表

栈桥的名称	总长度/m	主跨/m	上部结构类型	下部结构
三峡大坝 45 m 高程施工栈桥	480	21.2	全焊钢箱梁，等截面	钢管桩
三峡大坝 120 m 高程施工栈桥	1 228	12.2	预应力混凝土梁，钢板梁	钢管桩
三门峡黄河公路大桥施工栈桥	800	16	万能杆件	钢管桩
巴东长江大桥公路大桥施工栈桥	108.5	30	2ϕ800 钢管	钢管桩
武汉白沙洲大桥南岸施工栈桥	256	16	贝雷桁	钢管桩
大辽河特大桥施工栈桥	329.1	12	56b 工字钢	钢管桩
风陵渡黄河大桥施工栈桥	288	12	万能杆件	钢管桩

续表

栈桥的名称	总长度/m	主跨/m	上部结构类型	下部结构
厦门演武路至白城段跨海大桥施工栈桥	960	9	贝雷桁	钢管桩
杭州下沙大桥施工栈桥	1 079	24	贝雷桁	钢管桩
白水河大桥施工栈桥	796	16	万能杆件	钢管桩
东海大桥施工栈桥	578		贝雷桁	钢管桩
苏通大桥北引桥施工栈桥	1 850		贝雷桁	钢管桩
杭州湾跨海大桥北岸栈桥	1 570.5		贝雷桁	钢管桩
杭州湾跨海大桥南岸长栈桥	9 780	15	贝雷桁	钢管桩

许多临时栈桥根据需要在国外也得到广泛修建。例如在美国加州的库柏河桥施工过程中，其轴线旁修建了 3 座栈桥，而且还设立了支栈桥，用来作为基础的施工平台，其中查乐斯顿是最长的栈桥，长为 853 m。在俄罗斯远东，为了修建库页岛一工桥所用设备的运输通道，在施工中修建了长 850 m 临时栈桥[7,13,14,15]。

上述国内外栈桥实例中，因为每种栈桥的服务性不同，荷载和环境条件也不同，没有统一的设计规范可以遵循，大多是参考相近工程的设计或者施工规范和经验。由于缺乏规范，不但临时栈桥设计不便，而且对栈桥经济性和安全性也无法把握，栈桥的安全性由此存在巨大的风险。

1993 年为修建金门大桥而搭设的临时施工栈桥，由于长时间经受大浪和潮流的冲刷，在修建 9 个月之后就因为损害不得不维修加固，而当时栈桥的修建就花了一年的时间。响水水库导流洞的施工中修建的临时栈桥，由于连续降雨，所有栈桥被洪水冲毁，由此造成了大量的经济损失，施工工期也被延误[7-10]。

现在，国内外研究人员对栈桥的设计和施工很少有系统化的研究成果，大部分都是建立在施工经验上的一些数据。即使是参考文献，涉及研究的也较少，没有编制相关的规范，很多是通过参考类似工程来确定设计和施工方案的，栈桥设计和施工工艺的经济性与安全性的统一难以做到[16]。

因为考虑施工便捷而搭设的临时栈桥，普遍处于较为恶劣的环境之中，要长时间经受风、浪、流等环境荷载的影响[17]。现在，对风、浪、流荷载国内外进行了较多研究，也取得了一些成果。但是，因为风、浪、流荷载机理复杂，荷载计算参数也较多，需要提高多方面的认识，才能在工程上准确应用（第一是风、浪、流的机理和规律；第二是桥位处的气候和水文现象；第三是各种计算方法的特点和适应范围）。

开口钢管桩是临时施工栈桥的常用基础形式，其竖向承载力是临时栈桥经济性与安全性评价的重要内容[18]。关于开口桩闭塞效应的研究，目前虽有一定的研究，但由于问题的复杂性，还有待深化[19,20]。

对于跨海栈桥来说，风、浪、潮等环境荷载是主要的灾害荷载，而一般是横桥向的水平环境荷载控制设计[21]。在工程中，栈桥的水平极限承载力尤其受人关注，然而，目前关于栈桥水平承载力的定量评价研究得很少[22]。

3.2.2 栈桥结构形式

栈桥基础采用ϕ813、ϕ720、ϕ630 三种直径，壁厚 10 mm、12 mm 的螺旋焊缝钢管桩，桩长根据河床基岩标高和承载力确定，桩尖进入基岩面下 1 m。西岸 3#、8#、11#墩设置成制动墩，每个制动墩采用 4 根钢管桩，其余墩为 2 根钢管桩。横向桩间距 4.6 m，钢管桩间用[36 槽钢连接。在钢管桩顶设 2I45c 工字钢横梁。非制动墩见图 3-6。

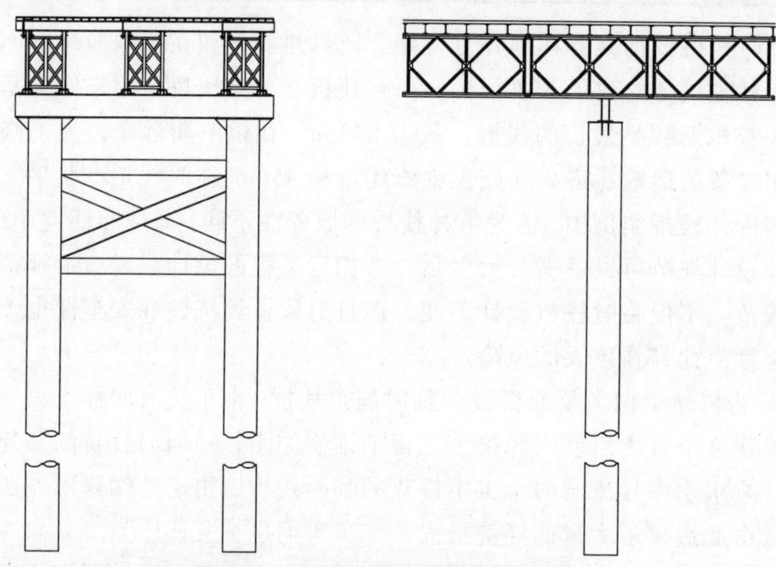

图 3-6　栈桥非制动墩结构示意图

栈桥梁部采用贝雷片进行拼装，横桥向 6 榀，每榀间距 0.9 m，每 2 榀一组用支撑架连接，每组贝雷梁之间用[14 槽钢连接，在贝雷梁上间距 0.5 m 横铺 I25a 工字钢，工字钢上顺桥向铺[20a 槽钢做桥面板。

贝雷梁与 2I45c 工字钢横梁采用 U 形卡固定，I25a 工字钢与贝雷梁间采用ϕ20 “U”形螺栓固定，面板[20a 槽钢与 I25a 工字钢采用焊接连接。

栈桥两侧栏杆高 1.2 m，采用$\phi 48 \times 3.5$ mm A3 钢管焊接，立柱间距 3 m，焊在栈桥 I25a 横梁顶面端部，钢立柱上设 3 道钢管横杆护栏。

3.2.3 钢管桩制作及上部梁面安装

钢管桩为购买成品螺旋焊缝钢管，供货长度为 12 m，现场焊接接长。钢管桩接头开坡口后焊接，根据水深测定仪测定的河床面在水下的深度，确定每节钢管桩拼接长度。

岸边栈桥使用吊车吊振动锤下沉钢管桩，钢管桩沉放使用 90 kW 振动锤。水中钢管桩使用专用打桩船打设。沉放前先计算出每条钢管桩的坐标，在两岸大堤上分别布置一条基线，测出基线上的每个观测点坐标位置及高程；然后计算出每根桩上观测点的坐标及交会角，并汇总成表供观测沉桩使用。

打桩船抛锚定位后，起吊钢管并进行定位，依靠锤重和钢管桩重力插入河床面中，然后开动柴油锤打设钢管桩到位。钢管桩逐排打设，一排钢管桩打设完成后再移船至另一排。

钢管桩每天搭设完毕后，用[36 槽钢焊接钢管桩横向剪刀撑联系，以防管桩受水流冲击倾斜或疲劳破坏。每根桩的沉桩作业必须一次完成，不可中途停锤过久。停锤标准以桩尖标高控制为主，最终贯入度作为校核。

I45 c 工字钢安装经测量放线后，直接嵌入钢管桩顶内。钢管桩与工字钢间焊接钢板与钢管桩良好结合在一起。

（1）贝雷片主梁安装。

贝雷片预先在陆上或已搭设好的栈桥上按每组尺寸拼装好，然后运输到位，吊车起吊安装在桩顶工字钢横梁上。贝雷片的位置需放线后确定，以保证栈桥轴线不发生偏移。贝雷片安装到位后，横向、竖向均焊定位挡块及压板，将其固定在横梁上。

（2）铺设桥面及附属结构施工。

贝雷片拼装完毕，其上铺设 I25a 横向分配梁，间距 50 cm，I25a 与贝雷片间采用ϕ20“U”形螺栓固定，每组贝雷片与工字钢横梁相交处设一套螺栓。

面板使用[20a 槽钢，在 I25a 上铺设，间距 25 cm，如遇与“U”形螺栓螺母冲突时，可适当调整槽钢间距。栈桥栏杆高 1.2 m，采用ϕ48 × 3.5 mm A3 钢管焊接，立柱间距 3 m，焊在栈桥 I25a 横梁上，钢立柱上设 3 道钢管横杆护栏。

3.2.4 栈桥结构设计验算分析

1. 梁部结构检算

栈桥梁由 6 片普通型贝雷梁组成，贝雷梁之间的间距为 90 cm，双车按照 6 片贝雷梁受力检算。

栈桥梁跨度组成为边跨 12 m，中间跨度则是 24 m，为计算简化，将中间跨度减少进行计算，跨度组合按 12 m + 4 × 24 m + 12 m 计算。

2. 六片贝雷梁受力检算

（1）计算模型如图 3-7 所示。

6 片贝雷梁，荷载是 60 t 混凝土罐车荷载。

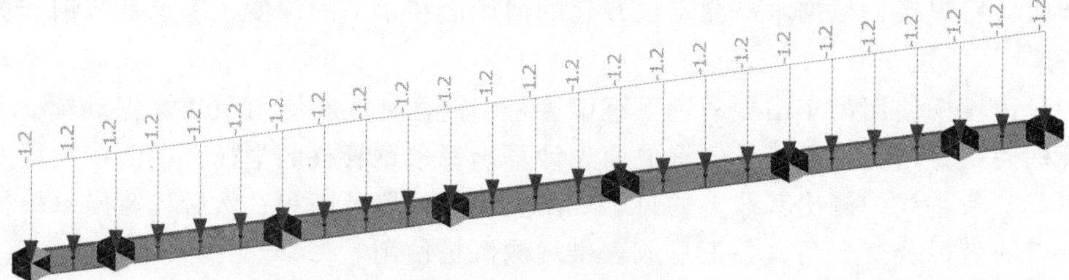

图 3-7　受力计算模型

（2）竖向挠度计算结果如图 3-8 所示。

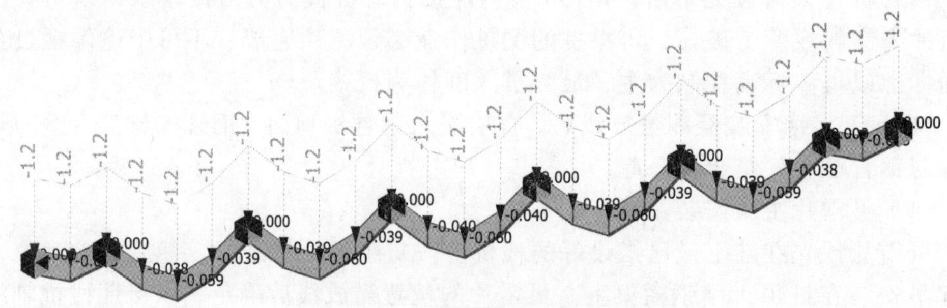

图 3-8　竖向挠度计算结果图

恒载及动荷载作用下最大挠度是 $f_q + L = 6$ cm。

非弹性挠度 $f_0 = 0.5dn^2 = 0.5 \times 0.152\ 4 \times 64 = 4.88$ cm。

则 $f = f_q + L + f_0 = 6 + 4.88 = 10.88$ cm。

$f/L = 10.88/2\ 400 = 1/221<1/130$，变形满足要求。

（3）计算结果弯矩图（t·m）如图 3-9 所示。

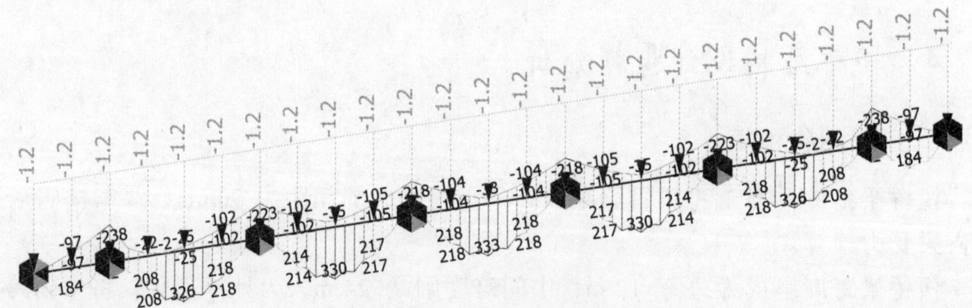

图 3-9　弯矩计算结果图

最大弯矩是 330 t·m，单片贝雷梁能承受 78.8 t·m的弯矩，那么 6 片共能承受 78.8 t·m × 6 = 472.8 t·m>330 t·m，能够满足要求。

（4）剪力（t）计算结果如图 3-10 所示。

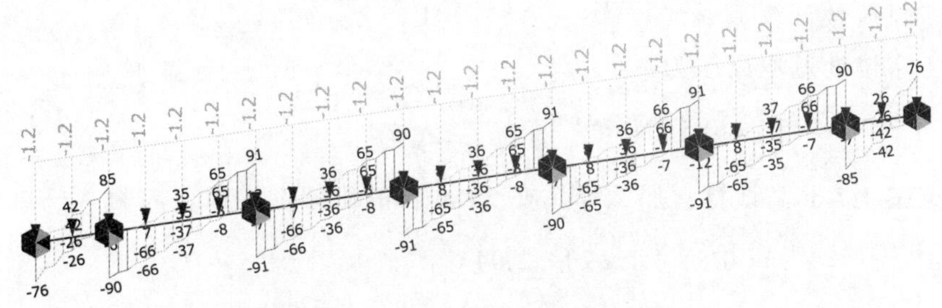

图 3-10　剪力计算结果图

最大剪力是 91 t，单片贝雷梁能承受 24 t 的剪力，那么 6 片共能承受 144 t > 91 t，能够满足要求。

（5）反力图（t）计算结果如图 3-11 所示。

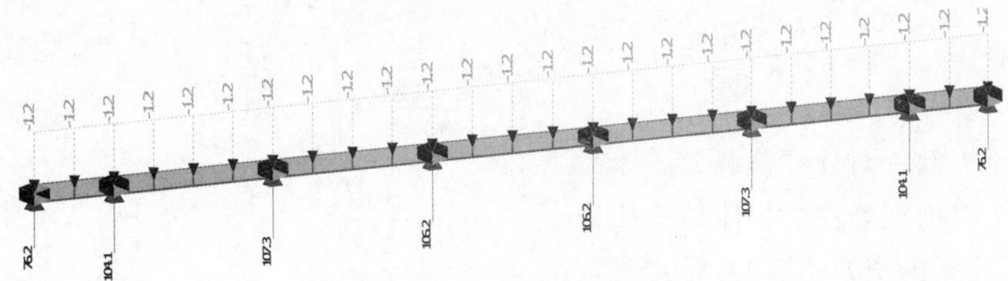

图 3-11　反力计算结果图

3. 最不利墩检算

（1）结构模型建立。

东岸栈桥，在靠近 141#墩处，钢管桩采用的是ϕ813-12 钢管，水面上焊接 36a 槽钢的横联，根据地质情况，单排钢管柱结构（最深处）受力模型如图 3-12 所示。

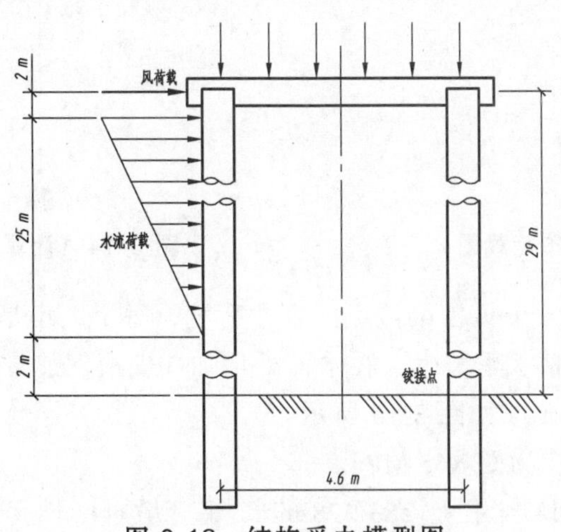

图 3-12　结构受力模型图

（2）风荷载计算。

施工水位处基本风压为：

$$W_k = 0.5\ \text{kN/m}^2$$

膺架按 1.7 m 高计算，那么作用在 24 m 长的膺架上的风压力为：

$$F = 0.5 \times 1.7 \times 24 = 2.04\ \text{t}$$

（3）水流荷载计算。

水流荷载按桥位流速为 2.0 m/s（洪水时期流速取 2.0 m/s，枯水期正常流速经测定为 1.0 m/s）计算，按 7.5 m 水位计算，普通墩从施工水位到河床最长为 25 m，管桩为 ϕ813-12，每根钢管桩迎水面积 $A = 0.813 \times 25 = 20.325\ \text{m}^2$。

每根钢管桩上的流水压力为：

$$P = KA\frac{W^2}{2g_n} = 0.73 \times 20.325 \times \frac{10 \times 2^2}{2 \times 9.81} = 3\ \text{t}$$

转化为倒三角分布荷载如图 3-13 所示。

（4）双排钢管柱的整体结构计算。

① 计算模型如图 3-14 所示。

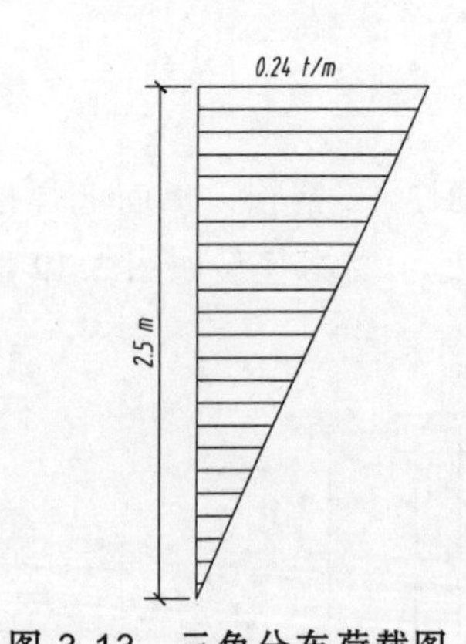

图 3-13　三角分布荷载图

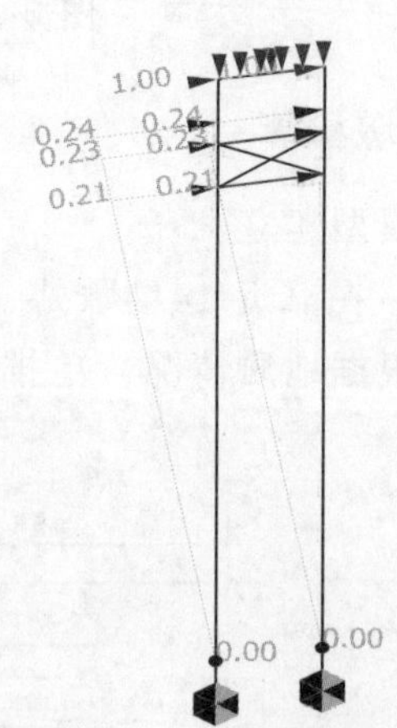

图 3-14　计算模型图

双柱排架顶承受 6 个贝雷梁传递的集中荷载，每个大小是 18 t，另外承受水流冲击力及风荷载。在枯水季节时，在水面处增加 36a 槽钢连接横联。

② 应力结果（t/m^2）如图 3-15 所示。

钢管桩最大组合应力是 165 MPa。

ϕ813-12 钢管的回转半径是 283.228 mm，钢管墩自由长度是 22 m，那么钢管的柔度 $\varphi = 78$，查表得稳定系数是 0.701，稳定折减应力是 235 MPa，刚好满足稳定要求。

③ 反力（t）计算结果如图 3-16 所示。

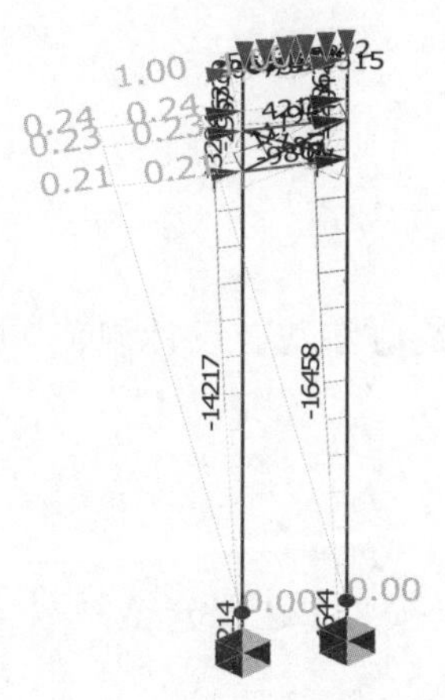

图 3-15　应力计算结果图

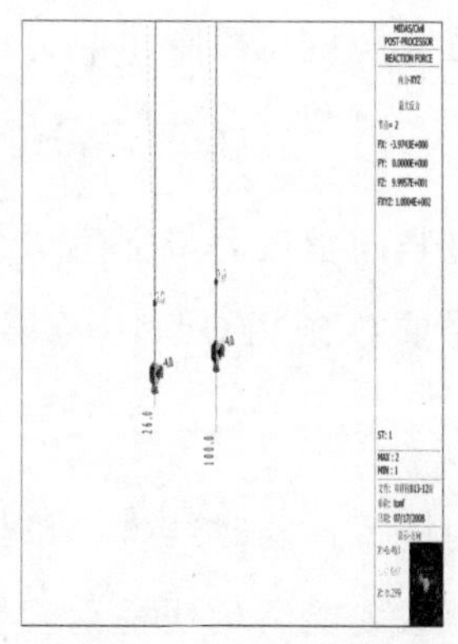

图 3-16　反力计算图

④ 钢管桩地基承载力检算。

对于东岸栈桥，钢管桩均打入覆盖层内，覆盖层暂全部按淤泥质土进行计算，其桩侧极限摩阻力按 25 kPa 计算，桩端极限阻力按 105 kPa 计算，单桩竖向受力最大是 100 t。用ϕ630-12 的钢管进行计算。岩土设计参数见表 3-3，单桩竖向抗压承载力估算计算参数见表 3-4。

表 3-3　岩土设计参数

土层名称	层厚/m	层底埋深/m	极限侧阻力 q_{si}/kPa	极限端阻力 q_{pk}/kPa
淤泥质土	36.00	36.00	25	105

表 3-4　单桩竖向抗压承载力估算计算参数表

土层	计算厚度 l_i/m	极限侧阻力 q_{sik}/kPa	极限端阻力 q_{pk}/kPa
1	26.00	25	105

桩身周长 u、桩端面积 A_p 计算：

$$u = \pi \times 0.72 = 2.26 \text{ m}$$

$$A_p = \pi \times 0.72^2/4 = 0.41 \text{ m}^2$$

根据《建筑桩基技术规范》（JGJ 94—2008）6.2.10 条，按下式估算单桩承载力：

$$Q_{uk} = Q_{sk} + Q_{pk}$$

土的总极限侧阻力标准值为：

$$Q_{sk} = \lambda_s \mu \sum q_{sik} l_i = 1.00 \times 2.26 \times (25 \times 26.00) = 1\,495 \text{ kN}$$

总极限端阻力标准值为：

$$Q_{pk} = \lambda_p q_{pk} A_p = 1.00 \times 105 \times 0.41 = 43 \text{ kN}$$

单桩竖向抗压极限承载力标准值为：

$$Q_{uk} = Q_{sk} + Q_{pk} = 1\,495 + 43 = 1\,538 \text{ kN}$$

单桩竖向承载力特征值 R_a 计算，根据《建筑地基基础设计规范》（GB 50117—2011）附录 Q 条文 Q.0.10 条第 7 款规定

$$R_a = Q_{uk}/2 = 1\,538/2 = 769 \text{ kN}$$

因为栈桥是临时结构，单桩竖向承载力可以按 1.5 选取安全系数，因此，154 t 的极限承载力能满足栈桥钢管柱的要求。

3.3 平台施工

3.3.1 平台结构形式

针对深水、裸岩的水文及工程地质情况，钻孔平台的下部结构在承台外围采用钢管桩作立柱，支撑在岩层上，在承台范围内钢护筒参与承力。立柱采用 ϕ813 × 12 mm 钢管，钢管桩间距根据钢护筒的间距和钢围堰尺寸确定，为 6.6 m × 6.6 m。钢管桩间采用[36a 槽钢作连接系。钢管桩顶部横桥向采用 2H56 焊接 H 型钢垫梁，垫梁上面设置钻孔平台的上部结构。由于墩位处河床无覆盖层，且裸露岩层表面坚硬，钢管桩打入困难，入岩深度浅，稳定性差，为提高桩端穿层能力，采用了加强型特制锥形 16 Mn 钢桩尖，确保钢管桩能够打入岩层一定深度，保证钢管桩的承载力和稳定性。在平台下游侧与钢管桩对应位置打入与立柱同规格的斜桩，与立柱的夹角为 18°。在高程 + 2 m 处与桥墩钢管桩焊接，提高平台横向抗倾覆稳定性以抵抗洪水期水流冲击力。立柱和斜桩采用打桩船插打。

平台的上部结构采用普通型单层双片式贝雷梁，每两片通过 0.9 m 支撑架连接为一组，顺桥向搁置于 2H56 焊接 H 型垫梁上，并用“U”形卡与垫梁焊接固定。贝雷梁上面放置 I25a 工字钢分配横梁，中心间距 0.5 m，I25a 与贝雷片间采用ϕ20“U”形螺栓固定。工字钢上扣放 20a 槽钢作为钻孔平台面板，槽钢间净距 5 cm。平台邻水周边设高 1.2 m 防护栏杆。平台结构形式见图 3-17、图 3-18。

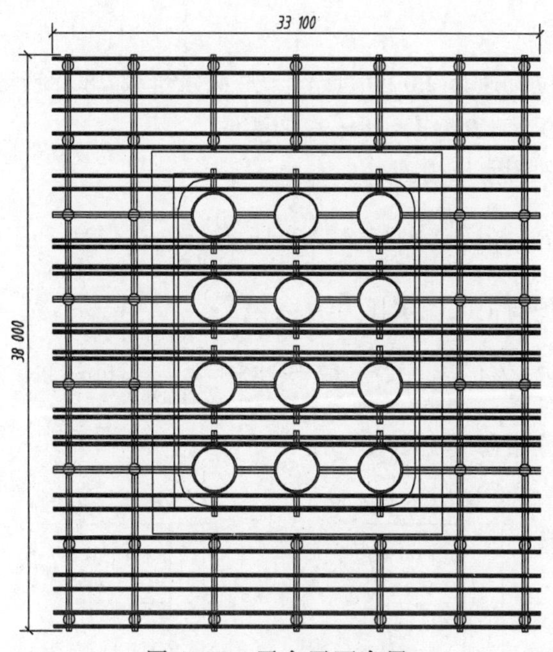

图 3-17　平台平面布置

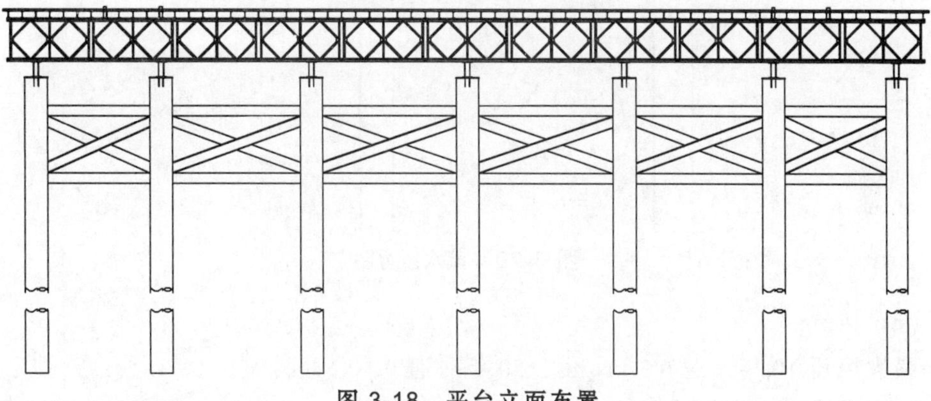
图 3-18　平台立面布置

3.3.2　钻孔平台设计验算分析

1. 荷载计算

（1）50 t 履带吊车（荷载计算图见图 3-19）。

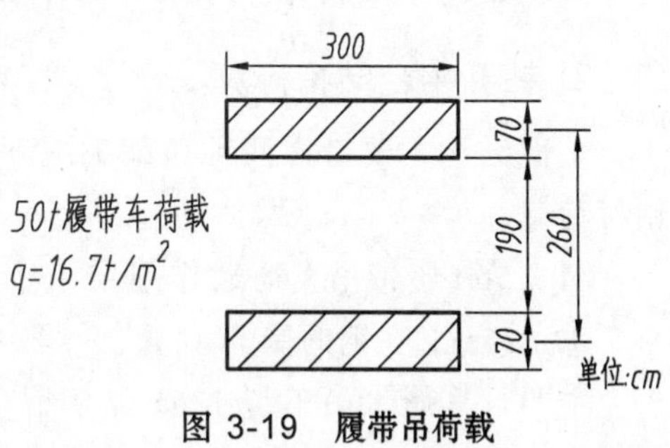

图 3-19　履带吊荷载

（2）钻机荷载。

主机按 32 t 控制计算，钻机大小为 3.8 m 直径圆。计算直径取 3.2 m，按均载布置。

（3）水流荷载。

水流荷载按桥位流速为 2.0 m/s 计算，最深水位按 28 m 计算，管桩为ϕ813-12，每根钢管桩迎水面积 $A=0.813\times28=22.764\ \text{m}^2$。

每根钢管桩上的流水压力为：

$$P=KA\frac{\gamma v^2}{2g_\text{n}}=0.73\times22.764\times\frac{10\times2^2}{2\times9.81}=34\ \text{kN}$$

同理，每根钢护筒上的流水压力为：

$$P=KA\frac{\gamma v^2}{2g_\text{n}}=0.73\times(2.8\times28)\times\frac{10\times2^2}{2\times9.81}=116.7\ \text{kN}$$

转化为倒三角分布荷载见图 3-20。

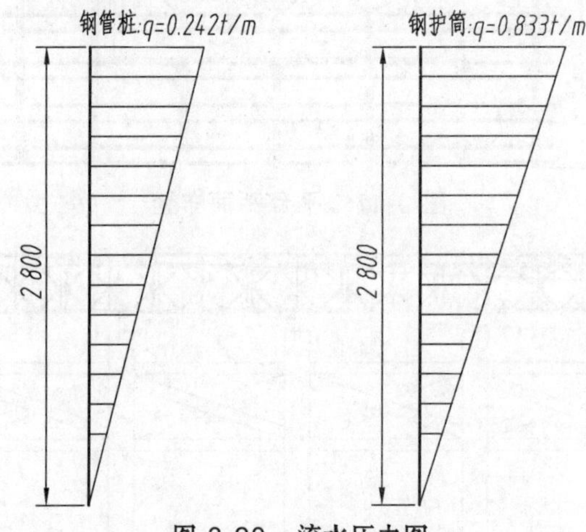

图 3-20　流水压力图

（4）风载。

最大风压 10 年一遇 0.3 kN/m^2，50 年一遇 0.5 kN/m^2。

最深水位时，钢管桩上端 3.0 m 范围内作用风载，单根钢管桩上的风压力为：

$$F=0.5\times3.0\times0.813=1.22\ \text{kN}$$

转化成均布线载为：$F/3.0=0.41$ kN/m。

2. 钻孔平台结构检算

上部结构主要考虑两种荷载工况下结构受力情况，分别为：50 t 履带吊车荷载、钻机荷载。

（1）50 t 履带吊车荷载作用。

① I25a 工字钢的受力。

主要计算履带吊车与 I25a 工字钢在图 3-21 所示两种位置关系下工字钢的受力状态。

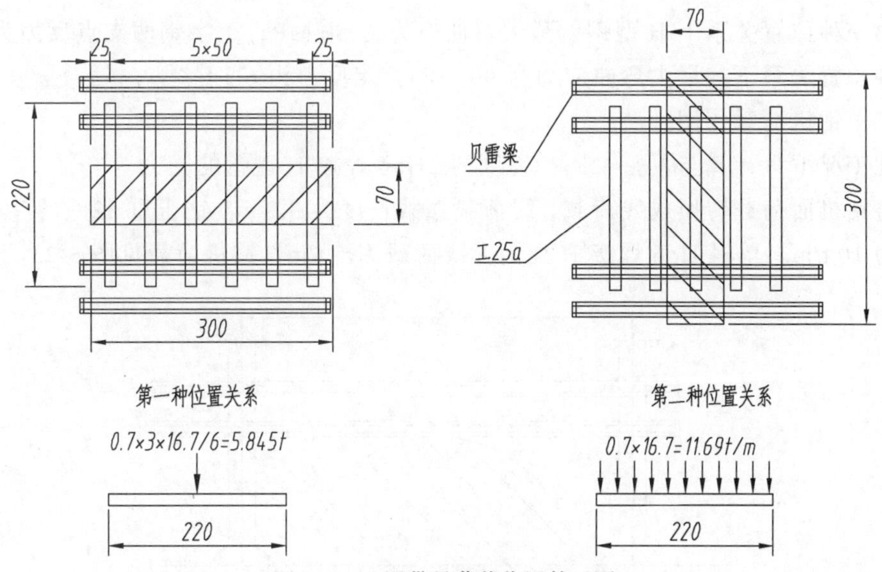

图 3-21 履带吊荷载位置关系图

I25a 工字钢的计算长度取 1.74 m，两端按铰支计算。

第一种位置关系下 I25a 工字钢的最大弯曲应力为 60 MPa，两端支点反力为 2.922 t；第二种位置关系下的最大弯曲应力为 110 MPa，两端支点的反力为 10.2 t，工字钢受力在允许范围内。

② 单层单片贝雷梁的受力。

根据 I25a 工字钢的计算结果，提取支反力作为贝雷梁的受力荷载。取贝雷梁的最大跨度 6.6 m 计算，两端铰支。

第一种位置关系下贝雷梁的弦杆轴向力为 12.9 t，竖杆轴向力为 9.4 t，斜杆轴向力为 7.5 t，两端支点反力为 9.7 t 和 8.2 t；第二种位置关系下的弦杆轴向压力为 12 t，竖杆轴向压力为 6.4 t，斜杆轴向压力为 4.5 t，两端支点的反力为 6.5 t。

两种位置关系下的贝雷梁的各杆件受力均在允许范围之内。

③ 与贝雷梁同一高度的焊接工字钢的受力。

由 I25a 工字钢的计算结果，提取支反力作为 2H56 焊接 H 型钢的受力荷载，H 型钢计算图见图 3-22。取工字钢的最大跨度 4.5 m 计算，两端铰支。

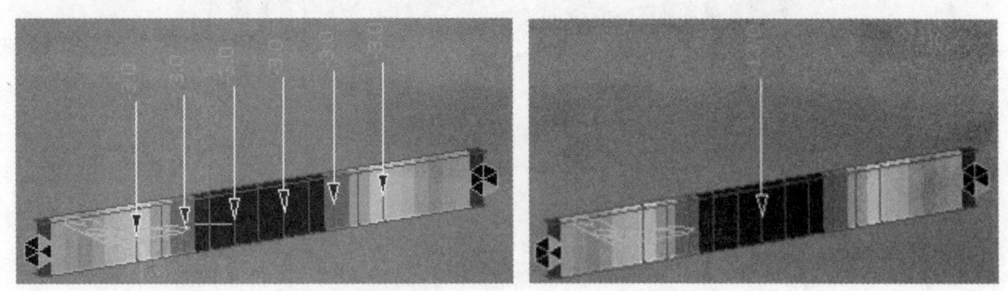

图 3-22 H型钢受力分析图

第一种位置关系下 H 型钢的最大弯曲应力为 80 MPa，工字钢两支点反力为 9 t；第二种位置关系下的最大弯曲应力为 90 MPa，支反力为 6.5 t。

（2）钻机荷载作用。

此工况下只计算与贝雷梁同一高度的 2H56 焊接 H 型钢的受力。

将钻机面荷载转换成线荷载，线荷载加载长度为 3.2 m。钻机重 32 t，转换为线荷载为 10 t/m。单根 H56 焊接 H 型钢上线荷载为 5 t/m，钻机荷载见图 3-23。

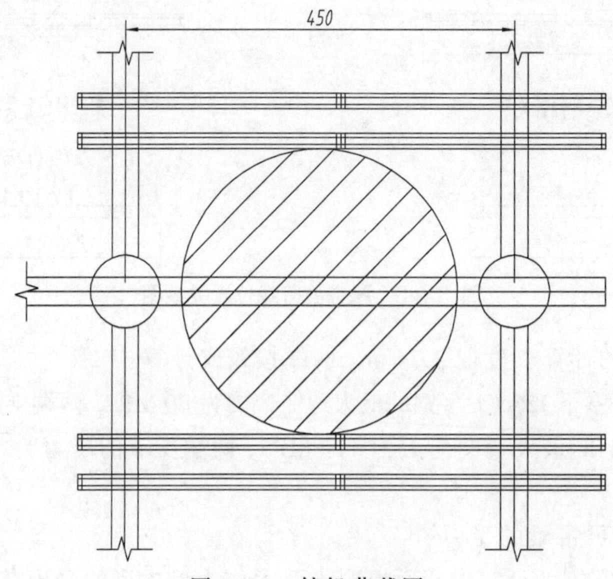

图 3-23　钻机荷载图

计算得单根 H56 焊接 H 型钢垫梁的最大弯曲应力为 60 MPa。最大支反力为：11.5 t。

下部结构整体检算：

下部结构所受荷载为流水压力、风力及 I56 垫梁所受上部荷载自重，2H56 焊接 H 型钢垫梁所受上部的自重荷载按 0.3 t/m 计算，下部结构计算模型见图 3-24。

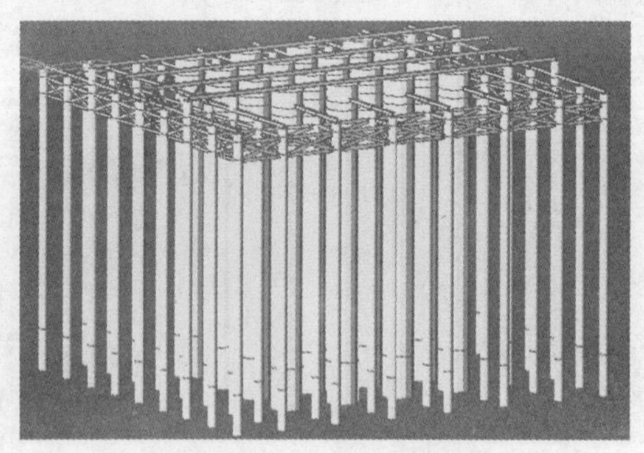

图 3-24　下部结构图

钢管桩最大组合应力是 30 MPa。稳定折减应力是 75 MPa，满足稳定要求。

3.4 裸岩河床栈桥平台稳定性解决措施

由于右岸深水区及墩位处河床无覆盖层，采用普通管桩打入发现钢管桩打入困难，入岩深度浅，稳定性差，并发生了桩端屈曲现象。经过现场对桩端部分进行改进和试验，采用了加强型特制锥形 16 Mn 钢桩尖（图 3-25）及桩端采用 16 Mn 钢环形套箍加固，提高了桩端穿越岩层能力，确保钢管桩入岩深度超过 1 m，保证钢管桩的承载力和稳定性。

图 3-25　屈曲桩端及 16 Mn 钢桩尖对比

在栈桥、平台下游侧与钢管桩对应位置打入与立柱同规格的斜桩（图 3-26、图 3-27），与立柱的夹角为 18°，在高程 + 2 m 处与桥墩钢管桩焊接，在栈桥管桩基础上游设置拉锚（图 3-28），提高栈桥平台横向抗倾覆稳定性以抵抗洪水期水流冲击力。

图 3-26　平台及下游侧斜桩

图 3-27　栈桥及下游侧斜桩

图 3-28　栈桥上游侧拉锚

3.5　本章小结

西江特大桥作为广珠铁路重点控制性工程，其栈桥平台施工为该桥施工的重点和难点。栈桥和平台自 2008 年 10 月开始施工，于 2009 年 1 月完成，经历了 2009 年 50 年一遇西江洪水和至 2012 年汛期多次大的洪水考验，栈桥和平台无明显变形，结构稳定。栈桥平台的成功实施，解决了深水、裸岩、防洪等困难条件下的施工难题和结构的安全，方案经济合理、技术可行、安全可靠，为工程的顺利实施提供了有力的保证。

主要有以下成果：

（1）采用特制 16 Mn 钢桩尖（16 Mn 钢套箍）加强桩端，保证了桩端嵌岩深度，成功解决了桩端嵌岩难题。

（2）采用打入斜桩支撑和拉锚体系及与桩端嵌岩结合成功解决了深水裸岩条件下栈桥平台的抗倾覆稳定难题。栈桥平台采用贝雷梁、型钢和管桩等拼组而成，具有结构合理、内力储备大、安全可靠、拼装灵活方便、节约材料等特点，为深水裸岩条件下进行桥梁栈桥、施工平台施工取得了经验。

（3）采用护筒跟进技术解决了裸岩和岩面高差突变引起的护筒不稳定及钻孔桩施工过程中护筒底部漏浆的难题。

（4）深水裸岩钻孔桩施工质量管理小组成果分别被国家工程建设质量奖审定委员会评为全国工程建设优秀质量管理小组三等奖。

第 4 章 钻孔灌注桩施工

桩的应用至今已有 12 000 年到 14 000 年的历史[23]。人类首先使用的是木桩，到 19 世纪后期，钢、水泥、混凝土和钢筋混凝土相继问世，并被成功地用来作为制桩材料。钢桩、钢筋混凝土桩和木桩并存了几十年，并逐渐取代了木桩。随着机械设备的不断改进，产生了名目繁多的桩型和工法。桩基的发展过程，主要体现在两个方面，即桩的材料和成桩工艺方法[24]。

深水基础的施工，直接受到深水环境的影响，并且随着水深的增加，未知及可变的技术因素也相应增加，其施工技术的难度也急剧增加。大跨桥梁深水桩基的修建，主要困难在于防水、防浪和防冲刷等。因此，其关键技术在于水上施工平台的形成、大直径钢护筒埋设和开钻成孔技术[25]。

4.1 大直径钻孔灌注桩现状

大直径钻孔灌注桩 20 世纪 40 年代首先出现于美国并逐渐推广开来[26]。20 世纪 70 年代，日本在本州—四国联络线的桥梁基础中采用了大直径桩[27]。1997 年，美国使用大直径钻孔灌注桩的工程费用超过了 10 亿美元，且大直径钻孔灌注桩的应用主要集中于大型桥梁桩基工程领域[28]。在欧洲，大直径钻孔灌注桩占到了桩基工程总量的 15%[29]。

国内钻孔灌注桩是 1963 年在河南诞生的，这年冬在河南安阳冯宿桥施工中首先采用了钻孔灌注桩基础[30]，20 世纪 80 年代以来，随着国内基础设施建设的不断发展，大直径钻孔灌注桩的应用日益繁多。目前国内许多大型桥梁采用了大直径钻孔灌注桩来作为其基础形式。

4.2 桥梁概况

新建广州至珠海铁路复工工程西江特大桥全长 7 024.775 m，本桥于 DK73 +

870 ~ DK75 + 060 跨越西江。桥位处河面宽约 950 m，桥轴线与河道基本正交，水流较为平顺，主流偏向右岸，河床由两岸向中间逐渐加深，桥轴线深槽居于右岸。

特大桥跨西江部分采用(56 + 5 × 80 + 56) m 连续梁 + (110 + 2 × 230 + 110) m 连续刚构拱 + (48 + 80 + 48) m 连续梁，起止墩号 133# ~ 147#，其中 137# ~ 145#墩位于河道中。

主桥 141# ~ 143#墩桩基采用 12ϕ2.8 m 的大直径钻孔桩，顺桥向 3 排，横桥向 4 列，桩中心间距 6.6 m。承台为高桩矩形承台，下承台平面尺寸为 21.6 m × 16 m，基础平面布置见图 4-1。

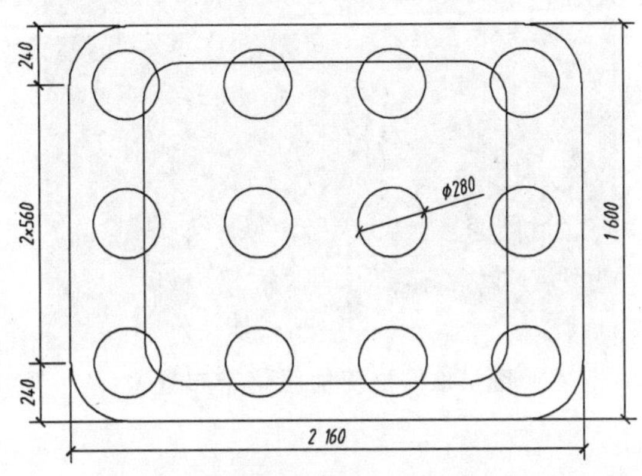

图 4-1　基础平面布置（单位：cm）

主墩承台底位于水下 17 m，由于水流冲刷严重，143#墩位处强风化基岩完全裸露，形成光板河床。地质分布从河床往下分别为：强风化砂岩（300 kPa）、弱风化砂岩（450 kPa），河床表面无覆盖层。墩位处河床面起伏大，倾斜不平，局部高差达 3.5 m。

桥址处：F = 23 259.15 km^2，$Q_{1\%}$ = 47 894.01 m^3/s，$v_{1\%}$ = 2.3 m/s，$H_{1\%}$ = 8.854 m，$Q_{0.33\%}$ = 51 624.993 m^3/s，$H_{0.33\%}$ = 9.344 m，主桥墩施工水位 7.134 m。

4.3　钢护筒制作及下沉

4.3.1　钢护筒制作

143#墩钻孔桩直径ϕ2.8 m，采用内径ϕ310 cm、壁厚 16 mm 钢护筒。钢护筒在加工厂分节制作，为便于运输每节长度不大于 12 m。

护筒采用 A3 钢板卷制而成，焊接采用坡口双面焊，以保证护筒承受水压力不漏水。为加强护筒的整体刚度，每隔一个横向焊接接头，焊缝处加设厚 16 mm、宽 200 mm 的钢带补强。无钢带处的护筒横断接缝，除采用坡口双面满焊外，采用 12

块 200 mm × 100 mm × 16 mm 钢板焊接补强，补强板与护筒焊缝在与护筒主焊缝交叉处断开，见图 4-2。护筒底脚处加设厚 16 mm、宽 300 mm 或 500 mm 的 16 Mn 钢带作为刃脚。筒内两端头用角钢制十字撑保持护筒圆度。

图 4-2　护筒加强钢带布置

4.3.2　钢护筒沉放

1. 护筒定位

钢护筒自栈桥侧开始逐排向下游侧插打。首先在平台上安设导向架。导向架用型钢焊接而成，分上、中、下多层定位框，导向架内径比护筒外径大 5 cm。用吊车将护筒吊入导向架内，护筒的定位采用十字边桩交汇法进行，调整护筒位置，使桩中点与护筒中点重合到误差范围内，用夹具固定在导向架上。

第一节护筒固定后，在其上吊放第二节。校正后将两节护筒连接处焊牢并加强，下放固定，然后再吊放第三节，直至护筒长度满足施工需要，割除护筒与导向架焊接件，吊车将护筒下沉到河床表面。校正护筒垂直度后，采用振动锤振动下沉，使护筒底部刃脚嵌入到河床岩层内。每根护筒打设完毕后将钢护筒与钢管桩之间用 I25 工字钢连接，使平台管桩与护筒联成整体。插打完一排后铺设相应的桥面，然后插打下一排。在平台形成后进行护筒跟进处理。

2. 护筒跟进

钻孔桩采用冲击钻施工，在平台上布置 4 台钻机。将冲击钻锤头直径加焊到 2.9 m，钻机就位后采用小冲程进行冲击钻孔，在进尺 2 m 后移开钻机，解开该护筒与周边的连接，用吊车吊振动锤将护筒振动下沉，4 台钻机分别作业，将护筒全部跟进完成后，将平台管桩与护筒连成整体。重新就位钻机，将锤头直径修改到设计尺寸，冲击钻进 2 m 后，再次进行护筒跟进，将护筒锁定后进行正常钻进，待此循环钻孔桩施工完成后，再进行下一循环的护筒跟进和钻孔桩施工。

4.4 钻孔桩施工过程

1. 钻　孔

护筒跟进完成后，制备好泥浆，在孔内填入黏土并加适量粒径不大于 15 cm 的片石，顶部填至河床面位置，用低冲程冲砸，泥浆比重 1.3 左右。待冲砸至钻头顶在护筒下超过 1 m 时，方可加高冲程正常钻进。若产生护筒底漏浆情况，则按上述要求重新回填后钻进。

2. 清　孔

钻孔达到设计标高，经终孔检查后，即可清孔。清孔采用反循环方式清孔，用泥浆分离器进行钻渣分离。清孔后的泥浆性能指标：含砂率不大于 2%，相对密度为 1.03 ~ 1.10，黏度为 17 ~ 20 s，胶体率≥98%。桩底沉渣厚度小于 5 cm。

3. 钢筋笼下放

钢筋笼在钢筋加工场地分段制作，采用平板车运至现场，吊车吊入孔内，孔口接长。钢筋接头采用辊轧直螺纹套筒连接。骨架主筋接头按规范要求错开布置。

钢筋笼进入孔口后，将其扶正徐徐下降，严禁摆动碰撞孔壁。钢筋笼达到标高后，用吊筋将笼体与孔口护筒电焊连接，防止掉笼或浮笼。

141# ~ 143#平台上钢筋笼用龙门吊使用两点法吊放入孔。

4. 灌筑水下混凝土

水下混凝土的灌筑采用导管法。导管接头为丝扣式，直径为 300 mm，壁厚 4 mm，分节长度为 2 m，最下端一节长 4 m。导管使用前进行水密、接头抗拉试验。

灌筑首批混凝土时，导管下口至孔底的距离控制在 50 cm，且使导管埋入混凝土的深度不小于 1.0 m。灌筑连续进行，并尽可能缩短拆除导管的时间；灌筑过程中经常用探测锤探测孔内混凝土面位置，及时调整导管埋深，导管的埋深控制在 1.0 ~ 3.0 m。水下混凝土浇筑须连续进行，不得中断。

同时指定专人负责填写水下混凝土灌筑记录。全部混凝土灌筑完成后，拔除钢护筒，清理现场。为确保桩顶混凝土质量，桩顶加灌 1.0 m 高度。

混凝土浇筑过程中按规定做好混凝土试件留置。

4.5 钻孔过程中出现问题后的处理措施

1. 偏斜孔

钻机安装时，支撑不好、桩孔地质构造不均匀等因素引起钻机整体或钻头在钻孔过程中发生偏斜，导致出现偏孔。

因钻机倾斜造成的应先移开钻机，检查钻孔壁情况，如果钻孔壁比较稳定，则应加固施工范围内的地基或加大钻机的支撑面积，而后，重新安装钻机恢复施工；钻孔壁随时有坍塌可能的，应将钻孔回填至原地面，待地层静置稳定后重新开始钻孔。

地质构造不均匀引起的，先分析清楚岩层的走向，尔后采用适当的回填材料（回填材料一般为片石加黏土、纯碱、锯末等组成的混合物）将钻孔回填至计算确定的高程处，静置一段时间后恢复施工。穿过倾斜岩层过程中，应采用自重较大的复合式牙轮钻、冲击钻，以慢速钻孔。

2. 护筒脱落

由于护筒背后回填质量不好，受地面流水的浸泡等因素影响，护筒失去稳定、脱落。出现护筒脱落应立即停止钻孔，将钻机移开，采取相应措施处理。由于地面流水引起的可先排除流水，在原地面上填一层黏土使地面干燥、不渗漏，而后，重新安装护筒（做好护筒背后填筑）恢复钻孔施工。

3. 卡　钻

钻孔经过岩层分界面时相邻岩层强度差别较大、操作中未及时根据地质情况调整钻头的行程等原因引起“卡钻”现象。针对发生“卡钻”的原因采取相应的方法处理：

由于“探头石”引起的卡钻现象，可以适当往下放钻头，而后，强力快速往上提，使“探头石”受瞬间冲击缩回，从而顺利提起钻头。

因钻头穿过岩层突变处导致的卡钻，优先采用水下爆破的方法进行处理。在整体岩层中此方法容易奏效，砂土地层中不宜采取此方法处理。

由于机械故障导致钻头在浓泥浆中滞留时间过长造成的钻头无法提升现象，应采取插入高压水管置换泥浆的方法进行处理。

4. 缩　孔

缩孔是在饱和性黏土、淤泥质黏土，特别是 $I_L > 1.0$ 处于流塑性状态的土层中出现的特有现象，其原因是此类地层含水高、塑性大，钻头经过后钻孔壁回缩，从而导致钻孔的直径小于设计的桩直径。针对发生缩孔的原因，采取块、卵石土回填，而后用重量较大的冲击钻冲击、挤紧钻孔孔壁的办法处理；或者采用在导正器外侧焊接一定数量的合金叶片进行旋转清理的办法。

5. 掉　钻

由于机械故障、钢丝绳断裂、孔壁坍塌等因素造成钻头落入孔底的现象通常称“掉钻”。发生“掉钻”后，应及时采取恰当的方法实施打捞。

钻孔壁稳定的情况，直接用钻机起吊“打捞器”入孔进行打捞。打捞前，先用“探针”探明钻头在孔中的位置，为制订打捞方案提供依据。打捞设备和打捞操作方法必须保证在抓住钻头后尽量一次成功，避免起吊至空中再度落入孔中的现象发生。

钻孔壁出现局部坍塌将钻头埋没且大部分钻孔壁处于稳定时，应先加大孔内泥浆的浓度，将旋转钻头放入安全的深度范围搅动泥浆以加强钻孔壁，而后，采取“气举法”清除钻头上方的沉积土和淤泥，确认钻头已露出后再实施钻头的打捞工作。钻孔壁随时有继续坍塌可能时，先在孔内安装长钢护筒、搅拌桩围护、帷幕法等方法加固钻孔壁，而后打捞钻头[31]。

4.6　本章小结

钻孔灌注桩与沉入桩中的锤击法相比，施工噪声和振动要小得多；能建造比预制桩的直径大得多的桩；施工质量的好坏对桩的承载力影响很大。根据西江特大桥桥址处的河道水文与工程地质特征，在深水裸岩条件下选择钻孔桩对大桥的结构是有利的。

第 5 章　单壁钢吊箱围堰设计与施工

5.1　研究背景

5.1.1　研究现状

对于深水高桩承台，修建深水桥梁桩基础及其承台时可采用吊箱围堰。这种围堰在高度上被分成若干节，每节根据运输需要又可分为若干块。钢吊箱围堰是用钢板、型钢焊制而成的，底部应将钻孔桩位留出。从技术角度来讲，钢吊箱的设计与施工技术已趋于成熟；从经济角度来讲，与其他施工方法相比较，钢吊箱使用材料最为节省。因此，国内深水桥梁基础高桩承台的施工，绝大多数采用了钢吊箱的施工方法[32]。

南昌生米大桥 32#墩有底单壁钢吊箱为了使套箱下沉并在抽水过程中具有相当的刚度，采用导向架与内支撑的转换设计解决了内支撑无法直接通过的问题；为了解决吊箱体积大、重量大，在下沉及封底过程中，易发生不均匀下沉，使吊箱底板撕裂或封底混凝土破裂的问题，采用了底板共设计 48 个吊点，以 24 根桩的钢护筒为支承点，通过灼 2IV 级精轧螺纹钢将吊箱整体吊起的方法；为了解决吊箱封底混凝土量大、摊铺面积广、不易成功的问题，采用了分两次摊铺的方法，为大型、类似大型单壁钢吊箱施工提供参考。

三河大桥侧板对于不同的阶段要承受不同的荷载，主要包括水压力、封底混凝土侧压力、承台混凝土侧压力的作用，其中，封底阶段主要承受封底混凝土侧压力，抽水阶段主要承受水压力，承台施工阶段主要承受水压力与承台混凝土的侧压力的共同作用。所以对于侧板应该验算封底、抽水、承台施工 3 个阶段，从而确定最不利工况下的内力。侧板是吊箱的主要防水结构，不能设置对拉杆。由于本工程承台高度不大，所以侧板采用刚度大、承载能力强的型钢作为骨架，其上再铺钢板。中间不设支撑，仅在下部底模上设限位挡块，上部由焊于吊箱顶部的反压梁作为支撑。因此，施工期间的侧板承受的各种荷载均通过底模和反压梁及内支撑形成平衡，并末传给定位桩。底板一般由型钢骨架为基础，其上再铺钢板形成。型钢骨架要承受封底混凝土、自重、水浮力的作用。对于承台混凝土浇筑阶段，封底混凝土已经与桩基础形成黏结力，对于一般工程此黏结力足够承担承台混凝土的压力，所以底板型钢骨架一般不承担承台混凝土的压力。

木兰溪特大桥的侧模面板采用 10 mm 厚钢板，竖向主梁采用 I 36b 工字钢，工字钢之间间距为 80 cm；侧模横向次梁采用[16 槽钢，间距 50 cm；底模面板采用 10 mm 厚钢板；底模主梁采用 I 36 工字钢，工字钢间距为 150 cm；次梁采用 I 16 槽钢，间距 50 cm。

苏通大桥辅桥主墩吊箱底板采用交叉梁板结构体系[33]。底板主龙骨由 I45 或 I36 型钢和焊接 T 形板梁形成交叉梁体系，上铺 6 mm 钢板作为面板，下焊[80 × 50 × 6 角钢作为面板次龙骨，与主龙骨一起形成梁板结构体系。底板每个孔口设置 4 组八字形双槽钢，作为浇筑封底混凝土时底板吊杆的扁担梁。上节侧板采用工字钢作为竖向主龙骨，角钢作为竖向次龙骨，在高程为 – 0.7 m、– 1.9 m 和 – 3.3 m 处设 3 道焊接 T 形板梁，作为水平加劲横梁。面板为 6 mm 厚钢板，设于梁系内侧，作为承台模板。沿吊箱顶层周边设一层水平放置的焊接工字形板梁作加劲圈梁，兼作吊箱顶面走道梁。下节侧板采用焊接工字形板梁作为主受力龙骨，角钢作为竖向和横向次龙骨。主受力龙骨间设一道竖向连接系，在高程 – 3.8 m 处设一道水平连接系。面板为 8 mm 钢板，设于梁系外侧，作为承台模板，兼作防撞结构防护层。上、下节侧板间采用螺栓连接，承台施工完成后，将上节侧板拆除。

景鹰高速深水承台单壁钢吊箱的吊箱围堰主要由底板、侧板、吊（抗浮）杆、支撑（抗拉）杆等组成，其中侧板、底板的面板与骨架之间采用交叉焊接方式，即所有加劲板及肋骨架均与面板焊接，在计算加劲肋和骨架截面模量时，将面板也考虑进去，从而增加了其截面模量值，当然面板内的应力就应该是组合应力。

本桥水中墩较多，承台施工吊箱投入较大，主要在于结合主跨边墩承台的实际设计了外置围檩拆装式栓接组合单壁钢吊箱，着重于壁板和底板承插式连接方式创新性设计，已达到拼装拆除方便，增加周转速度，提高利用率的目的。因此设计了外置围檩拼装式（预应力）栓接组合单壁钢吊箱，底板与侧壁板插入底板牛腿，通过精轧螺纹钢与底板连接，并对精轧螺纹钢筋施加一定的预应力，使底板与侧板紧密结合，达到固结密封效果，且安拆方便，可周转使用，提高了工作效率。

5.1.2 工程概况

西江特大桥跨西江部分采用 (56 + 5 × 80 + 56) m 连续梁 + (110 + 2 × 230 + 110) m 连续刚构拱 + (48 + 80 + 48) m 连续梁，起止墩号为：133# ~ 147#，其中 137# ~ 145# 墩位于河道中。

施工水位 7.134 m，承台底标高位于 – 0.1 ~ 0.2 m，吊箱吃水深度约为 7.5 m。以 144#墩为例，144#墩河床标高约为 – 7.29 m，桩基采用 12ϕ2 m 的大直径钻孔桩，顺桥向 3 排，横桥向 4 列，桩中心间距 5.6 m。承台为高桩矩形承台，下承台平面尺寸为 21.6 m × 16 m，承台底标高 0.162 m，钻孔桩施工采用了钢管桩基础固定平台，平台顶标高为 9.323 m。

5.2 单壁钢吊箱设计与施工技术

目前国内外单壁钢吊箱大多采用设置内外围檩，底板与侧板栓焊结合，其缺点为安拆复杂、周转率低。由于本桥水中墩多，如采用传统单壁钢吊箱，则承台施工吊箱投入很大。因此结合本桥实际情况，设计了外置围檩拆装式栓接组合单壁钢吊箱，创新性地设计了壁板和底板承插式预应力连接方式，增加了连接强度，使底板与侧板连接紧密，增强了接缝处的密封效果，且大大减小了拆除时的工作量，使拼装拆除方便快捷，可周转使用，大大节约了资源，节省了工期，加快了施工进度。

5.3 钢吊箱的设计

5.3.1 钢吊箱方案设计

该钢吊箱的结构构造由底板、侧壁板、上下两道外挂围檩及支撑锚固体系、拉压柱、封底混凝土等几部分组成。

吊箱底板采用型钢和钢板焊接成整体形式一次摊销，吊箱侧壁采用分块栓接形式，几个承台周转使用。

该吊箱设计采用模块化设计思路，基本做到大料少切割、小件规格少、方便组合、周转率高、安拆方便、不同平面尺寸承台适用性强、使用材料规格类型少等优点，适合现场快速设计和使用。除底板有待进一步优化提高周转率外，侧壁板基本适应类似水深范围内任意尺寸矩形承台的施工。

单壁钢吊箱施工大致经过以下几个步骤：利用护筒搭设底板拼装平台→分块加工的吊箱底板在拼装平台上定位、焊接→拼装吊箱侧壁板→侧壁板外侧挂上下两道围檩→安装上层内支撑→手拉葫芦整体下放吊箱→吊挂体系转换→封底混凝土施工→抽水、拉压柱锚固→设置砂砾隔离层→转入承台工序施工。

5.3.2 钢吊箱底板

纵横肋为焊接宽翼缘 H 型钢和 T 型钢，热轧钢板面板包在纵横肋下采用角钢加劲形成吊箱底板体系。吊箱底板四周设台阶用于放置侧壁板，壁板与底板采用承插式连接，便于侧壁板拆除。

底板焊连接牛腿在内侧与吊箱侧壁板采用精轧螺纹钢筋固结，精轧螺纹钢穿过侧壁板与外侧环形围檩锚固（图 5-1）。拆除时由潜水员水下切割精轧螺纹钢。侧壁板开孔处设止水油封。

图 5-1　外置围檩连接图

底板龙骨上焊接 16 根拉压柱（两根对焊[25a 型钢），用于吊箱就位后和钢护筒焊接。

底板布置示意图见图 5-2，侧板底板固定示意图见图 5-3。

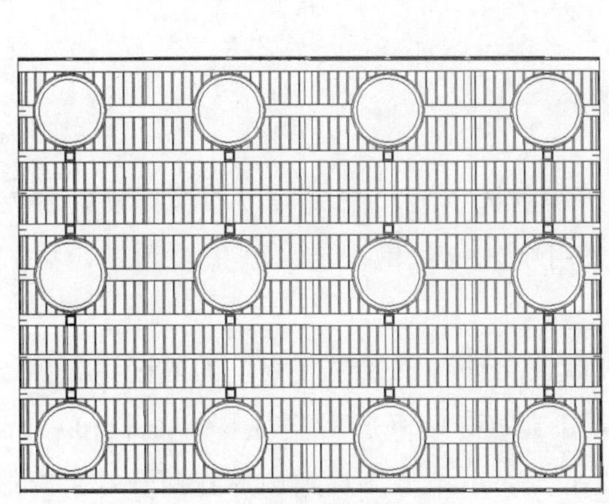

图 5-2　底板布置示意图

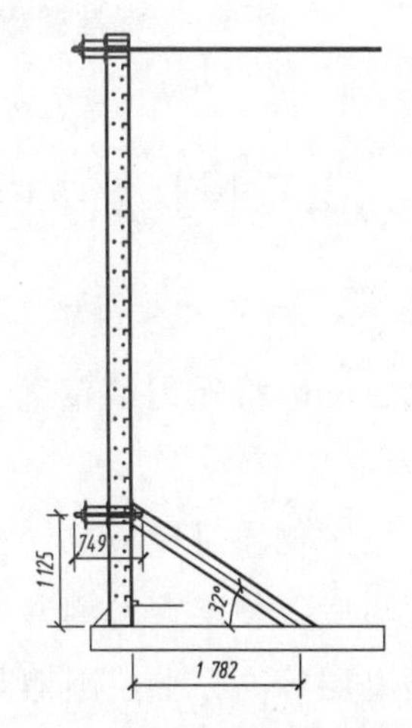

图 5-3　侧板底板固定示意图

5.3.3 钢吊箱侧壁板

为适应不同平面尺寸承台，吊箱侧壁板分平板（又分为标准块和调整块两种，标准块平面尺寸为 6 m × 3 m）和转角板。根据 144#承台尺寸，短边设 5 块标准平板，长边设 5 块标准板和端部 2 块转角板，将长边零尺放在了转角板上，其他尺寸承台另配调整块平板。

壁板竖肋采用工字钢和槽钢，间距 500 mm。中竖肋采用热轧 I25a 型钢，边竖肋采用热轧[25a 型钢开拼装螺栓孔（竖向两列ϕ21.5 mm 螺栓孔，栓孔梅花形布置，单排孔间距 300 mm，两列孔间距 90 mm）。面板采用δ6 mm 热轧钢板，横向采用间距 350 mm 的 L63 × 40 × 6 角钢加劲。壁板上下两端采用δ12 mm 钢板封端。

壁板上其他构造措施：① 顶部封端板开吊装孔；② 面板距下端 1 125 mm 和距上端 153 mm 处各开两个ϕ30 mm 拉筋孔，背面焊ϕ50 × 3.5 钢管（吊箱入水范围内拉筋孔防水油封）。

密水焊缝为连续焊，其他焊缝为间隔焊，型钢与面板角焊缝高 5 mm，型钢与上下堵头钢板角焊缝高 10 mm。壁板间竖向接缝填 10 mm 厚遇水膨胀橡胶板。吊箱标准壁板和转角壁板见图 5-4、图 5-5。

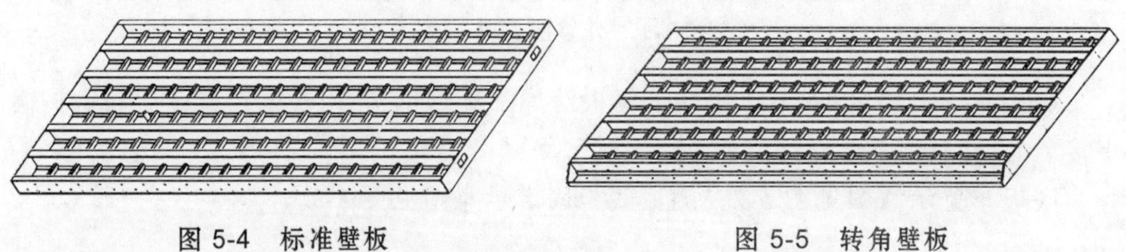

图 5-4 标准壁板　　　图 5-5 转角壁板

5.3.4 上下围檩及支撑锚固体系

吊箱外侧上下各设置一道 2I25a 型钢围檩，上层围檩通过壁板拉筋孔穿对向通长ϕ25 mm 精轧螺纹钢筋，围檩转角用精轧螺纹钢固结。围檩转角锁定方式见图 5-6（a）。

下层围檩通过壁板拉筋孔用短精轧螺纹钢筋与焊接在底板上的锚固牛腿固结。下围檩与底板锁定穿过侧壁板的方式见图 5-6（b）。下层围檩与承台底部 500 mm 厚砂砾隔离层等高，上层围檩与吊箱上口平齐。吊箱上口设螺旋焊缝钢管八字内撑，设对拉杆将对侧围檩紧固。

（a）围檩转角锁定方式

（b）下围檩与底板锁定方式

图 5-6　围檩锁定方式

5.4　单壁吊箱结构计算

5.4.1　计算依据

（1）规范：钢结构设计规范、混凝土设计规范、铁路桥涵施工规范。

（2）施工水位：+4.00 m。承台底面标高 −0.285 m。河床标高 −5.37 m。

（3）承台高度（4.00 + 1.50）m。承台平面尺寸：19.10 m（水流方向）×13.80 m（线路方向）。

（4）钻孔桩：12ϕ2.00 m，钢护筒内径 2.226 m、外径 2.25 m、壁厚 12 mm。

（5）吊箱平面尺寸：长 20.332 m、宽 15.032 m、高 7.278 m。

（6）钢材：钢 Q235，轴向允许应力$[\sigma_0]=1\,700\,\text{kg/cm}^2$，弯曲允许应力$[\sigma_W]=1\,800\,\text{kg/cm}^2$，允许剪应力$[\tau]=1\,000\,\text{kg/cm}^2$，壳板组合允许应力$[\sigma]_{组}=0.8\sim0.9\ \sigma_T$。

（7）封底混凝土等级 C20。弯曲受压允许应力$[\sigma_W]=70\,\text{kg/cm}^2$，弯曲受拉允许应力$[\sigma_{WL}]=4.0\,\text{kg/cm}^2$，黏结力$[C]=6.7\,\text{kg/cm}^2$。

（8）流速按 2.0 m/s，风压按 50 年一遇基本风压 0.5 kN/m^2 采用。

5.4.2　封底混凝土厚度

封底混凝土采用 C20，C20 混凝土允许轴心抗拉强度设计值为 0.4 MPa，封底厚度 1.5 m，去掉 50 cm 浮浆，实际封底厚度按 1.0 m 计算，封底混凝土表面铺 0.5 m 厚砂垫层。

作用于封底混凝土底面向上的水压力

$$q=5.791-1.0\times2.3=3.491\ \text{t/m}^2$$

钢护筒之间的封底混凝土按四边固接双向板计算：

$$l_x = 5\ 300 \text{，} \ l_y = 5\ 300 \text{，} \ \frac{l_x}{l_y} = \frac{5\ 300}{5\ 300} = 1.0$$

$$W = \frac{1}{6} \times 100 \times 100^2 = 1.67 \times 10^5 \ \text{cm}^3$$

查表得

$$M_x = M_y = (0.017\ 6 + 0.15 \times 0.017\ 6) \times 3.491 \times 5.3^2 = 1.98 \ \text{t} \cdot \text{m}$$

$$M_x^0 = M_y^0 = (0.051\ 3 + 0.15 \times 0.051\ 3) \times 3.491 \times 5.3^2 = 5.78 \ \text{t} \cdot \text{m}$$

封底混凝土所受压应力：

$$\sigma_{\max} = \sigma_y^0 = \frac{5.78 \times 100}{1.67 \times 10^5} = 0.003\ 46 \ \text{t/cm}^2 = 0.346 \ \text{MPa} < [\sigma] = 0.4 \ \text{MPa}$$

5.4.3 封底混凝土顶面侧壁板强度检算

作用于钢吊箱侧向水流压力：

$$F = KA\frac{\gamma v^2}{2g_n} = 1.33 \times 101.3 \times \frac{10 \times 2^2}{2 \times 9.81} = 274.7 \ \text{kN}$$

换算成单位荷载为：顶部为 5.427 kN/m，底部为 0 的倒三角形荷载，如图 5-7 所示，流水冲击力图和水压力图如图 5-8 所示。

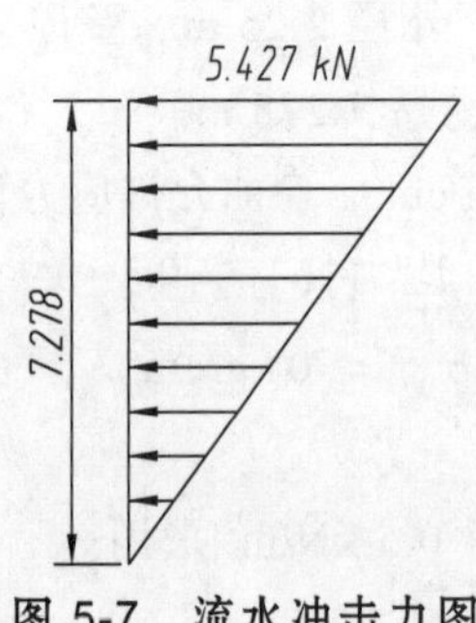

图 5-7 流水冲击力图

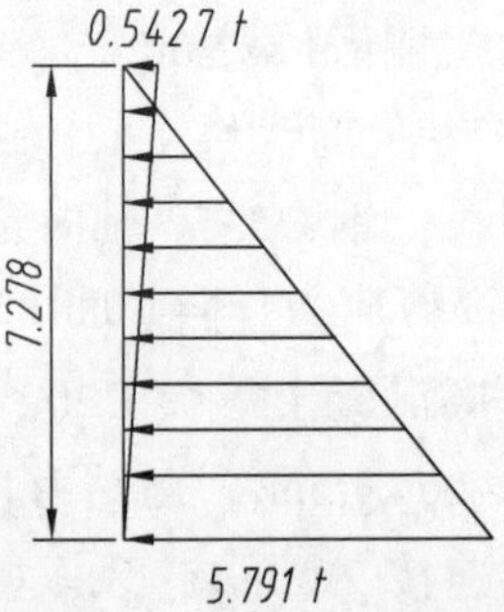

图 5-8 流水冲击力与水压力图

那么作用于封底混凝土顶面处的侧向水流压力：

$$F = 1.177 \ \text{kN/m}$$

作用于封底混凝土顶面处的侧向压力：

$$q = 4.0 + 0.785 + 0.117\ 7 = 4.902\ 7 \ \text{t/m}^2 = 0.490\ 27 \ \text{kg/cm}^2$$

（1）壳板局部弯曲应力。

壳板厚度 6 mm，$W = \frac{1}{6} \times 0.6^2 = 0.06 \ \text{cm}^3$。

竖向加劲肋间距 350 mm，水平加劲肋间距 400 mm。

按四边固结双向板计算：$\dfrac{l_x}{l_y}=\dfrac{350}{400}=0.875$

板中心平行于水平方向的跨中弯矩：

$$M_x=0.023\,35\times0.490\,27\times35^2=14.02\ \text{kg}\cdot\text{cm}$$

板中心平行于竖直方向的跨中弯矩：

$$M_y=0.016\,1\times0.490\,27\times35^2=9.7\ \text{kg}\cdot\text{cm}$$

钢的泊松比取 $\mu=0.3$

修正后的

$$M_x'=M_x+\mu M_y=14.02+0.3\times9.7=17\ \text{kg}\cdot\text{cm}$$

$$M_y'=M_y+\mu M_x=9.7+0.3\times14.02=14\ \text{kg}\cdot\text{cm}$$

故
$$\sigma_x=\frac{M_x'}{0.06}=\frac{17}{0.06}=283\ \text{kg/cm}^2=28.3\ \text{MPa}$$

$$\sigma_y=\frac{M_y'}{0.06}=\frac{14}{0.06}=233\ \text{kg/cm}^2=23.3\ \text{MPa}$$

自由边平行于水平方向的跨中弯矩：

$$M_{x0}=-0.060\,7\times0.490\,27\times35^2=-36.5\ \text{kg}\cdot\text{cm}$$

自由边平行于竖直方向的跨中弯矩：

$$M_{y0}=-0.054\,6\times0.490\,27\times35^2=-32.8\ \text{kg}\cdot\text{cm}$$

钢的泊松比取 $\mu=0.3$

修正后的

$$M_{x0}'=M_{x0}+\mu M_{y0}=-36.5-0.3\times32.8=-46.3\ \text{kg}\cdot\text{cm}$$

$$M_{y0}'=M_{y0}+\mu M_{x0}=-32.8-0.3\times36.5=-43.8\ \text{kg}\cdot\text{cm}$$

故
$$\sigma_{x0}=\frac{M_{x0}'}{0.06}=-\frac{46.3}{0.06}=-772\ \text{kg/cm}^2=-77.2\ \text{MPa}$$

$$\sigma_{y0}=\frac{M_{y0}'}{0.06}=-\frac{43.8}{0.06}=-730\ \text{kg/cm}^2=-73.0\ \text{MPa}$$

（2）竖向加劲角钢局部弯曲应力。

竖向加劲角钢支撑在水平肋骨上，水平肋骨间距即竖向加劲角钢的跨度 $l=400$ mm，见图 5-9，单位 mm。作用于竖向肋骨上的荷载：

$$q = 0.490\ 27 \times 35 = 17.2\ \text{kg/cm}$$

$$M = \frac{1}{8} \times 17.2 \times 40^2 = 3\ 440\ \text{kg} \cdot \text{cm}$$

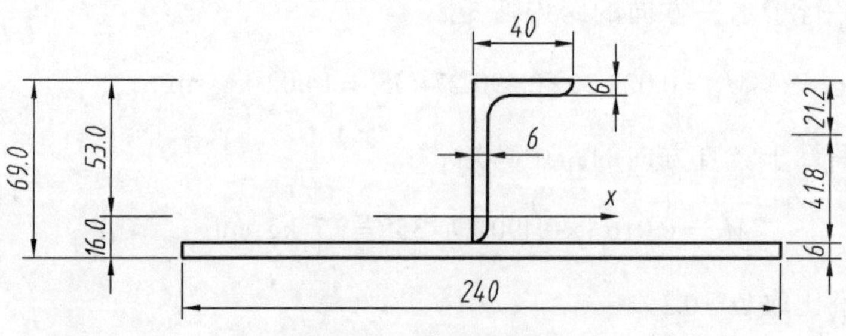

图 5-9　角钢计算图

加劲肋断面：L63×40×6 mm

$$A = 5.91\ \text{cm}^2,\quad y_0 = 2.12\ \text{cm},\quad I_x = 23.36\ \text{cm}^4,$$

$$W_{x_{\max}} = 11.01\ \text{cm}^3,\quad W_{x_{\min}} = 5.59\ \text{cm}^3$$

组合断面：

$$A_{\text{组}} = 0.6 \times 24 + 5.91 = 14.4 + 5.91 = 20.31\ \text{cm}^2$$

$$y_{\text{c}} = \frac{1}{20.31}(14.4 \times 0.3 + 5.91 \times 4.78) = 1.6\ \text{cm}$$

$$\begin{aligned} I &= \left(\frac{1}{12} \times 24.0 \times 0.6^3 + 14.4 \times 1.3^2\right) + (23.36 + 5.91 \times 3.18^2) \\ &= 24.77 + 83.13 = 108\ \text{cm}^4 \end{aligned}$$

$$W_{\text{角钢}} = \frac{108}{5.3} = 20.4\ \text{cm}^3,\quad W_{\text{肋板}} = \frac{108}{1.6} = 67.5\ \text{cm}^3$$

竖向角钢弯曲应力：

$$\sigma_{\text{角钢}} = \frac{3\ 440}{20.4} = 169\ \text{kg/cm}^2$$

壳板中的弯曲应力：

$$\sigma_{\text{壳板}} = \frac{3\ 440}{67.5} = 51\ \text{kg/cm}^2$$

壳板中的组合应力：

$$\sigma_{\text{组合}} = 730 + 51 = 780\ \text{kg/cm}^2 < [\sigma] = 1\ 800\ \text{kg/cm}^2$$

若壳板不参加受力，则竖向角钢应力：

$$\sigma_{角钢}=\frac{3\ 440}{5.59}=615\ \text{kg/cm}^2<[\sigma]=1\ 800\ \text{kg/cm}^2$$

（3）水平肋骨应力。

水平肋骨支撑在竖向肋骨上，竖向肋骨的间距即水平肋骨的跨度。肋骨断面图如图 5-10 所示，作用于水平肋骨上的荷载：

$$q=0.490\ 27\times40.0=19.61\ \text{kg/cm}$$

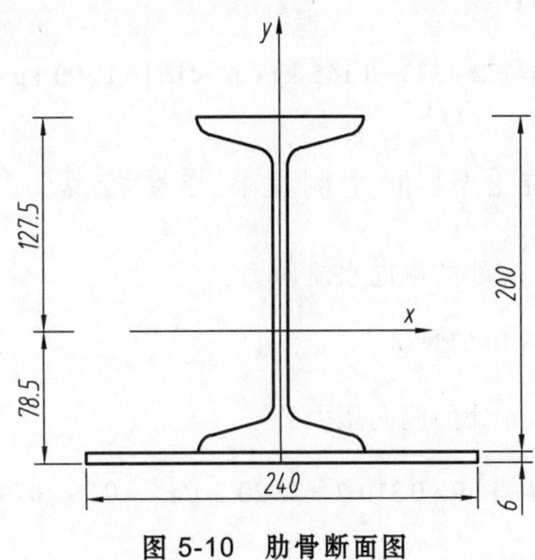

图 5-10　肋骨断面图

水平肋骨的弯矩：按简支梁计算

$$M=\frac{1}{8}\times19.61\times265^2=1.72\times10^5\ \text{kg}\cdot\text{cm}$$

水平肋骨断面：I20b

$$A=39.55\ \text{cm}^2,\ \ I_x=2\ 502\ \text{cm}^4,\ \ W_x=250.2\ \text{cm}^3$$

组合断面：

$$A_{组}=0.6\times24+39.55=14.4+39.55=53.95\ \text{cm}^2$$

$$y_{\text{c}}=\frac{1}{53.95}\times(0.6\times24\times0.3+39.55\times10.6)=7.85\ \text{cm}$$

$$I_x=\left(\frac{1}{12}\times24\times0.6^3+14.4\times7.55^2\right)+(2\ 502+39.55\times2.75^2)=3\ 622\ \text{cm}^4$$

$$W_{肋}=\frac{3\ 622}{12.75}=284\ \text{cm}^3,\ \ W_{壳板}=\frac{3\ 622}{7.85}=461\ \text{cm}^3$$

水平肋骨中的弯曲应力：

$$\sigma_{肋} = \frac{1.72 \times 10^5}{284} = 606\ \text{kg/cm}^2$$

壳板中的应力：

$$\sigma_{壳板} = \frac{1.72 \times 10^5}{461} = 373\ \text{kg/cm}^2$$

壳板中的组合应力：

$$\sigma_{组} = 772 + 373 = 1\,145\ \text{kg/cm}^2 < [\sigma] = 1\,800\ \text{kg/cm}^2$$

5.4.4 距施工水位 2.61 m 处侧壁板强度检算

作用于标高 + 1.39 m 处的侧向水流压力：

$$F = 3.107\ \text{kN/m}$$

作用于标高 + 1.39 m 处的侧向压力：

$$q = 4 - 1.39 + 0.310\ 7 = 2.920\ 7\ \text{t/m}^2 = 0.292\ 07\ \text{kg/cm}^2$$

（1）壳板局部弯曲应力。

壳板厚度 6 mm，$W = \frac{1}{6} \times 0.6^2 = 0.06\ \text{cm}^3$

竖向加劲肋间距 350 mm，水平加劲肋间距 500 mm。

按四边固结双向板计算：$\frac{l_x}{l_y} = \frac{350}{500} = 0.7$

板中心平行于水平方向的跨中弯矩：

$$M_x = 0.032\ 1 \times 0.292\ 07 \times 35^2 = 11.5\ \text{kg} \cdot \text{cm}$$

板中心平行于竖直方向的跨中弯矩：

$$M_y = 0.011\ 3 \times 0.292\ 07 \times 35^2 = 4.0\ \text{kg} \cdot \text{cm}$$

钢的泊松比取 $\mu = 0.3$

修正后的

$$M'_x = M_x + \mu M_y = 11.5 + 0.3 \times 4.0 = 12.7\ \text{kg} \cdot \text{cm}$$

$$M'_y = M_y + \mu M_x = 4.0 + 0.3 \times 11.5 = 7.5\ \text{kg} \cdot \text{cm}$$

故
$$\sigma_x=\frac{M'_x}{0.06}=\frac{12.7}{0.06}=212\ \text{kg/cm}^2=21.2\ \text{MPa}$$

$$\sigma_y=\frac{M'_y}{0.06}=\frac{7.5}{0.06}=125\ \text{kg/cm}^2=12.5\ \text{MPa}$$

自由边平行于水平方向的跨中弯矩：

$$M_{x0}=-0.073\,5\times0.292\,07\times35^2=-26.3\ \text{kg}\cdot\text{cm}$$

自由边平行于竖直方向的跨中弯矩：

$$M_{y0}=-0.056\,9\times0.292\,07\times35^2=-20.4\ \text{kg}\cdot\text{cm}$$

钢的泊松比取 $\mu=0.3$

修正后的

$$M'_{x0}=M_{x0}+\mu M_{y0}=-26.3-0.3\times20.4=-32.4\ \text{kg}\cdot\text{cm}$$

$$M'_{y0}=M_{y0}+\mu M_{x0}=-20.4-0.3\times26.3=-28.3\ \text{kg}\cdot\text{cm}$$

故
$$\sigma_{x0}=\frac{M'_{x0}}{0.06}=-\frac{32.4}{0.06}=-540\ \text{kg/cm}^2=-54.0\ \text{MPa}$$

$$\sigma_{y0}=\frac{M'_{y0}}{0.06}=-\frac{28.3}{0.06}=-472\ \text{kg/cm}^2=-47.2\ \text{MPa}$$

（2）竖向加劲角钢局部弯曲应力。

竖向加劲角钢支撑在水平肋骨上，水平肋骨间距即竖向加劲角钢的跨度 $l=500\ \text{mm}$。作用于竖向肋骨上的荷载：

$$q=0.292\,07\times35=10.2\ \text{kg/cm}$$

$$M=\frac{1}{8}\times10.2\times50^2=3\,187.5\ \text{kg}\cdot\text{cm}$$

加劲肋断面：L63×40×6 mm

$$W_{\text{角钢}}=\frac{108}{5.3}=20.4\ \text{cm}^3,\quad W_{\text{肋板}}=\frac{108}{1.6}=67.5\ \text{cm}^3$$

竖向角钢弯曲应力：

$$\sigma_{\text{角钢}}=\frac{3\,187.5}{20.4}=156\ \text{kg/cm}^2$$

壳板中的弯曲应力：

$$\sigma_{壳板} = \frac{3\,187.5}{67.5} = 47.0\ \text{kg/cm}^2$$

壳板中的组合应力：

$$\sigma_{组合} = 472 + 47 = 519\ \text{kg/cm}^2 < [\sigma] = 1\,800\ \text{kg/cm}^2$$

若壳板不参加受力，竖向角钢应力：

$$\sigma_{角钢} = \frac{3\,187.5}{5.59} = 570\ \text{kg/cm}^2 < [\sigma] = 1\,800\ \text{kg/cm}^2$$

（3）水平肋骨应力。

水平肋骨支撑在竖向肋骨上，竖向肋骨的间距即水平肋骨的跨度。作用于水平肋骨上的荷载：

$$q = 0.292\,07 \times 50.0 = 14.6\ \text{kg/cm}$$

水平肋骨的弯矩：按简支梁计算

$$M = \frac{1}{8} \times 14.6 \times 265^2 = 1.3 \times 10^5\ \text{kg} \cdot \text{cm}$$

水平肋骨断面：I280b

$$W_{肋} = \frac{3\,622}{12.75} = 284\ \text{cm}^3,\quad W_{壳板} = \frac{3\,622}{7.85} = 461\ \text{cm}^3$$

水平肋骨中的弯曲应力：

$$\sigma_{肋} = \frac{1.3 \times 10^5}{284} = 458\ \text{kg/cm}^2$$

壳板中的应力：

$$\sigma_{壳板} = \frac{1.3 \times 10^5}{461} = 282\ \text{kg/cm}^2$$

壳板中的组合应力：

$$\sigma_{组} = 540 + 282 = 822\ \text{kg/cm}^2 < [\sigma] = 1\,800\ \text{kg/cm}^2$$

5.4.5 竖向龙骨受力

竖向龙骨受力如图 5-11 所示。

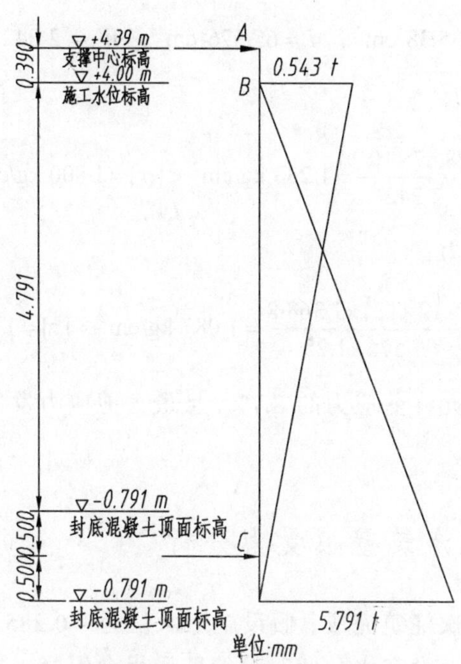

图 5-11　竖向龙骨受力图

竖向肋骨中的弯矩和剪力：

竖向肋骨在 B、C 中点处弯矩最大

$$M_{BC}=28.87\ \text{t}\cdot\text{m}$$

竖向肋骨在支撑 C 处的剪力最大

$$Q_C=65.12\ \text{t}$$

B 点支点反力：$N_B=17.28\ \text{t}$

最大变形 7 mm。

竖向肋骨断面：工 50c

$$A=139.25\ \text{cm}^2,\ I=50\ 639\ \text{cm}^4,\ W_x=2\ 025.6\ \text{cm}^3,\ S_x=12\ 09.1\ \text{cm}^3$$

竖向肋骨弯曲应力：

$$\sigma=\frac{28.87\times10^5}{2\ 025.6}=1\ 425\ \text{kg/cm}^2<[\sigma]=1\ 800\ \text{kg/cm}^2$$

竖向肋骨中的剪应力：

$$\tau=\frac{65.12\times10^3\times1\ 209.1}{50\ 639\times1.6}=972\ \text{kg/cm}^2<[\tau]=1\ 000\ \text{kg/cm}^2$$

竖向肋骨断面：工 56a

$$A = 135.38\ \text{cm}^2,\ I = 65\ 576\ \text{cm}^4,\ W_x = 2\ 342\ \text{cm}^3,\ S_x = 1\ 368.8\ \text{cm}^3$$

竖向肋骨弯曲应力：

$$\sigma = \frac{28.87 \times 10^5}{2\ 342} = 1\ 233\ \text{kg/cm}^2 < [\sigma] = 1\ 800\ \text{kg/cm}^2$$

竖向肋骨中的剪应力：

$$\tau = \frac{65.12 \times 10^3 \times 1\ 368.8}{65\ 576 \times 1.25} = 1\ 087\ \text{kg/cm}^2 > [\tau] = 1\ 000\ \text{kg/cm}^2$$

大龙骨剪应力超过允许剪应力的 8.7%，且最大剪应力发生处在封底混凝土范围内，大龙骨是安全的。

5.4.6 承台混凝土浇筑壁板受力分析

假设 4 m 高承台一次浇筑完成，假设施工水位为 – 0.285 m，即浇筑承台混凝土时，封底混凝土顶面以上没有水，此时吊箱壁受承台混凝土压力，计算此时侧壁板强度。

作用于承台底部侧壁板的混凝土压力（按最大荷载算）：

$$q = 2.5 \times 4 = 10\ \text{t/m}^2 = 1.0\ \text{kg/cm}^2$$

（1）壳板局部弯曲应力。

壳板厚度 6 mm，$W = \frac{1}{6} \times 0.6^2 = 0.06\ \text{cm}^3$。

竖向加劲肋间距 350 mm，水平加劲肋间距 400 mm。

按四边固结双向板计算：$\frac{l_x}{l_y} = \frac{350}{400} = 0.875$

板中心平行于水平方向的跨中弯矩：

$$M_x = 0.023\ 35 \times 1.0 \times 35^2 = 28.6\ \text{kg}\cdot\text{cm}$$

板中心平行于竖直方向的跨中弯矩：

$$M_y = 0.016\ 1 \times 1.0 \times 35^2 = 19.7\ \text{kg}\cdot\text{cm}$$

钢的泊松比取 $\mu = 0.3$

修正后的

$$M'_x = M_x + \mu M_y = 28.6 + 0.3 \times 19.7 = 34.5\ \text{kg}\cdot\text{cm}$$

$$M'_y = M_y + \mu M_x = 19.7 + 0.3 \times 28.6 = 28.3\ \text{kg}\cdot\text{cm}$$

故 $$\sigma_x = \frac{M'_x}{0.06} = \frac{34.5}{0.06} = 575\ \text{kg/cm}^2 = 57.5\ \text{MPa}$$

$$\sigma_y = \frac{M'_y}{0.06} = \frac{28.3}{0.06} = 472\ \text{kg/cm}^2 = 47.2\ \text{MPa}$$

自由边平行于水平方向的跨中弯矩：

$$M_{x0} = -0.060\ 7 \times 1.0 \times 35^2 = -74.4\ \text{kg} \cdot \text{cm}$$

自由边平行于竖直方向的跨中弯矩：

$$M_{y0} = -0.054\ 6 \times 1.0 \times 35^2 = -66.9\ \text{kg} \cdot \text{cm}$$

钢的泊松比取 $\mu = 0.3$

修正后的

$$M'_{x0} = M_{x0} + \mu M_{y0} = -74.4 - 0.3 \times 66.9 = -94.5\ \text{kg} \cdot \text{cm}$$

$$M'_{y0} = M_{y0} + \mu M_{x0} = -66.9 - 0.3 \times 74.4 = -89.2\ \text{kg} \cdot \text{cm}$$

故 $$\sigma_{x0} = \frac{M'_{x0}}{0.06} = -\frac{94.5}{0.06} = -1\ 575\ \text{kg/cm}^2 = -157.5\ \text{MPa}$$

$$\sigma_{y0} = \frac{M'_{y0}}{0.06} = -\frac{89.2}{0.06} = -1\ 487\ \text{kg/cm}^2 = -148.7\ \text{MPa}$$

（2）竖向加劲角钢局部弯曲应力。

竖向加劲角钢支撑在水平肋骨上，水平肋骨间距即竖向加劲角钢的跨度 $l = 400$ mm。作用于竖向肋骨上的荷载：

$$q = 1.0 \times 35 = 35\ \text{kg/cm}$$

$$M = \frac{1}{8} \times 35 \times 40^2 = 7\ 000\ \text{kg} \cdot \text{cm}$$

加劲肋断面：L $63 \times 40 \times 6$ mm

$$W_{角钢} = \frac{108}{5.3} = 20.4\ \text{cm}^3,\quad W_{肋板} = \frac{108}{1.6} = 67.5\ \text{cm}^3$$

竖向角钢弯曲应力：

$$\sigma_{角钢} = \frac{7\ 000}{20.4} = 343\ \text{kg/cm}^2$$

壳板中的弯曲应力：

$$\sigma_{壳板} = \frac{7\ 000}{67.5} = 104\ \mathrm{kg/cm^2}$$

壳板中的组合应力：

$$\sigma_{组合} = 1\ 487 + 104 = 1\ 591\ \mathrm{kg/cm^2} < [\sigma] = 1\ 800\ \mathrm{kg/cm^2}$$

若壳板不参加受力，竖向角钢应力：

$$\sigma_{角钢} = \frac{7\ 000}{5.59} = 1\ 252\ \mathrm{kg/cm^2} < [\sigma] = 1\ 800\ \mathrm{kg/cm^2}$$

（3）水平肋骨应力。

水平肋骨支撑在竖向肋骨上，竖向肋骨的间距即水平肋骨的跨度。作用于水平肋骨上的荷载：

$$q = 1.0 \times 40.0 = 40\ \mathrm{kg/cm}$$

水平肋骨的弯矩：按简支梁计算

$$M = \frac{1}{8} \times 40 \times 265^2 = 3.51 \times 10^5\ \mathrm{kg \cdot cm}$$

水平肋骨断面：工 280b

$$W_{肋} = \frac{3\ 622}{12.75} = 284\ \mathrm{cm^3},\quad W_{壳板} = \frac{3\ 622}{7.85} = 461\ \mathrm{cm^3}$$

水平肋骨中的弯曲应力：

$$\sigma_{肋} = \frac{3.51 \times 10^5}{284} = 1\ 236\ \mathrm{kg/cm^2}$$

壳板中的应力：

$$\sigma_{壳板} = \frac{3.51 \times 10^5}{461} = 710\ \mathrm{kg/cm^2}$$

壳板中的组合应力：

$$\sigma_{组} = 1\ 575 + 710 = 2\ 336\ \mathrm{kg/cm^2} < [\sigma_{\mathrm{T}}] = 2\ 350\ \mathrm{kg/cm^2}$$

（4）竖向肋骨。

假设竖向肋骨下端 C 点位于封底混凝土顶面以下 0.5 m 处为固结点。竖向肋骨间距为 2.65 m，其计算结果如图 5-12 所示。

承台混凝土密度按 25 kN/m^3，初凝时间按 8 h，浇筑速度按 120 m^3/h 计。

那么新浇混凝土对侧壁板的压力：

$$q = 0.22\gamma t_0 \beta_1 \beta_2 v^{\frac{1}{2}} = 0.22 \times 25 \times 8 \times 1.2 \times 1.15 \times 0.45^{\frac{1}{2}} = 4.1\ \text{t/m}^2$$

有效压头高度：$h = \dfrac{4.1}{2.5} = 1.64\ \text{m}$

竖向肋骨中的弯矩和剪力：

竖向肋骨在 B、C 中点处弯矩最大

$$M_{BC} = 36.1\ \text{t}\cdot\text{m}$$

竖向肋骨在支撑 C 处的剪力最大

$$Q_C = 46.52\ \text{t}$$

B 点支点反力：$N_B = 22.58\ \text{t}$

最大变形 7 mm。

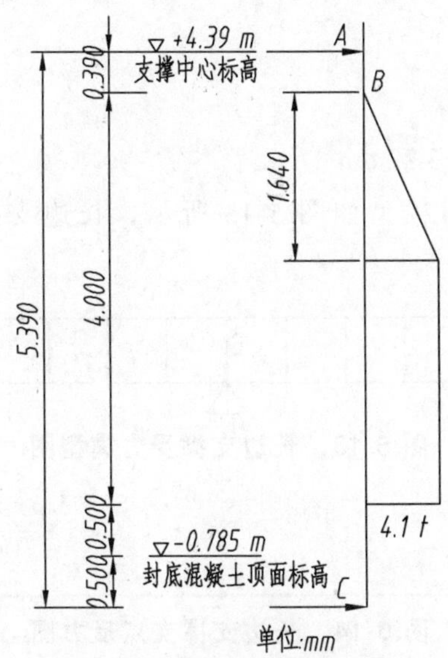

图 5-12 肋骨计算结果图

竖向肋骨断面：I50c

$$A = 139.25\ \text{cm}^2,\ I = 50\ 639\ \text{cm}^4,\ W_x = 2\ 025.6\ \text{cm}^3,\ S_x = 1\ 209.1\ \text{cm}^3$$

竖向肋骨弯曲应力：

$$\sigma = \frac{36.1 \times 10^5}{2\ 025.6} = 1\ 782\ \text{kg/cm}^2 < [\sigma] = 1\ 800\ \text{kg/cm}^2$$

竖向肋骨中的剪应力：

$$\tau = \frac{46.52\times10^3\times1\ 209.1}{50\ 639\times1.6} = 694\ \text{kg/cm}^2 < [\tau] = 1\ 000\ \text{kg/cm}^2$$

竖向肋骨断面：I56a

$$A = 135.38\ \text{cm}^2,\ I = 65\ 576\ \text{cm}^4,\ W_x = 2\ 342\ \text{cm}^3,\ S_x = 1\ 368.8\ \text{cm}^3$$

竖向肋骨弯曲应力：

$$\sigma = \frac{36.1\times10^5}{2\ 342} = 1\ 541\ \text{kg/cm}^2 < [\sigma] = 1\ 800\ \text{kg/cm}^2$$

竖向肋骨中的剪应力：

$$\tau = \frac{46.52\times10^3\times1\ 368.8}{65\ 576\times1.25} = 777\ \text{kg/cm}^2 < [\tau] = 1\ 000\ \text{kg/cm}^2$$

5.4.7 水平内支撑

（1）支撑压力计算。

支撑处均布荷载：$q = 3.22$ t/m

① 长边支撑受力计算模型如图 5-13 所示，长边支撑支点反力计算结果如图 5-14 所示。

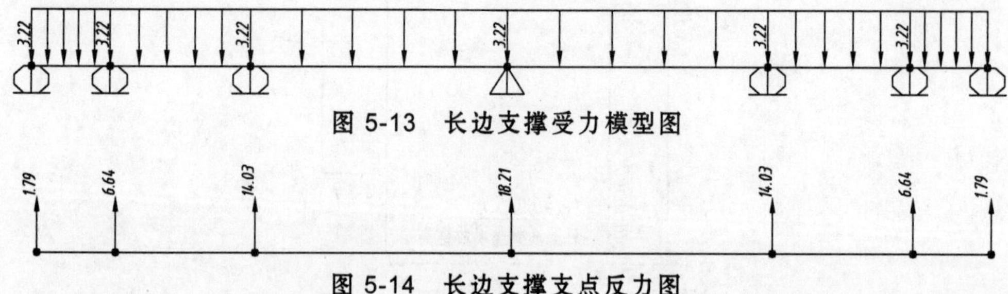

图 5-13 长边支撑受力模型图

图 5-14 长边支撑支点反力图

② 短边支撑受力计算模型及支撑支点反力分别见图 5-15、图 5-16。

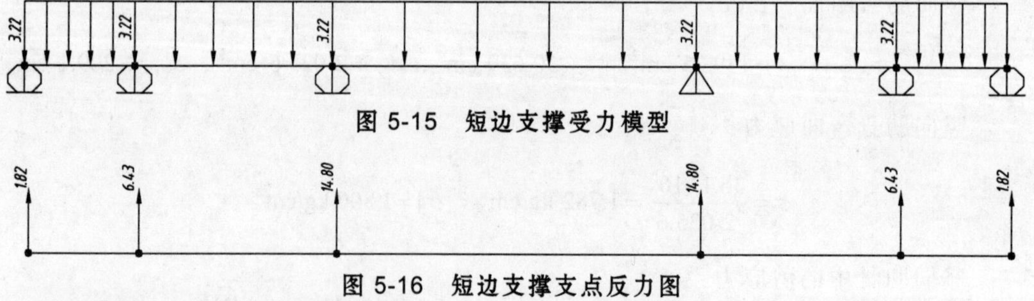

图 5-15 短边支撑受力模型

图 5-16 短边支撑支点反力图

内支撑断面：螺旋焊钢管 $\phi325\times8$ mm，$A = 79.63\ \text{cm}^2$，$i = 11.21$ cm

$$\lambda = \frac{530}{11.21} = 47.3\ ,\quad \varphi = 0.868$$

压应力：

$$\sigma = \frac{18.21 \times 10^3}{0.868 \times 79.63} = 263.0\ \text{kg/cm}^2 < [\sigma] = 1\ 700\ \text{kg/cm}^2$$

（2）支撑拉力计算。

支撑处均布荷载：$q = 4.26\ \text{t/m}$

① 长边支撑受力计算模型如图 5-17 所示，长边支撑支点反力计算结果如图 5-18 所示。

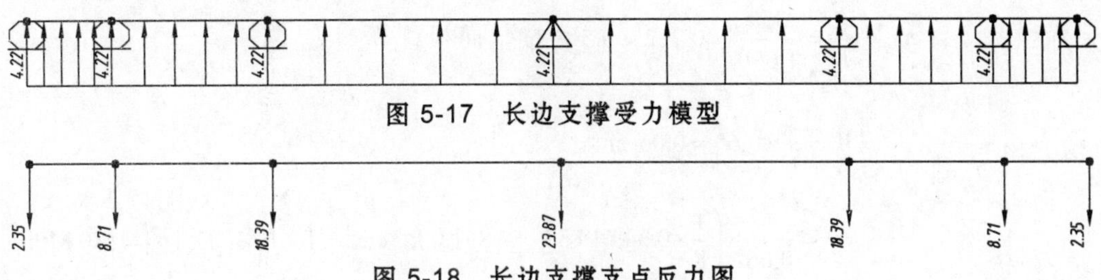

图 5-17 长边支撑受力模型

图 5-18 长边支撑支点反力图

② 短边支撑受力计算模型及支撑支点反力分别见图 5-19、图 5-20。

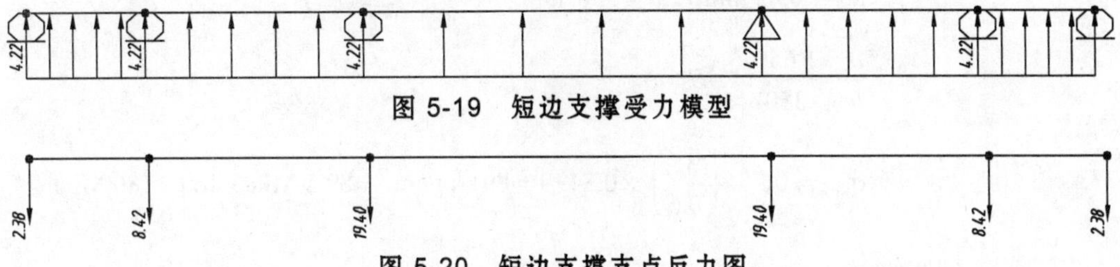

图 5-19 短边支撑受力模型

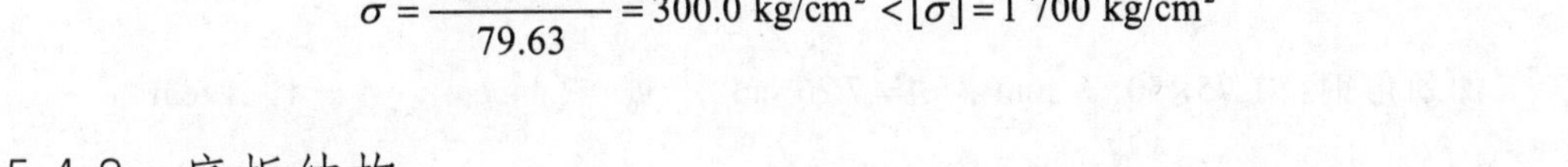

图 5-20 短边支撑支点反力图

拉应力：

$$\sigma = \frac{23.87 \times 10^3}{79.63} = 300.0\ \text{kg/cm}^2 < [\sigma] = 1\ 700\ \text{kg/cm}^2$$

5.4.8 底板结构

封底混凝土厚度 1.50 m，计算厚度取 1.00 m，单位重 2.3 t/m^3。其计算结构如图 5-21 所示。

作用于底板结构向上的压力：

$$q = (4.0 + 1.791) \times 1.0 - 2.3 \times 1.0 = 3.491\ \text{t/m}^2 = 0.349\ 1\ \text{kg/cm}^2$$

（1）底板壳板局部弯曲应力。

① $l_x = 350$ mm， $l_y = 1\ 650$ mm。

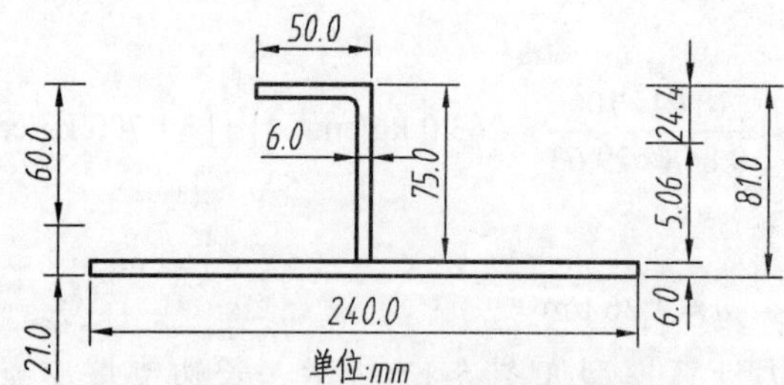

图 5-21　计算断面结构图

$$\frac{l_x}{l_y} = \frac{350}{1\ 650} = 0.212 < 0.5$$，按单向板计算。

$$W = \frac{1}{6} \times 0.6^2 = 0.06\ \text{cm}^3$$

$$\sigma_x = \frac{1}{0.06} \times \left(\frac{1}{8} \times 0.349\ 1 \times 35^2 \right) = 891.0\ \text{kg/cm}^2 = 89.1\ \text{MPa} < [\sigma] = 180\ \text{MPa}$$

② 按四边简支双向板计算：

$$a = 1\ 650\ \text{mm}，\ b = 350\ \text{mm}$$

$$\frac{a}{b} = \frac{1\ 650}{350} = 4.7 > 4$$

$$\sigma_{\max} = 0.75 \times \left(\frac{35}{0.6} \right)^2 \times 0.349\ 1 = 891\ \text{kg/cm}^2 = 89.1\ \text{MPa} < [\sigma] = 180\ \text{MPa}$$

（2）加劲角钢。

$$q = 0.349\ 1 \times 35 = 12.2\ \text{kg/cm}$$

$$M = \frac{1}{8} \times 12.2 \times 165^2 = 41\ 518\ \text{kg} \cdot \text{cm}$$

加劲角钢：L $75 \times 50 \times 6$ mm， $A = 7.26\ \text{cm}^2$， $y_0 = 2.44$ cm， $I_x = 41.12\ \text{cm}^4$

$$W_{x_{\max}} = 16.86\ \text{cm}^3$$

组合断面： $A = 0.6 \times 24 + 7.26 = 14.4 + 7.26 = 21.66\ \text{cm}^2$

$$y_c = \frac{1}{21.66} \times (0.3 \times 14.4 + 7.26 \times 5.66) = 2.10\ \text{cm}$$

$$I_x = \left(\frac{1}{12} \times 24 \times 0.6^3 + 14.4 \times 1.80^2 \right) + (41.12 + 7.26 \times 3.56^2) = 180.0\ \text{cm}^4$$

$$W_{角钢}=\frac{180}{6}=30.0\ \text{cm}^3，\ W_{壳板}=\frac{180}{2.1}=86.0\ \text{cm}^3$$

加劲角钢中的应力：

$$\sigma=\frac{41\ 518}{30}=1\ 384.0\ \text{kg/cm}^2<[\sigma]=1\ 800\ \text{kg/cm}^2$$

壳板应力：

$$\sigma=\frac{41\ 518}{86}=483.0\ \text{kg/cm}^2<[\sigma]=1\ 800\ \text{kg/cm}^2$$

壳板组合应力：

$$\sigma_{组}=891+483.0=1\ 374.0\ \text{kg/cm}^2<[\sigma]=1\ 800\ \text{kg/cm}^2$$

若壳板不参加工作：

$$\sigma_{角钢}=\frac{41\ 518}{16.86}=2\ 463\ \text{kg/cm}^2>[\sigma]=1\ 800\ \text{kg/cm}^2（有混凝土参加工作）$$

（3）底板肋骨应力。

$$q=0.349\ 1\times125=43.6\ \text{kg/cm}$$

$$M=\frac{1}{8}\times43.6\times265^2=3.83\times10^5\ \text{kg}\cdot\text{cm}$$

$$Q=\frac{1}{2}\times43.6\times265=577\ \text{kg}$$

肋骨断面：T180×10/290×10 mm，截面如图 5-22 所示。

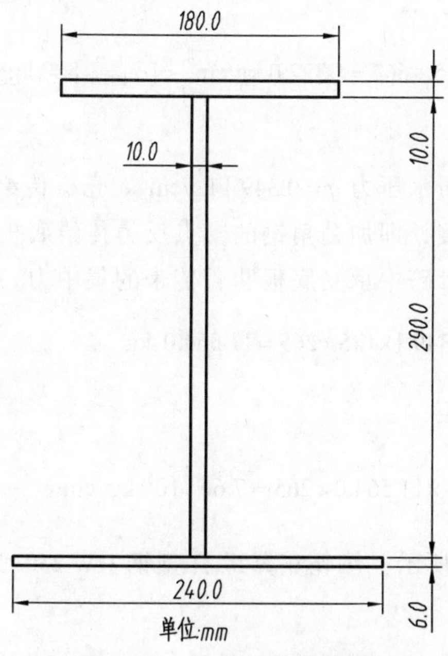

图 5-22　肋骨计算截面图

$$A = 0.6\times 24 + 29\times 1.0 + 18\times 1.0 = 61.4\ \text{cm}^2$$

$$y_{\text{c}} = \frac{1}{61.4}\times(14.4\times 0.3 + 29\times 15.1 + 18\times 30.1) = 16.0\ \text{cm}$$

$$I_x = \left(\frac{1}{12}\times 24\times 0.6^3 + 14.4\times 15.7^2\right) + \left(\frac{1}{12}\times 1.0\times 29^3 + 29\times 0.9^2\right) + \left(\frac{1}{12}\times 18\times 1^3 + 18\times 14.1^2\right) = 3\ 550.0 + 2\ 056.0 + 3\ 580.0 = 9\ 186.0\ \text{cm}^4$$

$$W_{\text{肋骨}} = \frac{9\ 186.0}{14.6} = 629.0\ \text{cm}^3,\quad W_{\text{壳板}} = \frac{9\ 186.0}{16.0} = 574.0\ \text{cm}^3$$

$$S_x = 14.4\times 15.7 + (16 - 0.6)\times 1.0\times\left(\frac{16.0 - 0.6}{2}\right) = 345\ \text{cm}^3$$

肋骨应力：

$$\sigma = \frac{3.83\times 10^5}{629} = 609\ \text{kg/cm}^2,\quad \tau = \frac{5\ 777\times 345}{9\ 186\times 1.0} = 217.0\ \text{kg/cm}^2$$

壳板应力：

$$\sigma = \frac{3.83\times 10^5}{574} = 667.0\ \text{kg/cm}^2$$

壳板组合应力：

$$\sigma = 655 + 667 = 1\ 322.0\ \text{kg/cm}^2 < [\sigma] = 1\ 800\ \text{kg/cm}^2$$

（4）底板龙骨。

底板底面向上的均布水压力 $q = 0.349\ 1\ \text{kg/cm}^2$，壳板传给加劲角钢，加劲角钢与底板肋骨、大龙骨相连接，即加劲角钢的支点反力传给底板肋骨与大龙骨，底板肋骨支撑在大龙骨上，龙骨跨中承受底板肋骨传来的集中力，此力为：

$$P = 0.349\ 1\times 125\times 265 = 11\ 564.0\ \text{kg}$$

底板龙骨的跨中弯矩：

$$M = \frac{1}{4}\times 11\ 564.0\times 265 = 7.66\times 10^5\ \text{kg}\cdot\text{cm}$$

龙骨断面如图 5-23 所示：热轧宽翼缘 H 型钢 HW $250\times 250(250\times 14/222\times 9/250\times 14)$ mm

$$A = 92.18\ \text{cm}^2,\quad I_x = 10\ 800\ \text{cm}^4,\quad W_x = 867\ \text{cm}^3$$

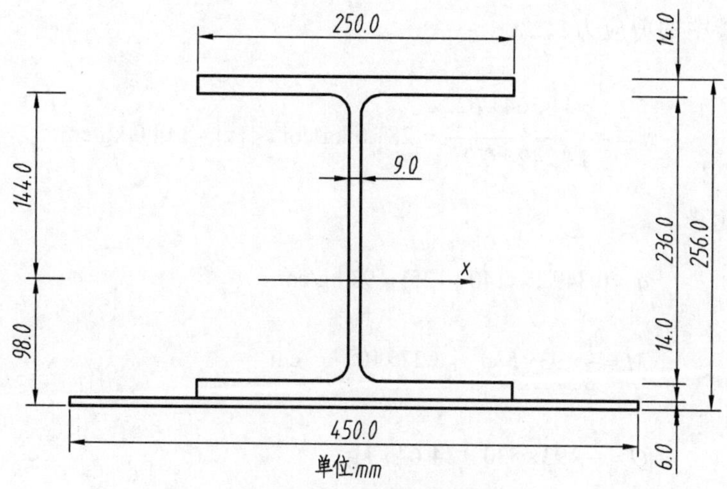

图 5-23　龙骨断面图

组合断面：

$$A = 0.6 \times 45 + 92.18 = 27.0 + 92.18 = 119.18 \text{ cm}^2$$

$$y_c = \frac{1}{119.18} \times (27 \times 0.3 + 92.18 \times 12.56) = 9.8 \text{ cm}$$

$$I_x = \left[\frac{1}{12} \times 45 \times 0.6^3 + 27 \times (9.8 - 0.3)^2\right] + [10\ 800.0 + 92.18 \times (13.1 - 9.8)^2]$$
$$= 14\ 242.0 \text{ cm}^4$$

$$W_{龙骨} = \frac{14\ 242.0}{15.8} = 901.0 \text{ cm}^3, \quad W_{壳板} = \frac{14\ 242.0}{9.8} = 1\ 453.0 \text{ cm}^3$$

$$S_x = 1.4 \times 25 \times 15.1 + 12.96 \times 14.4 \times \frac{1}{2} = 622.0 \text{ cm}^3$$

龙骨应力：

$$\sigma = \frac{7.66 \times 10^5}{901} = 850.0 \text{ kg/cm}^2$$

壳板应力：

$$\sigma = \frac{7.66 \times 10^5}{1\ 453} = 527.0 \text{ kg/cm}^2$$

壳板中的组合应力：

$$\sigma = 655 + 527 = 1\ 182.0 \text{ kg/cm}^2 < [\sigma] = 1\ 800 \text{ kg/cm}^2$$

底板龙骨中的剪应力：

$$\tau=\frac{\frac{1}{2}\times 11\ 564\times 622}{14\ 242\times 0.9}=281.0\ \text{kg/cm}^2<[\tau]=1\ 000\ \text{kg/cm}^2$$

（5）大龙骨。

$$q=0.349\ 1\times(140+125)=93\ \text{kg/cm}$$

$$M=\frac{1}{8}\times 93\times 530^2=3.27\times 10^6\ \text{kg}\cdot\text{cm}$$

$$Q=\frac{1}{2}\times 93\times 530=24\ 645\ \text{kg}$$

大龙骨断面如图 5-24 所示：热轧宽翼缘 H 型钢 HW 400(400×21/358×13/400×21) mm

$$A=219.5\ \text{cm}^2，\ I_x=66\ 900\ \text{cm}^4，\ W_x=3\ 340\ \text{cm}^3$$

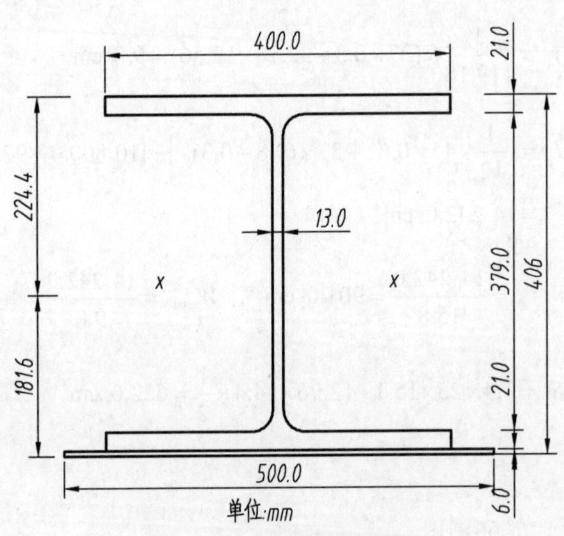

图 5-24　大龙骨断面图

组合断面：

$$A=0.6\times 50+219.5=249.5\ \text{cm}^2$$

$$y_c=\frac{1}{249.5}\times(30\times 0.3+219.5\times 20.6)=18.16\ \text{cm}$$

$$I_x=\left(\frac{1}{12}\times 50\times 0.6^3+30\times 18.16^2\right)+(66\ 900+219.5\times 2.44^2)=78\ 101\ \text{cm}^4$$

$$W_{龙骨}=\frac{78\ 101}{22.44}=3\ 480.0\ \text{cm}^3$$

$$W_{壳板}=\frac{78\ 101}{18.16}=4\ 301.0\ \text{cm}^3$$

$$S_x=84\times 21.74+1.3\times 21.04\times\frac{21.04}{2}=2\ 114.0\ \text{cm}^3$$

大龙骨应力：

$$\sigma=\frac{3.27\times 10^6}{3\ 480}=940.0\ \text{kg/cm}^2$$

$$\tau=\frac{24\ 645\times 2\ 114}{78\ 101\times 1.3}=513.0\ \text{kg/cm}^2<[\tau]=1\ 000\ \text{kg/cm}^2$$

壳板应力：

$$\sigma=\frac{3.27\times 10^6}{4\ 301}=760.0\ \text{kg/cm}^2$$

壳板组合应力：

$$\sigma=655+760=1\ 415.0\ \text{kg/cm}^2<[\sigma]=1\ 800\ \text{kg/cm}^2$$

5.4.9 抗压柱

作用于吊箱底面向上的浮力：

$$F_{浮}=\left(19.2\times 13.9-\frac{\pi}{4}\times 2.0^2\times 12\right)\times(4+1.791)=229.2\times 5.791=1\ 327.3\ \text{t}$$

钢吊箱质量：

$$G_{吊箱}=145.8\ \text{t}$$

封底砼质量：

$$G_{砼}=\left(19.2\times 13.9-\frac{\pi}{4}\times 2.0^2\times 12\right)\times 1.0\times 2.3=229.2\times 2.3=527.2\ \text{t}$$

抗压柱质量：

$$G_{柱}=12.6\ \text{t}$$

抗压柱需承受的压力：

$$F_{浮}-G_{砼}-G_{柱}-G_{吊箱}=1\ 327.3-527.2-12.6-145.8=641.7\ \text{t}$$

设 16 根抗压（拉）柱，每根抗压（拉）柱需承受的轴向力：

$$N=\frac{641.7}{16}=40.1\ \text{t}$$

每根抗压（拉）柱由 2[28a 槽钢焊成箱形断面：

$$A=2\times 40.02=80.04\ \text{cm}^2,\quad i_x=10.90\ \text{cm},\quad \lambda=\frac{687}{10.9}=63,\quad \varphi=0.791$$

抗压柱中的压应力：

$$\sigma=\frac{40.1\times 10^3}{0.791\times 80.04}=633\ \text{kg/cm}^2<[\sigma]=1\ 700\ \text{kg/cm}^2$$

当灌注一半承台混凝土时，抗压柱受力计算：

$$G_{\frac{1}{2}\text{承台混凝土}}=\left(19.2\times 13.9-\frac{\pi}{4}\times 2.0^2\times 12\right)\times 2.0\times 2.5=229.2\times 5=1\ 146\ \text{t}$$

抗压柱需承受的力：

$$\begin{aligned}F_{\text{浮}}-G_{\text{混凝土}}-G_{\text{柱}}-G_{\text{吊箱}}-G_{\frac{1}{2}\text{承台混凝土}}&=1\ 327.3-527.2-12.6-145.8-1\ 146\\&=504.3\ \text{t}\end{aligned}$$

16 根抗压（拉）柱，每根抗压（拉）柱需承受的轴向力：

$$N=\frac{504.3}{16}=31.5\ \text{t}$$

$$\sigma=\frac{31.5\times 10^3}{80.04}=394\ \text{kg/cm}^2<[\sigma]=1\ 700\ \text{kg/cm}^2$$

5.5 单壁钢吊箱施工

5.5.1 吊箱拼装

利用钻孔桩护筒制作拼装平台，在钻孔桩护筒上同一水平高度开孔，在每个护筒上面开 4 个孔，每个孔挂一个 10 t 的手拉葫芦。然后利用吊车把分好块的底板倒运至钢护筒处，利用手拉葫芦悬挂在钢护筒上，调节手拉葫芦直至把底板调平至同一高度，焊接底板，完成底板拼装。

将侧板在底板上拼装成箱体，侧板拐角栓接处加垫橡胶止水带，以保证吊箱连接不泌水。侧板和底板连接采用在底板上预留承插槽口并焊接牛腿，使用精轧螺纹钢筋将牛腿与壁板外侧下圈梁连接，并施加一定预应力，使壁板和底板连接后形成箱体。以方便承台施工完成后的侧板拆除，侧板和底板的连接方式如图 5-25 所示。

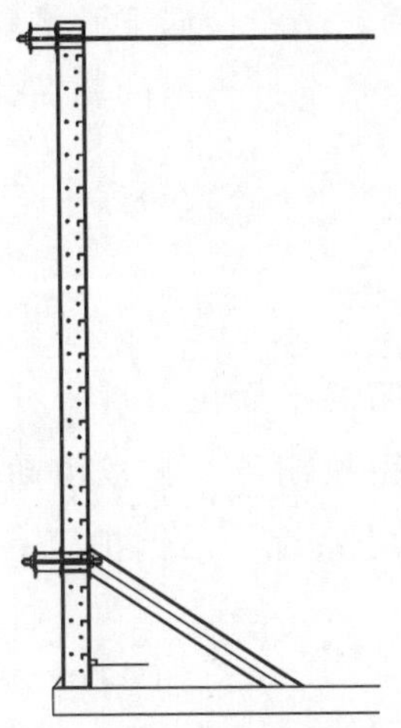

图 5-25　侧板和底板连接方式布置

底板拼装完成后，将侧壁板在底板上依次拼接固定，侧板拼接采用ϕ20 mm 粗制螺栓，10 mm 厚遇水膨胀橡胶板填缝，以保证接缝严密不漏水。设置上下两道围檩及内支撑，吊箱拼装如图 5-26 所示。

图 5-26　吊箱拼装

5.5.2　吊箱下放及定位导向

吊箱拼装完毕，每根护筒挂 4 个 10 t 手拉葫芦与底板相连，同时提升手拉葫芦离开拼装支架 50 mm，经检查一切正常后割除拼装支架，同步松开手拉葫芦开始逐级下放吊箱。在下放的过程中由一人统一指挥，同时放松手拉葫芦链条，每条链条放松长度相同，保证吊箱在下沉过程中各个吊点同时、统一，让钢吊箱均匀缓慢地下沉。

在下沉时，由于水流的作用，吊箱会向下游漂移，为保证吊箱位置的准确性，在钢护筒轴线相应位置焊接吊箱下沉过程中的导向装置。

5.5.3 吊挂系统的转换

吊箱下放到位，固定钢吊箱的平面位置后，开始转换吊挂系统，即将槽钢拉压柱与护筒焊接固定后，放松手拉葫芦，完成由葫芦组成的临时吊挂系统转换成由 16 根 2[28a 拉压柱组成的吊挂系统，与钢护筒一起承受在承台施工过程中的所有荷载。

5.5.4 钢吊箱封底

吊箱就位并锁定位置后，用麻包装混凝土干拌料将吊箱底板与钢护筒间空隙封堵严，开始采用提升导管法灌输封底混凝土。因桥位受半日潮涨落影响，故吊箱通过底板上的连通器钢管与河道相通，保证封底混凝土凝固期间不受涨落潮水头差的扰动。

封底混凝土达到强度要求后，封闭底板钢管连通器，启动抽水设备将吊箱内的水排出。吊箱内经排水并堵漏后，将封底混凝土表面浮浆和超高部分凿除，在承台与封底混凝土间砂砾隔离层内将拉压柱与钢护筒固结，割除多余钢护筒和拉压柱，铺设砂砾隔离层并做水泥砂浆硬化面，清理桩头后即可转入承台工序施工。

5.6 本章小结

采用单壁钢吊箱围堰结构，可以陆地、水上承台同步施工，缩短施工工期，降低施工成本。

（1）壁板设计具有安拆速度快、材料损耗少的优点。围檩外置具有便于安装拆除、不占用吊箱内有限的空间、吊箱整体刚度大的优点。重要承力部位锚固均采用精轧螺纹钢筋具有安全储备高、拆装速度快的优点。该吊箱设计已申报了专利并受理。

（2）该吊箱具有周转率高、安拆方便、不同平面尺寸承台适用性强、使用材料规格类型少等优点，适合现场快速设计和使用，模块化设计思路对类似工程具有一定的参考价值。

（3）充分利用钻孔平台就可完成吊箱施工的全过程，直至墩身施工完毕，可实行工厂化加工，多点平行作业。

（4）使用效果好。封底抽水设置井架形成支撑后，钢吊箱无变形。

（5）此方法施工速度快，钢材回收率高，达到 80%。无须大型水上施工设备，且经济、方便。

第 6 章 双壁钢吊箱围堰设计与施工

6.1 研究背景

6.1.1 研究现状

钢吊箱有单壁钢吊箱和双壁钢吊箱两种形式[34]。单壁钢吊箱结构简单，用钢量小，方便加工及拼装；双壁钢吊箱施工主动性高，可充分利用水的浮力进行吊箱的拼装与下沉，刚度大，隔水性好，更适应深水、流速大、大尺寸承台的施工要求，还可兼做承台的防撞结构。有底钢吊箱围堰进行深水高桩承台的施工技术是我国研究开发的。同国外广泛采用的无底钢围堰相比，钢吊箱具有施工工期短、水流阻力小、不需沉入河床、材料用量少、经济合理等诸多优点，但作为一悬挂系统，其可靠度明显低于无底钢围堰[35]。

桥梁深水高桩承台基础的混凝土施工，采用吊箱围堰的方法，在铁路桥梁方面，20 世纪 50 年代见于浙江的奉化、余姚两桥；70 年代中期见于上海黄浦江桥。两者的设计方式大体相同。1978 年年底开工的广茂线肇庆西江大桥，其水中的 2、3、4 号墩均为 4 根大直径钢管柱高承台基础。承台混凝土的灌注亦采用吊箱式围堰的施工方法。但在设计上有别于常例，采用了拆装式水密底板的结构方案[36]。

1999 年 10 月正式开工的鄂黄长江公路大桥的钢吊箱外径 ϕ33.0 m，内径 30 m，壁厚 1.5 m，A 标吊箱高 32 m、重 1100 t，B 标套箱高 32.75 m、重 800 t。吊箱全高共分 6 节，每节分 8 块，每块内设隔舱板和竖向联系劲性骨架。封底混凝土厚 7 m，C20 水上混凝土 3 807 m^3，一次浇筑完成[37]。

泉州刺桐大桥承台采用钢吊箱围堰，钢吊箱尺寸为 15 m × 11 m × 8 m（长 × 宽 × 高），吊箱面积为 136.12 m^2，为了保证承台的干施工，钢吊箱的底部采用水下不离析混凝土封底，设计厚度 1 m，混凝土等级为 C15。为了提前抽水施工，要求提高混凝土的强度为 20 MPa，在混凝土强度达到 15 MPa 时（大约 5 d）抽水进行干施工[38]。

南京长江第二大桥北汊桥的基础施工中，为节省用钢量、增加施工的安全可靠性，根据承台结构尺寸大（30.02 m × 14 m）、水流条件和河床位置等实际情况，采用了体积巨大的双壁有底沉浮式钢吊箱围堰。外形的尺寸长 × 宽 × 高为 34.02 m × 17.60 m × 12.08 m，内部净平面尺寸为 32.02 m × 16.60 m[39]。

辽河特大桥提出了改进的轻型高桩承台吊箱施工方法。该方法把吊箱分成上、中、下 3 节，运用汽车吊在水上作业平台上拼装吊箱，吊装时用拉筋焊接在一起，拉筋固定在桩护筒上。吊箱的上两节可重复利用，与传统的钢围堰砌筑承台相比能节省大量钢材。该轻型吊箱施工方法经过辽河特大桥深水施工作业的实践检验，证明其具有施工操作方便、定位准、经济效益高等特点[40]。

杭州湾跨海大桥南滩涂区采用钢吊箱围堰进行承台的施工，同时提出了利用装配式钢吊箱底板钻孔桩钢护筒支撑和潮水涨落间隙，进行水中承台钢吊箱围堰的设计与施工技术[41]。

沙湾特大桥在钢吊围堰上进行了创新设计，这些钢吊箱主要由箱体、支撑系统和吊挂系统组成。与一般吊箱不同的是：它一无吊梁，二是吊杆与压力撑为同一杆件，即拉压杆[42]。

夹江大桥钢吊箱针对急流在设计上提出一些新颖的东西：先求出流水压力，然后在钢吊箱迎水面侧板和封底混凝土间设置竖向斜撑，以确保钢吊箱在各工况下不被急流冲垮；采用圆环钢板、钢圈、长条砂布袋和水下不离散混凝土组成密封圈，确保主桩护筒周围混凝土不被急流淘洗；采用钢筋混凝土预制板代替传统钢底板，节约投资；采用卷扬机配合滑车组的办法，整体下放钢吊箱，省去了大型浮吊，也避免了采用多台葫芦而容易产生的应力集中现象[43]。

苏通大桥南北主墩采用了双壁钢吊箱，平面尺寸为 120 m × 52 m，为世界之最，封底混凝土厚度为 3.0 m[44]。

经过几十年的发展，从技术角度来讲，吊箱围堰的设计与施工技术已趋于成熟；从经济角度来讲，与其他施工方法相比较，吊箱围堰使用材料最为节省。因此，国内外桥梁深水基础高桩承台的施工，绝大多数采用了吊箱围堰的施工方法[45-52]。传统吊箱的设计基本采用了桁架及隔舱结合的壁板结构形式，所用材料品种多、加工周期长、结构复杂。

6.1.2 工程概况

主桥采用（110 + 2 × 230 + 110）m 连续刚构拱结构。主墩 141# ~ 143#墩为深水基础，最大水深 35 m，均采用 12 根 ϕ2.8 m 大直径钻孔灌注桩，顺桥向 3 排，横桥向 4 列，桩中心间距 6.6 m，高桩矩形承台如图 6-1 所示。下承台结构尺寸为 16 m × 21.6 m × 5 m，四角为 2.4 m 圆角；承台底位于水下 17 m。主桥布置形式见图 6-2。

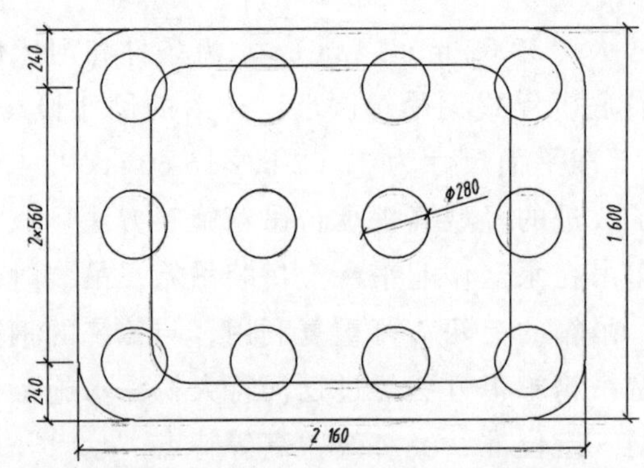

图 6-1　基础平面布置（单位：cm）

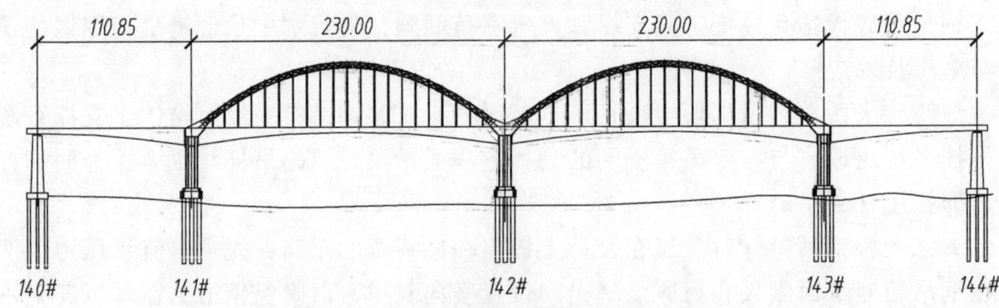

图 6-2　主桥布置立面图（单位：cm）

桥址处：$F = 23\ 259.15\ \text{km}^2$，$Q_{1\%} = 47\ 894.01\ \text{m}^3/\text{s}$，$v_{1\%} = 2.3\ \text{m/s}$，$H_{1\%} = 8.854\ \text{m}$，$Q_{0.33\%} = 51\ 624.993\ \text{m}^3/\text{s}$，$H_{0.33\%} = 9.344\ \text{m}$，主桥墩施工水位 7.134 m。

6.1.3　研究目标

通过对高桩承台双壁钢吊箱围堰施工技术研究，确保承台在预定工期内顺利完成，从而为整座桥梁按期完工打下良好的基础；在保证质量的前提下加快进度、节约材料、节约机械台班和人工工日，方便施工，以达到节省施工成本和施工工期的目标。

6.2　钢吊箱设计

6.2.1　方案比选

大型深水高桩承台的施工多采用双壁钢吊箱围堰，桁架格构式双壁钢吊箱是应用较多的一种吊箱结构形式，但其使用的材料品种多、加工周期长、内部支撑结构体系庞大，对工程施工进度有一定的影响。板梁隔舱式双壁钢吊箱是根据吊箱的受力特点对传统的吊箱设计进行创新形成的新型吊箱结构。

课题组在充分的研究和分析后，对桁架格构式方案（传统方案）和板梁隔舱式方案（创新方案）两种双壁钢吊箱围堰设计方案进行了技术可行性及经济合理性对比，两种设计方案具体如表 6-1 所示。

表 6-1　双壁钢吊箱围堰设计方案

对比项目	桁架格构式方案（传统方案）	板梁隔舱式方案（创新方案）
总体结构	圆角矩形双壁钢吊箱：内壁长 21.7 m、宽 16.1 m；外壁长 24.532 m、宽 18.932 m；吊箱内外壁之间间距 1.4 m，吊箱高 21.5 m。吊箱在高度方向上分 5 节，自下而上分别为 6.4 m、3.6 m、4.0 m、4.0 m、4.5 m，最上面一节为单壁。吊箱内外壁板间竖向、水平向均采用桁架作为受力结构	圆角矩形双壁钢吊箱：内壁长 21.7 m、宽 16.1 m；外壁长 24.5 m、宽 18.9 m；吊箱内外壁之间间距 1.4 m，吊箱高 21.5 m。吊箱在高度方向上分 3 节，自下而上分别为 6.0 m、7.5 m、8.0 m。吊箱内外壁板间竖向采用板梁式隔舱板作为受力结构，水平桁架作为辅助结构增加抗扭刚度
使用材料	全部采用 Q235B 材料	内外壁板、隔舱板、隔舱板上纵横加劲肋均采用 Q345B 材料，底板全部和横向角钢采用 Q235B 材料
侧壁板	内外壁板厚度有两种，$\delta = 8$ mm（第 1 节至第 4 节，高 17 m），$\delta = 6$ mm（第 5 节，高 4.5 m）。壁板水平加劲板□8×60 mm。壁板竖向加劲角钢∟100×63×10 mm。水平桁架的弦板为□20×220＋□12×95 和□20×220 mm 两种，斜杆为 L125×125×12 mm，直杆为 L90×90×10 mm；桁架间距为 600 mm、800 mm、1 000 mm、1 200 mm 四种。竖向桁架斜杆为 L75×75×5 mm 角钢。隔舱板厚度分两种，厚度从下到上分别是 $\delta = 14$ mm、10 mm；在隔舱板与内外壁板相交处，分别设置 10 mm×430 mm 的壁板加强板	内外壁板厚度，$\delta = 6$ mm。壁板水平加劲角钢有两种，L100×63×10 mm 和 L90×56×8 mm；间距为 300 mm、400 mm 两种。隔舱板厚度分 3 种，厚度从下到上分别是 $\delta = 12$ mm、10 mm、8 mm；在隔舱板与内外壁板相交处，分别设置□10×300 mm 的壁板加强板，在隔舱板上设置横向和竖向加劲板，厚度为 10 mm
底板	板厚 $\delta = 6$ mm；隔舱内底板加劲角钢 L100×63×8 mm；小龙骨为焊接工字钢 400 mm，小龙骨为间断，并在间断处与大龙骨焊接连接。大龙骨为焊接工字钢 600 mm，顺线路方向的大龙骨为连续，顺水流方向的大龙骨为间断，并在间断处与顺线路方向连续大龙骨焊接连接	板厚 $\delta = 6$ mm；隔舱内底板加劲角钢 L100×63×8 mm；小龙骨为焊接工字钢 400 mm，小龙骨为间断，并在间断处与大龙骨焊接连接。大龙骨为焊接工字钢 600 mm，顺线路方向的大龙骨为连续，顺水流方向的大龙骨为间断，并在间断处与顺线路方向连续大龙骨焊接连接
水平内支撑	设 3 道水平支撑，下道支撑中心线距承台底面 3.194 m，支撑为螺旋焊钢管 ϕ1 020×14 mm；中间支撑中心线距下道支撑中心线距离为 3.40 m，支撑为螺旋焊钢管 ϕ720×12 mm；上道支撑中心线距中间支撑中心线距离为 4.40 m，支撑为螺旋焊钢管 ϕ720×12 mm；顺线路的支撑为连续，水流方向的支撑为间断，支撑间焊接采用相贯线坡口焊接	设 3 道水平支撑，下道支撑中心线距封底混凝土顶面 7.2 m，支撑为螺旋焊钢管 ϕ720×12 mm；中间支撑中心线距下道支撑中心线距离为 4.8 m，支撑为螺旋焊钢管 ϕ720×12 mm；上支撑设在吊箱顶面下 0.5 m 处，支撑为 ϕ426×10 mm 螺旋焊钢管。顺线路的支撑为连续，水流方向的支撑为间断，支撑间焊接采用相贯线坡口焊接

续表

对比项目	桁架格构式方案（传统方案）	板梁隔舱式方案（创新方案）
抗拉压柱	设 32 根抗压（拉）柱，每根柱由 2[40a 槽钢拼成箱型断面，长 20.894 m，每根抗压（拉）柱都要与中间内支撑用钢板焊接连接，以便减少自由长度，增加抗压（拉）柱的稳定	设 26 根抗压（拉）柱，每根柱由 2[36a 槽钢拼成箱形断面，长 20.894 m，每根抗压（拉）柱都要与中间内支撑用钢板焊接连接，以便减少自由长度，增加抗压（拉）柱的稳定。在抽水过程中，间隔 3 m 用两根 20a 槽钢与钢护筒之间焊接一道连接杆件
质量	钢吊箱总质量 936.2 t，其中侧壁板、底板、内支撑质量和为 842.7 t，附属结构抗拉（压）柱 86.0 t，定位轮重 7.5 t	钢吊箱总质量 786.6 t，其中侧壁板、底板、内支撑质量和为 708.3 t，附属结构抗拉（压）柱 69.8 t，定位轮重 7.5 t

对两种设计方案进行比选，比选情况见表 6-2。

表 6-2　双壁钢吊箱围堰设计方案对比表

对比项目	桁架格构式方案（传统方案）		板梁隔舱式方案（创新方案）	
	优点	缺点	优点	缺点
总体结构	结构尺寸合理，桁架格构式双壁钢吊箱是比较成熟的吊箱施工技术，已经在多座桥梁施工中被采用	高度上分节较多，现场拼装施工周期长	结构尺寸合理，竖向板梁式隔舱板抗弯能力强，水平桁架只作为增加抗扭刚度的辅助结构。高度上分节少，现场拼装施工周期短	第一次采用，没有实施实例供参考
使用材料	材料材质单一，便于采购，管理方便	材料规格较多	材料规格较少	材料材质分两种，需分别管理
侧壁板	第 5 节，高 4 500 mm 为单壁。内外壁之间采用桁架结构连接，计算模型简单，受力明确	内外壁板厚度有两种，水平桁架的弦板均为钢板，需现场加工，工作量大，使用材料型号较多	内外壁板厚度仅一种，吊箱壁在竖向所受水平力由内部隔舱的板梁结构承受，箱体竖向抗弯能力大	吊箱壁板在竖向均为双壁结构
底板	两种方案一致		两种方案一致	
水平内支撑	设 3 道水平支撑	材料截面尺寸较大，底层支撑位置靠下，下层承台需分次浇筑	设 3 道水平支撑	
抗拉压柱	截面强度较高，不需与护筒设置多处连接	截面强度富余值较大，使用材料数量较多	截面强度满足要求，使用材料数量较少	需与护筒设置多处连接
质量		钢吊箱总质量 936.2 t	钢吊箱总质量 786.6 t	

经过对比分析和论证，板梁隔舱式双壁钢吊箱围堰结构合理，使用材料规格少，加工和拼装工作量小，材料用量比桁架结构少用约 150 t，确定双壁钢吊箱采用隔舱板梁式双壁组合结构。

6.2.2 板梁隔舱式双壁吊箱设计

吊箱结构设计分为侧壁板、底板、内支撑、抗拉压柱 4 个部分，底板开孔，设有纵横两个方向的加强筋。根据对以往桥位处西江洪峰水位调查结果，钢吊箱设计施工水位采用 + 7.5 m。吊箱底面标高 - 13.274 m，吊箱顶面标高 + 8.226 m。平面适应承台设计为圆角矩形，以吊箱内壁作为下承台施工的侧模。吊箱内外壁之间间距 1.4 m，内壁长 21.7 m、宽 16.1 m，外壁长 24.5 m、宽 18.9 m，吊箱高 21.5 m。

钢吊箱在高度上分 3 节，自下而上分别为 6.0 m、7.5 m、8.0 m。吊箱内部在高度方向上设有 3 道支撑。吊箱每节在平面上分成 10 块，四角圆角各为 1 块，长边直板各分成 2 块，短边直板各分成 1 块。

侧壁板：内外壁板厚度$\delta = 6$ mm。壁板水平加劲钢板有两种，∟100 × 63 × 10 mm 和∟90 × 56 × 8 mm；间距为 300 mm、400 mm 两种。隔舱板采用竖向板梁式结构，间距 1.5 m、1.6 m，厚度从下到上分别是$\delta = 12$ mm、10 mm、8 mm；在隔舱板与内外壁板相交处，分别设置□10 × 300 mm 的壁板加强板，在隔舱板上设置横向和竖向加劲板，厚度为 10 mm。其结构见图 6-3、图 6-4。

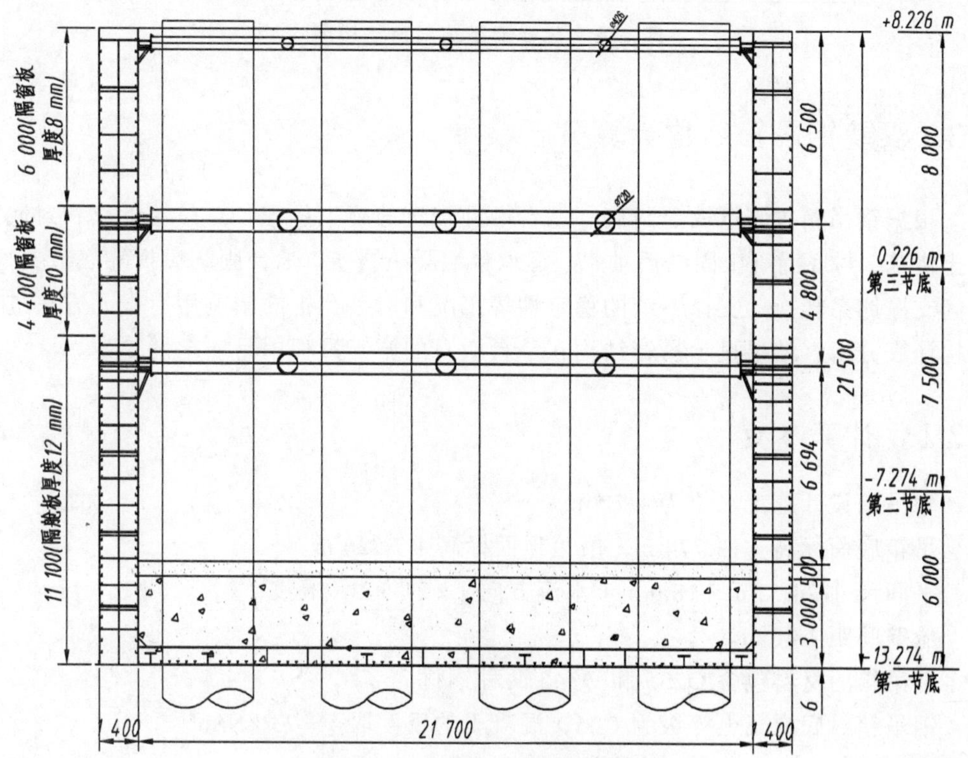

图 6-3 双壁钢吊箱立面结构图

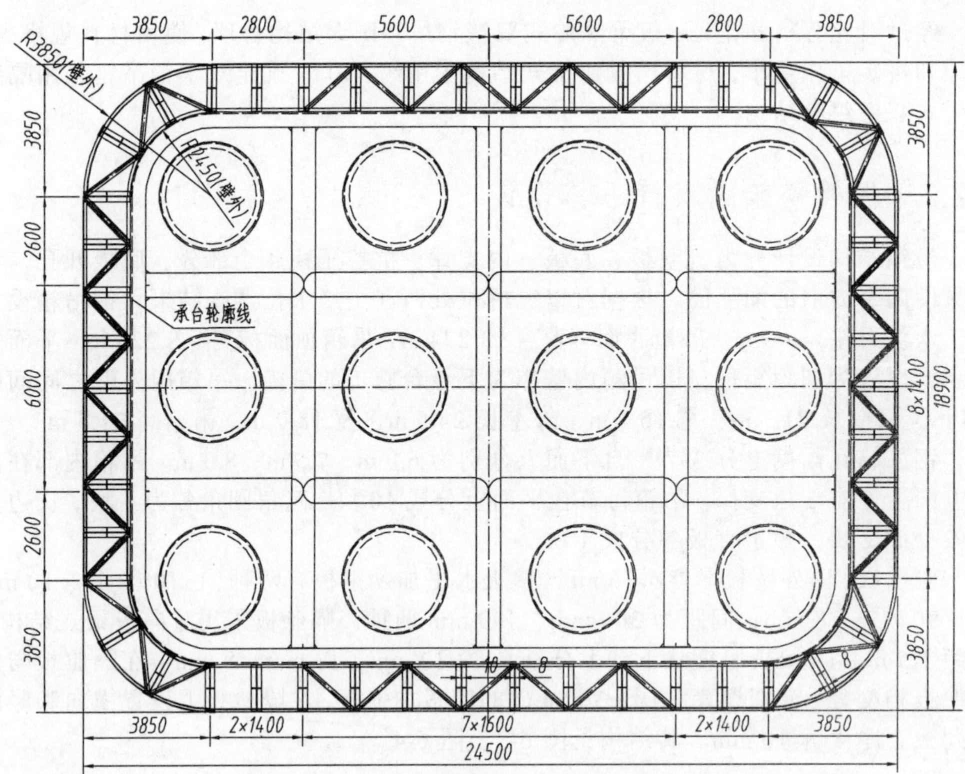

图 6-4　双壁钢吊箱平面结构图

6.3　双壁钢吊箱结构计算分析

根据钢吊箱拼装下放、封底、承台墩柱浇筑的施工过程，对吊箱下放和封底混凝土浇筑、封底混凝土固结后抽水、下承台混凝土浇筑、承台固结后拆除底节支撑、中间支撑体系转换、支撑系统的稳定性等工况和对钻孔桩的影响用有限元方法进行结构计算分析，结果显示吊箱结构在承台墩身的施工过程中是安全的。

6.3.1　计算参数

钢吊箱设计施工水位为 + 7.5 m。

吊箱底面标高 – 13.774 m，吊箱顶面标高 + 7.726 m。

平面尺寸 24.53 m × 18.9 m（水流方向）× 21.5 m（高度）。

舱壁间距 1.40 m。

钢吊箱的材料包含 Q235 和 Q345 两种钢材。

钢吊箱封底混凝土等级为 C25，混凝土的重度取 $\gamma_c = 23\ \text{kN/m}^3$。

钻孔桩：12ϕ2.8 m，钢护筒外径 3.1 m。

6.3.2 钢吊箱主要构件

钢吊箱各种主要构件如下：

1. 底板和壁板

壁厚 6 mm，钢材类型为 Q345。

2. 底板龙骨

大龙骨：焊接工字钢 600（560 × 16 + 500 × 20）mm；小龙骨：焊接工字钢 400（360 × 16 + 300 × 20）mm；加劲角钢：L100 × 63 × 8 mm；加劲肋：I12.6。

3. 隔舱板

板厚分 12 mm、10 mm 和 8 mm 三种；内外壳板处设 – 10 × 300 mm 的加强垫板；水平筋 – 10 × 150 mm。

4. 水平角钢

壁板水平加劲角钢为 L100 × 63 × 10 mm 和 L90 × 56 × 8 mm 两种。

5. 内部水平支撑

设置 2 道水平内支撑，为 ϕ720 × 12 mm，其中心线距箱底的高度分别为 10.2 m 和 15 m（处吊箱底）。

6. 水平桁架

设置 7 道水平桁架，为 L125 × 25 × 12 mm，与水平加筋角钢和隔舱板水平板焊接。

7. 抗浮支柱

采用 2[36a 拼成的箱形截面，支在底板纵横龙骨的交叉点处。

6.3.3 吊箱下沉及施工过程工况分析

1. 吊箱下沉

吊箱下沉时是借助浮力悬浮，然后往壁舱间注水下沉。吊箱整体质量按 760 t 计算。（计算时没有考虑图纸中最上面的第 3 道支撑）

吊箱下沉至设计标高时，壁舱间与外面水头差：

$$\Delta h = \frac{760}{107.2} = 7\ \text{m}$$

此时只有壁板承受由于 7 m 水头差产生的静水压力，水深按 $h = 21.274$ m 计算。荷载示意见图 6-5。

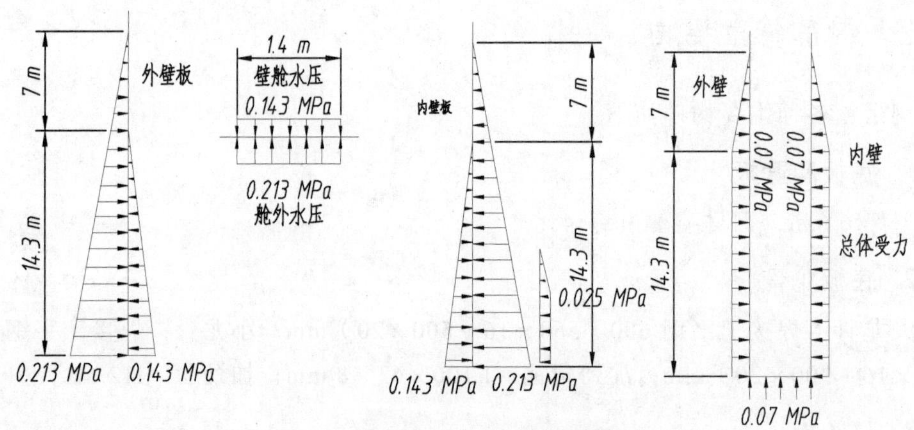

图 6-5　吊箱下沉时荷载示意图

从受力图可以看到，此时吊箱主要承受的是 7 m 高水头差产生的静水压力。

2. 封底混凝土浇筑

考虑 3.4 m 封底混凝土一次浇筑，此时由于封底混凝土未固结，没有刚度，但其重量要作用在钢吊箱的底板上，使吊箱结构产生变形。由于吊箱内和壁间都充满了水，因此混凝土对底板的压力按浮容重考虑。

混凝土对底板力：$3.4\times(2.3-1)=4.42\ \text{t/m}^2=0.044\ 2\ \text{MPa}$

混凝土侧压力公式计算 $p=0.22\gamma t_0\beta_1/\beta_2 v^{1/2}$ 、$p=\gamma H$ ，$t_0=8$，$\beta_1=1.2$，$\beta_2=1.15$，$\gamma=23\ \text{kN/m}^3$，$v=0.2\ \text{m/h}$，两者取小值。

$$p=0.22\gamma t_0\beta_1\beta_2 v^{1/2}=0.22\times23\times8\times1.2\times1.15\times0.2^{\frac{1}{2}}=25\ \text{kPa}=0.025\ \text{MPa}$$

$$p=\gamma H=23\times3.4=72.8\ \text{kPa}=0.072\ 8\ \text{MPa}$$

混凝土对壁板侧压力按 0.025 MPa 计算，有效高度 1.05 m。

壁板、底板及整体荷载形式见图 6-6。

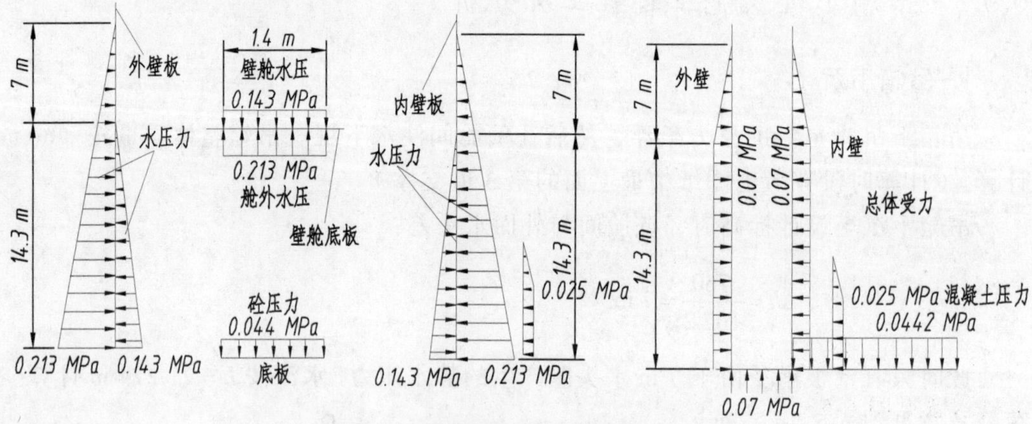

图 6-6　封底混凝土浇筑荷载示意图

结合吊箱下水和封底混凝土浇筑两种情况我们可以看到，吊箱下水时，吊箱内底板不受外力作用，只有壁板与壁舱间底板承受 7 m 深静水压力作用。在封底混凝土浇筑时，与下水相比壁舱内没有变化，因此外壁受力不产生影响，封底混凝土在未固结前对侧板有一定侧压力。由于水头差仅为 7 m，相对很小，因此，此时 3.4 m 的封底混凝土对吊箱底板为主要不利荷载。结合 1、2 两种分析情况，我们选择计算工况一为吊箱下水封底，但是混凝土未固结，此时主要是底板最不利工况。荷载形式按 1、2 两种状态下不利荷载选取。

同时考虑流水压力对结构受力的影响，荷载示意见图 6-7。

$$p_1 = \frac{1}{2} C_D \rho_w v^2$$

式中 p_1——作用在钢吊箱外壁上的水流压力，作用范围从箱底到水面，按均布加载；

C_D——曳力系数，取 $C_D = 2.0$（按正方形取值，偏大）；

v——水流速度，按 $v = 2$ m/s 计算。

所以 $p_1 = 0.5 \times 2.0 \times 1.0 \times 1.75^2 = 3.062\ 5$ kN/m^2 = 0.004 N/mm^2。

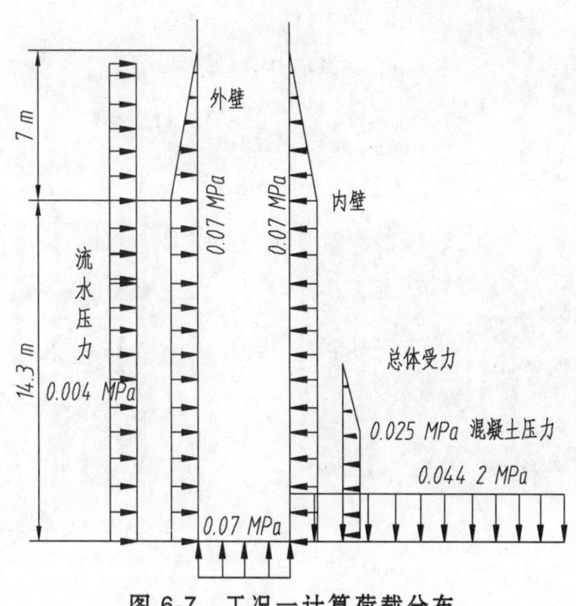

图 6-7 工况一计算荷载分布

模型：根据结构对称性，计算时选取二分之一模型进行计算。模型整体和细部见图 6-8、图 6-9。

荷载：荷载按最不利荷载形式选取。

图 6-8　工况一计算模型

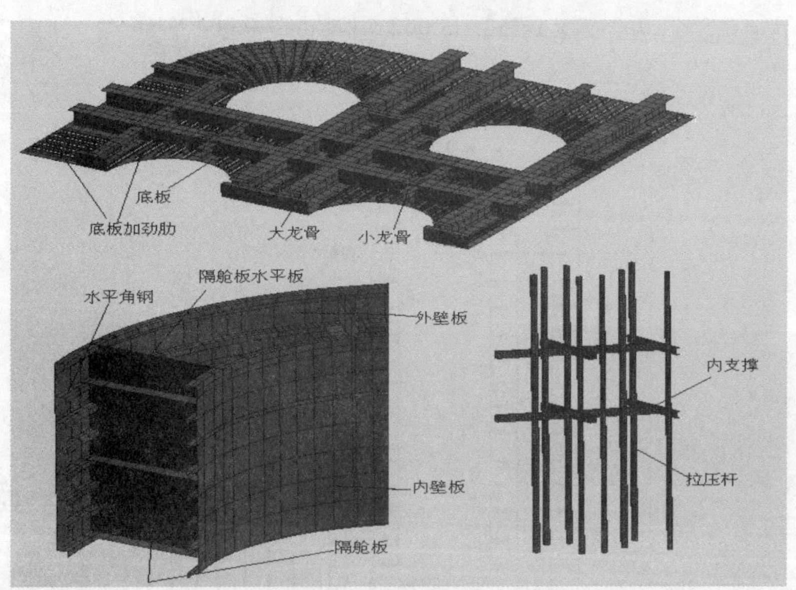

图 6-9　细部结构图

吊箱内底板承受 3.4 m 封底混凝土引起的 0.044 2 MPa 压力。

内外壁板以及壁舱底板分别承受 7 m 水头差产生的静水压力，0.007 MPa。

外壁板迎水流方向承受 0.004 MPa 的流水压力。

约束：由于为对称结构，约束也采用对称约束。

垂直 y 轴的面 $T_y = R_x = R_z = 0$

拉压杆顶部固结 $T_x = T_y = T_z = R_x = R_y = R_z = 0$

底板钢护筒开孔处约束平动位移 $R_x = T_y = 0$

工况一计算结果显示见图 6-10 ~ 6-17 和表 6-3，所有应力均在 180 MPa 以内，整体变形较小，说明结构是安全可靠的。

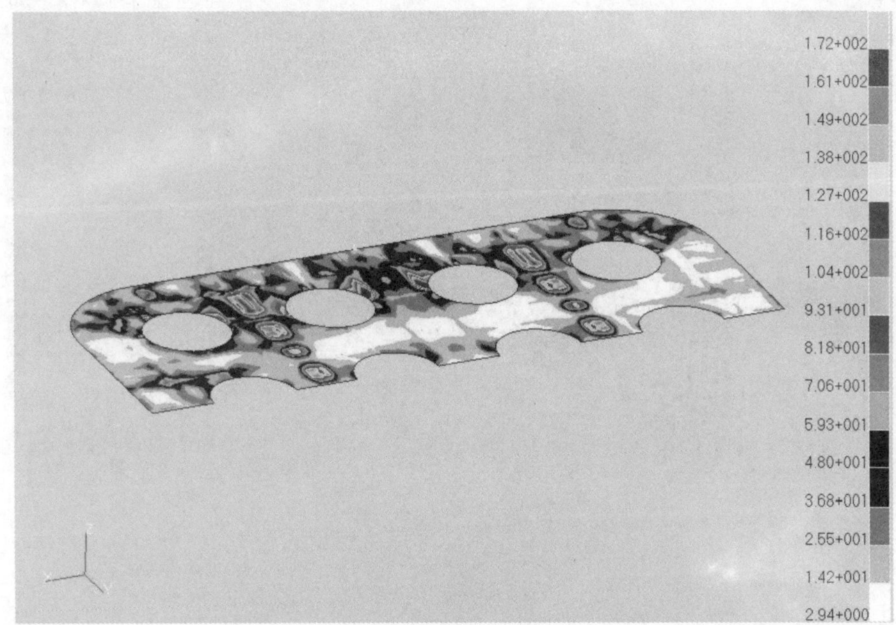

图 6-10　底板应力

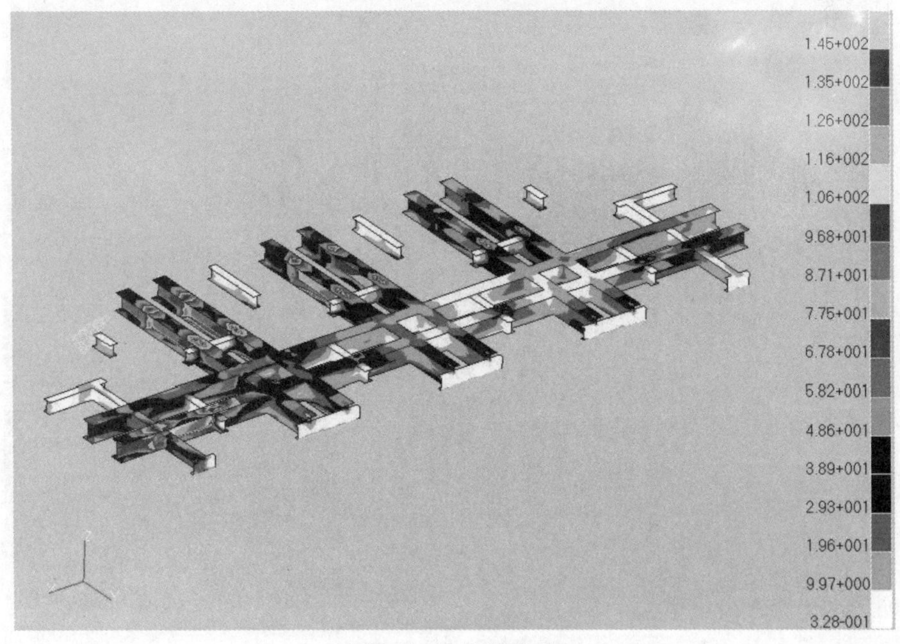

图 6-11　龙骨应力

图 6-12　壁板应力

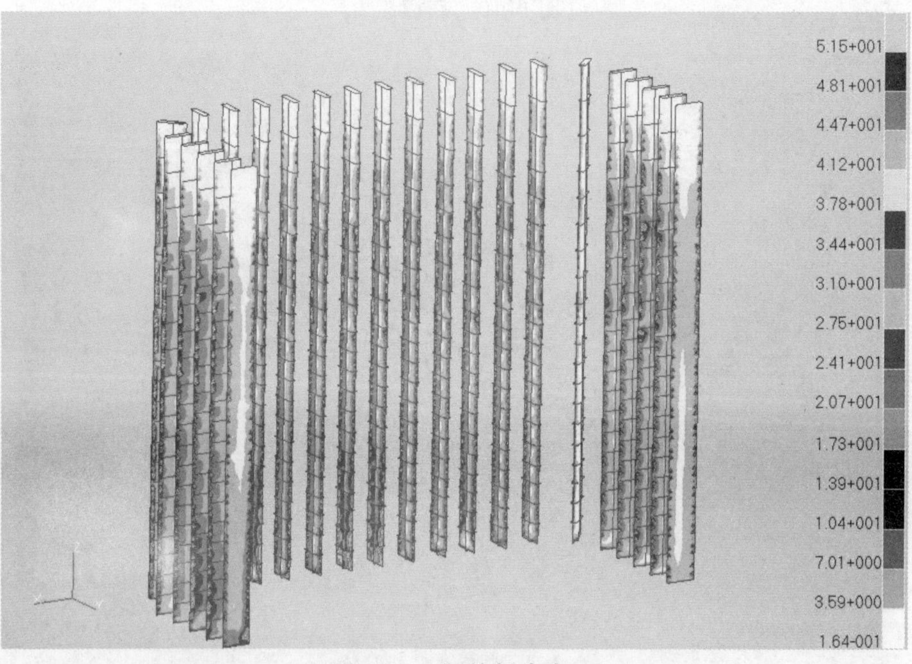

图 6-13　隔舱板应力

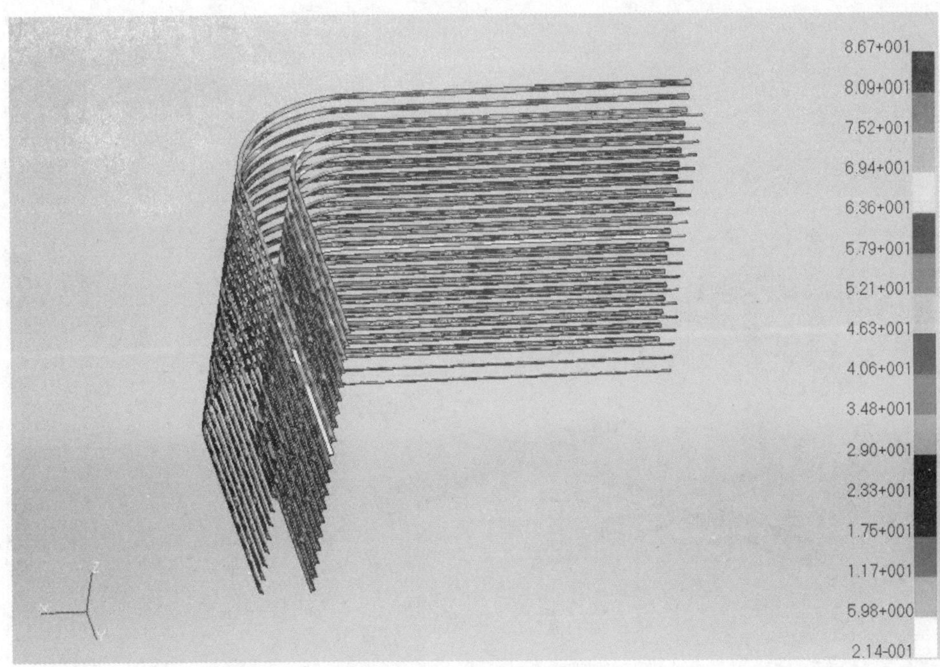

图 6-14 水平角钢应力

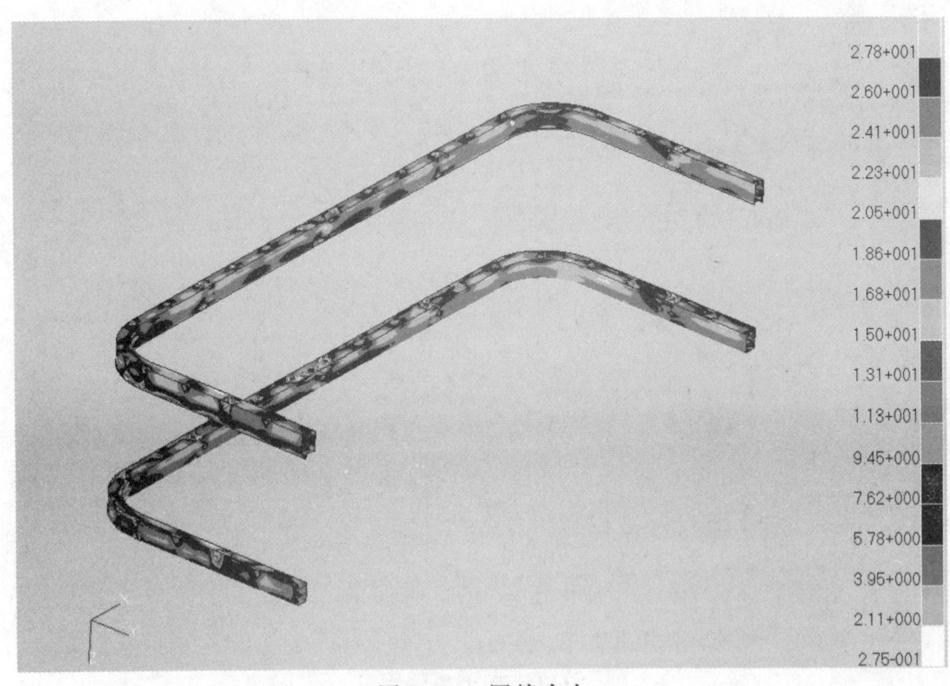

图 6-15 围檩应力

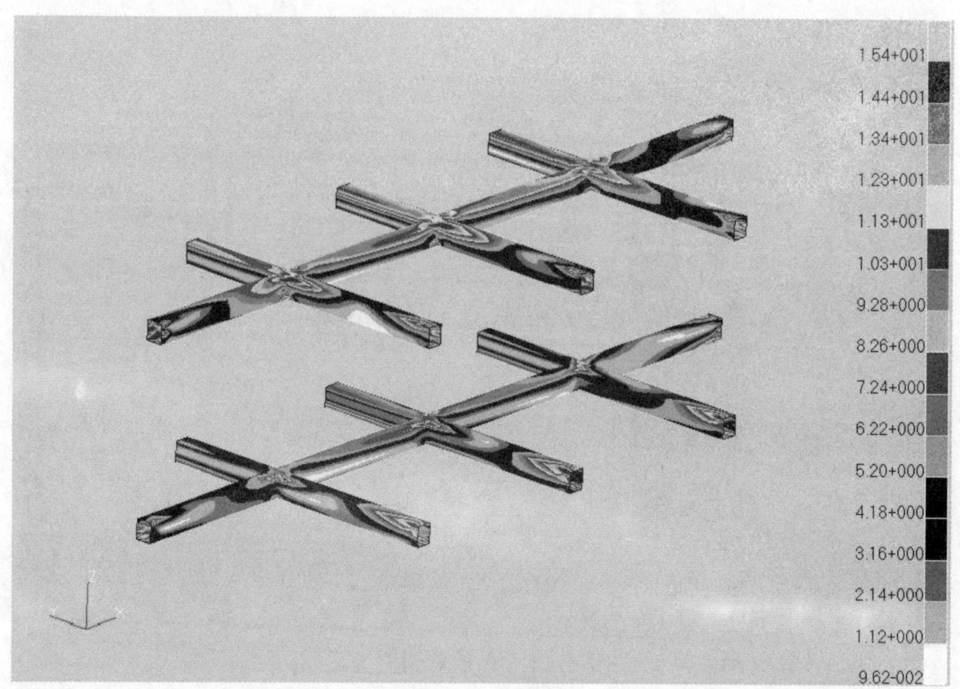

图 6-16　支撑应力

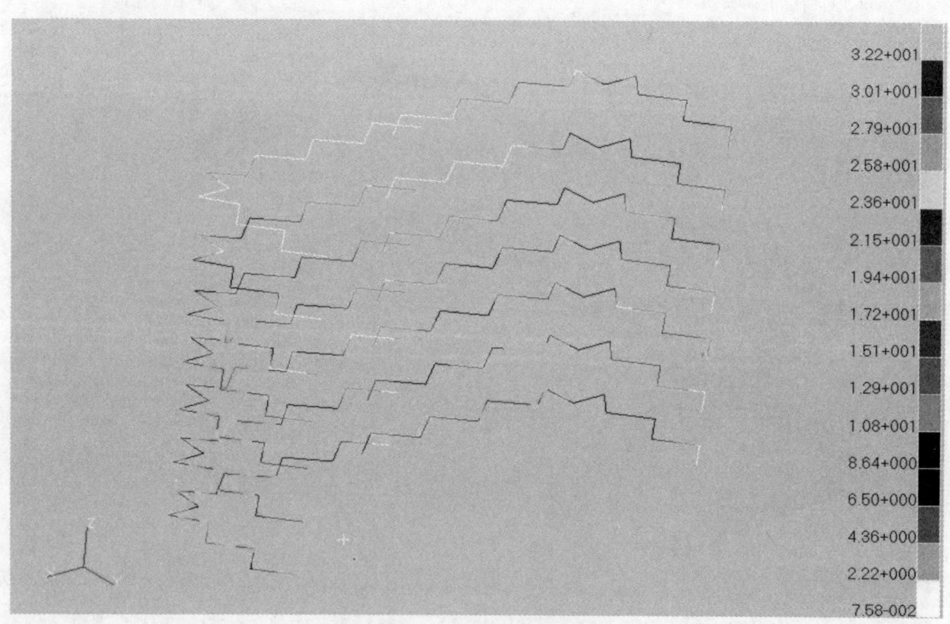

图 6-17　水平桁架应力

表 6-3　工况一构件应力最大值分布

项目	壁板	隔舱板	水平角钢	围檩	底板
等效应力/MPa	87	51.5	86.7	27.8	172
项目	龙骨	底板加筋肋	内支撑	桁架	最大位移
等效应力/MPa	145	165	16.4	32.2	21.3 mm（水流方向）

3. 封底混凝土固结后抽水

封底混凝土固结后，抽干吊箱内部的水，为了使得上浮力较小，在吊箱 1.4 m 舱内的水位注到与江水平齐，此时只有吊箱内壁受水压力作用；封底混凝土固结，与底板结合成整体，整体上浮力靠封底混凝土与钢护筒之间的黏结力和拉压杆一起承受。

壁间与吊箱内的水头差 21.273 − 3.4 = 17.87 m

内壁板承受 17.87 m 的静水压力。此时主要是壁板最不利。荷载分布示意见图 6-18。

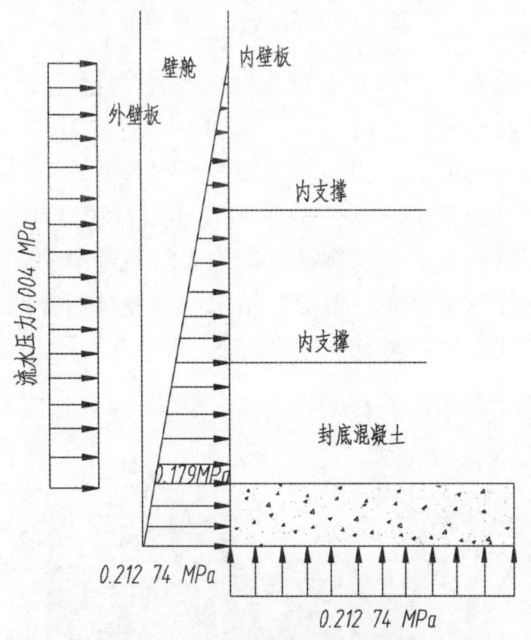

图 6-18　抽水时荷载示意图

选取封底混凝土固结后抽水情况为计算工况二。该工况主要是内壁板受力，底板与封底混凝土固结成整体，计算时可以不用考虑底板。

模型：根据结构对称性，计算时选取二分之一模型进行计算。由于封底混凝土已经固结，计算模型仅取封底混凝土以上部分，计算时不考虑底板。模型见图 6-19。

荷载：荷载按最不利荷载形式选取，荷载示意见图 6-18。

内壁板承受最大值为 0.179 MPa 的静水压力。

外壁板迎水流方向承受 0.004 MPa 的流水压力。

图 6-19　工况二计算模型

约束：由于为对称结构，约束也采用对称约束。

垂直 y 轴的面 $T_y = R_x = R_z = 0$

与混凝土相连接处的壁板分固结和铰接两种形式的约束进行计算。

工况二计算结果显示见图 6-20 ~ 6-26 和表 6-4，所有应力均在 160 MPa 以内，整体变形较小，说明结构是安全可靠的。底端固结与铰接两种情况计算所得的应力最大值点都出现在支撑与围檩相交附近，由固结和铰接两种约束情况引起的应力变化不明显，在此都只列出了一种计算结果。

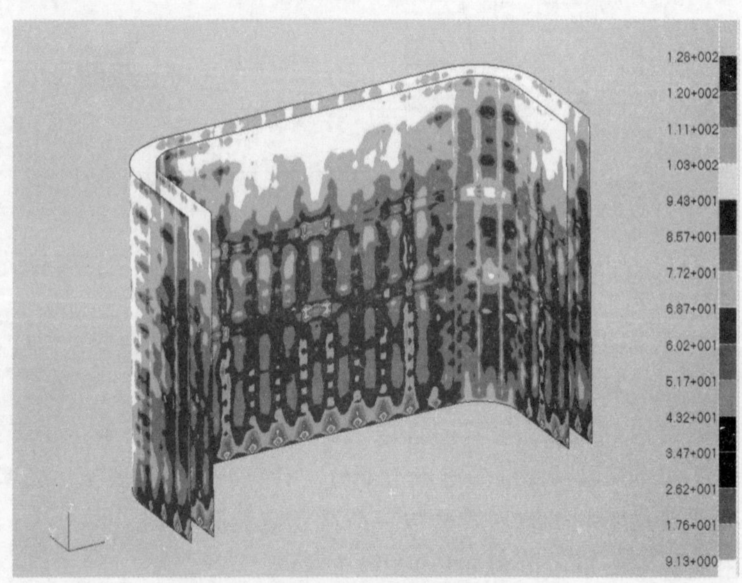

图 6-20　壁板应力

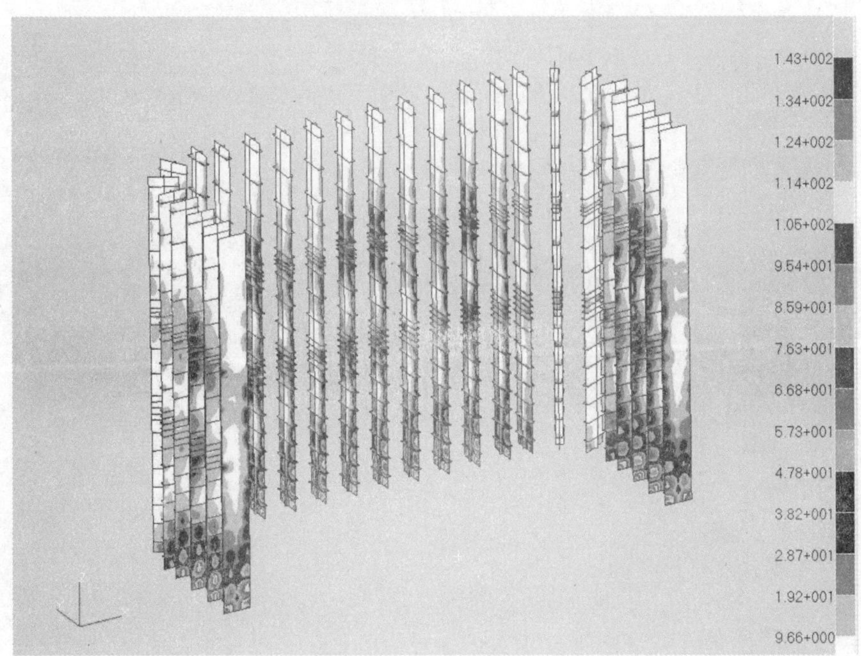

图 6-21 隔舱板应力

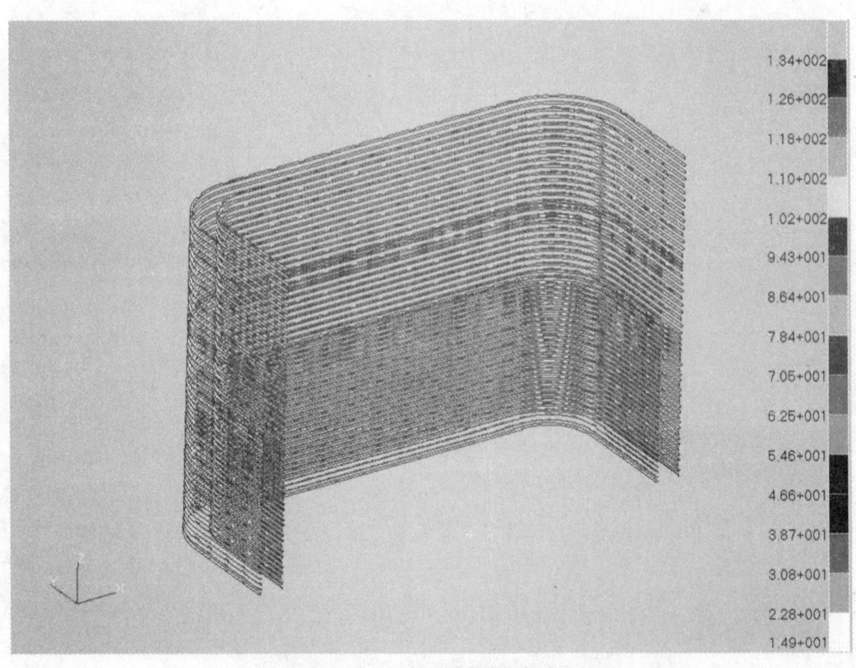

图 6-22 水平角钢应力

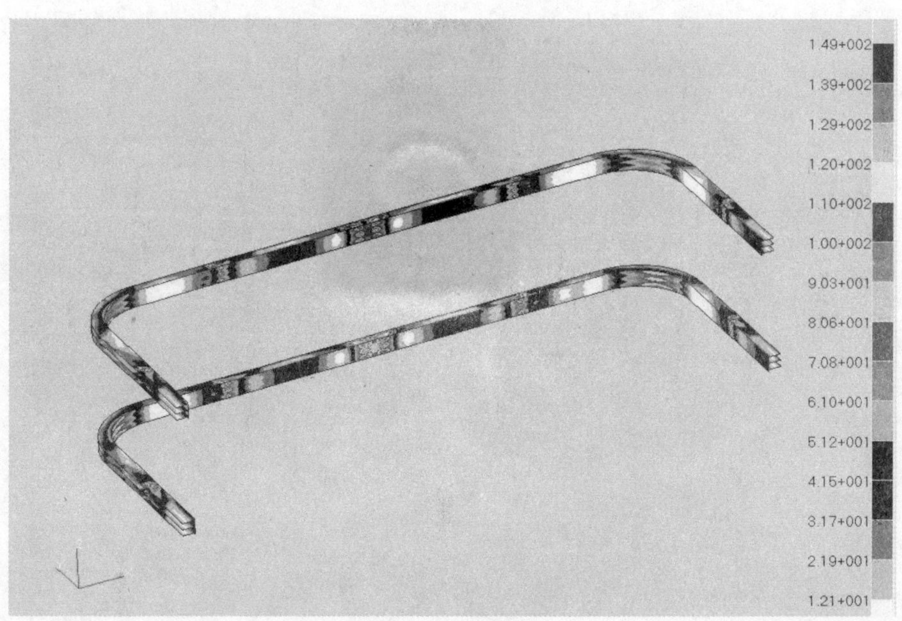

图 6-23　围檩应力

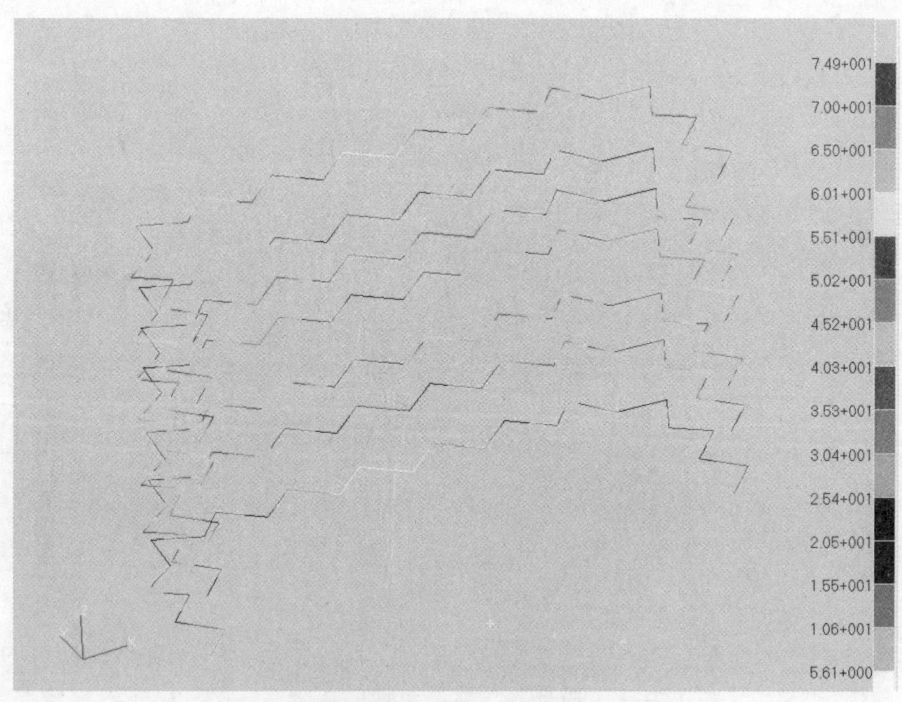

图 6-24　水平桁架应力

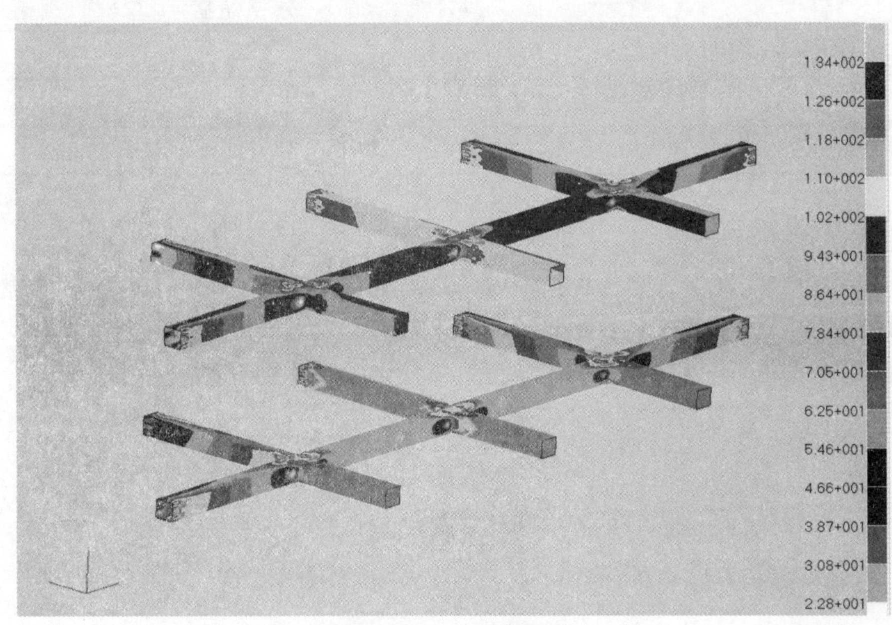

图 6-25　内支撑应力

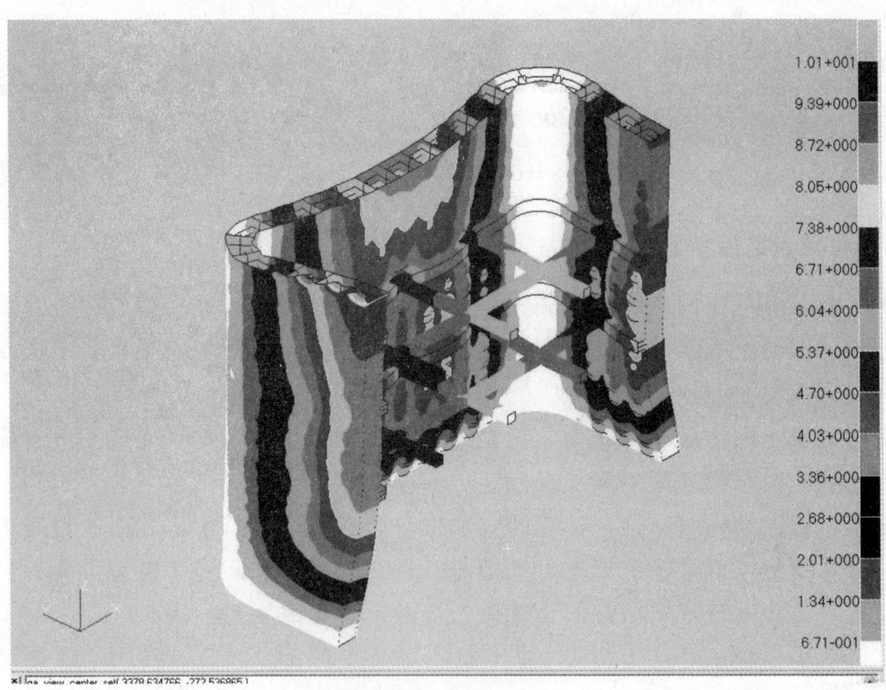

图 6-26　整体变形

表 6-4　工况二构件应力最大值分布

项目	壁板	隔舱板	水平角钢	围檩
等效应力/MPa	128	143	134	149
项目	内支撑	桁架	最大位移	
等效应力/MPa	134	74.9	10.1 mm（水流方向）	

4. 5 m 高承台浇筑

5 m 高承台一次浇筑时，根据前面给出的公式计算出混凝土对内壁板的侧压力 $p = 0.025\ \text{MPa} < 0.179\ \text{MPa}$，因此此时混凝土的侧压力对内壁板是有利的，故此时不需对结构进行整体受力分析，只需计算拉压柱以及整体抗沉浮。

$$S_{外} = 452.16\ \text{m}^2,\quad S_{内} = 344.96\ \text{m}^2,\quad S_{护筒} = 12 \times \frac{1}{4}\pi D^2 = 90.5\ \text{m}^2$$

$$F_{上浮} = (452.16 - 90.5) \times 21.274 = 7\ 694\ \text{t}$$

$$G_{吊箱} = 750\ \text{t},\quad G_{封底} = (344.96 - 90.5) \times 3.4 \times 2.3 = 1\ 989.9\ \text{t}$$

$$G_{壁舱水} = 107.2 \times 21.274 \times 1 = 2\ 283\ \text{t}$$

$$G_{承台} = (344.96 - 90.5) \times 5 \times 2.3 = 2\ 926.3\ \text{t}$$

$$7\ 694 - (750 + 1\ 989.9 + 2\ 283 + 2\ 926.3) = 495\ \text{t}$$

不考虑混凝土与钢护筒的黏结力，假设力均布分给 26 根拉压杆，此时为压杆。

$$F = 495 / 26 = 26.5\ \text{t}$$

$\sigma = 26.5/121.78 = 0.217\ 3\ \text{t/cm}^2 = 21.73\ \text{MPa}$ 拉压杆安全。

5. 承台固结后拆除底节支撑

为了有足够的空间进行桥墩施工，必须在施工过程中拆除支撑，第一节承台高度为 5 m，混凝土固结后替代下层支撑受力。主要验算壁板、隔舱板、上层支撑的变形和受力。

虽然混凝土固结后参与受力，但是结构受力由原来两道支撑变成一道支撑，因此选取此状态为结构计算不利工况三。

模型：根据结构对称性，计算时选取二分之一模型进行计算。由于混凝土已经固结，计算模型仅取封底混凝土以上部分，计算时不考虑底板。模型见图 6-27。

荷载：荷载按最不利荷载形式选取，荷载示意见图 6-28。

内壁板承受最大值为 0.179 MPa 的静水压力。

外壁板迎水流方向承受 0.004 MPa 的流水压力。

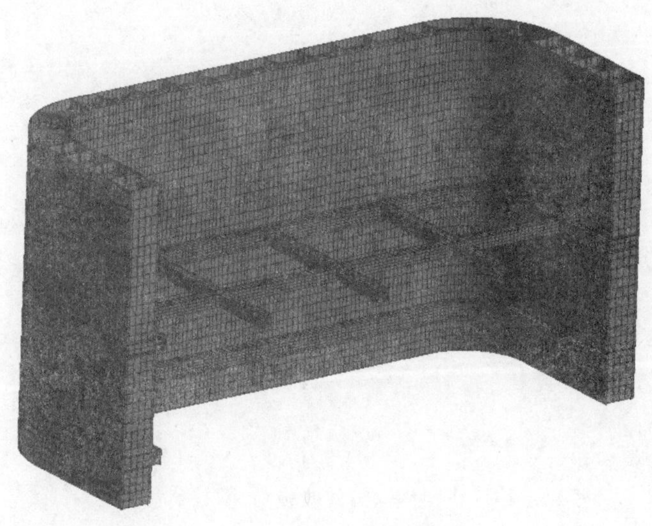

图 6-27　工况三计算模型

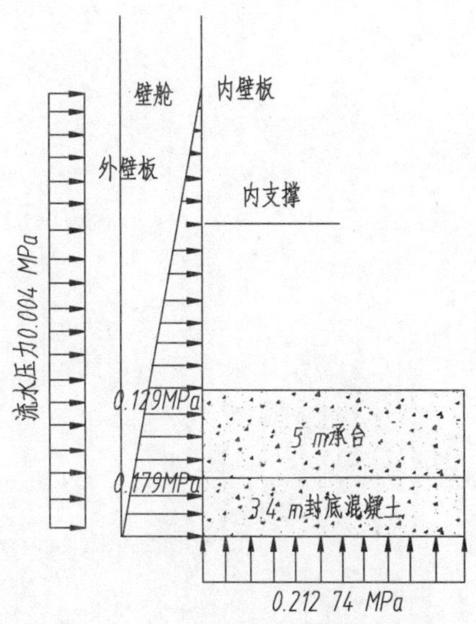

图 6-28　拆除底节支撑荷载示意图

约束：由于为对称结构，约束也采用对称约束。

垂直 y 轴的面 $T_y = R_x = R_z = 0$

与混凝土相连接处的壁板分固结和铰接两种形式的约束进行计算。

工况三计算结果见图 6-29 ~ 6-35 和表 6-5，所有应力均在 150 MPa 以内，整体变形较小，说明结构是安全可靠的。底端固结与铰接两种情况计算所得的应力最大值点都出现在支撑与围檩相交附近，由固结和铰接两种约束情况引起的应变力化不明显，在此都只列出了一种计算结果。

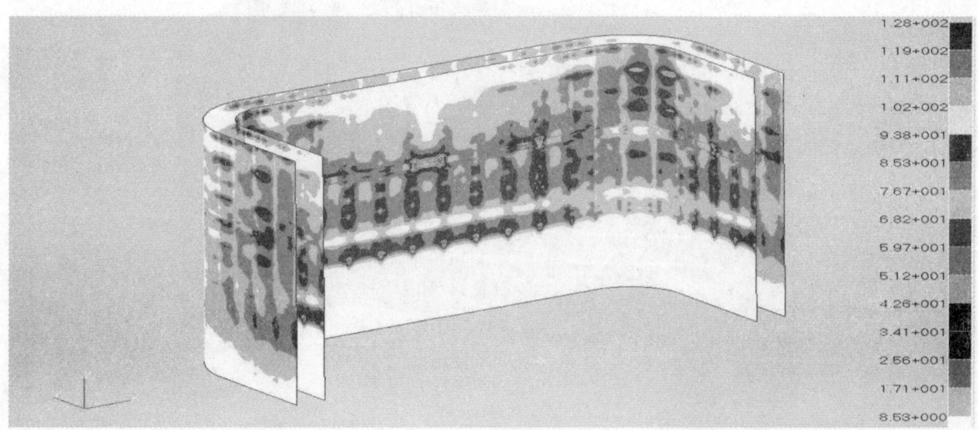

图 6-29　壁板应力

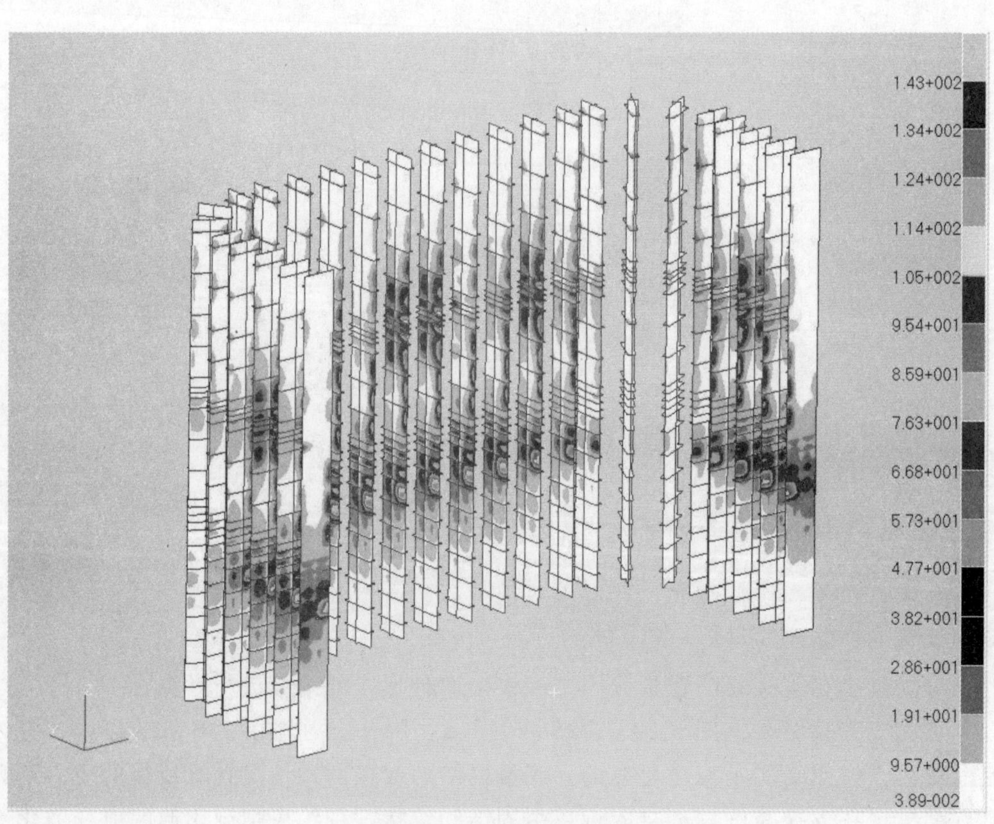

图 6-30　隔舱板应力

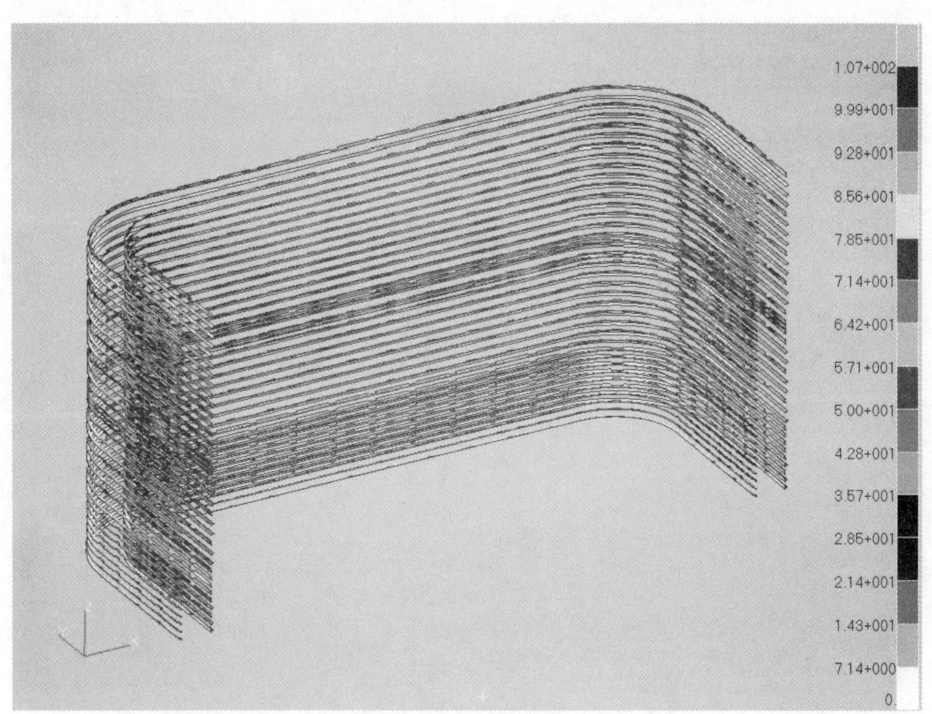

图 6-31　水平角钢

图 6-32　支撑应力

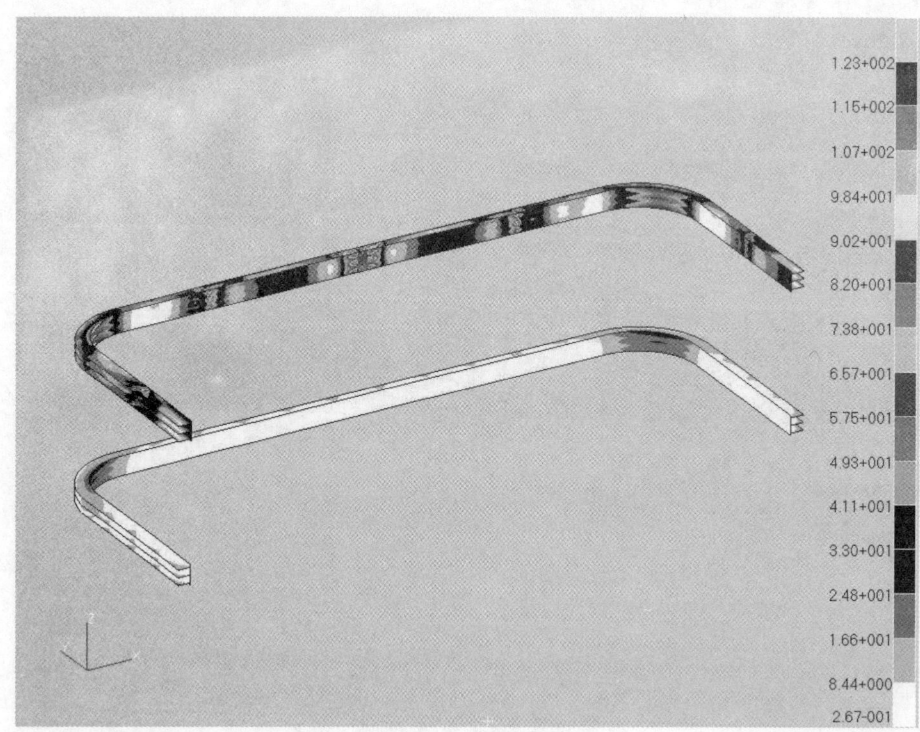

图 6-33　围檩应力

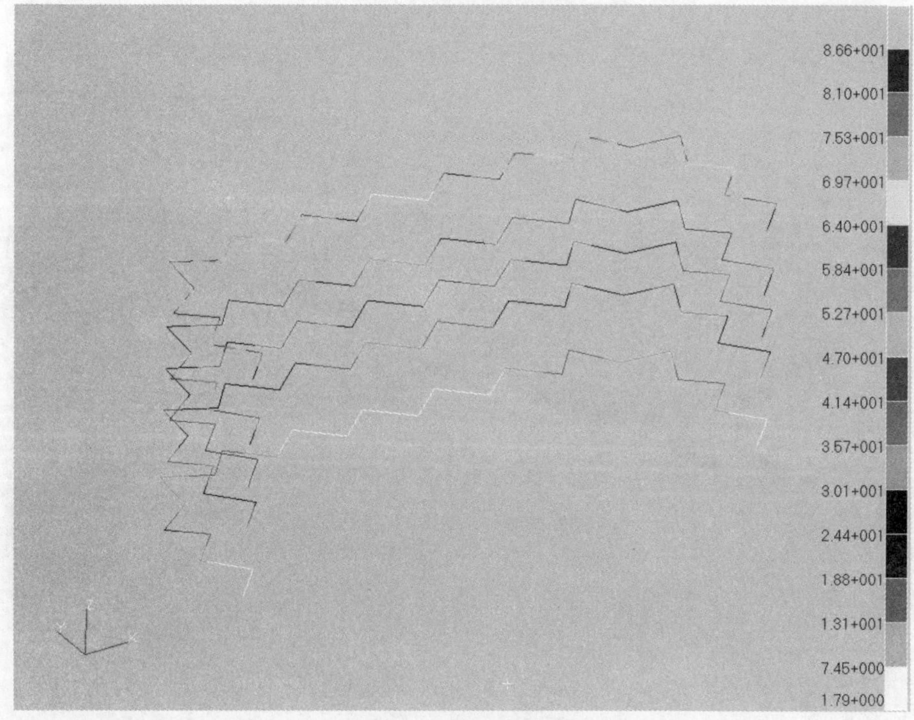

图 6-34　桁架应力

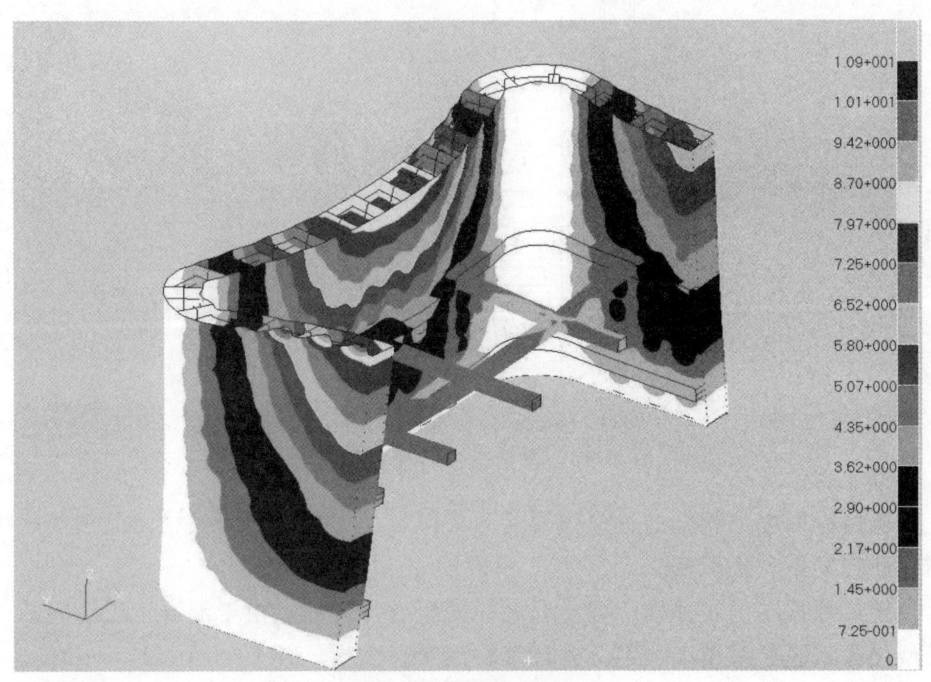

图 6-35　整体变形

表 6-5　工况三构件应力最大值分布

项目	壁板	隔舱板	水平角钢	围檩
等效应力/MPa	128	143	107	123
项目	内支撑	桁架	最大位移	
等效应力/MPa	116	86.6	10.9 mm（水流方向）	

6. 调整顶节支撑

施工完两节承台后，在承台上施工墩身，由于承台顶与施工水位高度差还接近 13 m，所以不能直接拆除底节支撑进行墩身一次性施工。墩身施工时分两次进行。第一次施工到与顶节支撑相平的高度，待混凝土固结以后重新布置支撑位置，同时向钢吊箱内部注水，注水高度接近施工位置（大约 6 m）。重新布置支撑时必须先布置好支撑以后才能截断原来的支撑。支撑布置见图 6-36。

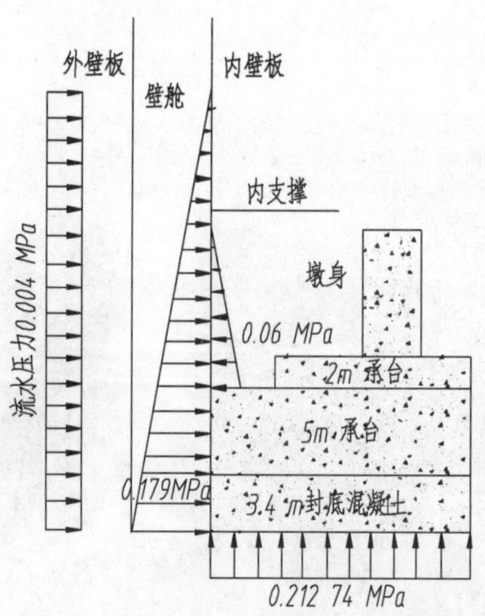

图 6-36　调整支撑时荷载示意图

支撑由原来水平相交的垂直圆管变为斜撑，受力稳定性降低，因此选择此状态为结构计算的不利工况四。

模型：根据结构对称性，取二分之一模型进行计算。由于混凝土已经固结，计算模型仅取封底混凝土以上部分，计算时不考虑底板。模型见图 6-37 ~ 6-38。

荷载：荷载按最不利荷载形式选取，荷载示意见图 6-36。

内壁板承受最大值为 0.179 MPa 的静水压力；

吊箱内施加最大值为 0.06 MPa 的静水压力；

外壁板迎水流方向承受 0.004 MPa 的流水压力。

约束：由于为对称结构，约束也采用对称约束。

垂直 y 轴的面 $T_y = R_x = R_z = 0$

与混凝土相连接处的壁板分固结和铰接两种形式的约束进行计算。

图 6-37　新支撑布置形式

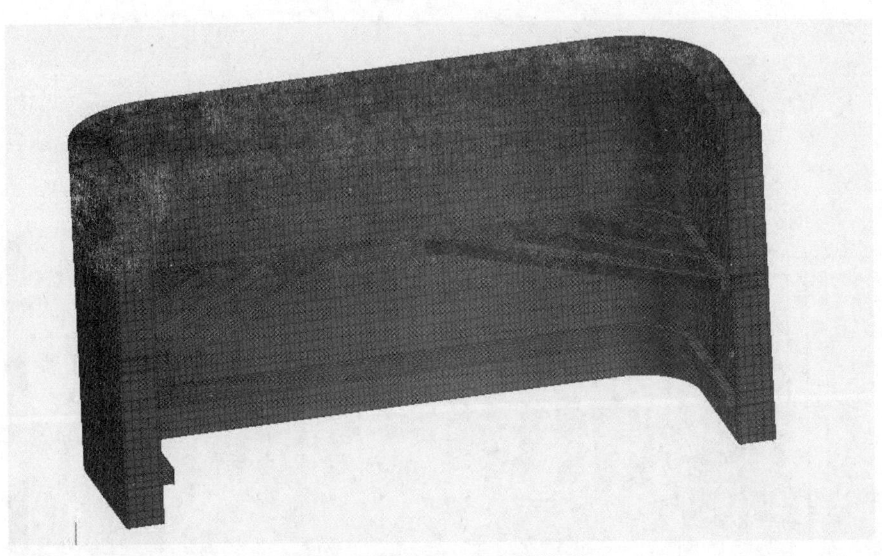

图 6-38　工况四计算模型

工况四计算结果显示见图 6-39 ~ 6-45 和表 6-6，所有应力均在 130 MPa 以内，整体变形较小，说明结构是安全可靠的。底端固结与铰接两种情况计算所得的应力最大值点都出现在支撑与围檩相交附近，由固结和铰接两种约束情况引起的应力变化不明显，在此都只列出了一种计算结果。

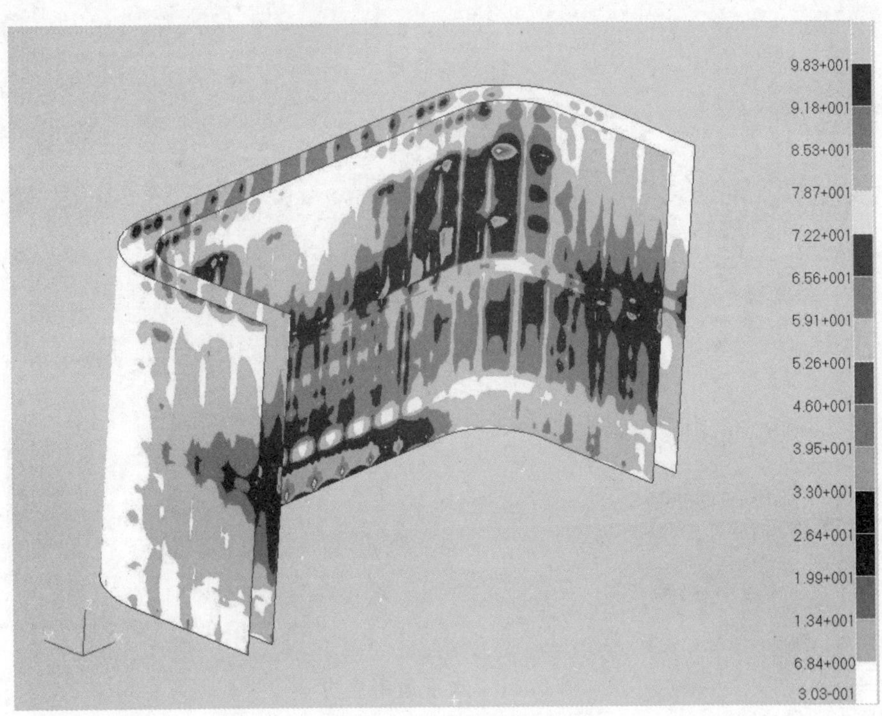

图 6-39　壁板应力

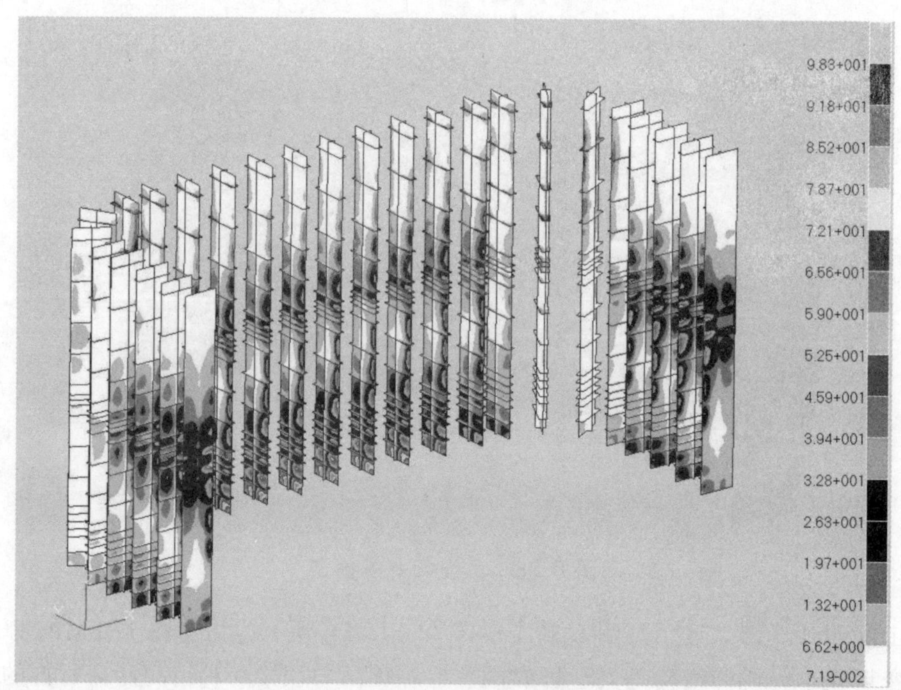

图 6-40　隔舱板应力

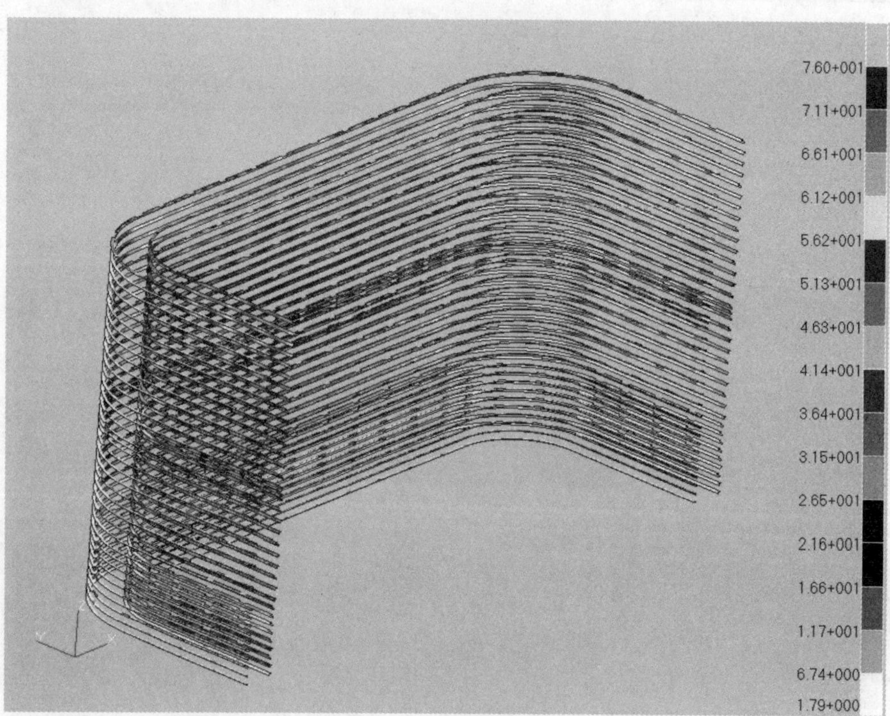

图 6-41　水平角钢应力

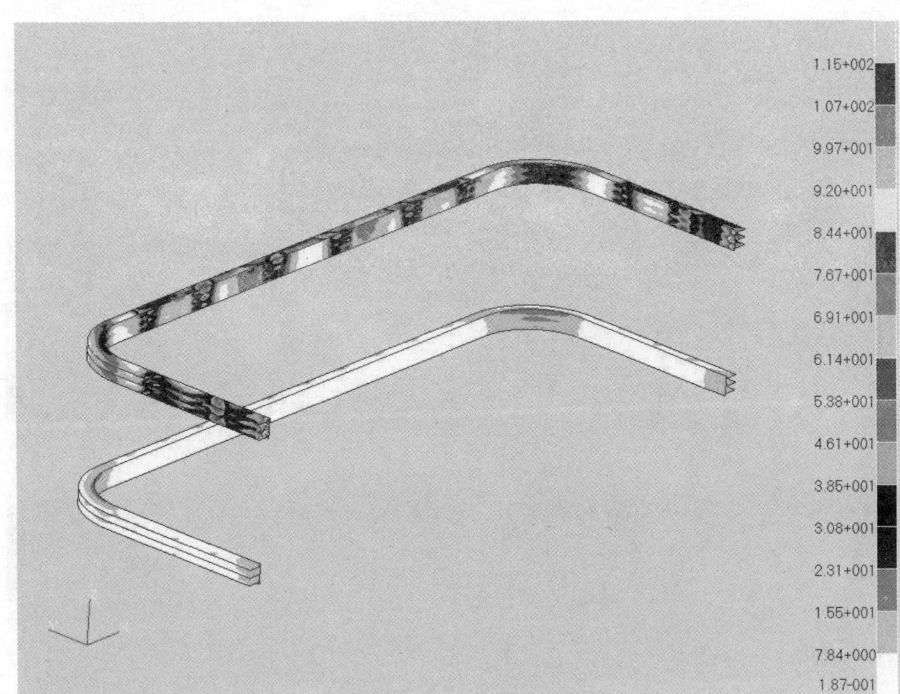

图 6-42　围檩应力

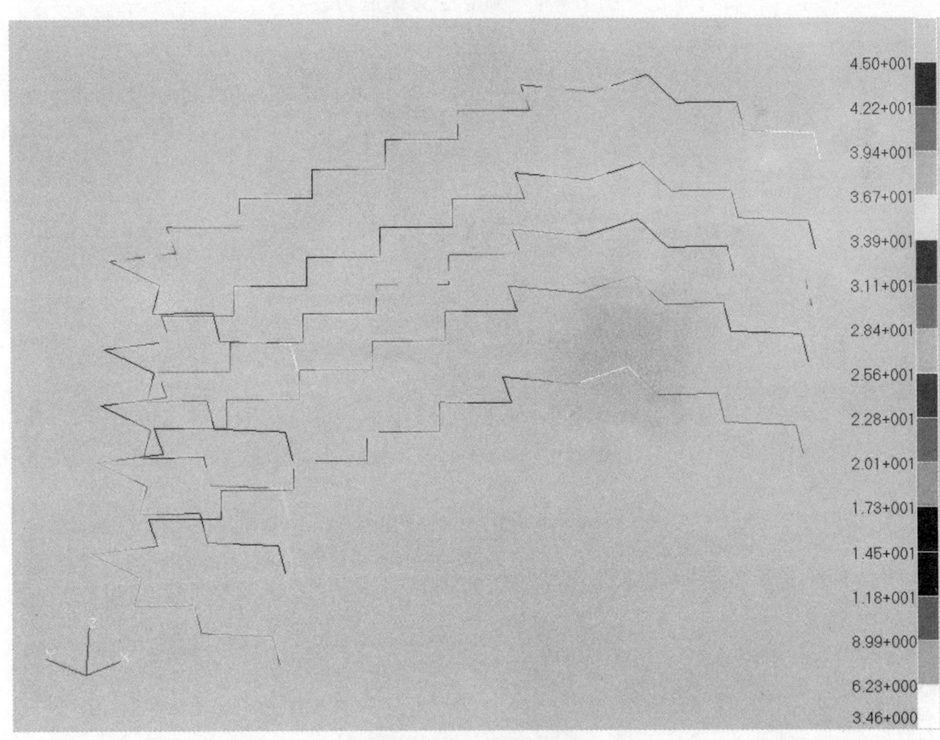

图 6-43　桁架应力

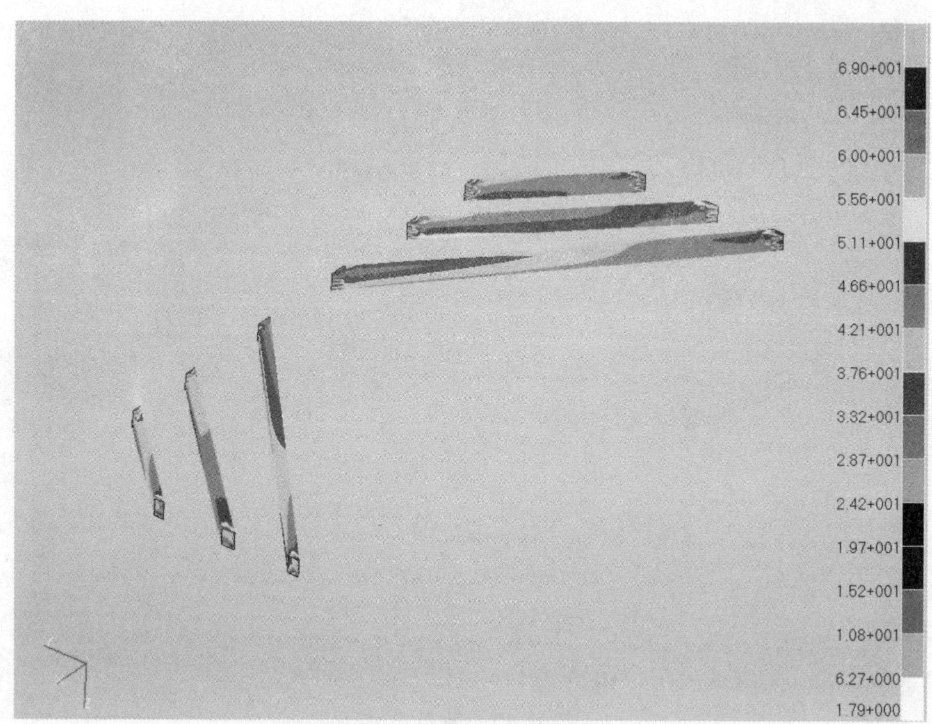

图 6-44　调整后支撑应力

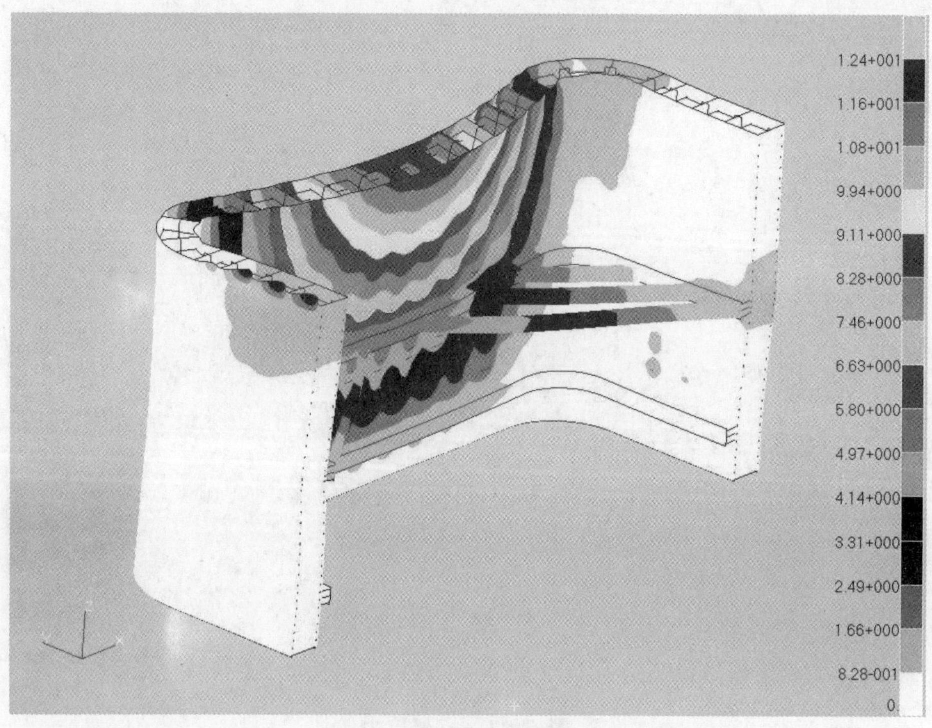

图 6-45　整体变形图

表 6-6　工况四构件应力最大值分布

项目	壁板	隔舱板	水平角钢	围檩
等效应力/MPa	98.3	98.3	76	115
项目	内支撑	桁架	最大位移	
等效应力/MPa	69	45	12.4 mm（顺桥方向）	

6.3.4　稳定性验证

从整个计算过程可以看到，只有内支撑系统为主要受压构件，需要验证支撑系统的稳定性。

ϕ720 钢管水平直撑，计算得 i_x = 250 mm；计算长度取 6 000 mm，则长细比 λ_x = 6 100/250 = 24.4；由 λ_y 按 b 类截面查表知：稳定性系数 φ = 0.957。

于是该截面构件可以承受的压应力为：

$$f = 0.957 \times 170\ \text{MPa} = 162.7\ \text{MPa}$$

从四种工况的计算结果可以看到，只有工况二时 ϕ720 钢管应力最大为 134 MPa < 162.7 MPa，因此内支撑满足稳定性要求。

水平角钢 L125 × 25 × 12 mm，i_x = 38.3 mm；计算长度取 2 000 mm，则长细比 λ_x = 2 000/38.3 = 52.2；由 λ_y 按 b 类截面查表知：稳定性系数 φ = 0.847。

于是该截面构件可以承受的压应力为：

$$\varphi f = 0.847 \times 170\ \text{MPa} = 144\ \text{MPa}$$

从四种工况的计算结果可以看到，只有工况三时 L125 × 25 × 12 mm 角钢应力最大压应力为 86.6 MPa < 144 MPa，因此内支撑满足稳定性要求。

拉压柱为 2[36a 槽钢。

封底混凝土固结后抽水时是压杆受压危险工况，计算抗压稳定性时把钢护筒与混凝土的黏结力当成安全储备。

$$S_{外} = 452.16\ \text{m}^2,\quad S_{内} = 344.96\ \text{m}^2,\quad S_{护筒} = 12 \times \frac{1}{4}\pi D^2 = 90.5\ \text{m}^2$$

$$F_{上浮} = (452.16 - 90.5) \times 21{,}274 = 7\ 694\ \text{t}$$

$$G_{吊箱} = 750\ \text{t},\quad G_{封底} = (344.96 - 90.5) \times 3.4 \times 2.3 = 1\ 989.9\ \text{t}$$

$$G_{壁舱水} = 107.2 \times 21.274 \times 1 = 2\ 280\ \text{t}$$

$$7\ 694 - (745 + 1\ 989.9 + 2\ 280) = 2\ 674\ \text{t}$$

假设力均布分给 26 根压杆

$$F = 2\ 674/26 = 102.8\ \text{t}$$

$$\delta = 102.8/121.78 = 0.844\ 5\ \text{t/cm}^2 = 84.45\ \text{MPa}$$

$i = \min(i_x, i_y) = 139.6$ mm，计算长度取 10 m，$\lambda = 10\,000/139.6 = 71.6$

由λ按 b 类截面查表知：稳定性系数$\varphi = 0.739$。

于是该截面构件可以承受的压应力为：

$$\varphi f = 0.739 \times 170 \text{ MPa} = 126.6 \text{ MPa} > 84.45 \text{ MPa}$$

从计算可以看到，整体稳定性能满足要求。

6.3.5 屈曲分析

对四种工况进行对比分析，工况二与工况三两种情况下，壁舱与吊箱内的水头差最大分别为 17.9 m 和 12.9 m，从计算也可以看到，内支撑、围檩以及隔舱板所受压应力相对较大。因此分别选择工况二与工况三两种情况进行屈曲分析。同样借助 Msc.Nastran 进行分析。

最后计算得到，工况二与工况三两种情况下的屈曲系数分别为 4.1 和 4.77，均大于 4。说明整体结构的稳定性也能得到保证。

6.3.6 桩的抗弯和抗拉验算

当封底混凝土固结后与钢护筒结合成整体，吊箱所承受的水流冲击力为非对称力，使得桩承受一定的弯矩。这里采用简化计算模型，尺寸按吊箱尺寸，采用方形计算（不利）。

模型：吊箱结构采用方形，桩采用梁单元模拟。如图 6-46 所示为桩计算模型。

图 6-46　桩计算模型

荷载：用模型计算流水压力如图 6-47。

流水压力按前面计算取最大值 0.004 MPa，为倒三角形式分布。

向上压力荷载 $p = 0.213 - 3.4 \times 2.3 = 0.135$ MPa

约束：根据地质资料，选取承台以下 30 m 处，约束桩的位移和转角。

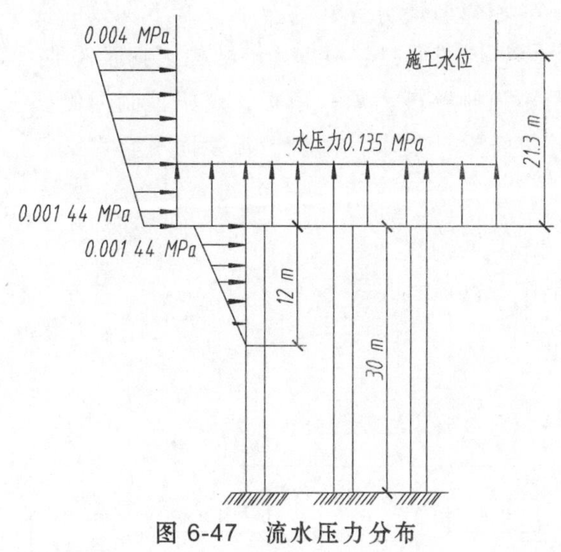

图 6-47 流水压力分布

6.3.7 计算结果分析

从双壁钢吊箱下水直到墩身施工完毕抽水整个过程，分 6 个步骤进行考虑，主要选择了 4 种工况进行计算，从等效应力分布图和表格得到的结果可以看到，整个过程中结构的承载应力都在材料的允许应力范围以内，整体结构变形比较小，局部失稳和整体屈曲也都满足结构要求，整个施工过程也不会对桩造成破坏，因此说明结构是安全的。

6.4 吊箱加工工艺

6.4.1 钢吊箱加工制作

吊箱内外壁板、隔舱板、隔舱板上的纵横加劲肋均采用 Q345B 材料；吊箱的横向角钢 L100 × 63 × 10 和 L90 × 56 × 8 采用 Q235B 材料；底板部分全部是 Q235B 材料。

钢板下料采用剪板机或自动切割。拼板焊缝反面扣槽焊接，对接焊缝保证焊透（一级焊缝）。

焊接前根据《铁路钢桥制造规范》的规定进行工艺评定，按工艺评定报告确定焊接工艺。

隔舱板处的壁板补强板（宽 300 mm、厚 10 mm）和壁板之间的焊接采用角焊缝连续焊接，焊缝高度 6 mm，隔舱板和壁板之间要采用双面角焊缝，焊缝高度 6 mm。所有这些焊缝保证焊接质量达到不透水要求。

壁板与隔舱板之间的焊缝要求水密性好，焊缝全部进行水密性检查。各单元（分段）在胎架上制造，各相邻节段分界线吻合，没有不一致的变形。焊接后应进行校正，保证结构拼装尺寸与焊接质量，根据《钢结构工程及验收规范》进行检查验收。

平面尺寸：钢吊箱内侧壁板为承台模板，严格控制内侧壁板尺寸，长、宽两个方向的长度允许误差符合设计要求，内侧壁板表面平整。

6.4.2 壁板的制作

（1）壁板分块制作工艺流程见图 6-48。

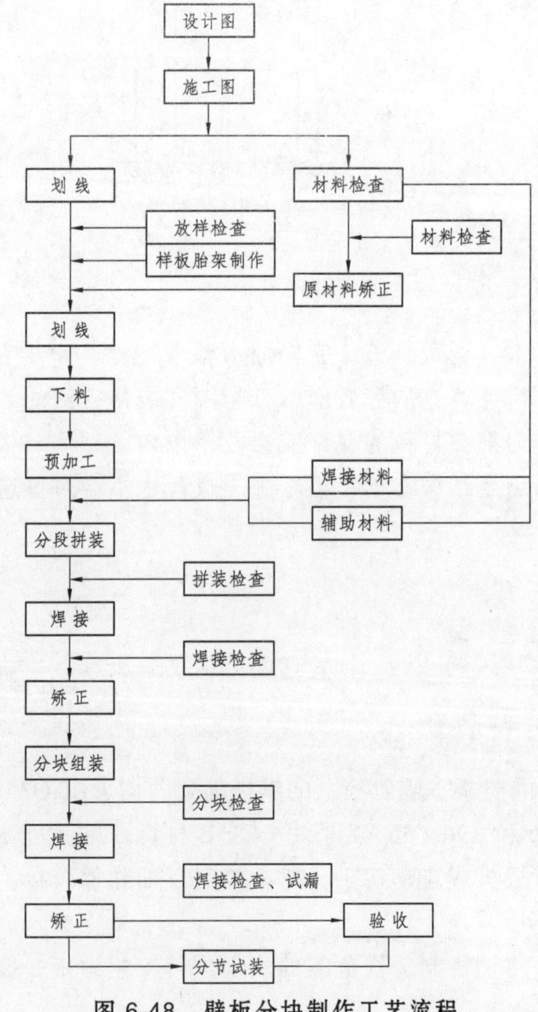

图 6-48　壁板分块制作工艺流程

（2）壁板分块制作。

壁板分块：壁板分块的原则一是考虑起吊能力，二是考虑运输工具的配置。壁板从下向上分成 3 节，每节高度分别是 6 m、7.5 m 和 8 m。

放样及划线：放样在放样间进行，其主要工作是确定各构件的实际形状尺寸及相互间的相贯关系。

根据设计图放样绘制的施工工艺图作为板材、型材下料的依据和制作胎架的样板。

下料及预加工：

型材采用联合冲剪床下料。板材直线下料采用半自动切割机和剪板机下料。

曲线板材下料采用数控切割机下料。下料时进行构件编号，并用记号笔书写清楚。

壁板与隔舱板制作：壁体的内外壁板及隔舱板由若干张钢板组成，需预先拼制。拼板在平台上进行，先拼端接缝，后拼纵接缝，拼好后双面采用自动焊焊接。

焊缝质量须达到《钢结构工程施工质量验收规范》（GB 50206—2001）中规定的一级焊缝标准。吊箱横向角钢与隔舱板相交处，角钢断开、隔舱板连续，并在断开处与隔舱板焊接牢固，角钢和壁板之间采用 100 mm × 100 mm 间断角焊缝焊接，焊缝高度 6 mm。

隔舱板纵肋为断开板件，横肋为连续板件，纵肋和横肋均和隔舱板焊接牢固，均采用双面角焊缝，焊缝高度 6 mm。

隔舱板处的壁板补强板（宽 300 mm，厚 10 mm）和壁板之间的焊接采用角焊缝连续焊接，焊接高度为 6 mm，隔舱板和壁板补强板之间采用双面角焊缝，焊缝高度 6 mm。

隔舱板上的纵肋和横肋在与隔舱板焊接时采用 100 mm × 100 mm 双面间断焊，焊缝高度 6 mm。

所有焊缝质量要达到不透水要求。

立体分段组装：壁体立体分段组装包括内外壁板、横向角钢、隔舱板等。立体分段组装在胎架上进行，组装时先将外壁板吊在胎架上找平后定位，安装横向角钢、隔舱板，找正后临时加以支撑，最后吊装内壁板。组装程序：外壁板→横向角钢→隔舱板→内壁板→吊耳。装配完毕后吊离胎架。

焊接程序：各阶段施焊均选择合理的焊接程序；分块焊接，总装焊接均选用双数焊工焊接，从中央向四周对称施焊，其焊接电流焊接速度力求一致，以减少构件的焊接变形。

材料：各类材料的品种、规格、材质均应有材质证明或产品合格证；不具备以上要求的材料不得投入生产。

6.5 钢吊箱拼装下放施工工艺

钢吊箱拼装下放施工工艺流程见图 6-49。

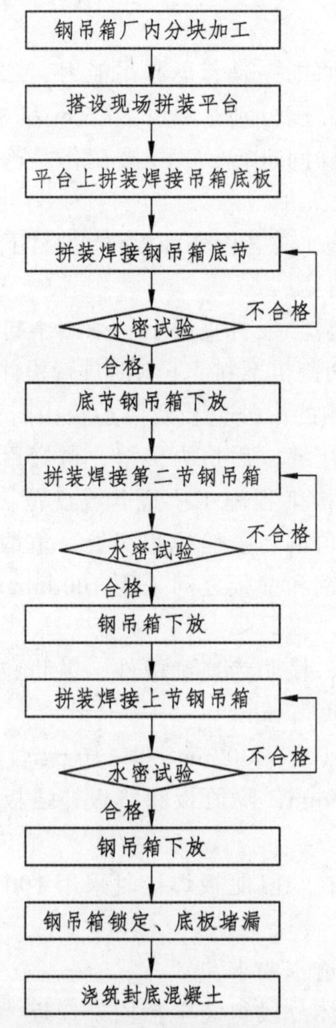

图 6-49　钢吊箱拼装下放工艺流程

6.5.1　牛腿横梁和底板安装

（1）牛腿焊接。

牛腿横梁的作用之一是形成底板加工平台，承担底板和底节钢吊箱的重量；作用之二是将 12 根钢护筒相互连接成整体，提高钢护筒的整体抗弯刚度。

牛腿横梁与钢护筒的连接除采取连续贴角焊缝外，还设置了加强焊板，确保焊缝受力满足要求。贴角焊缝高度大于 10 mm。根据施工时水位，将牛腿焊接在距水面 2 m 高处的护筒上，形成吊箱底板拼装平台，为保持钢护筒的局部稳定，在钢护筒内对应牛腿位置，设置拉杆和压杆来平衡牛腿传来的拉、压力。

（2）底板安装。

在钢护筒上合适的位置作出控制点、线标识，安装底板。底板根据平面尺寸，在加工厂分成 9 块制作，逐块在牛腿平台上安装。调整好平面位置及尺寸后进行焊接。安装底板大小龙骨，大小龙骨应与底板贴实。底板及大小龙骨安装后，再次测量放线，定出围堰及抗拉柱等精确位置，吊箱底板安装如图 6-50 所示。

图 6-50　吊箱底板安装

6.5.2　围堰拼装

在底板上安装第一节壁板，壁板采用对称安装，以保证拼装时的安全。首先安装上下游壁板，然后安装 4 个角部的圆弧段，最后安装大小里程侧的壁板，同时在底板上安装抗压柱。第一节安装后，进行水密性检查，详细检查各拼接处，确保水密，水密检查合格后下放。钢吊箱拼装见图 6-51。

图 6-51　钢吊箱拼装

6.5.3 下放吊点布置

吊箱根据计算及构造要求，布置吊点 4 处，每处分别设置 2 根吊杆。利用 4 台 150 t 液压千斤顶进行吊箱下放工作。吊杆采用ϕ40 PSB930 精轧螺纹钢筋，进场后需经过试验验证，检验项目：拉力试验和冷弯试验，要满足施工设计吊杆控制拉力 40 t 和安全储备的要求。锚具及千斤顶均需进行试验，满足施工要求。下放吊点布置如图 6-52 所示。

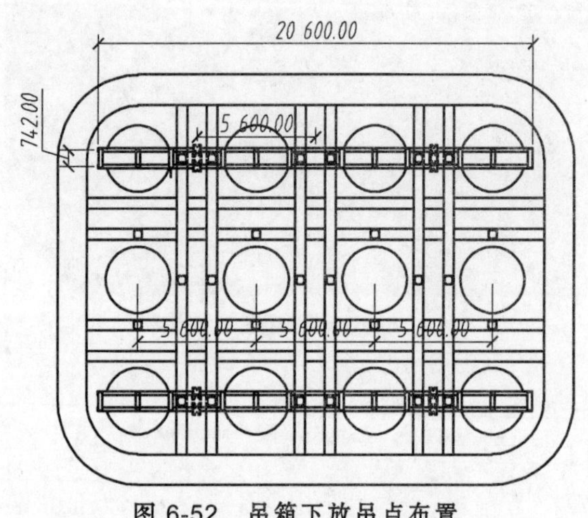

图 6-52 吊箱下放吊点布置

6.5.4 底节吊箱检测

焊缝要满足设计图纸要求的焊缝形式和焊缝尺寸并应满足一级焊缝标准。焊接完成后，对焊缝进行油密、水压探伤检验。

油密用油使用煤油，在壁板外侧焊缝均匀涂刷石灰浆，在壁板内侧焊缝处涂刷煤油，如果有缝隙或焊接不严密处，煤油会渗透到外侧焊缝上，外侧相应位置石灰浆变黑，就对该处焊缝进行处理，直至油密性试验通过。

水压试验即在夹仓内注入一定高度江水，看焊缝在水压作用下，有无渗水现象。在拼装状态下，在夹仓内注水 0.5 m 高进行检验。注水 30 min 后，吊箱无渗水现象，用水泵将夹仓内水抽出，注水遵循对称原则，避免偏载。

探伤检验合格后，才能进行吊箱下放。

6.5.5 定位轮安装

钢吊箱下放过程中的位置导向依靠定位轮来实现。上游的定位轮，还将承受水流冲击力。定位轮共设置 3 层，设置在吊箱侧板上。定位轮的位置通过对应的钢护筒的实测平面位置及倾斜度来确定，确保吊箱下沉顺利。因此，首先要对每个钢护筒的平面偏差及垂直度做仔细测量，根据钢护筒的参数来确定定位轮安装指标，原则是，钢吊箱依靠定位轮下放到设计标高时，吊箱下口平面位置符合设计误差要求。

6.5.6 底节吊箱的吊放下沉

（1）准备工作。

准备工作包括：现场技术交底；施工安全交底；操作工艺细节交底；由主管技术人员向现场操作工人仔细讲解施工技术要求及控制方法；由安全员讲解施工安全注意事项及施工中可能发生的安全事故及避免的办法等；由现场施工负责人讲解操作工艺，细化到每一个步骤，做到使每个操作人员都对即将进行的工作熟练掌握。

（2）检查工作。

检查项目包括：钢护筒倾斜度、平面位置偏差及偏差方向，吊杆、螺帽、连接器、牛腿、扁担梁等关键部位，做到下放前排除所有隐患。

（3）人员分工计划。

下沉的关键在于分工明确。分工表如下：

总指挥：1 人（全面负责施工过程中指令）

技术组：4 人（下沉中的技术监控）

千斤顶司机：4 人（操作 4 台千斤顶，做到同步顶、落）

配合：10 人（配合千斤顶司机，控制千斤顶行程）

巡视员：6 人（每人 2 个夹仓，检查夹仓内有无渗水状况）

安全：1 人

调度：2 人（施工中联络人员）

所有分组将监控信息传达给总指挥，由总指挥统一下指令。

技术组应密切监控吊箱和下沉中的平面位置、垂直度以及吊箱内支撑系统的情况。

（4）牛腿割除。

用千斤顶先将吊箱顶起一定距离，然后人员下到吊箱下方将牛腿割除。

（5）起顶、回落下放。

将吊杆上螺帽松开 10 cm，4 台 150 t 液压千斤顶同步空顶顶升，顶升距离为 10 cm 后停顶，锁紧上螺帽，顶升钢吊箱上升 3 cm，使原来受力的下螺帽松开，并将其向上旋出 10 cm。此时根据总指挥吹哨，每吹一次，各点千斤顶回落 2 cm，由配合人员用短钢尺控制，直至千斤顶回落完毕，下螺帽受力。千斤顶回落过程，带动吊箱均匀下沉 10 cm 距离。

（6）千斤顶回落完成后，锁紧下螺帽，松开上螺帽，千斤顶空顶至要求的行程（小于最大行程 10 cm），锁紧上螺帽，继续顶升，直到下螺帽松开为止。然后按上节描述，千斤顶回落，带动吊箱下沉。此过程的 4 台千斤顶始终保持同步，保证吊箱均匀下放。重复上述步骤，直至吊箱达到自浮状态。吊箱下放见图 6-53。

图 6-53 钢吊箱下放

（7）吊箱接高。

在底节吊箱自浮后，调整吊箱位置，并将其临时限定，开始接高第二节。接高过程中，安装内支撑体系。焊缝的检查验收与底节相同。

接高完成后，再次利用下放系统下放至自浮状态，然后拆除下放系统，在隔舱内注水使吊箱下沉至舱壁外水面距第二层吊箱顶 6 m 时停止。接高第三节吊箱，然后注水下沉，直至吊箱下沉至设计标高。向吊箱隔舱注水时对称均匀注水，严格控制每个隔舱的注水量，相邻隔舱注水高差不超过 30 cm。隔舱内及吊箱内壁板上标出刻度线，进行下沉深度控制。钢吊箱全貌见图 6-54。

图 6-54 钢吊箱全貌

（8）锁定钢吊箱。

吊箱下沉到设计标高后，进行测量定位，把抗压（拉）柱用连接板焊接在钢护筒上，进行吊箱的竖向定位。水平定位采用在定位轮与护筒间填塞楔形钢板，使吊箱平面位置满足要求后焊接固定，然后灌注封底混凝土。

（9）护筒口缝隙封堵。

吊箱锁定后，潜水员下水，首先用钢刷将封底高度范围内护筒上的泥垢、青苔刷干净，再用高压射水对护筒表面、吊箱内壁及底板进行冲洗。清洗完成后，拧紧抱箍螺栓，使抱箍与护筒抱紧。用袋装混凝土将抱箍与吊箱底板的缝隙封好。封底混凝土浇筑前，潜水员再入水对封堵情况做仔细检查。

（10）封底混凝土施工。

混凝土封底厚度 3.4 m，强度等级 C25。

封底施工的顺序为：

搭设封底平台→安装导管→布料机、中心集料斗及分料槽→封底施工。

导管选用ϕ300 mm、壁厚 6 mm 钢管制作，丝口连接前经过水密试验。导管长度 22 m，上口接 1 m^3 小料斗，导管用夹具挂于横梁上。导管下口距底板 15 ~ 20 cm。

导管数量及设置原则：

① 单根导管作用半径取 3 m，全部导管作用范围覆盖钢吊箱底面。

② 吊箱内壁与外层钢护筒间布置导管，确保该区域封底混凝土质量，以防渗水。

③ 导管与钢护筒外侧保持一定距离，以利于混凝土均匀扩散。

④ 导管布置数量：

每个导管作用面积：$\pi R^2 = 3.14\times3^2 = 28.26\ m^2$

吊箱底面面积：337.3 m^2

需要导管：337.3/28.26 = 11 根

根据作用区绘图及布置原则，设置 12 根，每根按 22 m 长计算，需导管：242 m，同时备用导管一套。测量锤 20 个，50 m 测绳 20 根，测绳使用前应校核其长度，在 19 ~ 24 m 内每隔 1 m 用铅丝作出明显、牢固标记。施工时根据实际位置进行调整，避开护筒及底板桁架、喇叭口位置。

首批混凝土方量计算图示见图 6-55。

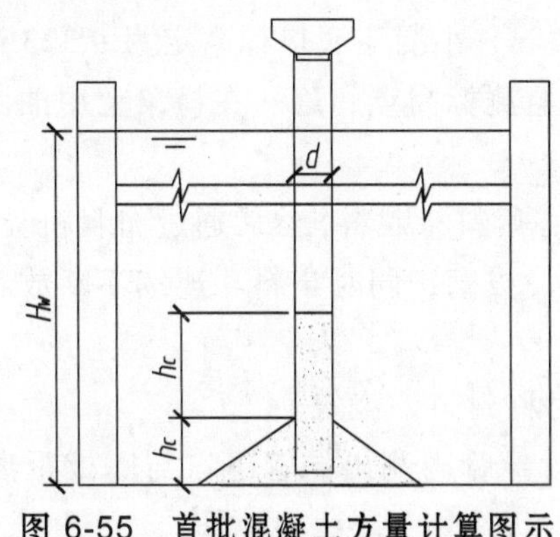

图 6-55　首批混凝土方量计算图示

$$V = h_1 \pi d^2 / 4 + H_c \pi R^2 / 4$$

式中　R——导管作用半径，3 m。

d——导管半径，0.3 m。

H_c——首批混凝土灌注高度，0.8 m。

h_1——围堰内混凝土达到 H_c 时，导管内混凝土与导管外水压平衡高度：

$$h_1 = H_w x \gamma_w / \gamma_c = H_w / 2.4$$

其中　γ_w——水容重，10 kN/m^3；

γ_c——混凝土容重，24 kN/m^3；

H_w——围堰内水面至吊箱底高度，[3 - (- 13.268) = 16.268 m]。

得，h_1 = 16.268/2.4 = 6.778 m，考虑 1.1 倍富余量取 7.4 m。

$$V = 7.4 \times 3.14 \times 0.3^2 / 4 + 0.8 \times 3.14 \times 6^2 / 4 = 23.14 \text{ m}^3$$

所以，单个储料斗容积应保持在 24 m^3 以上。

水下混凝土质量要求：

① 泌水率不小于 1%；

② 初凝时间大于 32 h；

③ 初始坍落度 22 ~ 24 cm，6 h 后不小于 15 cm；

④ 7 d 强度达到设计强度 90%以上。

小料斗搭设布置高度：

$$H_c \geqslant (p_0 + \gamma_w H_w) / \gamma_c$$

p_0 = 350 kPa，使导管内混凝土下落至导管底，并将导管外混凝土向上顶升所需的超压力，取 350 kPa。

$$H_c \geqslant \{350 + 10 \times [3 - (-13.268)]\} / 24 = 21.4 \text{ m}$$

水深：16.268 m，则小漏斗口高出水面 21.4 - 16.268 = 6.132 m。

标高 3 + 6.132 = 8.132 m，小漏斗底口标高定为 9.323 m。

在平台上布置 20 个监测标高点，逐一在横梁上用油漆打上标高点，作为测量混凝土面标高的依据。

首批灌注时，先由中心集料斗贮料，然后通过布料机让混凝土进入浇筑小料斗，当小料斗内充满混凝土后，拔塞，同时集料斗连续不断放料，直至完成导管封口。

首批混凝土灌注：

① 浇筑顺序：分期对称封口，浇筑。

② 封底前，用测绳自导管内测出导管下口与底板距离，用倒链调整导管下口距底板 15 ~ 20 cm。

③ 一根导管封口完成，进行相邻导管封口工作时，先测量待封导管底口处混凝土顶标高，根据实测重新调整导管底口高度。为保证封口混凝土的顺利进行，在每根导管封口完成后，按不大于 60 min 控制同一导管两次灌入混凝土的间隔时间。

测点每 15 m^2 布置 1 个，浇筑混凝土时，做好测深导管原始长度，测量基准点标高等原始记录。同时每根导管封口结束后应及时测量其埋深及流动范围，并做好详细记录。

浇筑过程中，方量大，时间长，为防止导管堵管，在浇筑到一定方量时，应提升导管，每次提升高度控制在 20 cm 内，且应缓慢、均匀提升。

浇筑过程中，注意控制每一浇筑点补料一次后的标高及周围 3 m 范围内的测点都要测一次，并记录灌注、测量时间。

封底混凝土顶面设计标高 – 9.768 m，根据现场测点的实测混凝土面高程，确定该点是否终浇，终浇前上提导管，减小埋深，尽量排空导管内混凝土，使混凝土面平整。

混凝土浇筑临近结束时，全面测出混凝土面标高，重点检测导管作用半径交会处、护筒周边、吊箱内壁周边等部位。根据结果对标高偏低点进行补浇，力求混凝土面平整。当所有测点标高满足要求后，结束封底施工。在封底混凝土强度达到 100%后，抽出吊箱内的水然后进行承台施工，封底施工见图 6-56。

图 6-56 钢吊箱封底

6.6 本章小结

板梁隔舱式双壁钢吊箱围堰在西江特大桥主桥 141# ~ 143#墩水中高桩承台施工中应用，一次性成功，取得了以下成果：

（1）该吊箱在设计方案上与传统的桁架格构式双壁吊箱相比，减少了材料的规格和种类，加工安装方便，每个吊箱节约钢材近 20%，经济效果明显。

（2）壁板竖向承受的水平力产生的弯矩由板梁式隔舱板承担，承载能力大，吊箱受力明确，使吊箱结构得到简化。

（3）下放方案结构简单，施工中易于控制，吊箱的定位精度较高。

（4）舱壁内不需要灌注混凝土，吊箱壁回收率高。

（5）根据此工艺形成的工法获中国铁建股份公司工法一等奖。

通过对高桩承台板梁隔舱式双壁钢吊箱围堰进行方案创新研究，确定的设计施工方案具有较高的应用与推广价值，对于今后桥梁水中承台围堰施工具有一定的推广意义。同时争取了工期，由于技术准备充分，使承台在预定工期中顺利完成，从而为整座桥梁按期完工打下了良好基础。

第 7 章　0#块设计与施工

7.1　研究背景

7.1.1　研究现状

大跨预应力混凝土连续刚构桥常常采用对称悬臂浇筑法施工，需要 0#块来做施工起始平台，由于 0#梁段的混凝土方量较大，且在高空施工，因此 0#块的施工是悬臂浇筑施工所面临的首个难点。在结构中 0#块处于上部主梁与下部桥墩的连接处，不仅是主梁悬臂浇筑的基础，而且是受力最复杂的构件，其体积一般较大，且施工条件差，梁体内预应力管道集中，普通钢筋布设密集。因此，0#块的施工通常在临时托架上支模进行分次浇筑，少则 2 次，最多达 4 次。临时托架的作用，一是作为 0#节段施工的作业平台和受力支撑结构；二是在有支座的预应力连续梁悬臂灌筑法施工时，临时可支撑以承受悬灌过程中产生的部分不平衡弯矩[5]。0#块施工平台作为连续刚构 0#块的支撑体系，它的形式、强度和变形对 0#块的浇筑程序、裂缝控制关系重大。目前 0#块施工平台的设计，由落地式立柱支架、悬空支架、墩身留孔穿型钢、预埋焊接牛腿搭设平台，到预埋焊接三角形支架。但随着公路、铁路桥梁设计思路向大跨度方向的发展，墩身高度和 0#块质量的增大且对混凝土外观质量要求的日益加强，又产生了预应力三角形支架构成 0#块施工平台的施工方法。重庆合川白果渡嘉陵江大桥主桥 0#块就是采用的这种方法。

目前，在高墩大跨连续刚构桥 0#块浇筑前均要进行临时托架的设计、检算、拼装以及预压工作。大跨高墩连续刚构桥 0#块施工的主要特点为高空作业。作为主要承重构件的托架，要求具有以下几个特点：

（1）拼装必须简单易行。由于在高空中作业，施工平台很难搭建，要求托架的拼装工艺不能过于烦琐，避免较多的组合或施焊工序。

（2）构件宜轻巧。大桥的 0#块托架组拼工作均为高空作业，采用缆索吊装系统来完成所有构件的起吊作业。由于该缆索吊装系统吊重能力有限，因此要求托架的各个构件重量不能突破缆索吊装系统的起重限值。

（3）托架刚度要大。要求托架的整体刚度大、变形小，减小托架变形对 0#块混凝土浇筑的影响，避免混凝土由于托架变形而产生初始裂缝。

临时托架的受力特点是将 0#块和其施工设施等的重量通过墩身顶端的构造设施传递到墩身，由墩身传递到基础。根据受力特点，托架可分为适合低墩的落地式托架以及适合高墩的悬臂式托架。施工特点是在墩身施工中预埋连接钢板和水平杆，再与型钢及板件连接成托架，在其上支模施工 0#块，与传统的落地支架比较，节省了大量的施工用材。托架杆件的主要形式包括型钢、万能杆件以及贝雷架。临时托架形式的选择宜综合考虑桥梁的结构形式（有无支座）、桥墩高度、河床条件（是否有条件做到落地支架）、器材等诸因素，做到经济合理。

一般的临时托架主要由牛腿支架（包括斜撑、上拉纵梁等）、横向分配梁和纵向分配梁等组成，具有体积小、用材省、传力路径明确等优点。浇筑混凝土时托架的传力路径为：新浇混凝土→钢模板→方木→纵向分配梁→横向分配梁→牛腿支架→墩身→基础。

1. 纵向分配梁

纵向分配梁与底模接触，起着均化底模所承受的箱梁顶板、腹板以及底板等荷载的作用；同时起着作为侧模的支撑点的作用。由于腹板段荷载集度大，因此该处纵向分配梁应布置得较密。纵向分配梁一般可采用较小高度的双槽钢截面。

2. 横向分配梁

由于托架还需承受翼板以及一部分腹板段的外伸荷载，因此横向分配梁在与桥墩外侧支设的牛腿支架交接处弯矩较大，一般可采用截面高度较大的工字钢均匀铺设。

3. 牛腿支架

牛腿支架是整个托架受力的关键部分，起着把整个 0#块荷载传递到桥墩的作用。外侧牛腿支架（外托架）是支撑 0#块悬挑出来的这部分荷载，内侧牛腿支架（内托架）主要起支撑两桥墩中间部分的荷载。由于箱梁腹板荷载大，因此，桥梁横断面左右两侧最外处的牛腿支架受力较大，其上拉纵梁若采用预埋件与桥墩连接，会带来局部压力过大，导致混凝土开裂。若把上述的内外托架靠外边的牛腿支架的上拉纵梁在桥墩处拉通，则可解决上述问题。因此，施工中靠外边受力较大的牛腿支架内外拉通，靠内边较小的牛腿支架则利用预埋件与桥墩连接，这既消除了安全隐患，又把对桥墩的不利影响减小。

4. 连接方式

托架杆件之间的连接方式主要有栓接和焊接两种。螺栓连接方便拆卸，但增加了节点板、高强螺栓等材料费用以及安装费用；电焊连接能有效地减少结构的非弹性变形，但拆卸时对杆件损害大，材料重复利用次数少，且焊缝质量不易保证。建议牛腿支架各杆件采用螺栓连接，纵、横分配梁之间采用电焊连接。

托架虽然为临时结构，但它是 0#块施工的平台，承受大部分浇筑 0#块重量和施工荷载，它的变形大小对 0#块立模标高起着决定性的作用，所以一方面要保证托架在施工期间具有足够的安全性，同时要控制托架的变形，保证 0#块施工的顺利完成。托架检算既可以按传力路径一步步手算，也可以建立托架的空间模型借助有限元软件进行分析。

托架检算时主要考虑的荷载有：混凝土自重、模板及支架自重、施工人员和材料机具等堆放荷载、振捣混凝土时产生的荷载、浇筑混凝土时产生的偏载、风荷载等。其中混凝土自重荷载宜分为 5 段考虑，即翼板段 + 腹板段 + 顶、底板段 + 腹板段 + 翼板段。荷载工况可包括强度及稳定验算工况、刚度验算工况以及考虑偏载的稳定验算工况。除了对托架各构件进行强度、刚度、稳定等受力分析以外，对起连接作用的预埋件、螺栓、焊缝等也必须进行验算，以确保施工过程中的安全性。

0#块施工前还要对托架进行预压，主要目的为：

（1）检验托架的强度和稳定性，确保 0#块施工过程中的安全。

（2）消除托架的非弹性变形，避免托架变形过大而导致箱梁混凝土开裂。

（3）消除托架的非弹性变形后，继续施压，测量托架的弹性变形，与理论值相比较，并据此作为确定 0#块立模标高的依据。托架预压主要有水箱预压、袋装砂预压和千斤顶预压三种预压方式。前两种属于换重预压方式，简单易行，但费工、费时、费料，且不便于加载控制。利用千斤顶张拉设备施加集中力进行预压，具有控制精确、变形指标可量化、安全可靠、便于施工操作的优点，并可节省大量吊重物资及吊架设施。

在未来的 0#块分次浇筑施工中，桥梁工作者将综合考虑各方面的因素，确定托架的结构形式，根据荷载分布特点，优化托架平面布置，以达到合理、经济、安全的目的。

7.1.2 工程概况

主梁采用单箱双室截面，两边腹板为直腹板。吊杆索采用箱外牛腿锚固形式。箱梁中支点处梁高 12.0 m，端支点及中跨中处 4.0 m，其中中支点处（梁高 12.0 m）

平段长 11.0 m，中跨中（梁高 4.0 m）平段长 23.0 m，中间 98.0 m 长度变高段梁底曲线为抛物线，抛物线方程为 $y=-8x^{1.5}/981.5$。

主梁顶板除梁拱墩结合区局部加宽到 14.8 m（不含人行道加宽）外，其余宽为 13.2 m，箱梁顶板布置双层索区域厚 64 cm，布置单层索区域厚 42 cm。箱梁底板宽 10.2 m，底板厚度由中跨 4.0 m 梁高处的 40 cm 渐变至中支点附近处 157.5 cm，局部加厚到 200 cm。箱梁腹板厚度分 35 cm、50 cm、65 cm 三种，并在梁拱墩结构结合块附近一定区域渐变加厚到 100 cm。

0#块设计长度为 23 m、墩顶处梁高为 12 m，141#、143#混凝土量 2 652 m^3（含拱脚），142#混凝土量为 2 970 m^3（含拱脚）。

7.2 0#块托架设计与施工

7.2.1 0#块托架结构设计概况

1. 设计基本假定

141#～143#墩 0#块拟分三层浇筑，本桥 0#块混凝土施工拟分三次浇筑。141#、143#墩 0#块第一次浇筑高度为 8.1 m（含 2.1 m 墩身），浇筑方量为 1 269.3 m^3；第二次浇筑高度为 6.0 m，浇筑方量为 1 176.9 m^3；第三次拱座部分一期混凝土待挂篮浇筑完 3#块后进行，浇筑方量为 232.1 m^3。142#墩 0#块第一次浇筑高度为 7.0 m（含 1 m 墩身），浇筑方量为 1 296.8 m^3；第二次浇筑高度为 6.0 m，浇筑方量为 1 264.4 m^3；第三次拱座部分一期混凝土待挂篮浇筑完 3#块后进行，浇筑方量为 413.1 m^3。

0#块托架竖向荷载按第一次浇筑的 0#块方量进行设计；要求浇筑 0#块时，混凝土上升速度不大于 2 m/h，混凝土入模温度接近 20 °C，即混凝土最大侧压力按 50 kPa 控制设计；第二次浇筑 0#块混凝土前，要求在已浇筑的第一次 0#块混凝土内施加纵桥向临时预应力；计算时不考虑风荷载影响。

特点：受力特点是将 0#块重量和其施工设施等重量，通过墩身顶端的构造设施，传递到墩身，由墩身传递到基础。施工特点是在墩身施工中，预埋连接钢板和水平杆，再与型钢及板件连接成托架，在其上支模施工 0#块，与传统的落地支架比较，节省了大量的施工用材。

2. 0#块施工临时结构主要组成

0#块施工临时结构由墩身预埋件、托架、拱架、排架、底模、外模、内模、内模骨架等组成。具体结构见图 7-1。

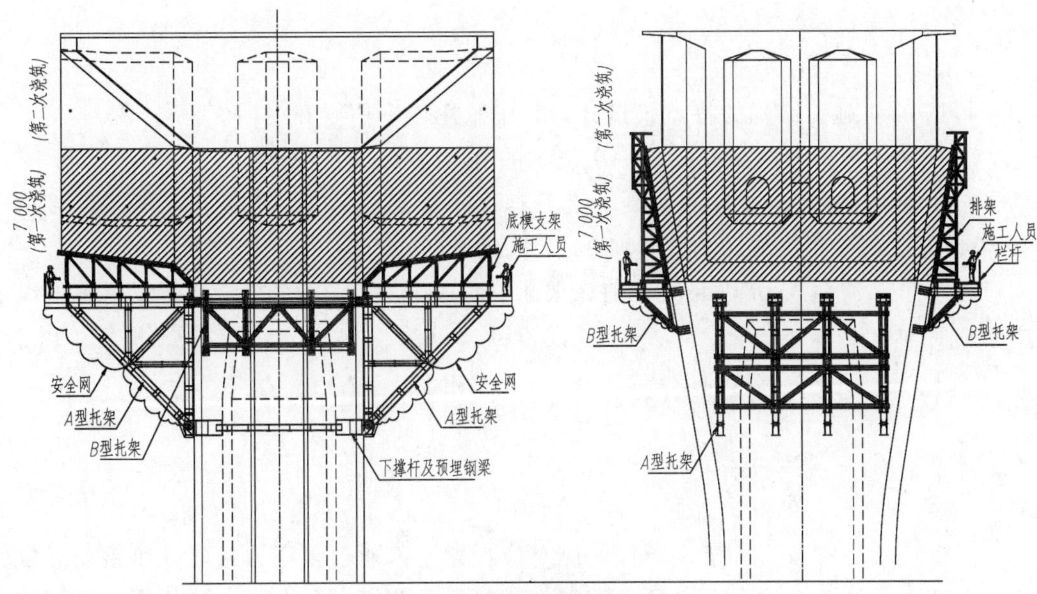

图 7-1　0#块墩旁托架布置

（1）墩身预埋件包括 A 型托架对应墩身上预埋件、对拉精轧螺纹钢筋、下预埋钢梁、预埋撑杆及 B 型托架和拱架对应预埋件。

（2）托架包括 A 型托架、B 型托架；A 型托架横桥向布置 4 片，由连接系连为整体；B 型托架纵桥向布置 4 片，由连接系连为整体。托架上方均铺设分配梁及排架。

（3）拱架包括拱形模板、拱肋、可调撑杆、分配梁及预埋件，其中拱肋横桥向布置 13 片。

（4）排架包括外侧模排架及底模排架，外侧模排架纵桥向布置 15 片，底模排架横桥向布置 14 片。

（5）底模采用钢模，考虑挂篮施工倒用。

（6）外模为组合模板，面板为竹胶板，肋为槽钢夹木条。

（7）内模为钢模，大部分考虑挂篮施工倒用。

（8）内模骨架包括背带、分配梁、钢脚手架等结构。

3. 传力体系

0#块混凝土浇筑施工时，作用于模板上的混凝土竖向压力荷载通过排架传于 A、B 型托架上，A 型托架上的水平荷载通过顶部设置对拉体系，下部设置对撑体系进行自平衡，A 型托架上的竖向荷载通过预埋件直接传于墩身，B 型托架上的荷载通过预埋件直接传于墩身；作用于模板上的混凝土水平压力荷载通过侧模排架及拉杆进行自平衡；141#、143#墩 0#块中心拱形混凝土荷载通过无推力拱架结构及相应预埋件直接传于墩身。

7.2.2 计算假定

根据0#块施工结构的特点，设计计算中采用以下假定和说明。

（1）0#块托架竖向荷载按第一次浇筑的0#块方量进行设计。

（2）要求浇筑0#块时，混凝土上升速度不大于2 m/h，混凝土入模温度接近20 °C，即混凝土最大侧压力按50 kPa控制设计。

（3）第二次浇筑0#块混凝土前，要求在已浇筑的第一次0#块混凝土内施加纵桥向临时预应力。

（4）计算时不考虑风荷载影响。

7.2.3 A型托架结构计算

A型托架为三角形托架，墩柱两侧对应托架上部通过预应力精轧螺纹钢筋对拉住，下部通过销轴支撑在墩身预埋钢梁上。0#块单侧横桥向布置4片托架，托架间距布置为3.0 m + 2.8 m + 3.0 m，沿桥梁中心线对称布置。托架顶布置钢楔块及分配梁，承担底模排架传递的荷载。单片托架结构布置及各杆件截面如图7-2所示。

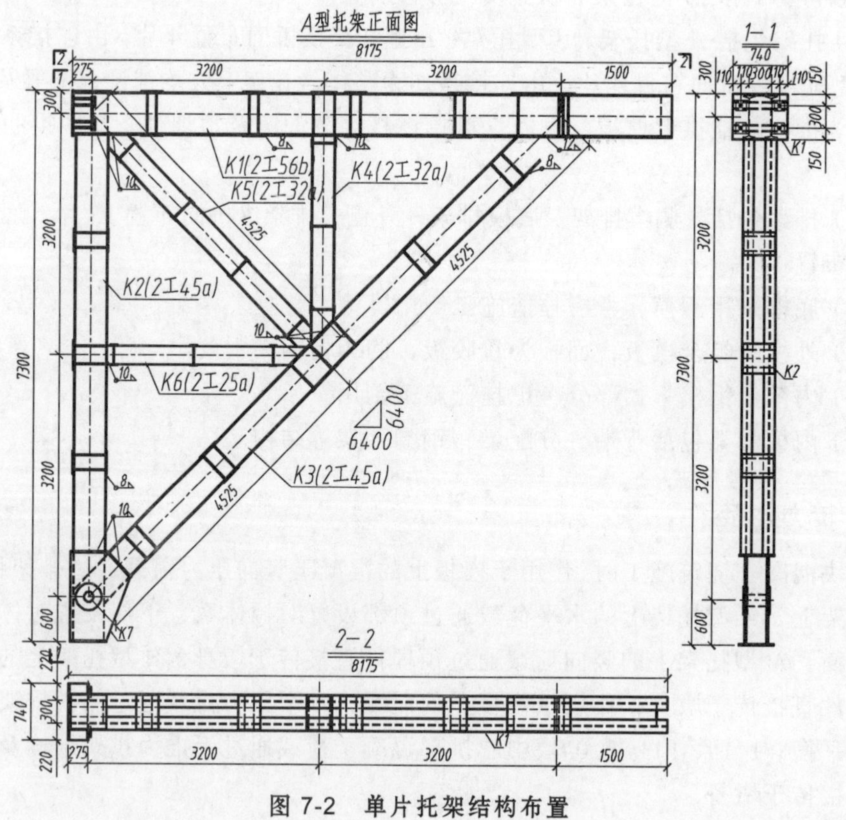

图7-2 单片托架结构布置

根据宏观受力分析，141#、142#、143#墩 A 型托架受力接近，此处以 141#墩拱座侧托架进行计算。根据前述荷载分析，A 型托架的荷载即为外侧模排架及底模排架的支点反力。

根据上述荷载及边界条件分析，使用 MIDAS 建立 141#墩拱座侧 A 型托架模型。

程序计算得 A 型托架应力结果如图 7-3、图 7-4 所示。

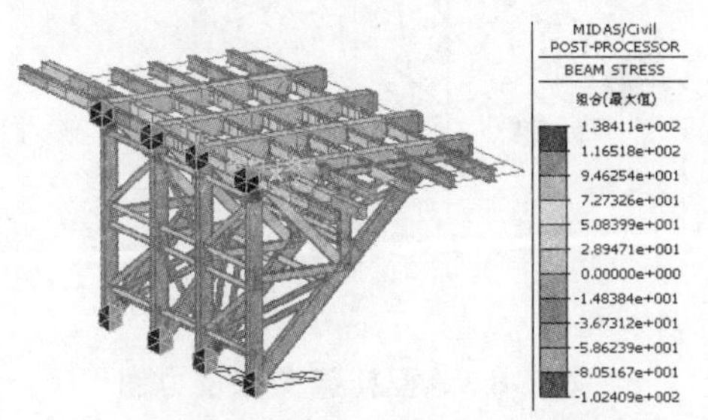

图 7-3　A型托架应力结果图

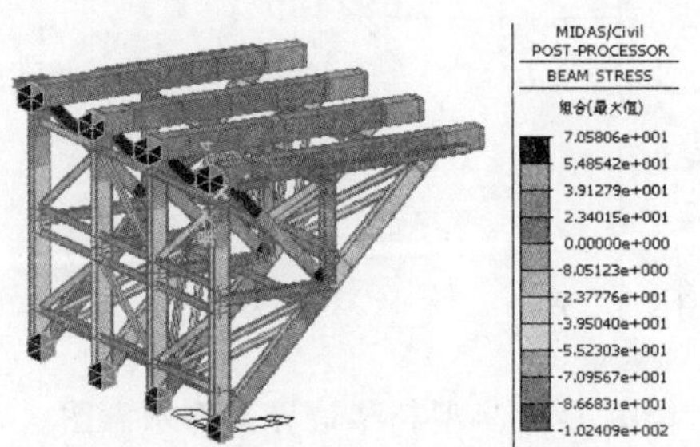

图 7-4　A型托架三角形桁片应力图

由上图得知，A 型托架最大应力结果为 138 MPa，小于 145 MPa，满足要求。最大应力出现在分配梁 HL3 处，其他三角形桁片最大应力为 102.4 MPa。

程序计算得 A 型托架变形结果如图 7-5、图 7-6 所示。

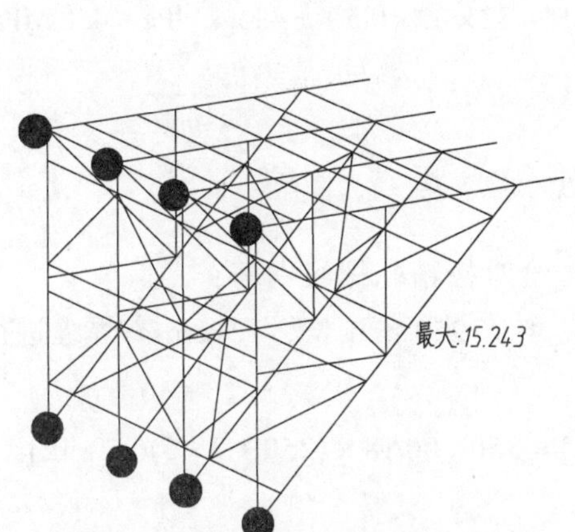

图 7-5　A型托架变形结果图一

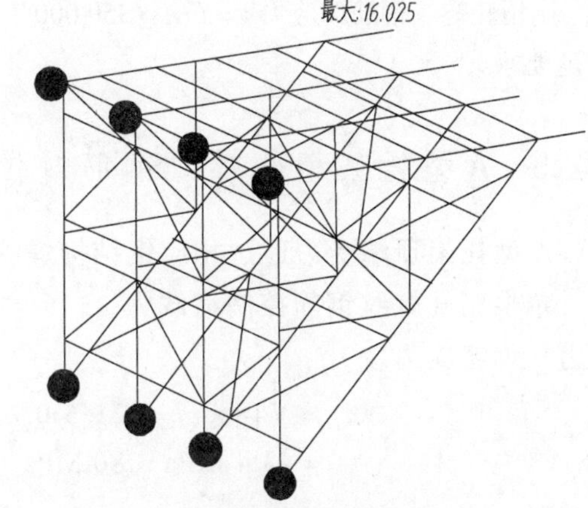

图 7-6　A型托架变形结果图二

由图 7-5，A 型托架最大变形为 15.2 mm，主要分布在分配梁悬臂端，此处不影响 0#块施工变形要求；由图 7-6 得知，不考虑 A 型托架悬臂部分，最大变形为 6.0 mm，变形相对较小，且可通过分配梁预抬高来调整 A 型托架顶部变形。

7.2.4　A 型托架顶精轧螺纹钢筋计算

A 型托架上支点反力即为对拉精轧螺纹钢筋的荷载，由前面计算得 A 型托架上支点反力如图 7-7、图 7-8 所示。

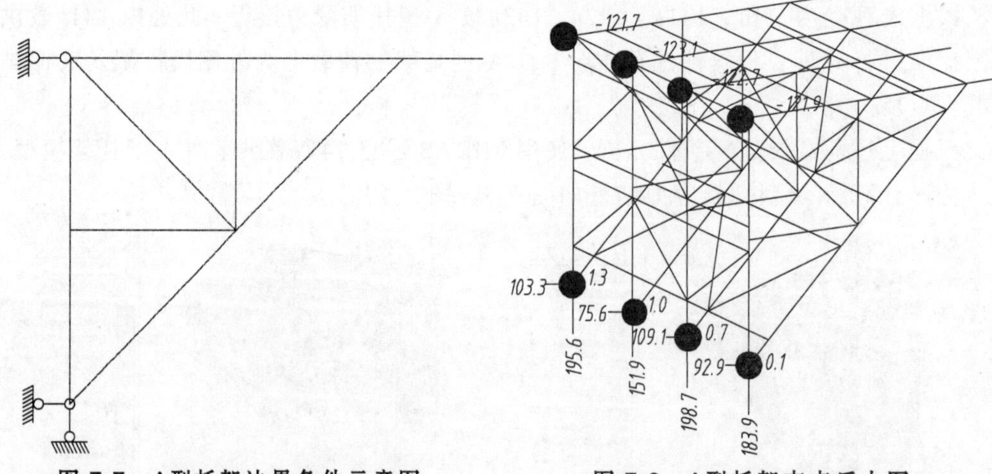

图 7-7 A型托架边界条件示意图　　图 7-8 A型托架支点反力图

由图 7-8 得知，顶部最大支点反力为 123.1 t，即单处精轧螺纹钢筋对拉最大荷载为 123.1 t，则单根Φ32 精轧螺纹钢筋承受的拉力大小 $F = 123.1/4 = 30.8$ t，小于单根Φ32 精轧螺纹钢筋的预拉力 35 t，故Φ32 精轧螺纹钢筋荷载按 35 t 考虑，安装时Φ32 精轧螺纹钢筋设置 35 t 的预拉力。

则精轧螺纹钢筋的应力 $\sigma = F/A = 350\,000/(3.14\times 32\times 32\times 0.5) = 435.4$ MPa < 450 MPa，满足要求。

7.2.5 A 型托架精轧螺纹钢筋对拉处传力焊缝计算

A 型托架顶端受力通过相应钢结构焊缝传给对拉精轧螺纹钢筋：

单根精轧螺纹钢筋控制荷载为 35 t，对应 4 条 250 mm 长、12 mm 高焊缝进行传力，焊缝应力

$$\begin{aligned}\tau_f &= N/[8\times(l_f - 2\times 5)0.7\,h_f] = 350\,000/[8\times(250-2\times 5)0.7\times 12] \\ &= 43.4\ \text{MPa} < 80\ \text{MPa}\end{aligned}$$

满足要求。

7.2.6 墩身预埋撑杆计算

上撑杆 CG1 为一组合式受压构件，长度为 4.2 m，其控制荷载 $N = 4\times 35 = 140$ t，构件截面形式如图 7-9 所示。

下撑杆 CG2 及 CG3 截面均与上撑杆 CG1 相同，长度分别为 4.2 m、6.0 m，根据计算，下撑杆最大压力为 109.1 t，小于 140 t。为了安全考虑，撑杆计算时，以最长撑杆 CG3 为例，且荷载按撑杆中最大荷载 140 t 考虑进行计算。

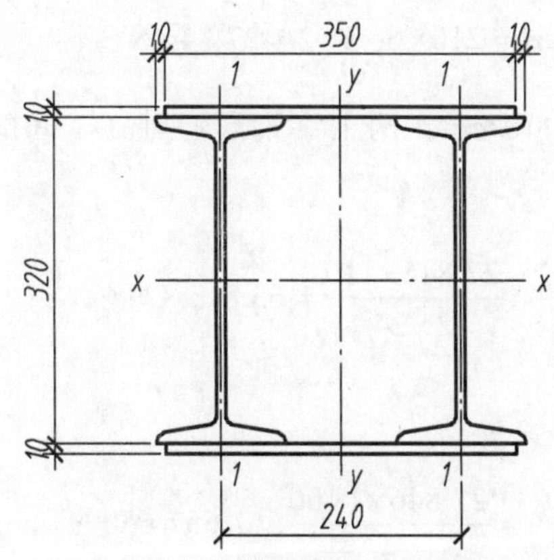

图 7-9 上撑杆CG1 截面图

单根 I32a 截面参数如下：

$$A_1 = 66.3\ \text{cm}^2,\quad r_x = 12.8\ \text{cm},\quad r_1 = 2.6\ \text{cm},\quad I_1 = 448.4\ \text{cm}^4$$

1. 对实轴 *x-x* 的稳定性计算

$$\lambda_x = l_0 / r_x = 600/12.8 = 46.9$$

查表得 $\varphi = 0.87$。

则 $\sigma = N/(\varphi A) = 1\ 400\ 000/(0.87\times 6\ 630\times 2) = 121.4\ \text{MPa} < 145\ \text{MPa}$，满足要求。

2. 对虚轴 *y-y* 的稳定性计算

下撑杆 CG3 缀板净距为 900 mm，则

$$\lambda_1 = \frac{a_1}{r_1} = \frac{90}{2.6} = 34.6 \leqslant 40$$

由两个肢组成的整个构件对虚轴 *y-y* 的长细比

$$\lambda_y = \frac{l}{r} = \frac{6\ 000}{122.7} = 48.9$$

$$\lambda = \sqrt{\lambda_y^2 + \lambda_1^2} = \sqrt{48.9^2 + 34.6^2} = 59.9$$

查表得 $\varphi = 0.807$。

则 $\sigma = \dfrac{N}{\varphi A} = \dfrac{140\times 10^4}{0.807\times 6\ 630\times 2} = 130.8\ \text{MPa} < 145\ \text{MPa}$，满足要求。

3. 缀板计算

作用在压杆上的横向剪力为：

$$Q = 210A = 210 \times 66.3 \times 2 = 27\ 846\ \text{N}$$

中缀板中心距离 $a_0 = 110$ cm，两工字钢形心轴 1-1 间的距离 $b_0 = 24$ cm，则缀板所受剪力

$$T = \frac{Qa_0}{2b_0} = \frac{27\ 846 \times 110}{2 \times 24} = 63\ 813.8\ \text{N}$$

缀板所受弯矩

$$M = \frac{Qa_0}{4} = \frac{27\ 846 \times 1\ 100}{4} = 7\ 657\ 650\ \text{N} \cdot \text{mm}$$

缀板的截面模量

$$W = \frac{1}{6}\delta h^2 = \frac{1}{6} \times 10 \times 200^2 = 66\ 667\ \text{mm}^3$$

缀板弯曲应力 $\sigma_{\text{w}} = \dfrac{7\ 657\ 650}{66\ 667} = 114.9\ \text{MPa} < [\sigma_{\text{w}}] = 145\ \text{MPa}$，满足要求。

缀板剪应力 $\tau = \dfrac{3}{2} \cdot \dfrac{T}{\delta h} = \dfrac{3}{2} \times \dfrac{63\ 813.8}{10 \times 200} = 47.9\ \text{MPa} < [\tau] = 85\ \text{MPa}$，满足要求。

7.2.7 托架的施工技术

1. 托架安装

单片托架通过塔吊安装，底部销接于墩身预设垫梁上，上部通过精轧螺纹钢筋锚于墩身上。上部对拉筋的中心施工时现场应预留孔洞，以穿过对拉精轧螺纹钢筋。一侧的单片托架安装就位后，临时锚固于墩身内壁上，待另侧对应的单片托架安装就位后，再接长精轧螺纹钢筋连成一体；然后在托架上弦与墩身之间设垫块，张拉精轧螺纹钢筋达设计要求。顺桥向每侧 4 片托架之间及时设连接系栓接成一体。

横桥向墩身按照设计图纸在相应标高处设置预埋件，托架用塔吊安装就位后及时与预埋件焊接牢固。横桥向每侧 4 片托架之间及时设连接系栓接成一体。

托架安装完毕后，在其上摆放分配梁及 0#块施工轻型支架，以承托底模和腹板模板。托架安装完成后应调整两侧在同一标高，并在浇筑混凝土之前根据计算变形值做预抬高。

现场在施工过程中应采取有效措施，避免托架顶部对拉精轧螺纹钢筋碰火，确保结构的安全。

2. 托架预压

预压采用在承台和托架间设钢绞线用千斤顶预拉的方法，预压 48 h，预压荷载为 1.2 倍的 0#块重量，以消除支架的非弹性变形、测量支架的弹性变形量，并记录相关原始数据，根据测量数据计算出支架的非弹性变形和弹性变形，从而确定支架的预留沉落量，以此为依据对底模的标高进行调整，确保箱梁底标高和线形符合设计要求。

7.3 0#块模板设计

7.3.1 0#块模板的设计

本桥 0#块采用托架施工，托架由墩顶设置预埋件及预埋钢梁生根。0#块在浇筑形成中，其全部自重主要由工作平台和托架参加受力，混凝土侧压力主要模板及模排承受。在 0#块混凝土浇筑前，从技术难度和工期上均受到极大的制约。考虑到 0#块外轮廓构造的特殊性，0#块外模板均考虑采用竹胶板组合模板，不考虑倒用。考虑到 0#块内模板可以结合后期挂篮施工梁段内模板进行倒用，故 0#块内模均采用钢模，整体采用钢木结合的方式。

1. 外侧模板设计

外侧模面板为 15 mm 厚竹编胶合板，采用 2[8 槽钢夹 40 mm 厚的木条进行加劲，加劲肋中心间距为 360 mm，外侧模板断面示意如图 7-10 所示。

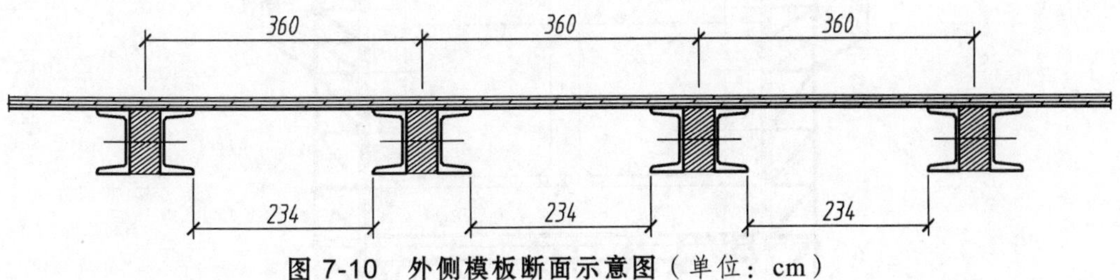

图 7-10 外侧模板断面示意图（单位：cm）

2. 外侧模排架设计

外侧模排架除两侧间距为 1 525 mm 外，其余均为 1 550 mm，纵桥向布置 14 排。0#块排架布置如图 7-11、图 7-12 所示。

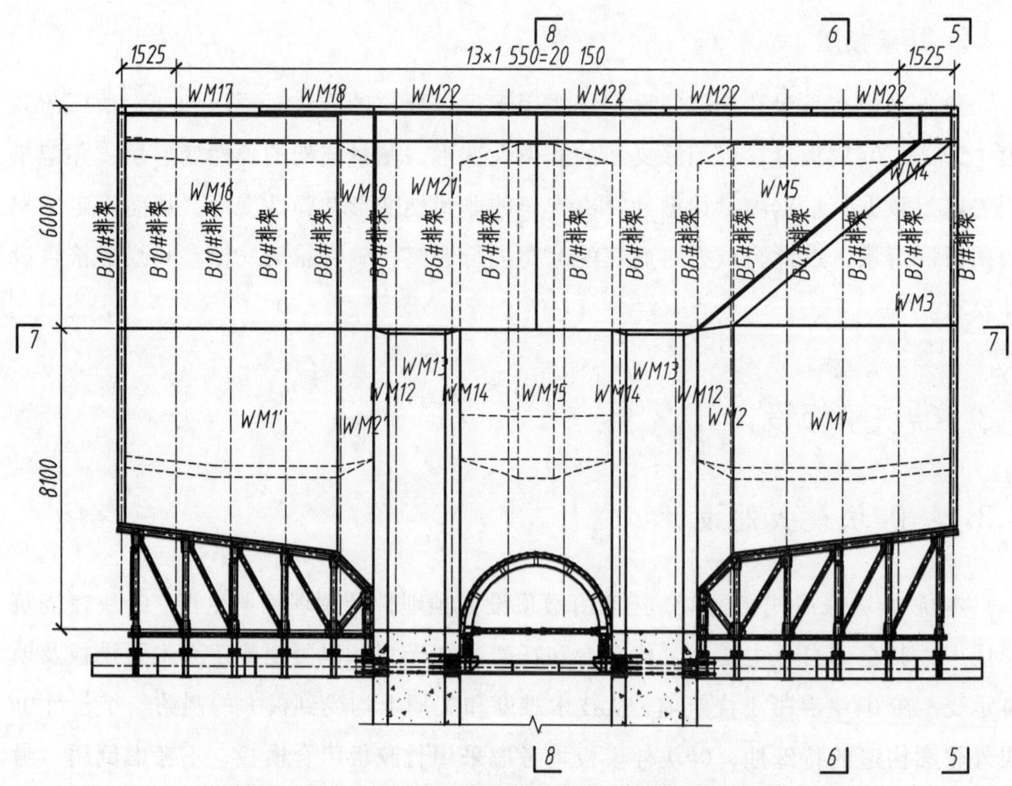

图 7-11　141#、143#墩侧模及支撑架布置正面图

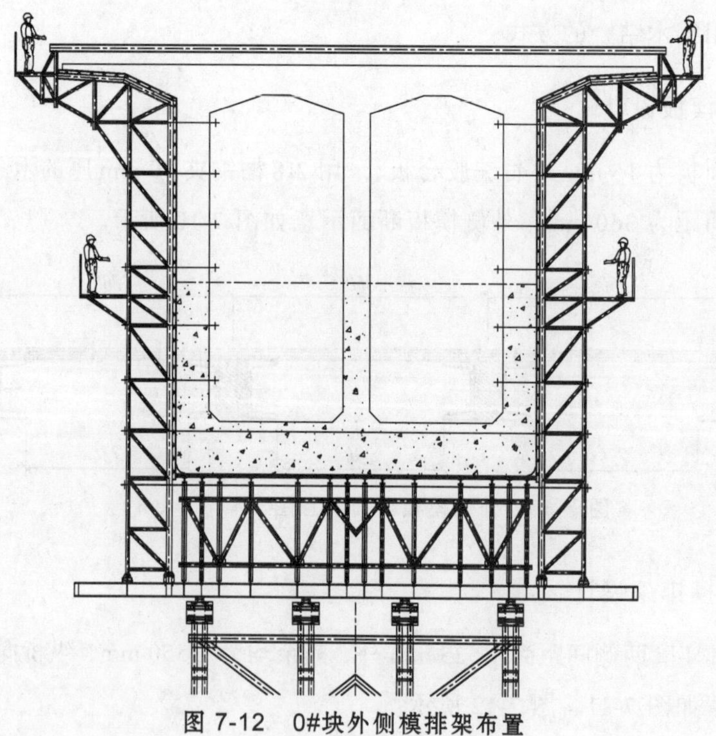

图 7-12　0#块外侧模排架布置

3. 内侧模板设计

内模板构造由 6 mm 厚的钢板面板、[8 横肋、截面 80 mm × 6 mm 的纵肋、2[14a 背带、2[16a 背梁组成。内模侧压力按 74.5 kPa 控制设计。

4. 底模板设计

底模板构造由 6 mm 厚的钢板面板、[8 横肋、截面 80 mm × 6 mm 的纵肋组成。底模板对应 0#块腹板处纵横肋布置相对较密，按承受 7 m 高混凝土荷载控制设计的纵横肋间距为 150 mm × 250 mm。底模板对应 0#块底板处纵横肋布置相对较疏，按承受 2.3 m 高混凝土荷载控制设计的纵横肋间距为 350 mm × 360 mm。底模板布置如图 7-13 所示。

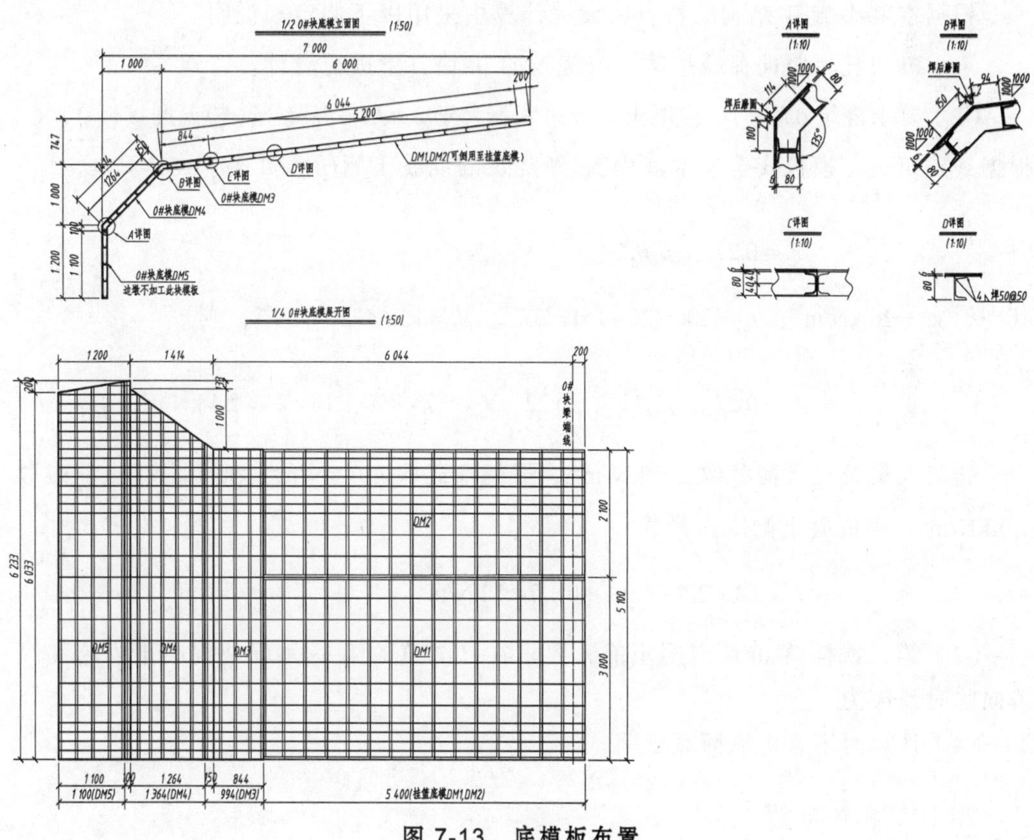

图 7-13 底模板布置

5. 底模排架设计

0#块底模排架由上弦[14a、下弦[8、竖撑杆[14a、斜撑杆[10 组成，横桥向布置 14 片，0#块底模排架布置如图 7-14 所示。

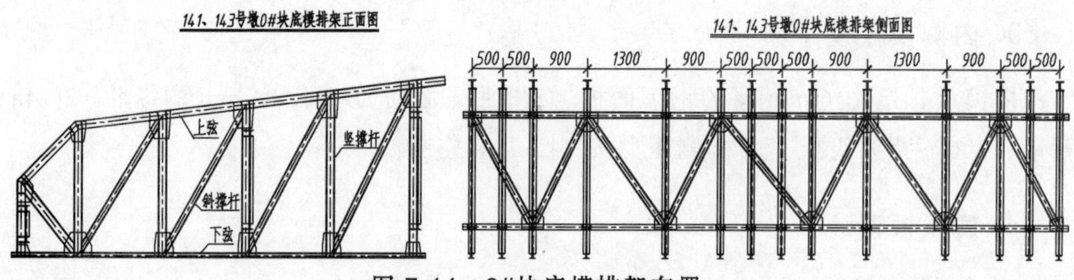

图 7-14　0#块底模排架布置

7.3.2　计算假定和相关参数

1. 计算假定

根据本 0#块施工结构的特点，设计计算中采用以下假定和说明。

（1）0#块托架竖向荷载按第一次浇筑的 0#块方量进行设计。

（2）要求浇筑 0#块时，混凝土上升速度不大于 2 m/h，混凝土入模温度接近 20 °C。根据《建筑施工模板安全技术规程》，新浇筑的混凝土侧压力可按下式计算：

$$F = 0.22\gamma_c t_0 \beta_1 \beta_2 V^{\frac{1}{2}}$$

其中，$\gamma_c = 26\ \text{kN/m}^3$，$t_0 = 200/(20+15) = 5.7$，$\beta_1 = 1.2$，$\beta_2 = 1.15$，则

$$F = 0.22\gamma_c t_0 \beta_1 \beta_2 V^{\frac{1}{2}} = 0.22 \times 26 \times 5.7 \times 1.2 \times 1.15 \times 2^{\frac{1}{2}} = 64\ \text{kN/m}^2$$

施工人员及机具荷载取 $2.5\ \text{kN/m}^2$，振捣荷载取 $4.0\ \text{kN/m}^2$，倾倒混凝土荷载取 $4.0\ \text{kN/m}^2$，则混凝土侧压力荷载

$$F = 64 + 2.5 + 4.0 + 4.0 = 74.5\ \text{kN/m}^2$$

（3）第二次浇筑 0#块混凝土前，要求在已浇筑的第一次 0#块混凝土内施加纵桥向临时预应力。

（4）计算时不考虑风荷载影响。

2. 计算相关参数

（1）材料容重：混凝土取 $26.0\ \text{kN/m}^3$，钢材取 $78.5\ \text{kN/m}^3$。

（2）材料弹性模量：

A3 钢材：2.1×10^5 MPa；16 Mn 钢材：2.0×10^5 MPa；竹编胶合板：5 000 MPa。

（3）模板自重：$1.5\ \text{kN/m}^2$。

（4）施工机械、作业人群的施工荷载：2.5 kN/m^2。

（5）振捣荷载：2.0 kN/m^2。

（6）材料力学性能：

Q235B 钢材：抗拉、抗压轴向力$[\sigma]=140$ MPa，弯曲应力$[\sigma_w]=145$ MPa，剪应力$[\tau]=85$ MPa，端部承压应力按 200 MPa 控制；竹编胶合板：静曲强度按 30 MPa 控制；墩身 C50 混凝土：抗压强度设计值 $f_c=23.1$ MPa；工地手工焊缝：抗剪$[\tau]=80$ MPa；HRB335 热轧钢筋：抗拉强度设计值 $f_y=300$ MPa；模板面板容许挠度：1.5 mm；模板加劲肋容许挠度：3.0 mm；钢板泊松比：$\nu=0.3$。

7.3.3 结构设计计算

1. 外侧模排架计算

由于 0#块混凝土（不含拱座）分 2 次浇筑，故相应排架也分 2 节，即底节和顶节受力分别考虑，排架荷载计算如下：

（1）竖向荷载按下式计算

$$q=\gamma_c\times h_c\times l$$

式中 q——排架承受荷载，kN/m；

γ_c——钢筋混凝土容重，kN/m^3；

h_c——混凝土高度，m；

l——排架间距，m。

（2）水平侧压力按 74.5 kPa、1 550 mm 宽度控制计算，由浇筑顶面起 0～2 m 按梯形荷载加载，2 m 以下部分按最大侧压力均布荷载加载。

（3）自重按程序自带结构自重的 1.2 倍系数考虑。

（4）振捣荷载按 4 kPa 考虑。

（5）人群荷载按 4 kPa 考虑。

（6）边界条件假定如下：

排架对应水平拉杆处均水平约束，排架底部支撑处均竖向及水平约束。

排架内侧（靠混凝土侧）竖杆为[16a，外侧竖杆为[10，横杆及斜杆均为[8。

根据前述荷载及边界条件分析，程序建立排架模型，计算的应力结果如表 7-1 所示。

表 7.1　排架应力结果表

<table>
<tr><th></th><th>计算部位</th><th>0#块第一次浇筑混凝土时</th><th>0#块第二次浇筑混凝土时</th></tr>
<tr><td rowspan="11">应力结果</td><td rowspan="2">B1 排架</td><td>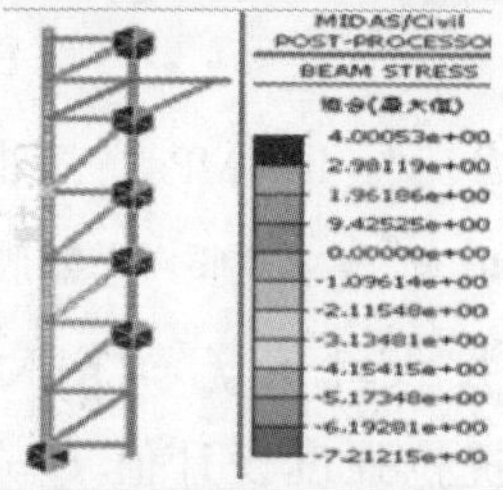
</td><td>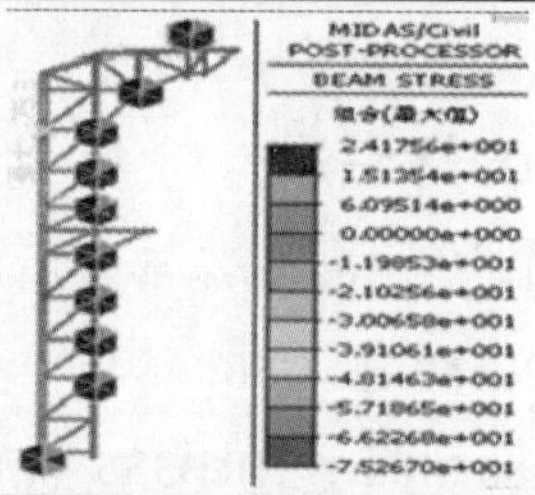
</td></tr>
<tr><td>最大 72.1 MPa</td><td>最大 75.3 MPa</td></tr>
<tr><td>B2 排架</td><td>最大 71.7 MPa</td><td>最大 82.9 MPa</td></tr>
<tr><td>B3 排架</td><td>最大 72.4 MPa</td><td>最大 92.2 MPa</td></tr>
<tr><td>B4 排架</td><td>最大 72.8 MPa</td><td>最大 115.6 MPa</td></tr>
<tr><td>B5 排架</td><td>最大 76.6 MPa</td><td>最大 133.5 MPa</td></tr>
<tr><td>B6 排架</td><td>最大 82.6 MPa</td><td>最大 57.3 MPa</td></tr>
<tr><td>B7 排架</td><td>最大 74.4 MPa</td><td>最大 54.4 MPa</td></tr>
<tr><td>B8 排架</td><td>最大 72.7 MPa</td><td>最大 76.2 MPa</td></tr>
<tr><td>B9 排架</td><td>最大 72.7 MPa</td><td>最大 76.2 MPa</td></tr>
<tr><td>B1 排架</td><td>最大 72.7 MPa</td><td>最大 76.2 MPa</td></tr>
</table>

由上表知排架最大应力均不超过 145 MPa，满足要求。计算的变形结果见表 7-2。

表 7-2　变形结果表

<table>
<tr><th></th><th>计算部位</th><th>0#块第一次浇筑混凝土时</th><th>0#块第二次浇筑混凝土时</th></tr>
<tr><td rowspan="5">变形结果</td><td rowspan="2">B1 排架</td><td>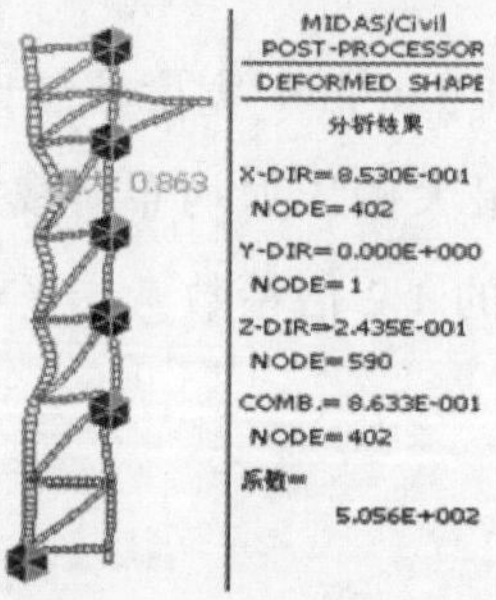
</td><td>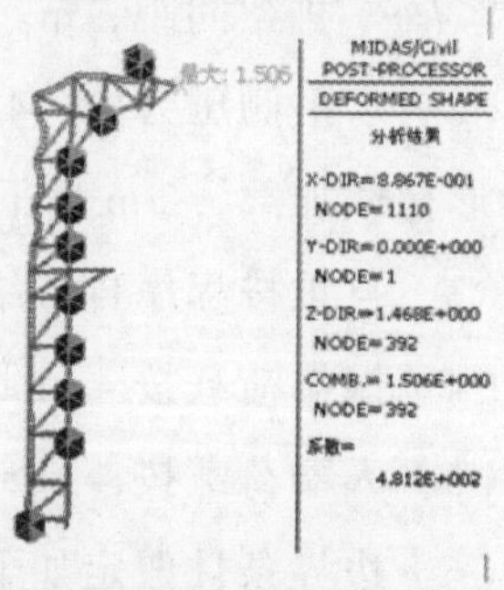
</td></tr>
<tr><td>最大 0.86 mm</td><td>最大 1.5 mm</td></tr>
<tr><td>B2 排架</td><td>最大 0.87 mm</td><td>最大 1.8 mm</td></tr>
<tr><td>B3 排架</td><td>最大 0.86 mm</td><td>最大 2.6 mm</td></tr>
<tr><td>B4 排架</td><td>最大 0.84 mm</td><td>最大 2.9 mm</td></tr>
</table>

续表

	计算部位	0#块第一次浇筑混凝土时	0#块第二次浇筑混凝土时
变形结果	B5 排架	最大 0.87 mm	最大 2.7 mm
	B6 排架	最大 0.84 mm	最大 0.83 mm
	B7 排架	最大 0.73 mm	最大 0.31 mm
	B8 排架	最大 0.81 mm	最大 1.0 mm
	B9 排架	最大 0.81 mm	最大 1.0 mm
	B1 排架	最大 0.81 mm	最大 1.0 mm

由上表知排架最大变形均不超过 3 mm，满足要求。

2. 底模排架计算

排架承担纵桥向混凝土荷载长度为 7 m，横桥向混凝土荷载宽度为 10.2 m，排架荷载分配如图 7-15 所示。

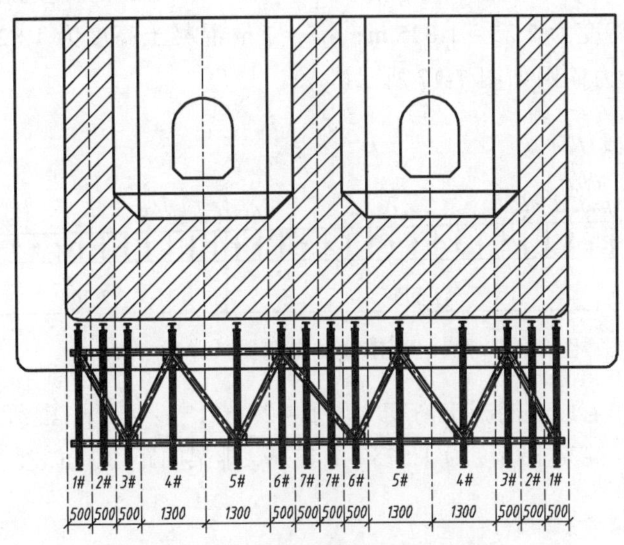

图 7-15　排架荷载分配示意图

根据排架处混凝土的高度及排架的布设间距可确定排架上的荷载。排架为对称分布，以下仅计算其中半数排架，编号如图 7-15 所示。

1#、2#、7#排架 0 ~ 1 m 混凝土高度为 7 ~ 6 m，1 ~ 7 m 混凝土高度为 6 ~ 5.277 m，排架间距 0.5 m，排架承受荷载按下式计算：

$$q = (\gamma_c \cdot h_c + N_1 + N_2 + N_3) \cdot l$$

式中　q——排架承受荷载，kN/m；

γ_c——钢筋混凝土容重，kN/m^3；

h_c——混凝土高度，m；

N_1——模板自重，取 $N_1 = 1.5\ kN/m^2$；

N_2——施工机械、作业人群的施工荷载，取 $N_2 = 2.5\ kN/m^2$；

N_3——振岛荷载，取 $N_3 = 2.0\ kN/m^2$；

l——排架间距，m。

受力简图如图 7-16 所示。

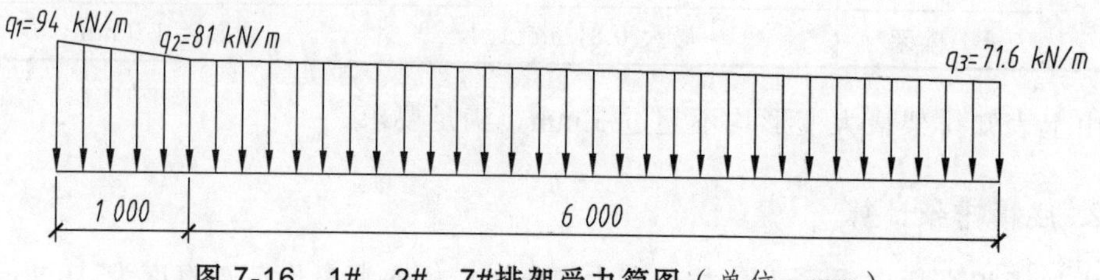

图 7-16　1#、2#、7#排架受力简图（单位：mm）

3#、6#排架 0～0.5 m 混凝土高度为 7～6.5 m，0.5～1 m 混凝土高度为 3～2.25 m，1～4.5 m 混凝土高度为 2.25～1.825 m，4.5～7 m 混凝土高度为 1.825～1.642 m，排架间距 0.5 m，受力简图如图 7-17 所示。

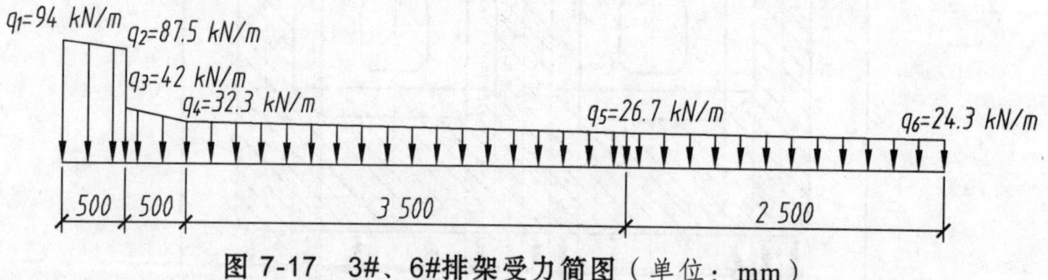

图 7-17　3#、6#排架受力简图（单位：mm）

4#、5#排架 0～1 m 混凝土高度为 3.5～2.0 m，1～4.5 m 混凝土高度为 2.0～1.575 m，4.5～7 m 混凝土高度为 1.575～1.45 m，排架间距 1.3 m，受力简图如图 7-18 所示。

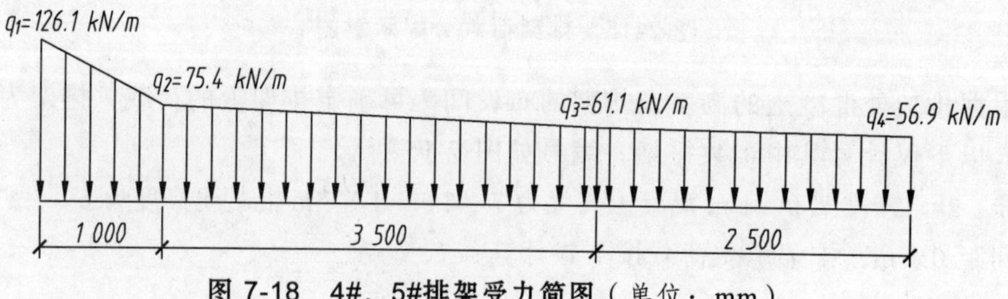

图 7-18　4#、5#排架受力简图（单位：mm）

1#、2#、3#、6#、7#排架侧向压力 $q = 50 \times 0.5 = 25\ kN/m$

4#、5#排架侧向压力 $q = 50 \times 1.3 = 65\ kN/m$

（1）0#块底模排架受力结果分析。

根据上述荷载，程序计算的 0#块底模排架应力结果如图 7-19 所示。

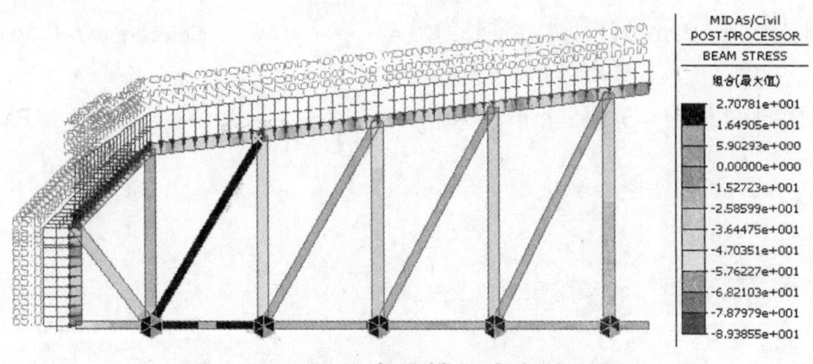

图 7-19　0#块底模排架应力结果图

由上图得知，0#块底模排架中 4#、5#排架受力最大，最大应力结果为 89.4 MPa，小于 145 MPa，满足要求。

程序计算的 0#块底模排架变形结果如图 7-20 所示。

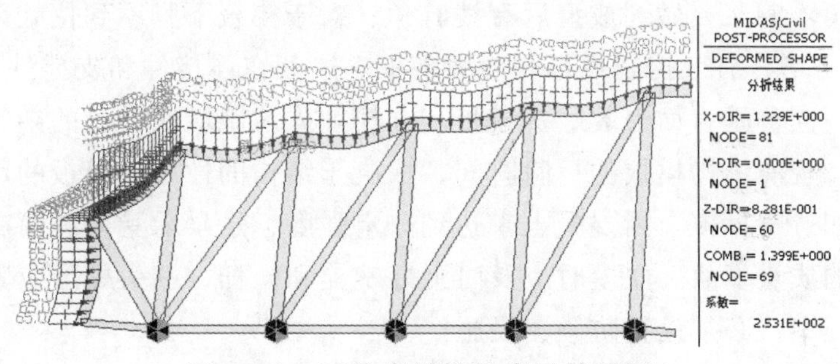

图 7-20　0#块底模排架变形结果图

由上图得知，0#块底模排架中 4#、5#排架变形最大，最大变形结果为 1.40 mm，小于 3.0 mm，满足要求。

（2）排架部分压杆稳定性计算。

程序计算的 0#块底模排架各杆件轴力结果如图 7-21 所示。

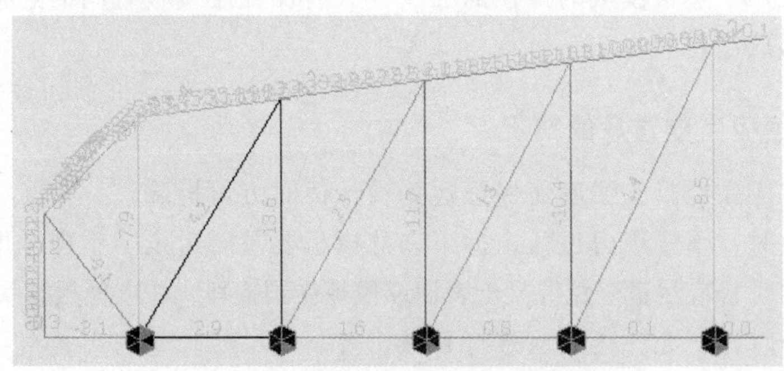

图 7-21　0#块底模排架各杆件轴力图

由上图得知，竖撑杆最大轴力为 13.6 t，偏安全考虑，计算竖撑杆长细比时，取排架中竖撑杆最大长细比计算，对应计算长度 $l=2\ 770$ mm，竖撑杆截面为 2[14a，最小回转半径 $r=27.9$ mm，则长细比为 $\frac{l}{r}=\frac{2\ 770}{27.9}=99$，查表得 $\varphi=0.561$。

竖撑杆截面面积 $A=3\ 645\ \text{mm}^2$，则 $\sigma=\frac{N}{\varphi A}=\frac{13.6\times10^4}{0.561\times3\ 645}=66.5\ \text{MPa}<145\ \text{MPa}$，满足要求。

7.3.4 模板的施工注意事项

1. 立模施工

外模排架为钢夹木设计，竹胶板与外部排架连接相对简单，对模板的拼缝处全部用刨子进行修整到边；对于模板的下脚（与墩身混凝土交接处）采用预埋对拉螺栓，将模板与墩身混凝土紧密连接；对于柱角、梁角的易漏浆部位全部加木楔收紧，使柱角、梁角不漏浆，做到成型后有棱有角；对于模板下脚不到位处采用砂浆进行提前 5 ~ 8 h 捂堵，有效控制烂根和麻面现象。严禁在连接件和支撑件上攀登上下，并严禁在上下同一垂直面上装、拆模板。立模前先清洗墩底位置的杂物、砂浆、石子和混凝土。现浇结构模板的拆除时间，取决于结构的性质、模板的用途和混凝土硬化速度。如过早拆模，因混凝土未达到一定强度，过早承受荷载而产生变形甚至会造成重大的质量事故。立模时应及时上好螺栓和拉杆，端头螺母应紧固到位。模板在安装过程中，必须设置防倾覆设施。

2. 保证墩身施工中不形成错台可采取的措施

（1）在模板安装过程中，尽量避免碰撞，保证模板间连接部分不发生变形。

（2）经常对模板四周的连接角钢进行检查，若发现变形情况，及时进行修补、矫正。

（3）保证用于连接模板的螺栓的强度，只有保证了模板之间的连接有足够的刚度，才不会形成错台。

3. 拆除模板尚应注意的情况

（1）模板应在混凝土强度能保证达到设计值时方可拆除。

（2）拆模时，不要用力过猛，拆下来的模板要及时运走、整理、堆放。

（3）拆模时，应尽量避免混凝土表面或模板受到损坏，注意模板整块下落时伤人。

（4）拆模时，不允许猛烈地敲打和强扭等。

（5）拆下的模板、配件等，严禁抛扔，要有人接应传递，按指定地点堆放。

7.4 施工过程

主梁 0#块采用墩顶托架法现浇施工。0#块设计长度为 23 m、墩顶处梁高为 12 m，141#、143#混凝土量为 2 652 m^3（含拱脚），142#混凝土量为 2 970 m^3（含拱脚）。0#块施工考虑水平分成三次浇筑施工方案。0#块完成两次浇筑后在其上安装挂篮，然后利用挂篮逐块悬臂浇筑主梁。待挂篮施工至 4#节段时，再完成 0#块第 3 次（即拱脚段第一期混凝土）混凝土的浇筑。

由于箱梁第一次浇筑混凝土方量不大，根据计算结果及现场施工条件限制，对支架不进行预压，施工中为避免 0#块浇筑时，产生非弹性变形而破坏混凝土结构，特采取以下措施：

（1）根据计算结果，将整个支架高程增加 1 cm。

（2）为了消除支架变形对混凝土的影响，调整混凝土的初凝时间，在混凝土浇筑前使混凝土不凝固，以免支架变形引起混凝土开裂。

（3）第二次浇筑时间安排在第一次浇筑混凝土 7 d 以后，并尽量缩短混凝土浇筑时间。

7.5 结　论

我们应当加以重视，充分尊重科学，充分发挥项目部主观能动性，充分调动各相关人员的积极性，做到事前认真策划，做好准备工作，技术人员的方案力求科学准确、交底明确直观可操作，配制时一丝不苟、严格按要求执行。只要我们认真进行策划和控制，定能使质量更上一个台阶，经济效益也将会显著提升。本工程为类似桥梁施工提供了有益的借鉴，总体比较来说有以下几点：

（1）西江特大桥主桥 0#块模板总用工有所节约，工程主体总体用工有所节省，工程质量比以前迈上一台阶，达到清水混凝土的要求，完成预期质量目标。

（2）0#块结构复杂，是整个箱梁施工的关键部位之一，而且其离地面较高，必须采取安全合理的施工方案保证整个 0#段的施工质量，并尽量做到安全、方便、快捷和节约资源。

（3）在支架支撑大桥 0#段施工过程中，支架的强度、刚度、稳定性等直接影响箱梁混凝土浇筑的安全及质量，一旦出现质量问题，补强非常困难，容易留下质量隐患，降低结构的强度和耐久性。支架形式的选择设计，应考虑现场施工条件，还应考虑经济成本，尽量能就地取材。

第 8 章　竖转施工技术研究

8.1　研究背景

8.1.1　研究现状

1. 大跨度钢管混凝土双连拱竖转施工研究背景

20 世纪 50 年代意大利曾用竖转方法修建了跨径 70 m 的多姆斯河桥。此后欧美的一些国家及日本相继运用此法修建了一些桥梁，形成了一套系统的施工理论。我国也应用竖转施工工艺修建了多座钢管混凝土拱桥，其中跨径较大的有鸳鸯江大桥（主跨 175 m）和京杭运河桥（主跨 235 m）。

拱桥施工方法多样，竖转法由于成拱质量高、工期短、效益好而被经常采用[53]，竖转施工是桥梁施工中的主要组成部分，施工技术人员必须掌握施工过程中的结构强度和稳定性验算，对各个施工状态下的结构安全系数做到心中有数，加强对施工全过程的监测和控制，确保施工安全。

对于地形较缓、河谷不深、水深较浅、搭设支架不困难的河流，常采用搭设简单支架组拼；或对于通航河流，采用工厂预制，由浮船浮运至桥位，拱肋由下向上竖转至设计标高。对于地形陡峭，搭设支架困难的，常利用桥台结构竖向搭设组拼拱肋的脚手架，拱肋由上向下竖转至设计标高。

2. 工程风险评估研究背景

人类历史上最早的风险问题的研究可追溯到公元前 916 年的共同海损制度，以及公元前 400 年的船货押贷制度，当时欧洲地中海沿岸各港口的海上保险揭开了人类探索风险的序幕。18 世纪产业革命时期，法国的经营管理理论创始人亨瑞·法约尔（Henri Fayol）在《一般管理和工业管理》一书中才第一次把面临风险的管理列为企业管理的重要职能之一，自此风险管理思想才被正式引进企业经营领域。而风险管理研究中堪称里程碑的事件当属 1975 年美国保险管理协会更名为风险与保险管理协会（Risk & Insuranee Management Society，RIMS），拥有 3 500 多家大型工商企业为会员，这标志着风险管理从原来意义上的用保险方式处置风险转变到真正按照风险管理的方式处置风险。

美国是进行现代风险管理最早的国家，同时也是最活跃的国家之一。表 8-1 列出了风险管理在美国发展的过程。

表 8-1　美国风险管理发展史

年代	事　　件
1931	设立美国经营者协会，开展风险管理的研究和咨询活动
1950	莫布雷（Mowbray）等人在合著的《保险学》一书中详细阐述了"风险管理的概念"
1960	美国保险管理协会（American Society or Insurance Management，ASIM）纽约分社与亚普沙那大学（Upasla University）合作首次试验开设为期 12 周的风险管理课程
1961	印第安纳大学赫奇斯教授（J. Edward Hedges）主持成立了 ASIM 的"风险与保险学课程概念"特别委员会，并发表《风险与保险学课程概念》一文，为该学科领域的培训与教育工作指明方向
1963	梅尔（Mehr）和赫奇斯（Hedges）合著《Risk Management in Business Enterprise》，该书后来成为该学科领域影响最为深远的历史文献
1975	美国保险管理协会（ASIM）更名为风险与保险管理协会（Risk & Insurance Management Society，RIMS），这标志着风险管理从原来意义上的用保险方式处置风险转变到真正按照风险管理的方式处置风险
1983	美国 RIMS 年会上，世界各国专家学者共同讨论并通过了"101 条风险管理规"，以作为各国风险管理的一般准则（其中包括风险识别与衡量、风险控制、风险财务处理、索赔管理、职工福利、退休年金、国际风险管理、行政事务处理、保险单条款安排技巧交流管理哲学等）

另一个风险管理比较发达的国家是英国。与美国相比，英国不仅有自己的一套完善的理论系统，它还独具特色。英国许多学者注意了风险管理的实际操作，对许多大型工程都进行了探索。如 1976 在北海油田输油管道工程中，尝试采用风险管理，避免了许多事故，大大节约了成本。风险管理不仅在英国学术界迅猛发展，在英国工商界也广受欢迎，并且建立了工商业风险经理和保险协会（AIRMIC）、特许保险学会等。可以说，英美两国代表了风险管理研究的两个主流流派。

除了美国、英国之外，德国也是最早开始风险管理研究的几个国家之一。1915 年，风险管理研究学者徕特纳完成了《企业风险论》。第一次世界大战后，由于德国发生剧烈的通货膨胀，经济学衍生出经营学，其重点就在于研究企业风险管理，与理论上的风险控制侧列。第二次世界大战后，德国引进美国式的风险管理，德国的风险管理政策逐步被美国的风险管理所取代。虽然如前面所说，是法国人法约尔创立了现代的管理理论，但是他并没有把研究延伸到风险管理上来。直到 20 世纪 70

年代，法国企业风险事故频发，风险损失日益增加，才从美国引进一套完善的风险管理体系，并且在保险行业广发实施。1976年，查邦尼尔发表了《企业保全管理学》，较为全面地论述了风险孕险环境、风险的发生以及意外风险发生对策。此外，《企业保全管理学》还从法律的角度上论述了如何预防控制风险。

日本是亚洲风险管理研究较早的国家，其所用的风险理论也是从美国引进的。1978年，日本成立日本风险管理学会。1980年，关西大学教授龟井利明发表了《风险管理的理论和实务》，随后，又出版了《海上风险管理与保险制度》和《风险管理学》。风险管理的理论课程也在日本各个大学开设。虽然日本在风险管理研究方面起步较晚，但是日本学者创立了一套适合日本自身基本国情的理论体系。

自20世纪60年代起，风险管理已经成为发达国家现代企业项目管理中的必要工具。但我国起步较晚，直至70年代末期，才将企业项目管理引入。80年代初，项目管理知识局限于评价项目管理的理论、方法与程序，但是却未对风险管理加以重视，所以并没有同时引入风险管理体系。直到80年代中末期，风险管理才随着经济发展，被人们逐渐重视，特别是在大型的土木建筑项目中。

在工程项目风险分析的模糊影响图方法中，作者利用模糊数学中模糊集的相关理论，以及影像图理论，建立了模糊影响图法[40]。研究主要针对大型工程建设项目，分析了大型项目的特点，提出了大型工程项目应当实行动态风险分析。通过分析当时的风险管理中的缺点，提出了以时间为依据排序，来构造风险影响图模型。通过分析影响图中的超价值点、价值函数，将影响图与动态经济评价相结合[41]。

量化分析出现在1997年《风险分析方法与三峡工程投资风险分析》[42]一文中。通过图示评审技术与相关因素处理的蒙特卡洛随机模拟相结合的计算模型，使得风险分析更加符合实际情况。

2000年，沈国柱研究了模糊数学在风险管理中的意义与应用，详述了三种不同的风险模糊方法。

模糊事故树分析及其应用研究[43]同样是基于模糊集合理论，研究了用三角模糊数学来计算的风险事故树，同时提出了实际工程应用的操作方法。2003年，余建星等人发表《基于过程分析的工程系统风险分析方法》[44]。文章研究了过程分析这种方法，并且给出了风险事件的概率分布。王岩、黄宏伟在2004年发表的《地铁区间隧道安全评估的层次模糊综合评判法》[45]一文中介绍了层次分析法，同时用综合评判法对项目整体进行综合评估，建立了地铁隧道的安全评估方法。《桥梁风险管理及防恐设计》[46]中介绍了桥梁的风险评估和管理、桥梁应对恐怖威胁的安全措施，讨论了恐怖爆炸对桥梁产生的影响，提出了相关结构改进与设计方针。

虽然风险管理理论在国内有了较大的发展，但是实施起来非常的艰难。这主要是由以下几点造成的：

（1）风险承担主体和政府风险意识薄弱。

我国风险承担主体（业主、施工单位）和政府，不愿意对具有不确定性的风险管理投入资金，认为这是一种得不偿失的行为。一般来说，多数企业采用自留风险以及风险转移的办法。但是，实际上，自己风险已经远远大于企业所能承受风险的能力。一旦事故出现，项目就难以连续进行。同时，我国大多数企业风险转移也是不公平的。我国工程市场目前还是业主市场，在这种情况下，业主往往并不支付合理的转移风险的报酬给合同对手，而是通过免责条款及其他条件转移给合同对手。这就造成了，一旦风险发生，承包商有可能无力支撑，导致破产，这同时也给业主带来巨大损失。

（2）风险体系不完善。

风险体系不完善主要体现在风险识别困难。欧美等发达国家，各个行业均有风险管理的研究报告，把风险因素归纳成表。这一切都为以后的风险辨识带来了历史资料。但是，在中国现在还没有类似的风险研究报告。同时在中国也很少有项目完成后，对项目事故进行总结归纳的。这些历史数据的不完善造成了中国风险辨识的困难，而风险管理的一切都是基于风险辨识。

（3）风险管理手段落后。

风险管理手段一般来说有三种：风险控制、风险自留以及风险转移。中国国内目前还没有成熟风险管理制度，特别是针对大型工程建设项目的。绝大部分项目负责人都采用风险控制以及风险自留。然而，在风险辨识有效的情况下，同时确定风险是小概率的时候，风险自留才是安全的，否则一旦风险发生，意味着更大的实际开支。

8.1.2 工程概况

广珠铁路西江特大桥位于广东省鹤山市古劳镇与佛山市九江镇交界处，是跨越西江的一座结构新颖的桥梁工程，桥梁全长为 7 024 m。主桥采用 110 m + 230 m + 230 m + 110 m 连续刚构柔性拱组合桥。钢管拱计算跨度 230 m，矢跨比 1/5，矢高 44.0 m，拱轴线立面投影为二次抛物线，主拱肋轴线方程为 $y = -x^2/275 + 0.8x$（图 8-1）。

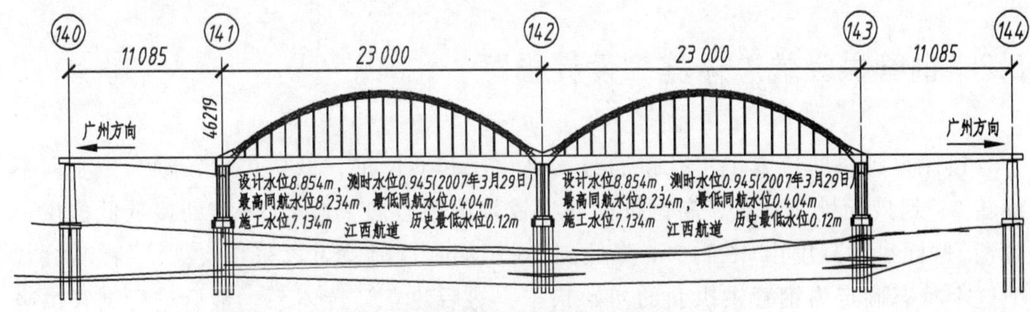

图 8-1 主桥连续刚构柔性拱组合桥布置（单位：cm）

主拱拱肋为平行桁架式钢管混凝土组合结构，每片拱肋由 4-ϕ750 mm 钢管混凝土组成，由横向平联板、竖向腹杆连接成为钢管混凝土桁架（图 8-2），拱肋钢管采用 Q345qD 钢材，$[\sigma_w] = 210$ MPa，全桥钢管拱拱肋总重 3 200 t。

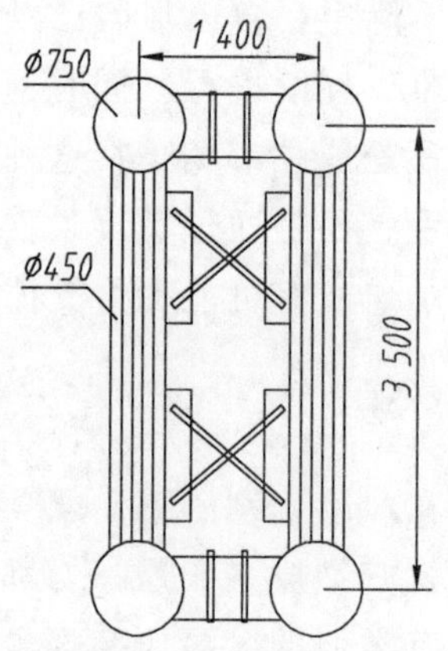

图 8-2　钢管拱拱肋断面（单位：mm）

8.1.3　研究目标

西江特大桥跨越西江主航道位置采用 110 m + 2 × 230 m + 110 m 连续刚构柔性拱结构，采用先梁后拱法施工，拱肋采用在梁面卧拼竖转法施工。

双连拱竖转质量为 3 200 t，整个竖转系统为一整体，竖转过程中两跨拱相互影响，竖转系统在整个竖转过程中始终处于联动状态，双连拱竖转施工过程中，施工监控以吊索塔架塔顶位移监控为主，拱肋变形控制为辅，在竖转过程中对塔顶位移需进行严格控制，使竖转系统始终处于安全状态。同时针对拱肋拼装和竖转过程中的风险源进行分析，着重对广东地区台风及短时强对流天气进行针对性的仿真模拟分析，采取对应措施，确保卧拼和竖转过程中的安全。偏心拱肋卧拼支架设计、提升塔架的选择、保证梁面运输通道畅通的后锚固系统设计和施工及竖转施工风险控制为本工程需解决的难题。

8.2　钢管拱竖转总体施工设计思路

按照设计拱肋位置把单孔拱肋分为高位拱和低位拱，低位拱以铰轴为中心向下旋转 21°到接近梁面位置，高位拱同样以铰轴为中心向下旋转 16.2°到接近低位拱顶位置，这样拱肋高度由 46.219 m 降低到 20.702 m。这时就可以采用支架法拼装拱肋，把这个状态确定为钢管拱拱肋的初始状态，然后建立竖转体系。最后进行钢管拱竖向转体到设计位置、安装合龙段，完成整孔钢管拱安装施工。

8.3 建立钢管拱竖转体系

8.3.1 拱肋布置

拱肋按照初始状态布置（具体见图 8-3）。

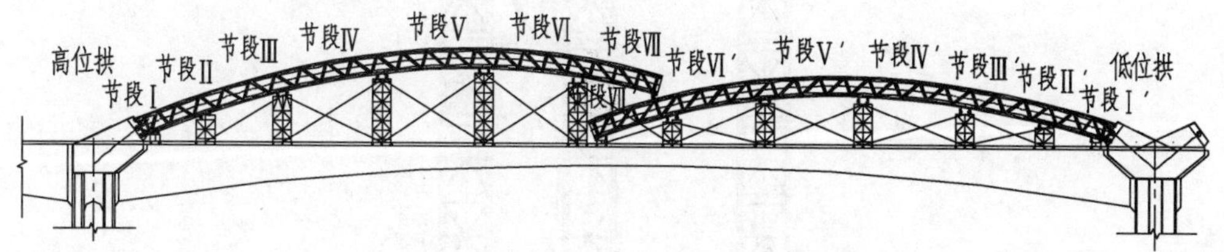

图 8-3 拱肋竖转初始状态布置

竖转铰轴是关键部位，要有足够的强度，拱肋竖转时才会有足够的稳定性，竖转铰轴为直径 1 000 mm、板厚 36 mm、长度 2 450 mm 的辊轴，竖转前灌注混凝土（具体见图 8-4）。

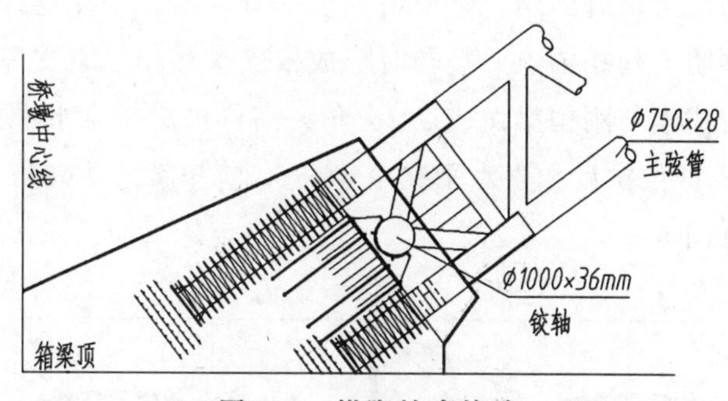

图 8-4 拱脚铰座构造

8.3.2 竖转索塔

常用竖转塔架一般采用万能杆件、贝雷桁架或钢管塔架形式，塔架杆件多、工程量大、施工安装及拆除工期长。本工程采用拼装式提升塔架结构，该塔架具有结构简单、受力明确、每 6 m 为一个标准节、可整体安拆、施工速度快、安装精度易于控制、自身稳定性好的特点。拼装式提升塔架，由预埋件、底节、标准节、过渡节、联系桁架、塔顶结构、提升大梁组成（图 8-5）。单塔承载力达 2 000 t，其单节尺寸为：4.2 m（纵桥向）×4.2 m（横桥向）×6 m（高），立柱采用 400 mm × 400 mm × 16 mm 的方钢管。

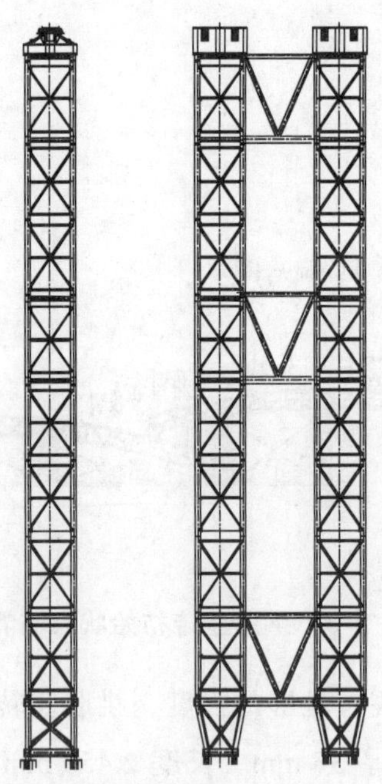

图 8-5　塔架结构图（单位：mm）

索塔底节与刚构梁拱脚固结，索塔塔顶设提升大梁，一侧连接刚构梁端的后锚点，另一侧连接拱肋上的扣锚点，竖转时形成铰支撑和扣点索支撑曲线梁结构，拱肋竖转初始状态后锚索与刚构梁面成 30°夹角，高位拱后扣索水平夹角 44.6°，前扣索水平夹角 23.5°；低位拱后扣索水平夹角 46.8°，前扣索水平夹角 26.8°，塔架高度 62 m（具体布置见图 8-6）。

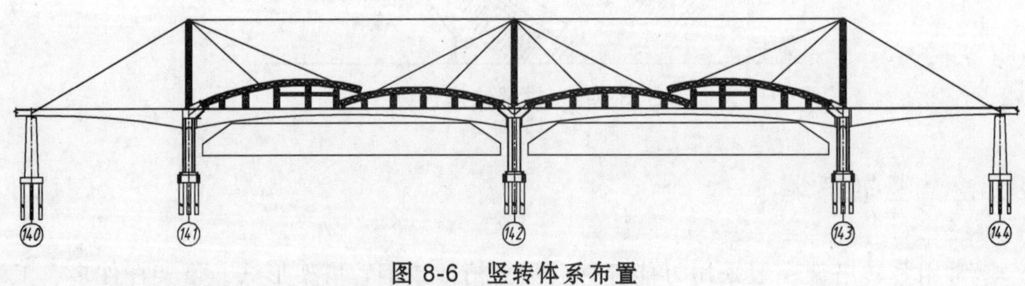

图 8-6　竖转体系布置

8.3.3　拉　索

拉索分为扣索与背索，拉索采用高强度低松弛预应力钢绞线，钢绞线公称直径为 16.24 mm，抗拉强度为 1 860 N/mm，破断拉力为 260.7 kN，伸长率在 1%时的最小荷载为 221.5 kN。

扣索分为前扣索和后扣索，本着受力合理并且保证足够强度的原则，前扣索四束上下游各两束设在接近半拱拱肋的前四分之一处，后扣索两束上下游各一束设在接近半拱拱肋后三分之一处，扣索点位置均布置于拱肋直腹杆及斜腹杆与主弦管的共同节点处并且进行局部补强，扣索点由反力梁、锚座、转向架组成（具体见图 8-7、图 8-8）。

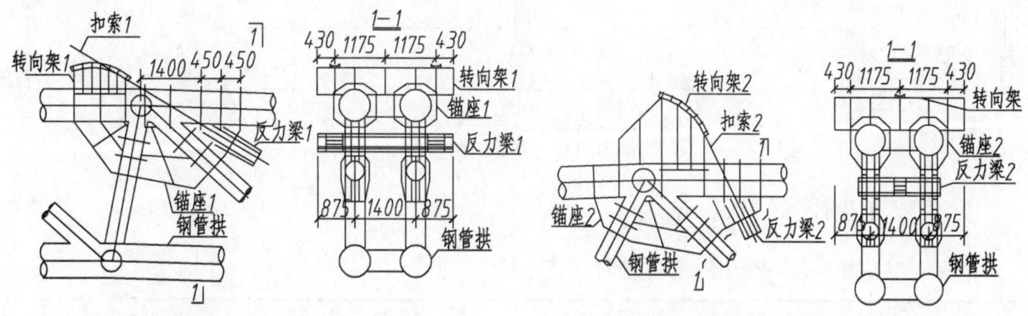

图 8-7　前扣锚布置图（单位：mm）　　**图 8-8　后扣锚布置图**（单位：mm）

1．竖转体系拉索力的确定

竖转施工时拉索的索力在拱肋脱架时最大，此时拱肋要从多跨度连续曲线梁转变为铰支撑和扣点处索支撑的曲线梁。次过程中拱肋将完成自身的变形与受力的转化。按照次状态模拟建立模型计算各个拉索的索力。

计算程序：sap2000（14.1）。

支座条件：铰接。

建模：按照竖转体系初始状态建模。

荷载：竖转施工时，要求风力不大于 5 级，否则不竖转，模拟计算荷载按照 7 级风下一侧拱肋转体初始状态考虑，扣索与后背索同时张拉，调节塔顶平衡。

计算方法：非线性弹性。

计算模型：见图 8-9。

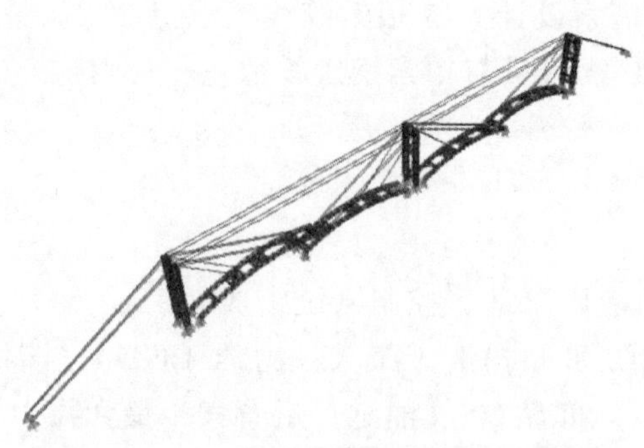

图 8-9　7 级风下一侧拱肋竖转初始

索力编号，见图 8-10。

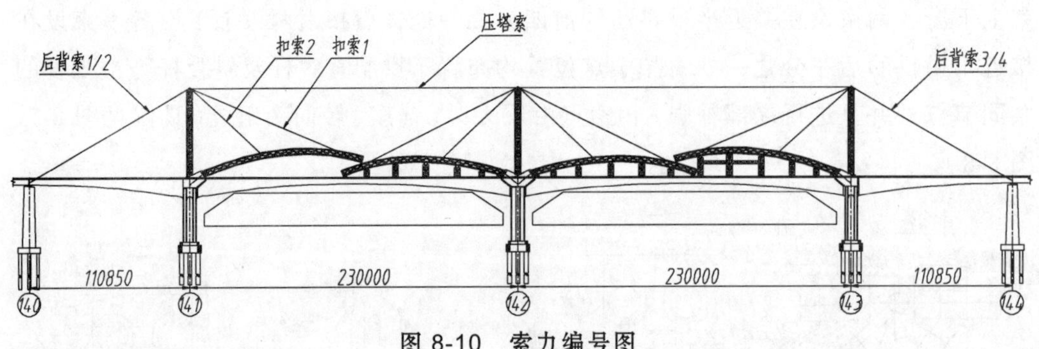

图 8-10 索力编号图

索力统计及计算结果，见表 8-2。

表 8-2 提升侧索力统计

索	拉索	单索拉力/t dead + ds	单索拉力/t dead + ds + wx	单索拉力/t dead + ds + wy
扣索 1	ϕ15.24	189.5	189.5	190.7
扣索 2	ϕ15.24	111.3	111.1	112.4
后背索 1	ϕ15.24	201.8	202.6	202.7
后背索 2	ϕ15.24	140.4	140.9	140.9
后背索 3	ϕ15.24	48	47.5	48.0
后背索 4	ϕ15.24	30.4	30.1	30.4
压塔索	ϕ15.24	22.5	22.5	22.5

2. 拉索钢绞线数量

由表 8-2 所列计算结果可知，扣索 1 最大拉力约 189.5 t，扣索 2 最大拉力约 111.3 t，背索最大拉力 201.3 t。前扣索设计 21 根钢绞线，承担 201.3 t 拉力，平均每根 9.6 t，安全系数 2.7；后扣索设计为 14 根钢绞线，承担 111.3 t 拉力，平均每根 8 t，安全系数 3.2；压塔索设计为 5 根钢绞线，承担 22.5 t 拉力，平均每根 4.5 t，安全系数 7.8。背索钢绞线数量与扣索钢绞线数量一一对应。

8.3.4 牵引系统

牵引系统由油缸、液压泵站、控制系统组成。

油缸布置，由表 8-2 可知扣索 1 最大拉力约 189.5 t，该处布置 350 t 油缸；扣索 2 最大拉力约 111.3 t，布置 200 t 油缸；后背索 1 最大拉力约 201.3 t，布置 350 t 油缸；后背索 2 最大拉力约 140.9 t，布置 200 t 油缸；压塔索拉力 22.5 t，布置 100 t

油缸。全桥总共布置 24 台 350 t 油缸，12 台 200 t 油缸，8 台 100 t 油缸。

液压泵站，每副索塔单边布置 1 台 80 L/min 流量的液压泵站，全桥总共布置 9 台液压泵站(每个塔索上备用 1 台)，采用间歇式的作业方式，转体速度可达 6.6 m/h。

控制系统采用计算机控制液压同步提升技术，利用柔性钢绞线承重、提升油缸集群、计算机控制、液压同步提升原理。

8.3.5 后锚设计

后锚结构是整个竖转体系中重要的一部分，后锚点必须牢固。传统竖转后锚结构通常采用整体式后锚梁，本工程为保证梁面运输通道畅通，首创分离式独立后锚结构，在保留梁面运输通道的同时，简化了后锚结构，使后锚受力更为明确，结构简单，施工方便。

后锚点设计位置选择在边跨梁面上，在刚构梁浇筑混凝土时埋入预埋件，后锚与预埋件焊接，并且与预埋的 4 根精轧螺纹钢张拉锚固牢靠，同时为了抵消刚构梁受上拉力，在墩柱中预埋 4 束钢绞线，竖转时临时把边梁与墩柱固结为一体，竖转完成后，解除约束。后锚与支架之间用销轴连接牢靠（具体见图 8-11）。

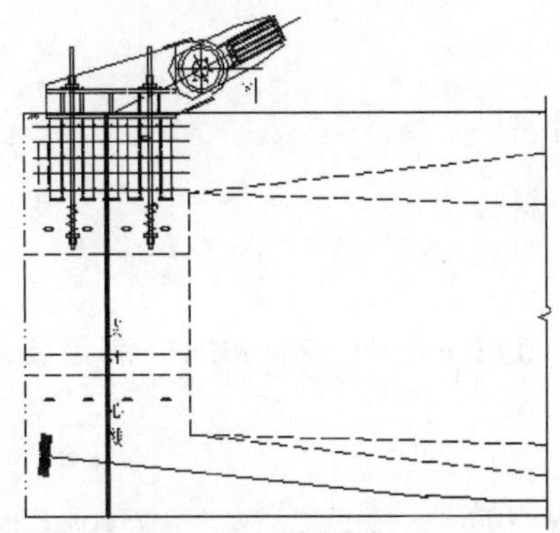

图 8-11 钢管拱后锚点布置（单位：cm）

1. 锚座销轴、销孔承载力计算

销轴直径为 180 mm，材质为 45#钢调质，双剪受力，受压板件为 Q345B 钢。拉力按照 250 t 考虑，销轴的剪应力和销轴孔的承压应力分别为：

$$\tau = \frac{F_s}{n_v \dfrac{\pi d^2}{4}} = \frac{250 \times 1\,000 \times 10}{2 \times 3.14 \times 180^2 / 4} = 49.1\ \text{MPa} < [\tau] = 125\ \text{MPa}$$

$$\sigma_{bs} = \frac{F_{bs}}{d\sum t} = \frac{250 \times 1\,000 \times 10}{2 \times 62 \times 180} = 112.0\ \text{MPa} < 1.4[\sigma] = 294\ \text{MPa}$$

销轴抗剪及孔壁承压满足要求。

销接接头中，当销的长度大于直径的两倍时，对承受挠曲的销轴可按简支梁进行近似计算，并假定各集中力在和销轴相接触的各板条的轴线上。

由于销轴的长度为 $L=600$ mm>$2d=360$ mm，故销轴需按简支梁进行近似计算，近似计算简图如图 8-12 所示。

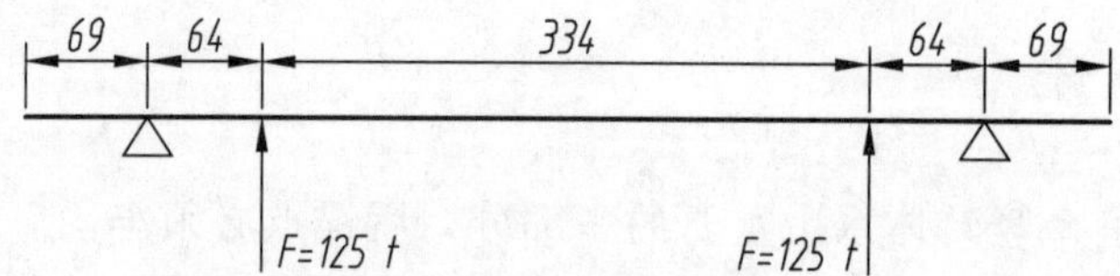

图 8-12 销轴计算简图（单位：mm）

由上图可知：

$$M_{\max}=125\times10^4\times64=8\times10^7\ \text{N}\cdot\text{mm}\ ,$$

$$\sigma=\frac{M_{\max}}{W}=\frac{8\times10^7\ \text{N}\cdot\text{mm}}{\pi d^3/32}=139.8\ \text{MPa}<[\sigma]=220\ \text{MPa}$$

故销轴抗弯满足要求。

2. 锚座耳板承载力计算

锚座耳板承受 250 t 的斜拉力。

受拉截面计算：

$\sigma=\dfrac{F}{A}=\dfrac{250\times10^4}{2\times30\times641}=65.0\ \text{MPa}<[\sigma]=200\ \text{MPa}$，满足要求。

拉剪截面计算：

$$\sigma=\frac{F\sin\alpha}{A}=\frac{109\times10^4}{2\times30\times1\,330}=13.7\ \text{MPa}\ ,\quad \tau=\frac{F\cos\alpha}{A}=\frac{225\times10^4}{2\times30\times1\,330}=28.2\ \text{MPa}$$

$$\sqrt{\sigma^2+3\tau^2}=\sqrt{13.7^2+3\times28.2^2}=50.7\ \text{MPa}<\beta f=1.1\times200=220\ \text{MPa}$$

故锚座耳板承载力满足要求。

3. 预埋件承载力计算

竖转后锚固锚座由 4 根直径 32 mm 精轧螺纹钢筋锚固抵抗锚座竖向荷载，由 10 根埋深 800 mm 的角钢（L125×14×125 mm）抵抗锚座水平荷载，分别计算如下：

单根直径 32 mm 精轧螺纹钢筋预拉力为 45 t，$4\times45=180\ \text{t}>109\ \text{t}$，即预埋角钢不会受拉。

角钢剪应力计算：

$$\tau=\frac{F\cos\alpha}{nA}=\frac{225\times10^4}{10\times3\ 337}=67.4\text{ MPa}<[\tau]=80\text{ MPa}$$，满足要求。

由以上计算可知，钢管拱竖转后锚固结构满足受力要求。

8.3.6 拱肋拼装支架设计

在施工中针对拱肋外缘超出梁体翼缘板外边缘，拱肋中心相对于卧拼支架中心向梁体外侧偏移 70 cm，致使卧拼支架处于偏心受力状态，施工中根据对梁体的受力分析，将卧拼支架设置于吊杆横梁位置，同时设置上下分配梁，以减小偏心影响，解决了卧拼支架偏心受力问题。

拱肋支架设置于吊杆横梁位置，立柱采用ϕ426 mm 钢管，每个支架采用 6 根钢管，中间立柱位于吊杆横梁中心线位置，下分配梁采用 H400 mm 型钢，上分配梁采用 I25 工字钢，当支架高度大于 10 m 设置横联，纵向设置纵联。结构形式见图 8-13。

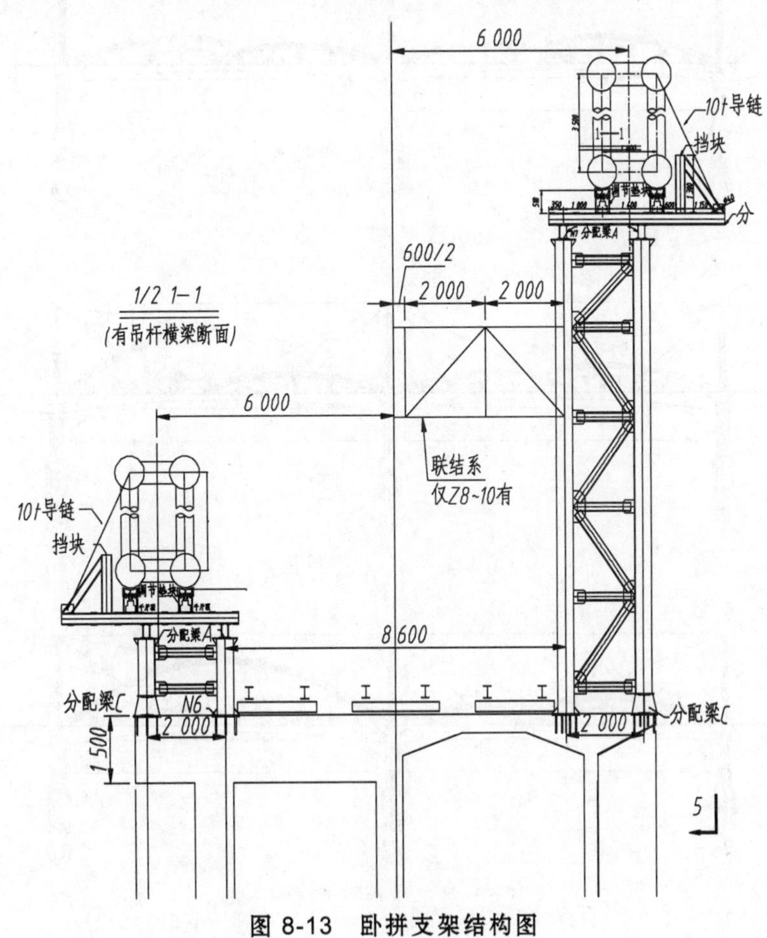

图 8-13 卧拼支架结构图

8.4 竖转体系在西江特大桥竖转施工中的运用

8.4.1 西江特大桥钢管拱竖转施工

竖转体系建立完成，具备竖转条件后，先进行 142＃～143#墩一孔两个半拱竖转并合龙，边塔半跨提升设备布置于边索塔塔顶上，背索锚固于 144#墩顶；中塔半跨提升设备布置于中索塔塔顶，背索锚固于中索塔另一侧半跨拱肋。142＃～143#墩一孔两半拱竖转合龙后进行 141＃～142#墩一孔两个半拱竖转，边塔半跨提升设备布置于边索塔塔上，背索锚固于 140#墩顶；中塔半跨提升设备布置于中索塔塔顶，背索锚固于中塔另一侧已合龙的半跨拱肋上（利用第一孔转体的扣点），具体情况见图 8-14。

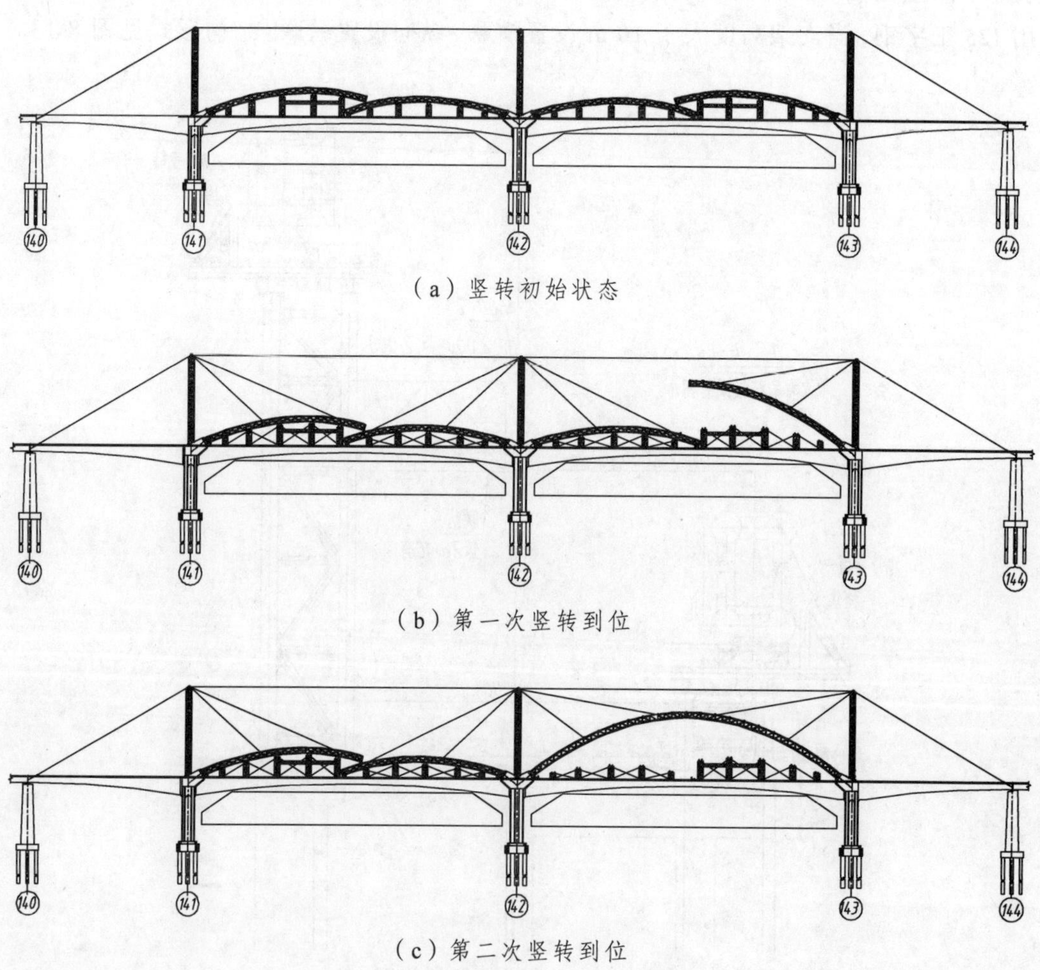

（a）竖转初始状态

（b）第一次竖转到位

（c）第二次竖转到位

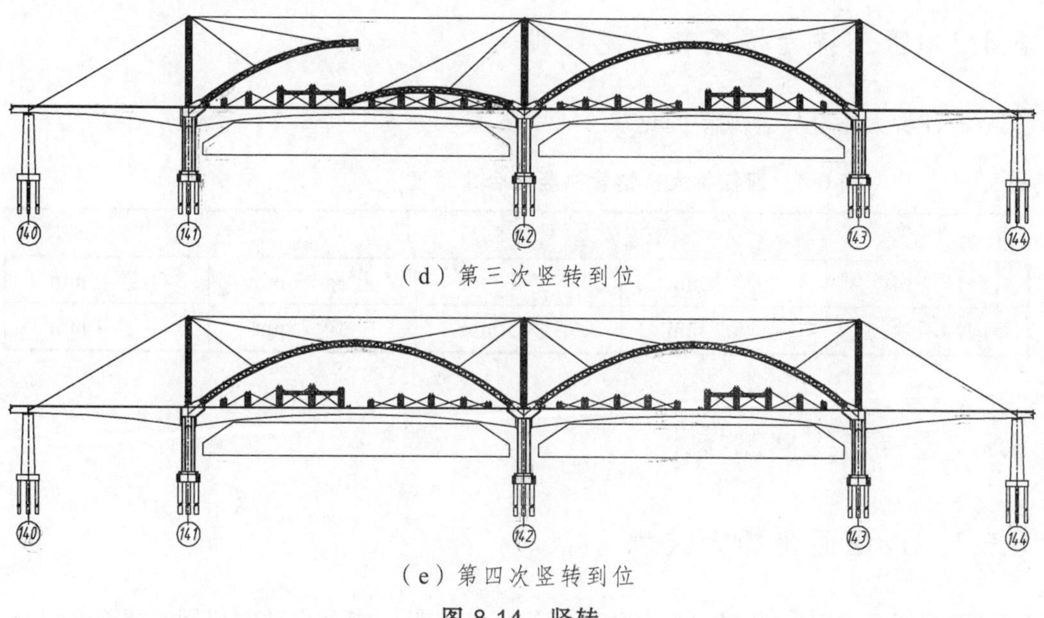

（d）第三次竖转到位

（e）第四次竖转到位

图 8.14　竖转

竖转前先安装扣索，用液压同步千斤顶张拉扣索以及背索至初装张力；继续张拉扣索至拱肋脱架，静止观察约 24 h，待一切完全满足设计要求后，开始竖转。

8.4.2　竖转过程中钢管拱控制点

竖转时，每个半拱上布置 6 个观测点，上下游各 3 个，主要位置布置于拱肋前端及前、后扣索点位置的内侧主弦管轴线上，见表 8-3。

表 8-3　钢管拱控制点理论控制数据

竖转角度 / (°)	梁端控制点空间坐标			前扣锚控制点空间坐标			后扣锚控制点空间坐标			备注
	X	*Y*	*Z*	*X*	*Y*	*Z*	*X*	*Y*	*Z*	
初始	961.54	6.3	46.615	984.775	6.3	52.135	1 036.8	6.3	53.524	低位拱
2	961.694	6.3	49.557	986.142	6.3	56.263	1 036.2	6.3	54.869	
4	962.21	6.3	53.492	986.618	6.3	58.356	1 036.6	6.3	56.200	
7	962.678	6.3	59.349	986.535	6.3	63.009	1 037.4	6.3	58.146	
10	963.679	6.3	66.202	987.693	6.3	67.589	1 038.2	6.3	60.092	
12	964.514	6.3	69.058	988.597	6.3	70.605	1 038.8	6.3	61.350	
14	966.484	6.3	72.883	989.606	6.3	73.588	1 039.5	6.3	62.586	
16	966.587	6.3	76.671	990.719	6.3	76.534	1 040.2	6.3	63.798	
18	967.822	6.3	80.419	993.934	6.3	79.44	1 040.9	6.3	64.985	
设计位置	969.916	6.3	86.95	993.945	6.3	83.71	1 042.1	6.3	66.707	

8.4.3 西江特大桥竖转合龙精度

西江特大桥竖转合龙精度见表 8-4。

表 8-4 西江特大桥钢管拱竖转合龙精度

合龙位置	高程偏差		轴线偏差	
141#～142#	上游 2 mm	下游 1 mm	上游 10 mm	下游 9 mm
142#～143#	上游 2 mm	下游 3 mm	上游 7 mm	下游 4 mm

8.5 竖转施工控制技术

8.5.1 液压同步提升技术

液压同步提升技术的核心设备采用计算机控制，能全自动完成同步提升、负载均衡、姿态校正、应力控制、操作闭锁、过程显示和故障报警等多种功能。液压同步提升技术具有以下特点：

（1）提升重量、跨度、面积、高度和幅度不受限制。

（2）提升油缸锚具具有逆向运动自锁性，可在提升过程中任意位置长期自锁，使提升过程安全、可靠。

（3）提升系统具有毫米级的微调功能，能在空中精确定位。

（4）设备体积小，自重轻，承载能力大。

（5）设备自动化程度高，操作方便灵活，安全性好，可靠性高。

8.5.2 主跨竖转施工工作原理

根据主跨结构的吊装要求，分别在 a、b 两肋各设置两组锚点，即锚点组 1 和锚点组 2，用来将扣索 1 和扣索 2 固定在主跨结构上［图 8 -14（a）］。扣索均采用 ϕ16.24 mm 高强度钢绞线。

两组扣索通过立柱顶上的索鞍分别连到两组油缸中。穿心式油缸是竖转设备的执行机构，其内部穿过 18 根钢绞线，两端还装有可控的锚具油缸，以配合主缸对锚片进行控制。主缸伸缩时，上锚利用锚片的自锁原理紧紧夹住钢绞线，而下锚松开，张拉钢绞线一次，使主跨竖转一个角度。主缸满行程时，主缸缩缸，使荷载转换到下锚上，而上锚松开。如此反复，可以使主跨结构竖转至要求位置。

主缸及上下锚具的动作控制均由计算机通过比例液压系统来实现。控制系统根据一定的控制策略和算法不仅可以实现对主跨结构的位置控制，而且还可以实现对主跨结构的荷载控制。

8.5.3 竖转控制系统的工作原理

1. 竖转施工的吊装要求

在竖转过程中，从保证主跨结构吊装安全角度来看，应满足以下 3 个要求：

（1）随着竖转角度的变化，扣索 1 和扣索 2 应满足设计给出的变化规律，以保证主跨结构的正确受力情况，防止过大的吊装应力。

（2）两肋应保持同步提升，防止主跨结构扭转变形。

（3）主跨结构竖转过程中，过大的加速度和减速度都会给主跨结构带来附加荷载，因此要保证加速度和减速度不超过规定值。

2. 竖转控制系统

竖转控制系统的控制任务分别由两套计算机系统来完成，一套是以 8098 单片机为核心构成的同步调节系统，另一套是以可编程控制器为核心构成的动作联控系统。

同步调节通过调节液压系统的比例阀流量来控制提升油缸升降速度，来达到位置同步或压力均衡等控制目的。它由信号检测传感器（例如压力传感器、角度传感器等）、信号调理、A/D 采样、单片机和比例阀功率驱动等硬件组成。在竖转施工过程中，要达到控制要求，控制系统的控制策略是关键。

由于在竖转施工中采用提升油缸集群作业，因此提升油缸动作的协调控制是关键。动作控制系统由检测油缸位置和锚具位置的传感器、可编程控制器和液压系统的电磁阀功率驱动等硬件组成。在设计动作控制系统时，充分考虑了油缸动作的闭锁问题，使得系统具有防误操作、掉电保护等功能。

3. 竖转控制系统的控制策略

（1）根据计算出的扣索 1 和扣索 2 随竖转角的变化曲线，确定扣索 1 和扣索 2 的索力比 i_{12} 随竖转角的变化规律，计算机控制系统根据这一规律进行调节，就可以有效地控制扣索 1 和扣索 2 之间的荷载分配。

为了使每台液压泵站驱动的提升油缸数相等，提高泵站的利用率，总体布置时将提升油缸分成如图 8 -14（b）所示的 6 个点，编号从 A 到 F。很显然，扣索 1 的索力受控于油缸组 1a（1b）即点 A、B（或 D、E），扣索 2 的索力受控于油缸组 2a（2b）即点 C（或 F）。每点油缸相互之间采用并联接法，因此每点中各油缸受载均等。在每点中均安装一个油压传感器，用来测量油缸的实际荷载，通过这个传感器可以将各点的荷载反馈给计算机，这样计算机就可以根据控制要求来分配各点的荷载，例如点 A 和点 B 共同承受扣索 1 的荷载，因此计算机将按其荷载分配比 $i_{11}=1:1$ 的比例来分配荷载，而调整点 A 和点 C 的荷载分配比例 i_{12} 就可以控制扣索 1 和扣索 2 之间的荷载分配，从而达到控制荷载的目的。

计算机对各点的荷载控制情况：扣索 1 的荷载分配比 $i_{11}=1:1$ 是一个定值，与竖转角无关；而荷载分配比 i_{12} 则随着竖转角度的变化而变化，这是此次提升的重点和难点。计算机在跟踪 i_{12} 时，做了离散处理，各离散点之间的控制比例采用线性插补法进行控制。

（2）在竖转过程中，计算机控制系统根据两肋的高度差进行必要的调节，这样可以保证两肋之间的位置同步关系。

在整个控制系统中，点 A 是一个主令控制点。通过改变点 A 的设定值可以控制整个提升系统的提升速度。为了保证 a、b 两肋的位置同步关系，在 a 肋的点 A 和 b 肋的点 D 中，安装了测量钢绞线缩短长度差值的传感器。这样就可以将两肋的高度差反馈给计算机。

（3）通过调节液压系统的溢流阀可以设定各点提升油缸的最大荷载，从而可以有效地控制扣索 1 和扣索 2 的索力上限。通过安装在各点中的油压传感器，计算机可以知道当前每一根扣索的荷载，当索力超出计算值的 5%时，计算机控制系统将自动报警并停机。通过以上控制策略可以实现位置同步和荷载均衡的双重控制，由于提升油缸的伸缩速度较慢，由此所引起的加速度和减速度可以忽略。

4. 主拱竖转施工步骤

扣索的张拉端设在边拱拱肋的端部，在竖转过程中，扣索的索力随主拱拱肋角度的改变而变化。竖转控制系统通过对泵站比例阀流量的调节，达到位置同步、荷载均衡的控制效果。施工中采取以高程为主、索力为辅的原则进行施工控制。具体施工步骤如下：

（1）首先将扣索 1 和扣索 2 预紧至设计索力的 50%，然后再将平衡索 3 也预紧至设计索力的 50%。

（2）运用前述的控制策略，采用顺控方式完成油缸的第一个行程，认真检查主跨结构的情况。确认后，再做第二、第三行程的试验。

（3）试验结束后，分级张拉扣索 1 和扣索 2 直至主拱拱肋起动脱架，再将平衡索 3 张拉至设计索力，保持脱架状态 12 h 以上，观察主跨结构的变形情况。

（4）确认无误后，运用前述的控制策略正式开始竖转，正常提升约 12 h。

（5）竖转就位后解除边拱支架的约束，调整转动体系的平衡状态，在塔顶索鞍部位锁扣索 1 和扣索 2，并将主拱拱脚临时固结，然后进行平转，直至就位合龙[54]。

8.6 本章小结

钢管拱竖转采取计算机控制液压同步提升技术，利用柔性钢绞线承重、提升油缸集群、计算机控制、液压同步提升原理，通过竖转体系将钢管拱提升到设计位置并合龙，并且在西江特大桥实际施工中得到了应用。西江特大桥钢管拱竖转施工的成功，标志着竖向转体施工工艺的不断成熟，同时增加大跨径拱桥转体施工的宝贵经验。取得如下成果：

（1）在施工中针对拱肋外缘超出梁体翼缘板外边缘，拱肋中心相对于卧拼支架中心向梁体外侧偏移 70 cm，致使卧拼支架处于偏心受力状态，施工中根据对梁体的受力分析，将卧拼支架设置于吊杆横梁位置，同时设置上下分配梁，以减小偏心影响，解决了卧拼支架偏心受力问题。

（2）为保证梁面运输通道畅通，首创分离式独立后锚结构，在保留梁面运输通道的同时，简化了后锚结构，使后锚受力更为明确，结构简单，施工方便。

（3）本工程采用拼装式提升塔架结构，该塔架具有结构简单、受力明确、每 6 m 为一个标准节、可整体安拆、施工速度快、安装精度易于控制、自身稳定性好的特点。

（4）根据施工现场环境的特殊性，针对竖转施工过程中遭遇台风或瞬时强风等安全隐患，确定了双连拱转体施工的技术风险，并建立模型对风险造成的后果分析，采取了相应的防范措施保证了施工顺利进行。

第 9 章　主拱竖转结构验算

9.1　计算说明

9.1.1　计算依据

（1）《钢结构设计规范》（GB 50017—2003）

（2）《钢结构连接节点设计手册》（中国建筑工业出版社，2005）

（3）《预埋件计算手册》（中国建筑工业出版社，1994）

（4）西江特大桥主拱竖转相关图纸文件。

（5）上海同新公司西江特大桥主拱计算单。

9.1.2　计算荷载

（1）自重：程序自动计入。

（2）风荷载：

w_0——基本风压，工作风按 17 m/s 计算，换算成基本风压为 0.2 kN/m^2；非工作风按 41 m/s 计算，换算成基本风压为 1.0 kN/m^2。

μ_z——z 高度处的风压高度变化系数；10 m 高度处取 1.0，20 m 高度处取 1.25，30 m 高度处取 1.42，40 m 高度处取 1.56，50 m 高度处取 1.67，60 m 高度处取 1.77。

μ_s——风荷载体形系数，取 1.3。

β_z——z 高度处的风振系数，取 1.5。

由以上参数得工作风荷载值：

10 m 高度处：$w_k = \beta_z \mu_s \mu_z w_0 = 1.5 \times 1.3 \times 1.0 \times 0.2 = 0.39\ \text{kN/m}^2$

20 m 高度处：$w_k = \beta_z \mu_s \mu_z w_0 = 1.5 \times 1.3 \times 1.25 \times 0.2 = 0.488\ \text{kN/m}^2$

30 m 高度处：$w_k = \beta_z \mu_s \mu_z w_0 = 1.5 \times 1.3 \times 1.42 \times 0.2 = 0.554\ \text{kN/m}^2$

40 m 高度处：$w_k = \beta_z \mu_s \mu_z w_0 = 1.5 \times 1.3 \times 1.56 \times 0.2 = 0.608\ \text{kN/m}^2$

50 m 高度处：$w_k = \beta_z \mu_s \mu_z w_0 = 1.5 \times 1.3 \times 1.67 \times 0.2 = 0.651\ \text{kN/m}^2$

60 m 高度处：$w_k = \beta_z \mu_s \mu_z w_0 = 1.5 \times 1.3 \times 1.77 \times 0.2 = 0.690\ \text{kN/m}^2$

非工作风荷载约为工作风的 5 倍。风荷载施加方向与塔顶不平衡水平力方向一致，为塔架受力最不利方向。

（3）索力荷载。

9.2 总体布置及施工步骤

9.2.1 总体布置

西江特大桥竖转总体布置图如图 9-1 所示。

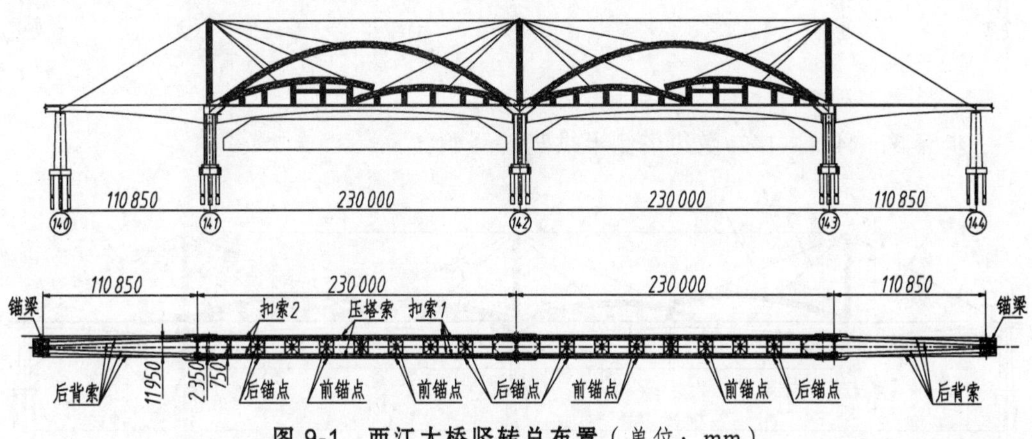

图 9-1　西江大桥竖转总布置（单位：mm）

每跨竖转过程中后背索采用 4 束 21 × ϕ15.24 钢绞线和 2 束 14 × ϕ15.24 钢绞线，扣索 1 采用 4 束 21 × ϕ15.24 钢绞线，扣索 2 采用 2 束 14 × ϕ15.24 钢绞线，压塔索采用 2 束 9 × ϕ15.24 钢绞线。

竖转时，先进行 141# ~ 142#墩两个半拱的竖转及合龙，再进行 142# ~ 143#墩两个半拱的竖转及合龙。

9.2.2 施工步骤

主要施工步骤如图 9-2 所示。

步骤 1：塔架自立状态。

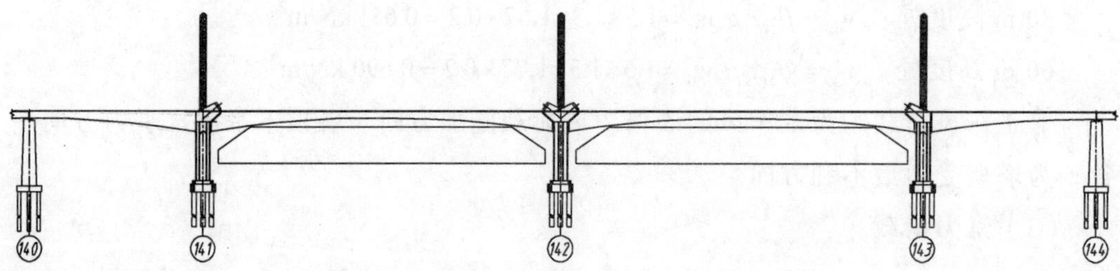

步骤 2：钢管拱卧拼到位，压塔索及锚索安装完成。

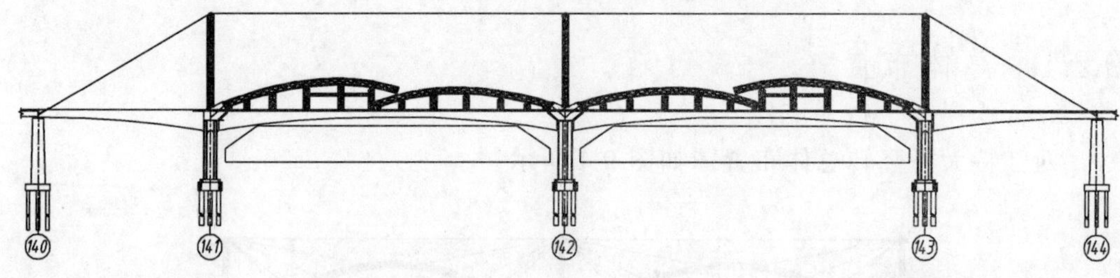

步骤 3：141#～142#墩边塔侧半拱竖转开始。

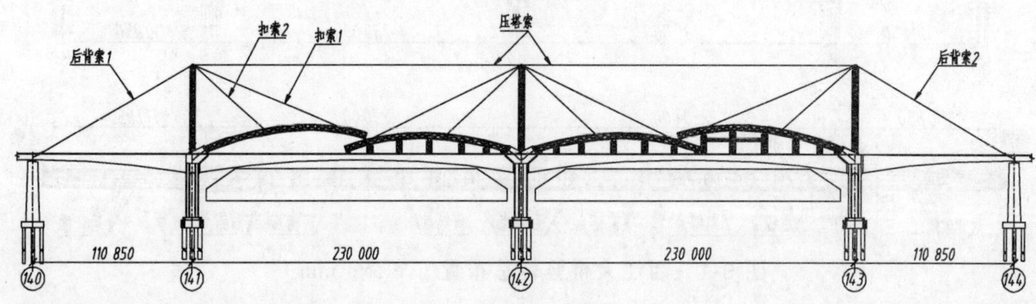

步骤 4：141#～142#墩边塔侧半拱竖转到位。

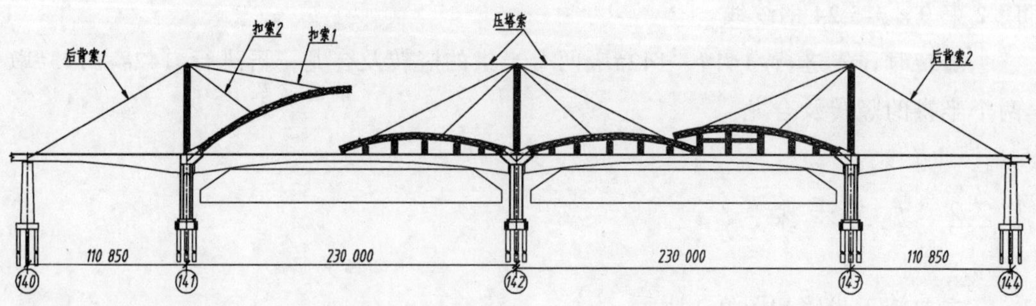

步骤 5：141# ~ 142#墩中塔侧半拱竖转开始。

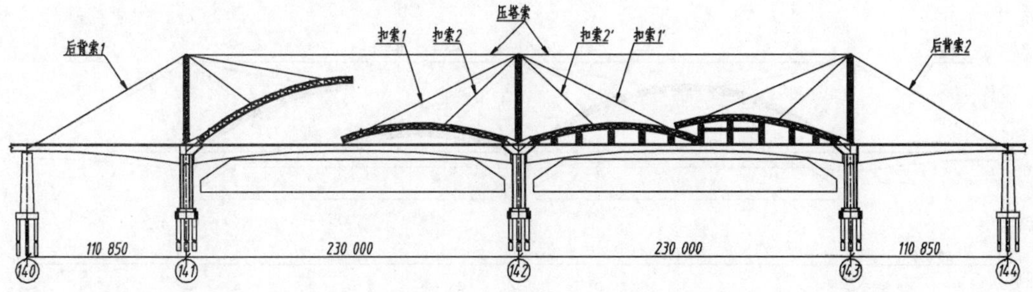

步骤 6：141# ~ 142#墩中塔侧半拱竖转到位。

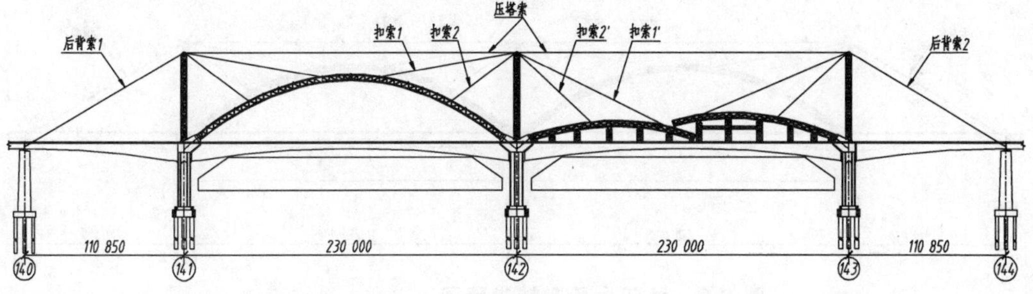

步骤 7：142# ~ 143#墩边塔侧半拱竖转开始。

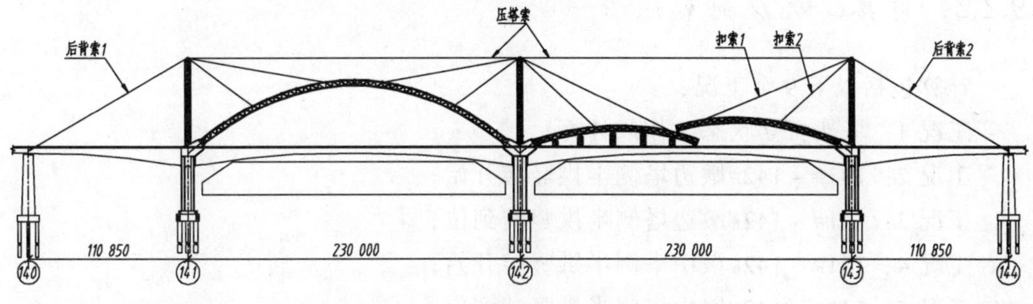

步骤 8：142# ~ 143#墩边塔侧半拱竖转到位。

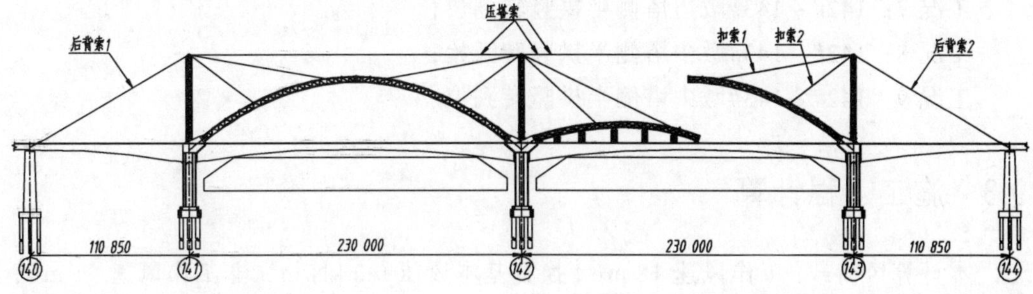

步骤 9：142#～143#墩中塔侧半拱竖转开始。

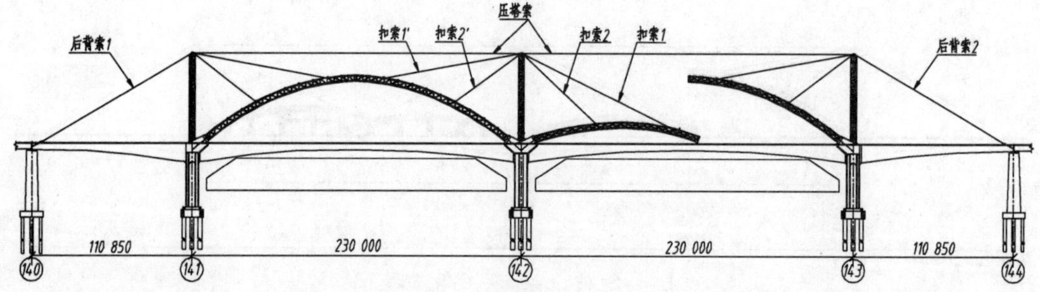

步骤 10：142#～143#墩中塔侧半拱竖转到位。

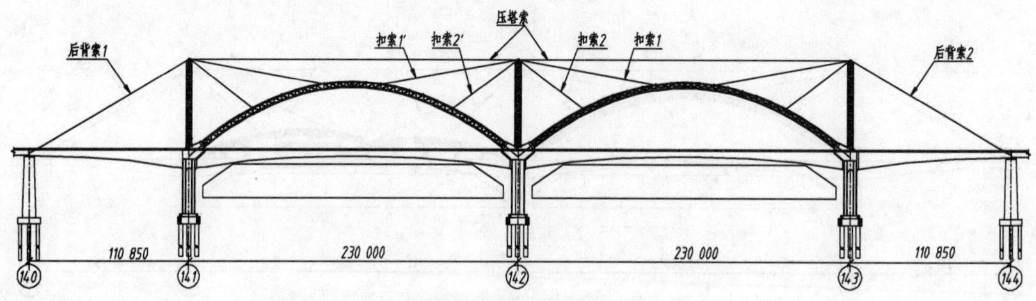

图 9-2　西江大桥竖转步骤图（单位：mm）

9.2.3　计算工况及荷载组合

计算包括以下 9 个工况：

工况 1：塔架自立状态工作风计算；

工况 2：141#～142#墩边塔侧半拱竖转开始；

工况 3：141#～142#墩边塔侧半拱竖转到位；

工况 4：141#～142#墩中塔侧半拱竖转开始；

工况 5：141#～142#墩中塔侧半拱竖转到位；

工况 6：142#～143#墩边塔侧半拱竖转开始；

工况 7：142#～143#墩边塔侧半拱竖转到位；

工况 8：142#～143#墩中塔侧半拱竖转开始；

工况 9：142#～143#墩中塔侧半拱竖转到位。

9.3　施工过程计算

本计算风荷载：工作风速 18 m/s，换算基本风压 0.2 kN/m^2；非工作风速 41 m/s，换算基本风压 1.0 kN/m^2。

因施工过程中仅考虑 7 级工作风荷载，根据计算知该工作风荷载对结构影响较小，故在工况 2 至工况 9 计算中不考虑风荷载的影响。考虑到风荷载会增加塔底反力，故在预埋件计算章节中考虑因风荷载而增加的反力。

9.3.1 计算模型

计算程序：Midas 2010

支座条件：塔底铰接，锚索固结

建模：按照图纸建模

荷载：按照图纸说明荷载进行加载

模型计算方法：非线性弹性

9.3.2 工况计算

1. 工况 1：塔架自立状态工作风

塔架自立状态荷载包括塔架自重及工作风荷载，根据委托方提供资料，项目所在地工作风荷载按 7 级计算，换算基本风压为 0.2 kN/m^2。

（1）边塔计算。

计算模型如图 9-3 所示。

图 9-3 边塔架计算模型

计算结果塔底反力见表 9-1。

表 9-1 反 力　　　　（单位：kN）

节点	横向风作用			自重 + 横向风			纵向风			自重 + 纵向风		
	F_X	F_Y	F_Z	F_X	F_Y	F_Z	F_X	F_Y	F_Z	F_X	F_Y	F_Z
1	1	−3	−126	−2	−2	132	−2	0	334	−5	1	592
2	0	−3	47	−3	−2	315	−3	1	339	−6	2	607
3	0	−3	−48	−3	−3	217	−3	−1	339	−5	−2	604
4	−1	−3	127	−3	−3	387	−2	0	334	−5	−1	594
5	−36	−4	−83	12	−3	37	42	0	105	91	1	226
6	16	−3	35	64	−3	157	40	1	101	89	1	223
7	−15	−3	−35	33	−4	87	40	−1	101	89	−2	223
8	36	−3	83	84	−4	203	42	0	105	90	−1	226
9	11	−34	−267	−33	−31	81	−87	0	−441	−131	3	−93
10	−2	−34	112	−50	−28	466	−93	−5	−438	−140	1	−85
11	3	−34	−112	−43	−41	244	−93	5	−438	−139	−1	−82
12	−11	−35	267	−56	−38	614	−87	0	−441	−132	−3	−94

注：反力 F_Z 以压为正，以拉为负。

塔底节点位置如图 9-4 所示。

图 9-4 边塔架反力点示意图

位移、内力如表 9-2、表 9-3 所示。

表 9-2 塔架受纵向风位移、内力表

塔顶纵向位移/mm	主肢最大轴力/kN		最大应力/MPa	
	拉力	压力	拉应力	压应力
43.8	60	669	31.5	38.8

表 9-3 塔架受横向风位移、内力表

塔顶横向位移/mm	主肢最大轴力/kN		最大应力/MPa	
	拉力	压力	拉应力	压应力
12.6	—	435	67.4	43.5

塔架应力如图 9-5、图 9-6 所示。

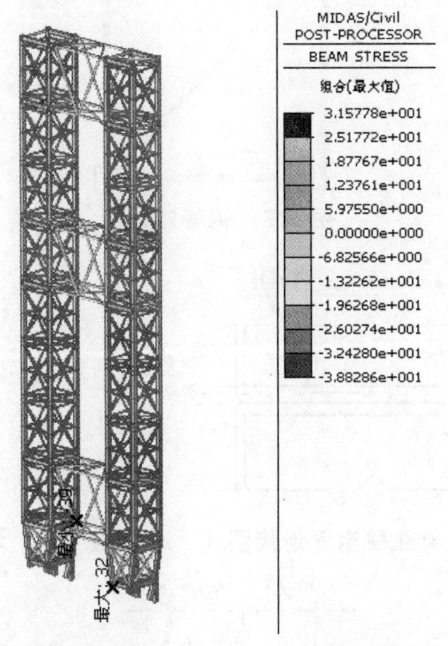

图 9-5　边塔架受纵向风（7 级）应力图（单位：MPa）

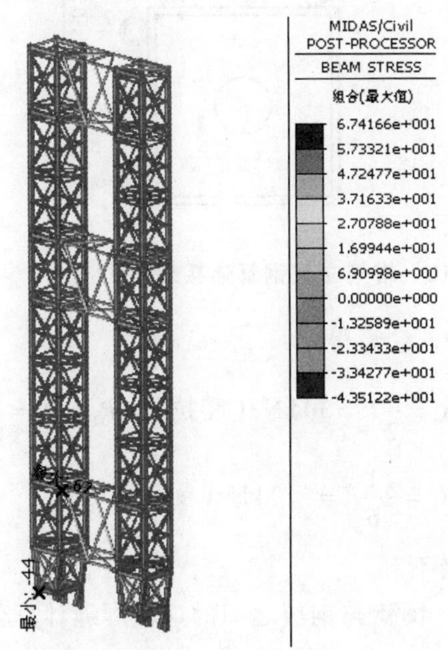

图 9-6　边塔架受横向风（7 级）应力图（单位：MPa）

立柱钢管连接计算：

由表 9-2 和表 9-3 知塔架纵向风作用时有最大拉力 60 kN，钢管连接见图 9-7，塔架立柱钢管连接见图 9-8、图 9-9，塔架立柱钢管连接细部见图 9-10。

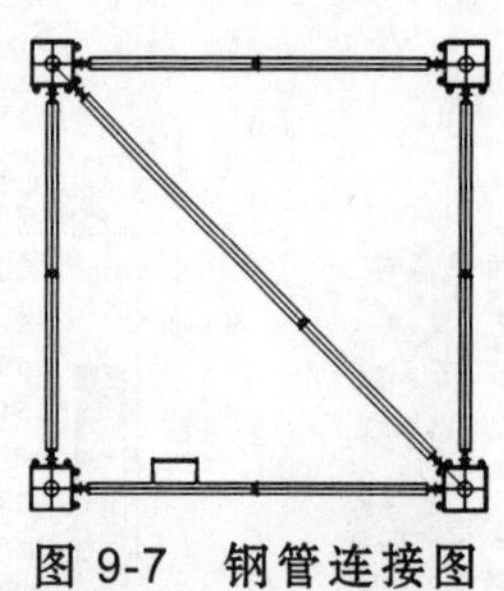

图 9-7　钢管连接图

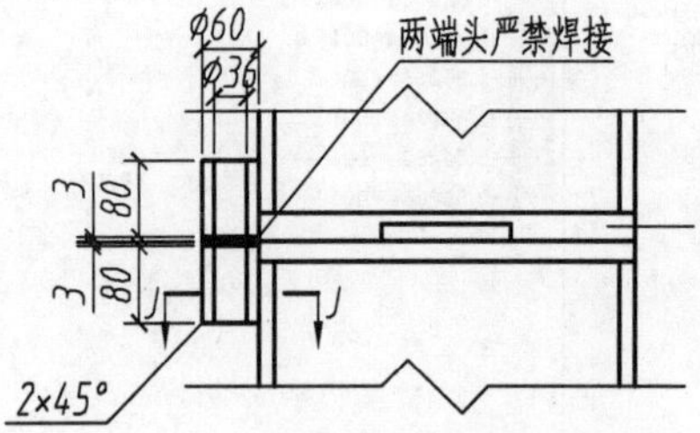

图 9-8　塔架立柱钢管连接图 1

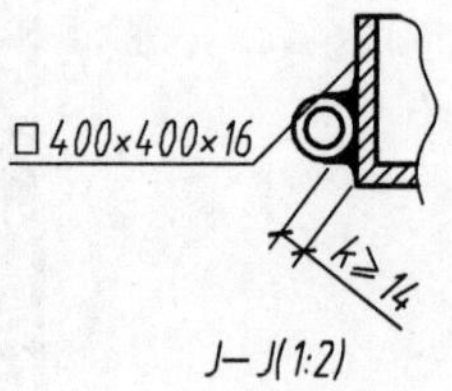

图 9-9　塔架立柱钢管连接图 2

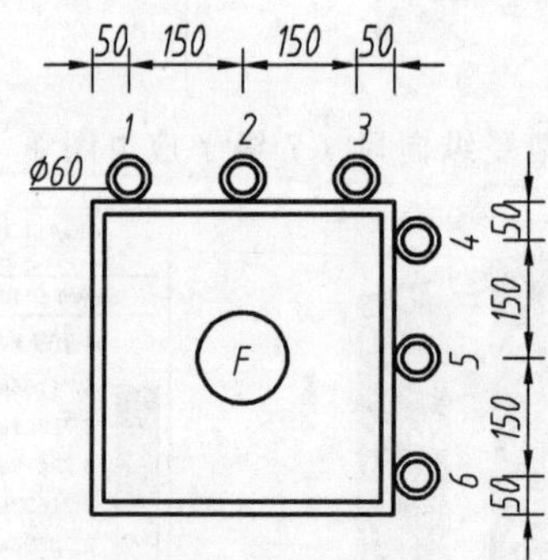

图 9-10　塔架立柱钢管连接细部图（单位：mm）

根据图 9-8 和图 9-9，计算得到：

$$R_1 = R_6 = \frac{1}{2}F = 30\ \text{kN}（受拉），\ R_2 = R_5 = \frac{1}{6}F = 10\ \text{kN}（受拉）;$$

$$R_3 = R_4 = -\frac{1}{6}F = -10\ \text{kN}（受压）$$

以 R_1 及 R_6 处焊缝受力最不利。

根据计算依据（2），圆钢与钢板之间的连接焊缝计算公式为：

$$\tau = \frac{N}{h_e \sum L_w} = \frac{30\times10^3}{2\times0.7\times10\times(80-2\times10)} = 35.7\ \text{MPa} < [\tau] = 140\ \text{MPa}$$

焊缝强度满足要求。

（2）中塔计算。

计算模型如图 9-11 所示。

图 9-11 边塔架计算模型

计算结果塔底反力见表 9-4。

表 9-4 反 力 （单位：kN）

节点	横向风作用			自重 + 横向风			纵向风			自重 + 纵向风		
	F_X	F_Y	F_Z	F_X	F_Y	F_Z	F_X	F_Y	F_Z	F_X	F_Y	F_Z
21	− 2	− 20	− 240	6	− 18	122	− 24	− 1	− 430	− 15	2	− 68
22	1	− 20	101	8	− 14	465	− 27	− 6	− 429	− 20	1	− 65
23	0	− 20	− 100	8	− 26	267	− 27	6	− 429	− 19	0	− 61
24	2	− 20	239	9	− 23	599	− 24	1	− 430	− 16	− 2	− 71
25	2	− 20	− 239	− 6	− 18	121	− 24	1	430	− 31	3	790
26	0	− 20	100	− 9	− 14	467	− 27	5	428	− 36	11	795
27	1	− 20	− 101	− 7	− 26	263	− 27	− 5	428	− 35	− 11	792
28	− 2	− 20	239	− 11	− 23	601	− 24	− 1	430	− 32	− 3	792

塔底节点位置，见图 9-12。

.28 .27 .26 .25

.24 .23 .22 .21

图 9-12 中塔架反力点示意图

位移、内力见表 9-5、表 9-6。

表 9-5 塔架受纵向风位移、内力表

塔顶纵向位移/mm	主肢最大轴力/kN		最大应力/MPa	
	拉力	压力	拉应力	压应力
41.0	58	672	21.0	41.6

表 9-6 塔架受横向风位移、内力表

塔顶横向位移/mm	主肢最大轴力/kN		最大应力/MPa	
	拉力	压力	拉应力	压应力
10.4	—	440	65.4	31.0

塔架应力如图 9-13、图 9-14 所示。

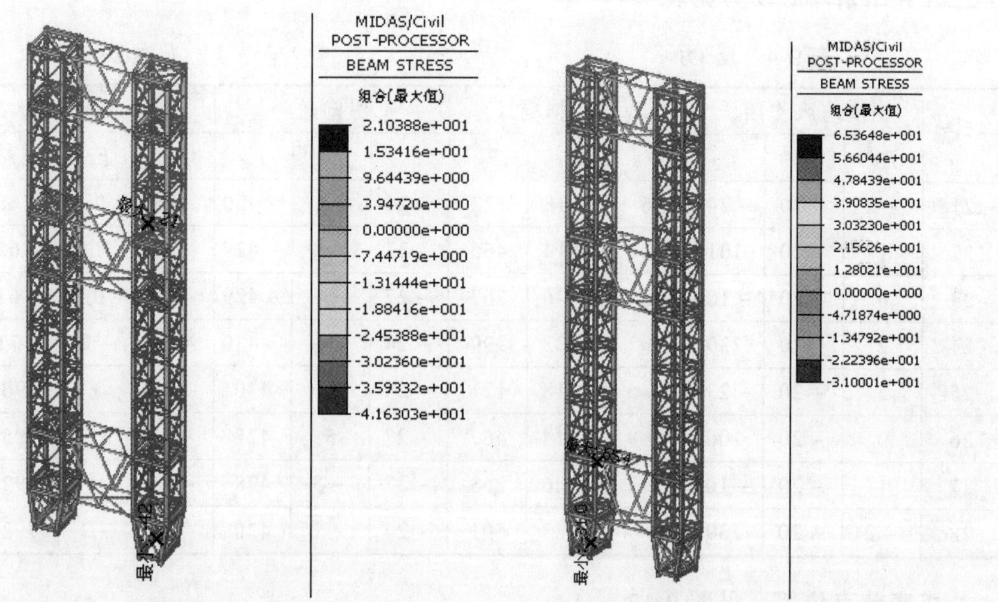

图 9-13 中塔架受纵向风（7 级）应力图（单位：MPa）　**图 9-14 中塔架受横向风（7 级）应力图**（单位：MPa）

立柱钢管连接计算：

由表 9-5、表 9-6 知塔架纵向风作用时有最大拉力 58 kN，小于边塔最大拉力 60 kN，故焊缝强度满足要求。

2. 工况 2：141#～142#墩边塔侧半拱竖转开始

扣锚索编号约定：

“扣索 141-1”指 141#塔竖转主拱前端拉索（4-21-ϕ15.24）；

“扣索 141-2”指 141#塔竖转主拱后端拉索（2-14-ϕ15.24）；

“扣索 142-1”指 142#塔近 141#塔侧竖转主拱前端拉索（4-21-ϕ15.24）；

“扣索 142-2”指 142#塔近 141#塔侧竖转主拱后端拉索（2-14-ϕ15.24）；

“扣索 142-3”指 142#塔近 143#塔侧竖转主拱前端拉索（4-21-ϕ15.24）；

“扣索 142-4”指 142#塔近 143#塔侧竖转主拱后端拉索（2-14-ϕ15.24）；

“扣索 143-1”指 143#塔竖转主拱前端拉索（4-21-ϕ15.24）；

“扣索 143-2”指 143#塔竖转主拱后端拉索（2-14-ϕ15.24）；

“锚索 141-1”指 141#塔与扣索 141-1 对应的锚索（4-21-ϕ15.24）；

“锚索 141-2”指 141#塔与扣索 141-2 对应的锚索（2-14-ϕ15.24）；

“锚索 143-1”指 143#塔与扣索 143-1 对应的锚索（4-21-ϕ15.24）；

“锚索 143-2”指 143#塔与扣索 143-2 对应的锚索（2-14-ϕ15.24）；

“压塔索-1”指 141#塔至 142#塔的压塔索（2-9-ϕ15.24）；

“压塔索-2”指 142#塔至 143#塔的压塔索（2-9-ϕ15.24）。

编号图见图 9-15。

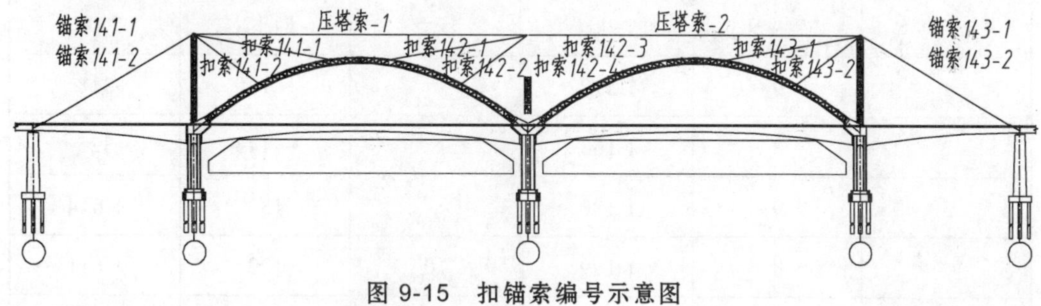

图 9-15　扣锚索编号示意图

截面等效处理方法：

计算时，因主拱实际截面为哑铃型截面，模型计算时截面划分单元较多使得计算时间过长，故在计算时对钢管截面作简化处理。因主拱结构在竖转时主要受力为轴向抗压及竖向抗弯，故简化的原则为使等效截面与实际截面面积相等及两者对 X 轴抗弯惯性矩基本相等。同时为使结构计算应力真实，应使等效截面高度（即外径）与实际结构相同，实现上述两等效原则仅依靠改变截面厚度来实现。以主拱截面为例，主拱钢管实际截面如图 9-16 所示，计算采用的等效钢管截面见图 9-17。

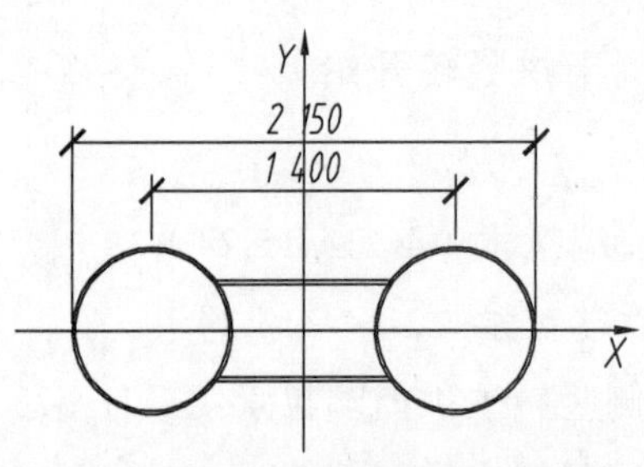

图 9-16　主拱钢管实际截面

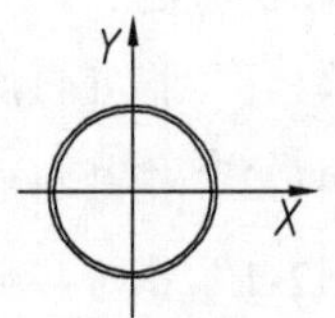

图 9-17　等效截面

等效截面外径仍采用 750 mm，壁厚则依据上述两等效原则计算得到。等效处理后，为使计算索力真实，应使计算主拱重量与实际结构相当，计算采用改变钢材密度方法实现。

（1）计算模型如图 9-18 所示。

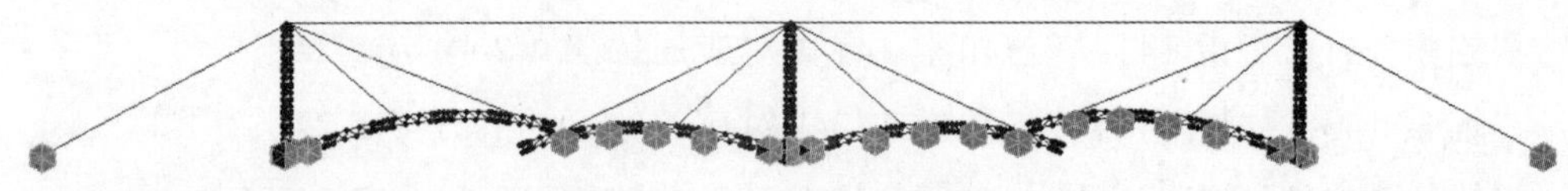

图 9-18　工况 2 计算模型图

（2）计算结果塔底反力见表 9-7。

表 9-7　反　力

节点	F_X/kN	F_Z/kN	节点	F_X/kN	F_Z/kN
1	9	1 212	7	– 140	318
2	8	1 163	8	– 143	325
3	9	1 180	9	132	1 614
4	8	1 199	10	122	1 611
5	– 142	323	11	131	1 595
6	– 141	320	12	125	1 627

塔底节点位置见图 9-19。

图 9-19　边塔塔底节点图

塔顶位移如图 9-20、图 9-21 所示，塔顶位移见表 9-8。

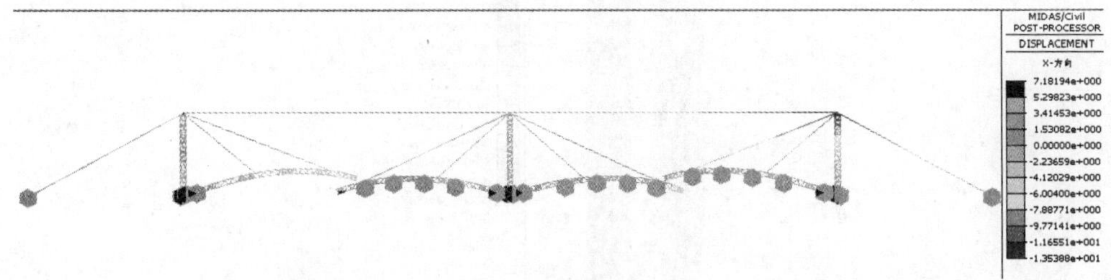

图 9-20　工况 2 纵向位移图（单位：mm）

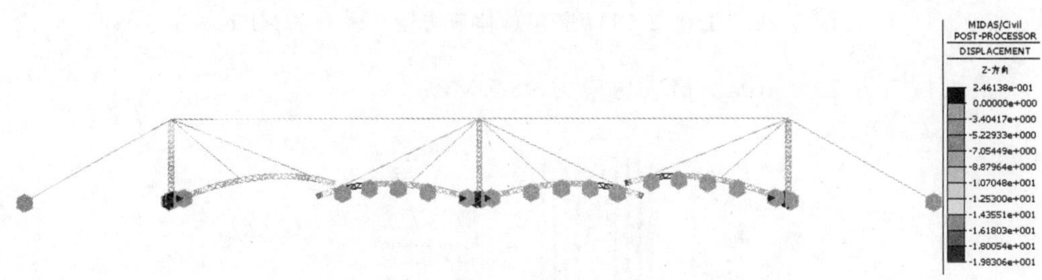

图 9-21　工况 2 竖向位移图（单位：mm）

表 9-8　塔顶位移

塔号	141	142	143
纵向位移/mm	5	0	－13
竖向位移/mm	－16	－4	－4

注：纵向位移负值表示向左，竖向位移负值表示向下。

扣锚索索力见表 9-9。

表 9-9　索　力（单位：kN）

扣索 141-1	扣索 141-2	扣索 142-1	扣索 142-2	扣索 142-3	扣索 142-4	扣索 143-1	扣索 143-2
1 829	1 307	240	98	242	98	221	82
锚索 141-1	锚索 141-2	锚索 143-1	锚索 143-2	压塔索 1	压塔索 2		
1 946	1 297	268	179	174	172		

塔架应力如图 9-22～9-24 所示。

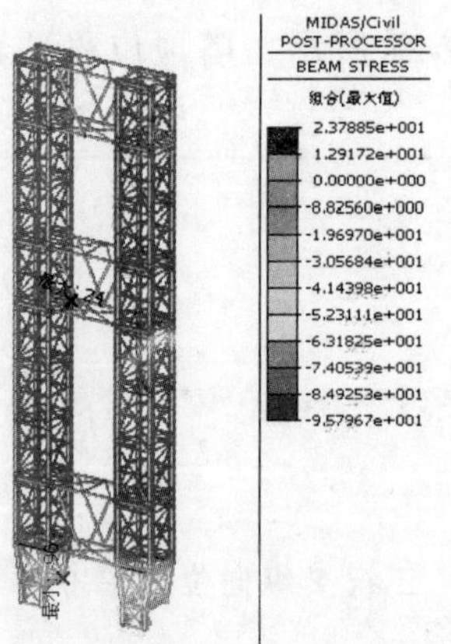

图 9-22　工况 2 141#塔架总体应力图（单位：MPa）

最大拉应力 23.8 MPa，最大压应力 95.7 MPa。

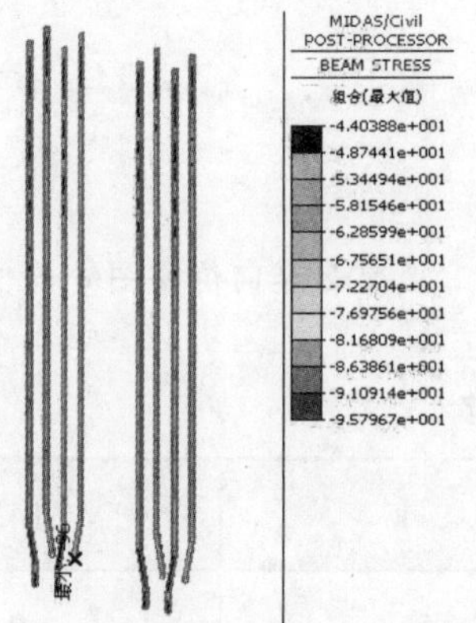

图 9-23　工况 2 141#塔架主肢应力图（单位：MPa）

最小压应力 44 MPa，最大压应力 95.7 MPa。

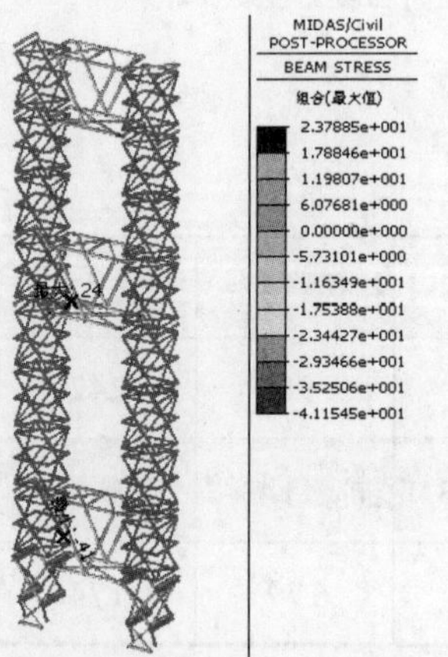

图 9-24　工况 2 141#塔架连接系应力图（单位：MPa）

最大拉应力 23.8 MPa，最大压应力 41.2 MPa。

主拱反力如图 9-25 所示。

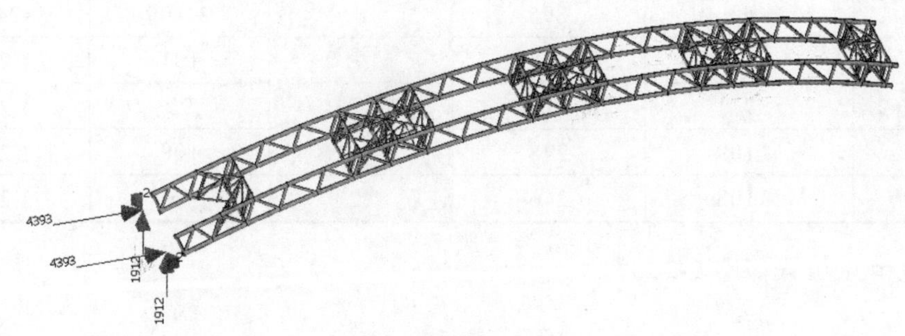

图 9-25　工况 2 竖转主拱反力图（单位：kN）

纵向 $F_X = 4\ 393$ kN，竖向 $F_Z = 1\ 912$ kN。

主拱应力如图 9-26 所示。

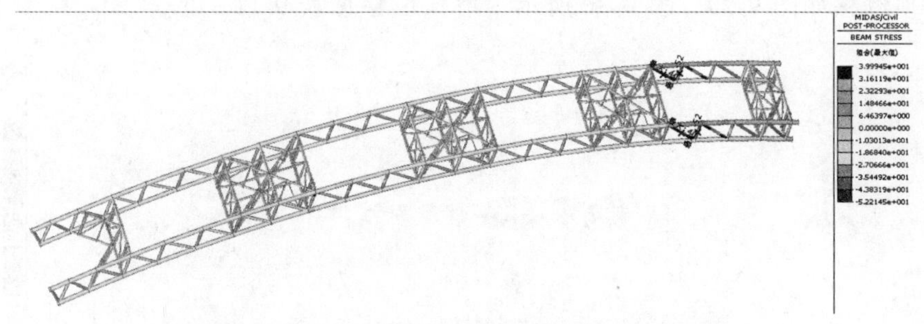

图 9-26　工况 2 竖转主拱应力图（单位：MPa）

最大拉应力 40 MPa，最大压应力 52 MPa。

小结：各构件均满足要求。

3. 工况 3：141#～142#墩边塔侧半拱竖转到位

（1）计算模型如图 9-27 所示。

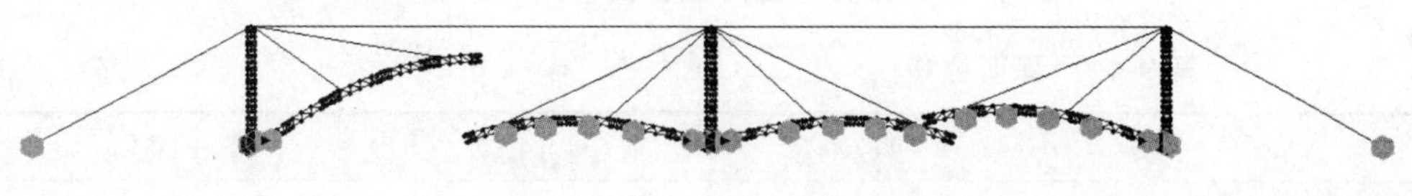

图 9-27　工况 3 计算模型图

（2）计算结果塔底反力见表 9-10。

表 9-10　反　力

节点	F_X/kN	F_Z/kN	节点	F_X/kN	F_Z/kN
1	7	932	7	－107	244
2	6	895	8	－109	249
3	7	908	9	101	1 239
4	7	922	10	93	1 239
5	－109	248	11	100	1 227
6	－108	246	12	95	1 249

塔底节点位置如图 9-28 所示。

12　11　10　9

8　7　6　5

4　3　2　1

图 9-28　边塔塔底反力点

塔顶位移如图 9-29、图 9-30 所示，塔顶位移见表 9-11。

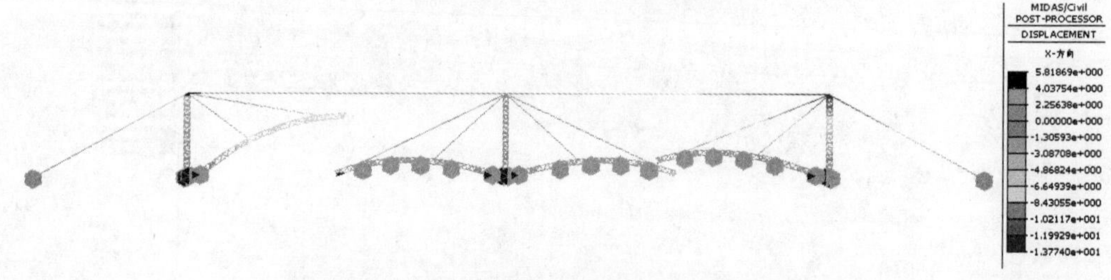

图 9-29　工况 3 纵向位移图（单位：mm）

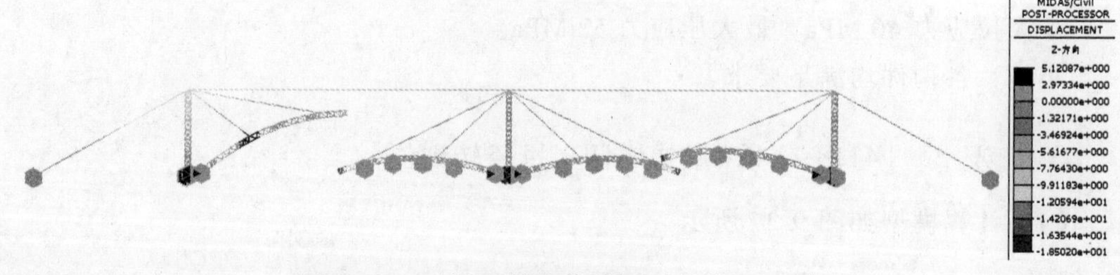

图 9-30　工况 3 竖向位移图（单位：mm）

表 9-11　塔顶位移

塔号	141	142	143
纵向位移/mm	4	0	－13
竖向位移/mm	－12	－4	－4

注：纵向位移负值表示向左，竖向位移负值表示向下。

扣锚索索力见表 9-12。

表 9-12　索　力　（单位：kN）

扣索 141-1	扣索 141-2	扣索 142-1	扣索 142-2	扣索 142-3	扣索 142-4	扣索 143-1	扣索 143-2
1 517	1 004	242	98	242	99	221	82
锚索 141-1	锚索 141-2	锚索 143-1	锚索 143-2	压塔索 1	压塔索 2		
1 700	1 132	268	179	174	172		

塔架应力如图 9-31 ~ 9-33 所示。

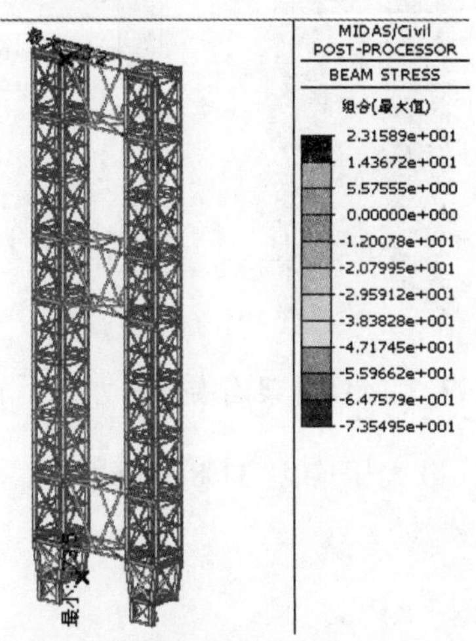

图 9-31　工况 3 141#塔架整体应力图（单位：MPa）

最大拉应力 23.2 MPa，最大压应力 73.5 MPa。

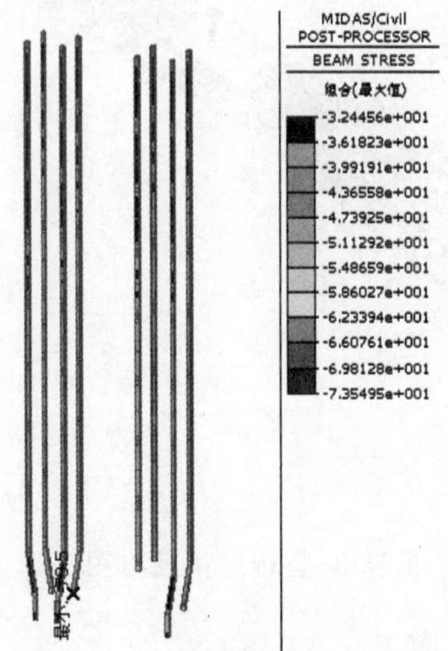

图 9-32　工况 3 141#塔架主肢应力图（单位：MPa）

最小压应力 32.4 MPa，最大压应力 73.5 MPa。

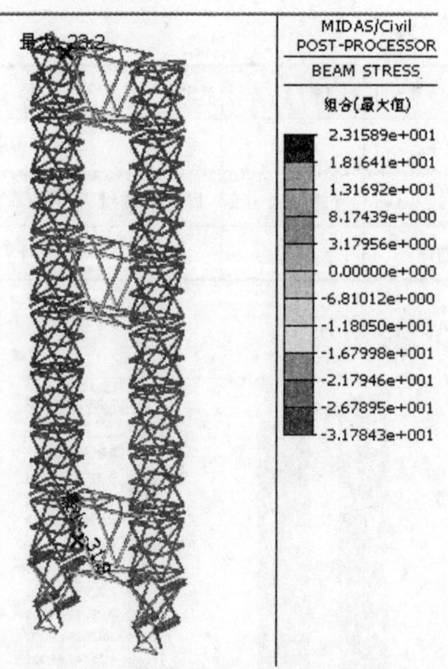

图 9-33　工况 3 141#塔架连接系应力图（单位：MPa）

最大拉应力 23.2 MPa，最大压应力 31.8 MPa。

主拱反力如图 9-34 所示。

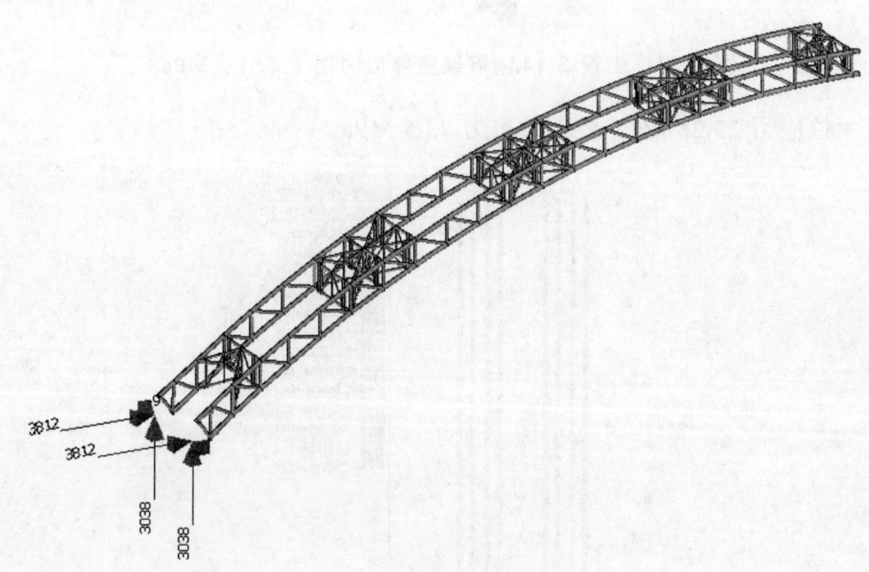

图 9-34　工况 3 竖转主拱反力图（单位：kN）

纵向 F_X = 3 812 kN，竖向 F_Z = 3 038 kN。

主拱应力如图 9-35 所示。

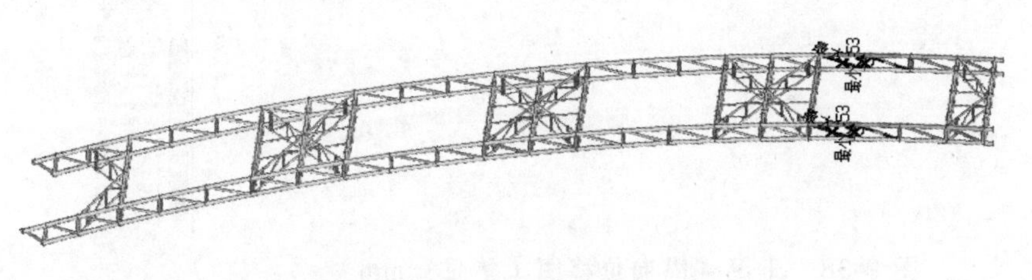

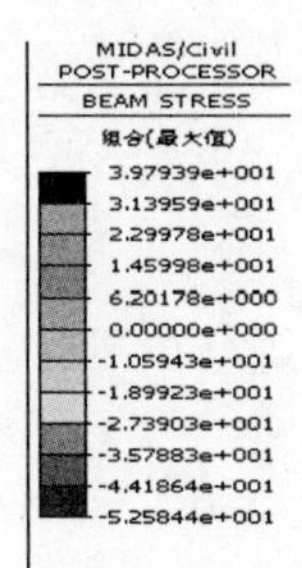

图 9-35 工况 3 主拱应力图（单位：MPa）

最大拉应力 40 MPa，最大压应力 52.5 MPa。

小结：各构件均满足要求。

4. 工况 4：141#～142#墩中塔侧半拱竖转开始

（1）计算模型如图 9-36 所示。

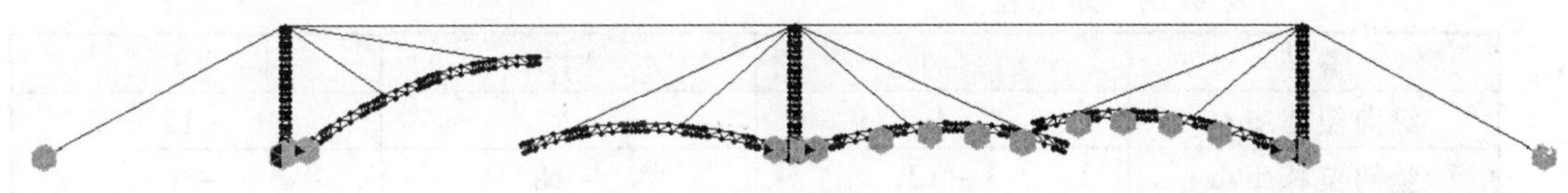

图 9-36 工况 4 计算模型图

（2）计算结果塔底反力见表 9-13。

表 9-13 反 力

节点	F_X/kN	F_Z/kN	节点	F_X/kN	F_Z/kN
21	23	1 670	25	− 18	1 690
22	16	1 631	26	− 25	1 689
23	24	1 651	27	− 18	1 669
24	17	1 652	28	− 24	1 707

塔底节点位置见图 9-37。

.28 .27 .26 .25

.24 .23 .22 .21

图 9-37 中塔塔底节点图

塔顶位移见图 9-38、图 9-39 及表 9-14。

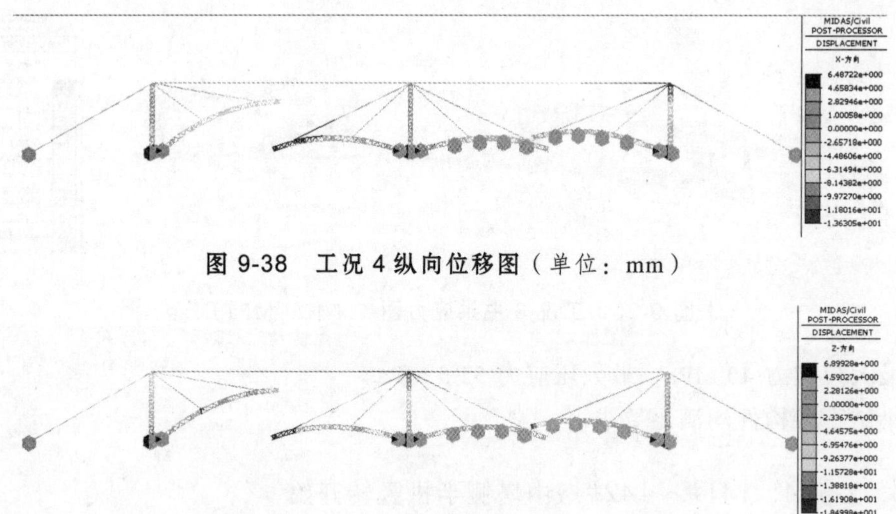

图 9-38　工况 4 纵向位移图（单位：mm）

图 9-39　工况 4 竖向位移图（单位：mm）

表 9-14　塔顶位移

塔号	141	142	143
纵向位移/mm	4	2	− 13
竖向位移/mm	− 12	− 18	− 4

注：纵向位移负值表示向左，竖向位移负值表示向下。

索力见表 9-15。

表 9-15　索　力　（单位：kN）

扣索 141-1	扣索 141-2	扣索 142-1	扣索 142-2	扣索 142-3	扣索 142-4	扣索 143-1	扣索 143-2
1 517	1 004	1 932	1 370	1 940	1 360	222	82
锚索 141-1	锚索 141-2	锚索 143-1	锚索 143-2	压塔索 1	压塔索 2		
1 700	1 133	269	179	176	171		

塔架应力如图 9-40 ~ 9-42 所示。

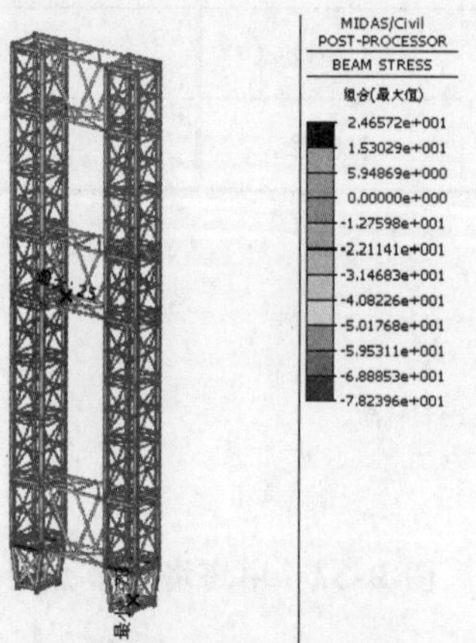

图 9-40　工况 4 142#塔架整体应力图（单位：MPa）

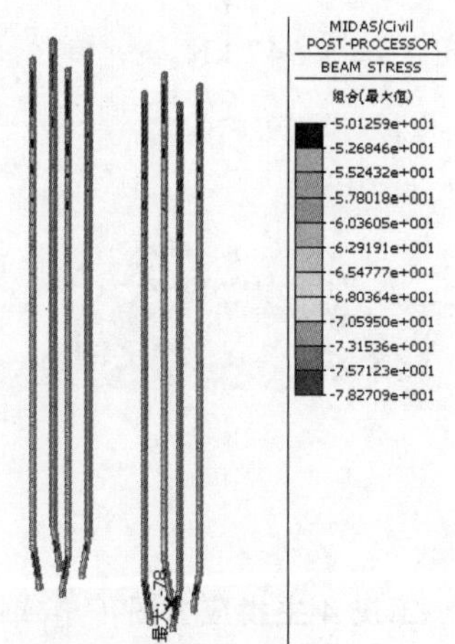

图 9-41 工况 4 142#塔架主肢应力图（单位：MPa）

最小压应力 50.2 MPa，最大压应力 78.3 MPa。

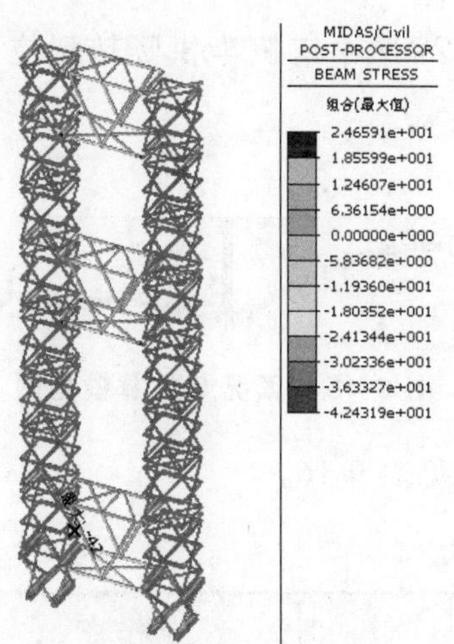

图 9-42 工况 4 142#塔架连接系应力图（单位：MPa）

最大拉应力 24.6 MPa，最大压应力 42.4 MPa。

主拱反力如图 9-43 所示。

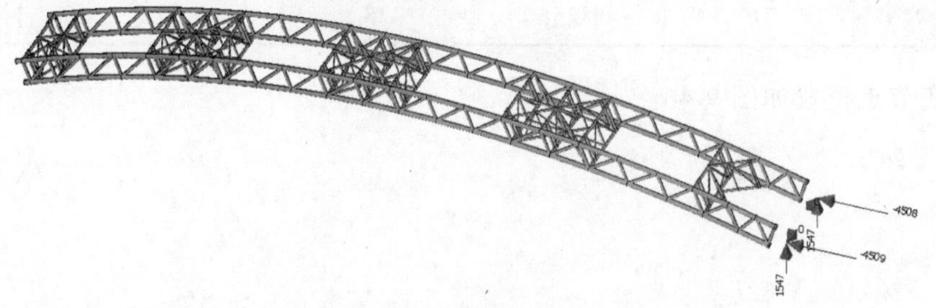

图 9-43 工况 4 竖转主拱反力图（单位：kN）

纵向 $F_X = 4\ 508$ kN，竖向 $F_Z = 1\ 547$ kN。

主拱应力如图 9-44 所示。

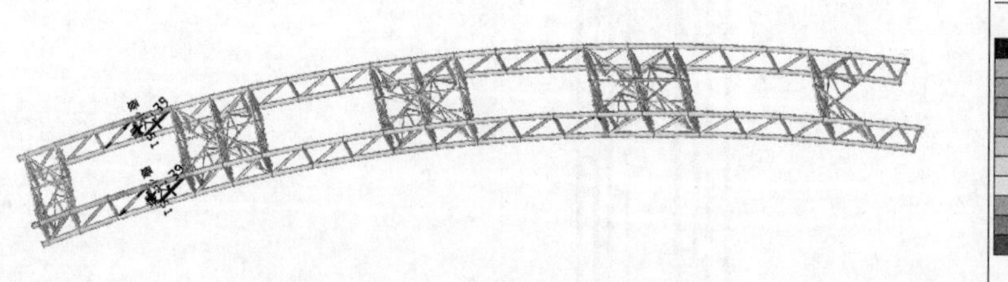

图 9-44　工况 4 主拱应力图（单位：MPa）

最大拉应力 39.4 MPa，最大压应力 51.0 MPa。

小结：各构件均满足要求。

5. 工况 5：141#～142#墩中塔侧半拱竖转到位

（1）计算模型如图 9-45 所示。

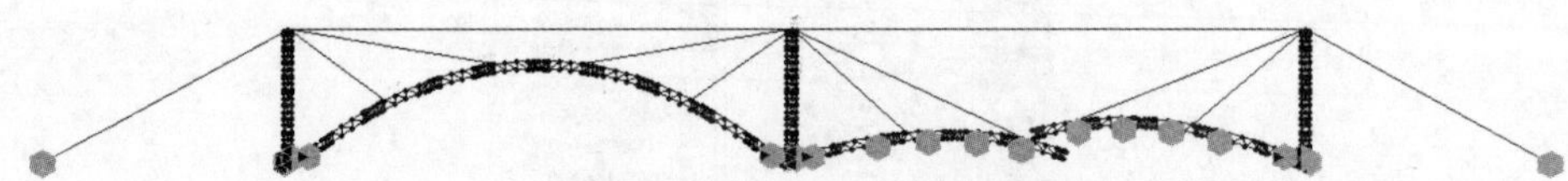

图 9-45　工况 5 计算模型图

（2）计算结果塔底反力见表 9-16。

表 9-16　反　力

节点	F_X/kN	F_Z/kN	节点	F_X/kN	F_Z/kN
21	20	1 268	25	−12	1 136
22	15	1 243	26	−17	1 138
23	21	1 257	27	−12	1 124
24	16	1 256	28	−16	1 148

塔底节点位置如图 9-46。

.28　.27　.26　.25

.24　.23　.22　.21

图 9-46　中塔塔底节点图

塔顶位移如图 9-47、图 9-48 和表 9-17 所示。

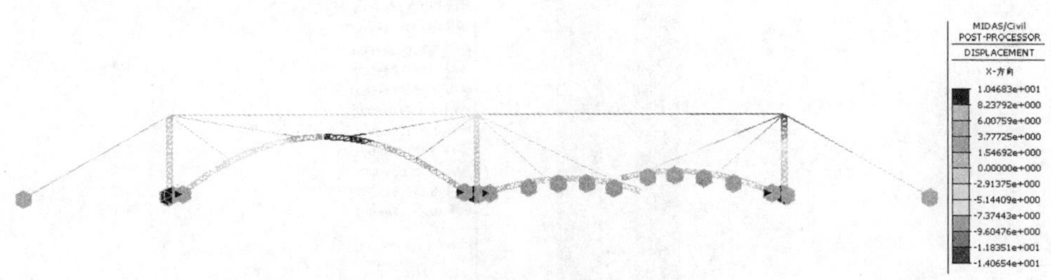

图 9-47 工况 5 纵向位移图（单位：mm）

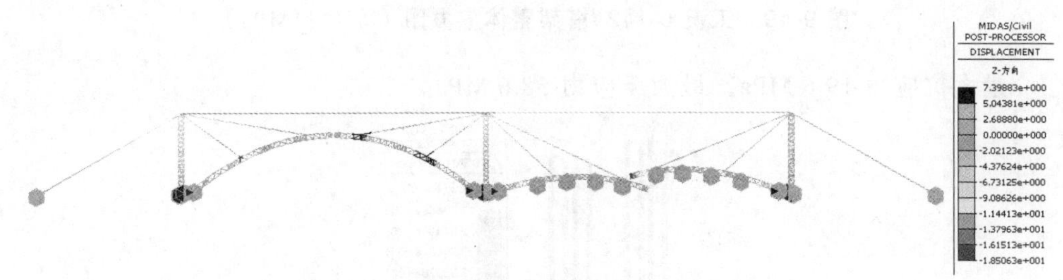

图 9-48 工况 5 竖向位移图（单位：mm）

表 9-17 塔顶位移

塔号	141	142	143
纵向位移/mm	0	－7	－14
竖向位移/mm	－12	－12	－4

注：纵向位移负值表示向左，竖向位移负值表示向下。

索力见表 9-18。

表 9-18 索 力 （单位：kN）

扣索 141-1	扣索 141-2	扣索 142-1	扣索 142-2	扣索 142-3	扣索 142-4	扣索 143-1	扣索 143-2
1 488	1 032	1 500	1 033	1 618	1 172	221	81
锚索 141-1	锚索 141-2	锚索 143-1	锚索 143-2	压塔索 1	压塔索 2		
1 685	1 122	269	179	174	174		

塔架应力见图 9-49 ~ 9-51。

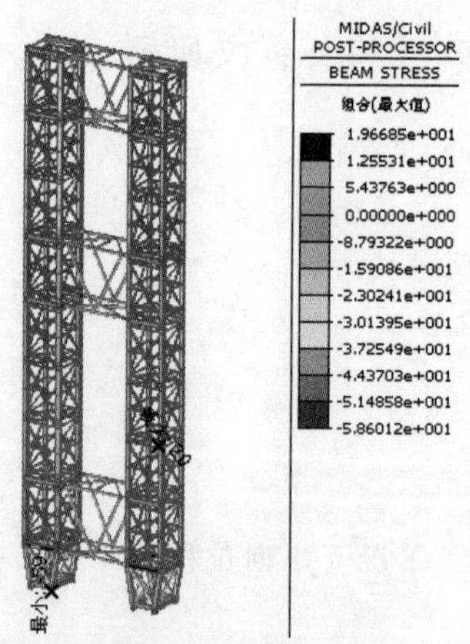

图 9-49 工况 5 142#塔架整体应力图（单位：MPa）

最大拉应力 19.6 MPa，最大压应力 58.6 MPa。

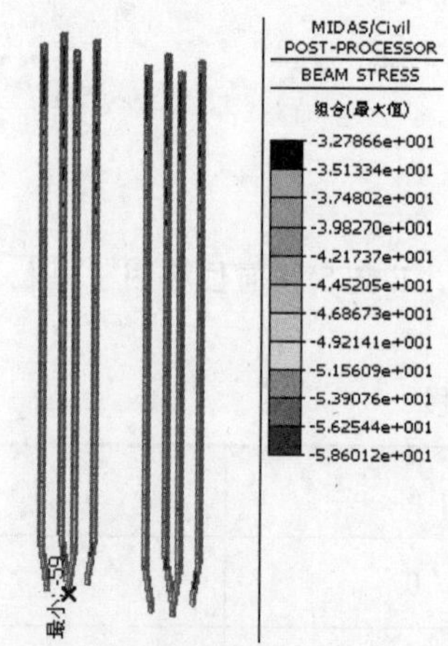

图 9-50 工况 5 142#塔架主肢应力图（单位：MPa）

最小压应力 32.7 MPa，最大压应力 58.6 MPa。

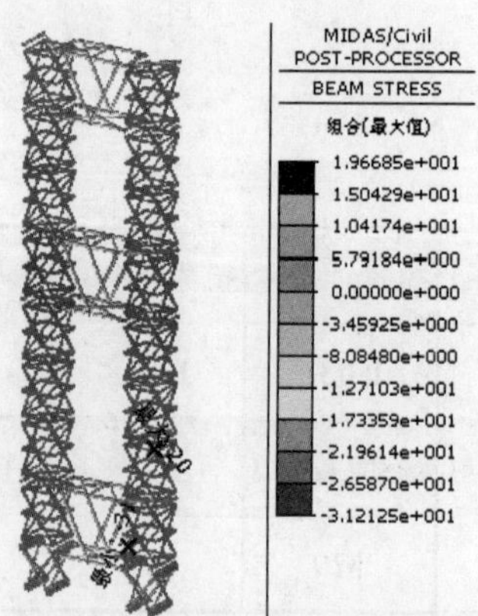

图 9-51 工况 5 142#塔架连接系应力图（单位：MPa）

最大拉应力 19.6 MPa，最大压应力 31.2 MPa。

主拱反力见图 9-52。

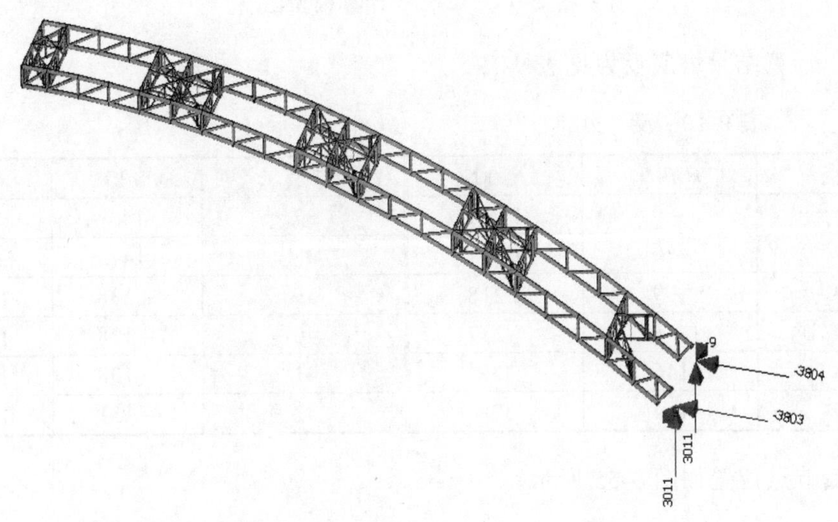

图 9-52 工况 5 竖转主拱反力图（单位：kN）

纵向 F_X = 3 804 kN，竖向 F_Z = 3 011 kN。

主拱应力如图 9-53 所示。

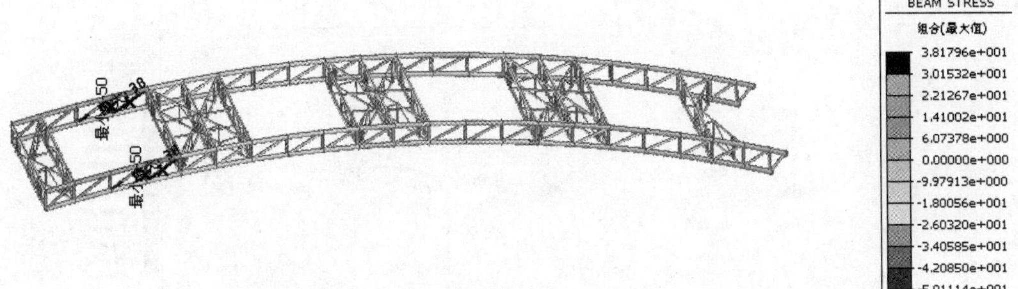

图 9-53 工况 5 主拱应力图（单位：MPa）

最大拉应力 38.2 MPa，最大压应力 50.1 MPa。

小结：各构件均满足要求。

6. 工况 6：142#～143#墩边塔侧半拱竖转开始

（1）计算模型如图 9-54 所示。

图 9-54　工况 6 计算模型图

（2）计算结果塔底反力见表 9-19。

表 9-19　反　力

节点	F_X/kN	F_Z/kN	节点	F_X/kN	F_Z/kN
31	－9	1 251	37	143	326
32	－8	1 201	38	147	333
33	－9	1 218	39	－138	1 571
34	－8	1 237	40	－128	1 568
35	146	332	41	－138	1 552
36	144	328	42	－131	1 584

塔底节点位置如图 9-55 所示。

42　41　40　39
38　37　36　35
34　33　32　31

图 9-55　中塔塔底节点图

塔顶位移如图 9-56、图 9-57 和表 9-20 所示。

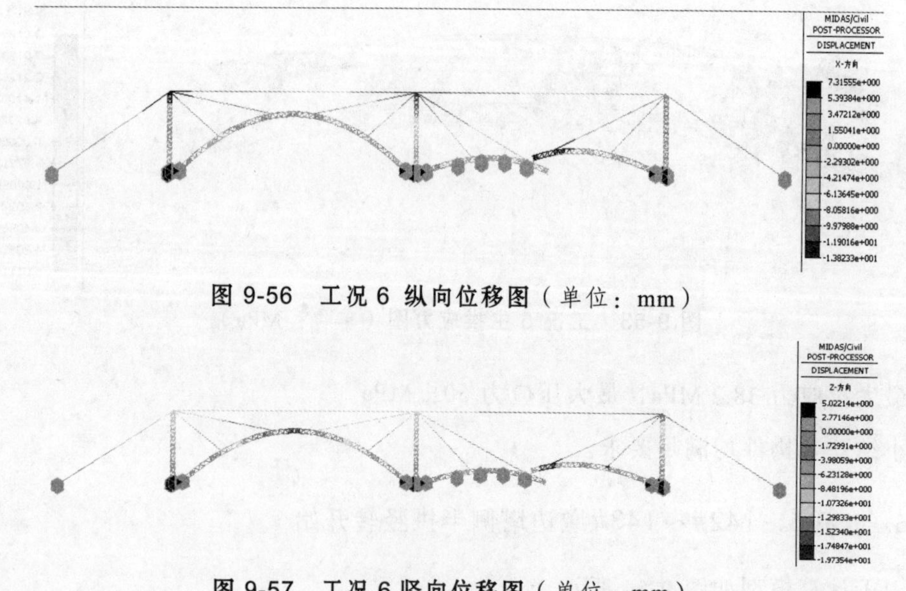

图 9-56　工况 6 纵向位移图（单位：mm）

图 9-57　工况 6 竖向位移图（单位：mm）

表 9-20 塔顶位移

塔号	141	142	143
纵向位移/mm	7	−14	0
竖向位移/mm	−12	−12	−16

注：纵向位移负值表示向左，竖向位移负值表示向下。

索力见表 9-21。

表 9-21 索 力 （单位：kN）

扣索 141-1	扣索 141-2	扣索 142-1	扣索 142-2	扣索 142-3	扣索 142-4	扣索 143-1	扣索 143-2
1 510	1 066	1 533	1 062	1 647	1 200	1 829	1 308
锚索 141-1	锚索 141-2	锚索 143-1	锚索 143-2	压塔索 1	压塔索 2		
1 711	1 140	1 952	1 299	170	181		

塔架应力如图 9-58～9-60 所示。

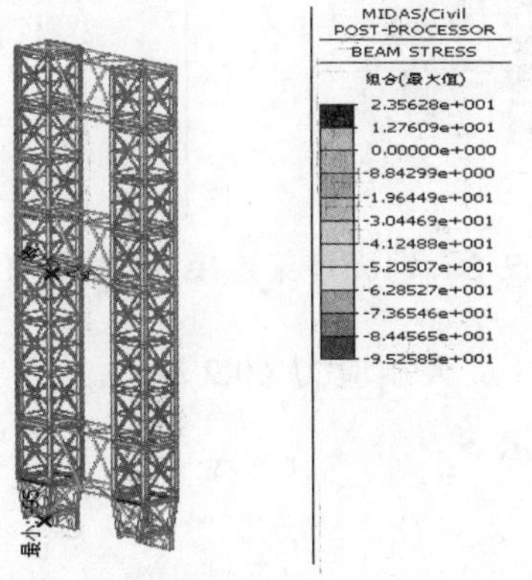

图 9-58 工况 6 143#塔架整体应力图（单位：MPa）

最大拉应力 23.5 MPa，最大压应力 95.2 MPa。

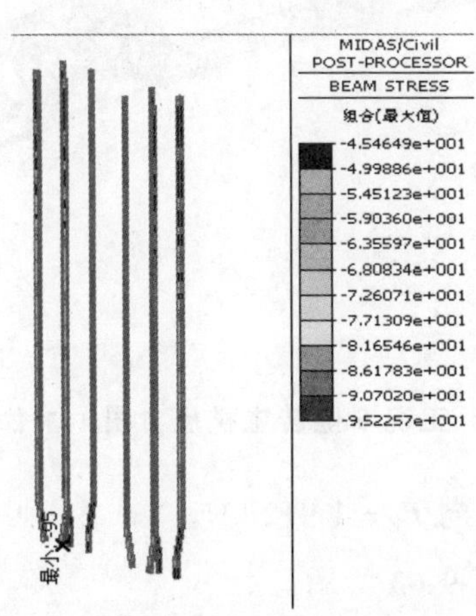

图 9-59 工况 6 143#塔架主肢应力图（单位：MPa）

最小压应力 45.5 MPa，最大压应力 95.2 MPa。

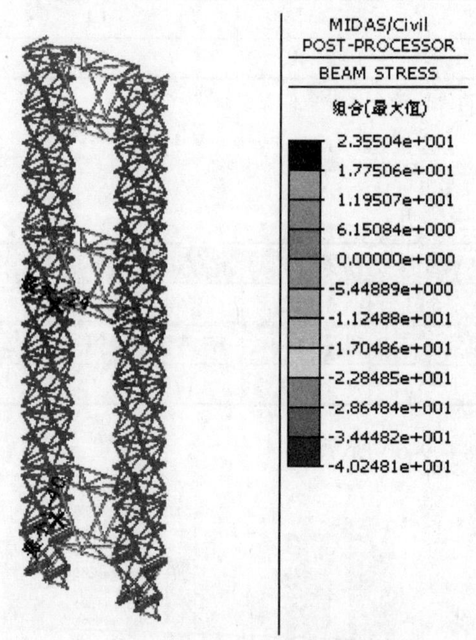

图 9-60　工况 6　143#塔架连接系应力图（单位：MPa）

最大拉应力 23.5 MPa，最大压应力 40.2 MPa。

主拱反力如图 9-61 所示。

图 9-61　工况 6 竖转主拱反力图（单位：kN）

纵向 F_X = 4 393 kN，竖向 F_Z = 1 912 kN。

主拱应力如图 9-62、图 9-63 所示。

图 9-62　工况 6 主拱应力图（单位：MPa）

最大拉应力 40 MPa，最大压应力 52.2 MPa。

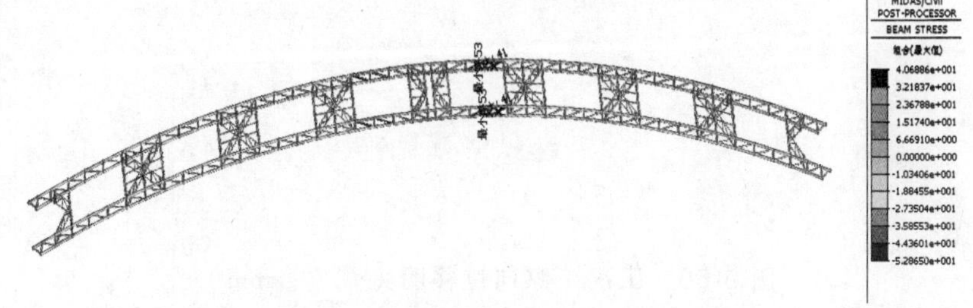

图 9-63　工况 6 主拱应力图（单位：MPa）

141#～142#拱（已合龙）最大拉应力 40.9 MPa；最大压应力 52.9 MPa。

小结：各构件均满足要求。

7. 工况 7：142#～143#墩边塔侧半拱竖转到位

（1）计算模型如图 9-64 所示。

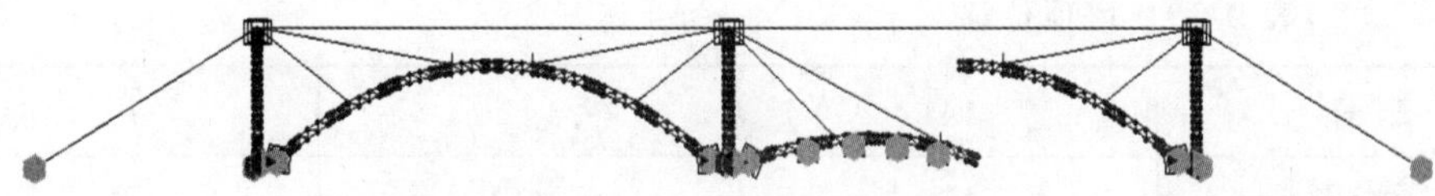

图 9-64　工况 7 计算模型图

（2）计算结果塔底反力见表 9-22。

表 9-22　反　力

节点	F_X/kN	F_Z/kN	节点	F_X/kN	F_Z/kN
31	－7	973	37	111	253
32	－7	935	38	114	259
33	－7	948	39	－107	1 220
34	－7	962	40	－99	1 220
35	113	258	41	－107	1 208
36	112	255	42	－101	1 230

塔底节点位置如图 9-65 所示。

42 41 40 39

38 37 36 35

34 33 32 31

图 9-65　中塔塔底节点图

塔顶位移如图 9-66、图 9-67 和表 9-23 所示。

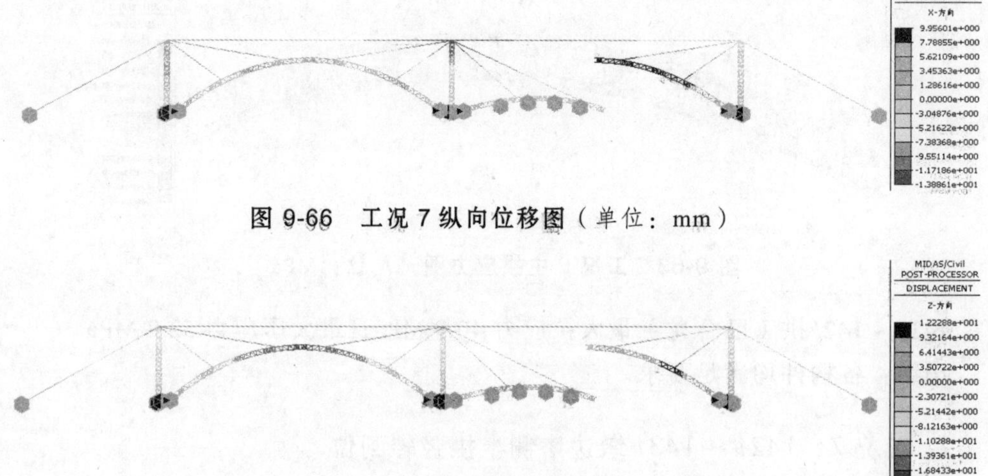

图 9-66　工况 7 纵向位移图（单位：mm）

图 9-67　工况 7 竖向位移图（单位：mm）

表 9-23　塔顶位移

塔号	141	142	143
纵向位移/mm	7	− 14	− 3
竖向位移/mm	− 12	− 12	− 12

注：纵向位移负值表示向左，竖向位移负值表示向下。

索力见表 9-24。

表 9-24　索　力　　（单位：kN）

扣索 141-1	扣索 141-2	扣索 142-1	扣索 142-2	扣索 142-3	扣索 142-4	扣索 143-1	扣索 143-2
1 509	1 066	1 533	1 062	1 648	1 199	1 540	1 034
锚索 141-1	锚索 141-2	锚索 143-1	锚索 143-2	压塔索 1	压塔索 2		
1 711	1 140	1 732	1 156	169	180		

塔架应力如图 9-68 ~ 9-70 所示。

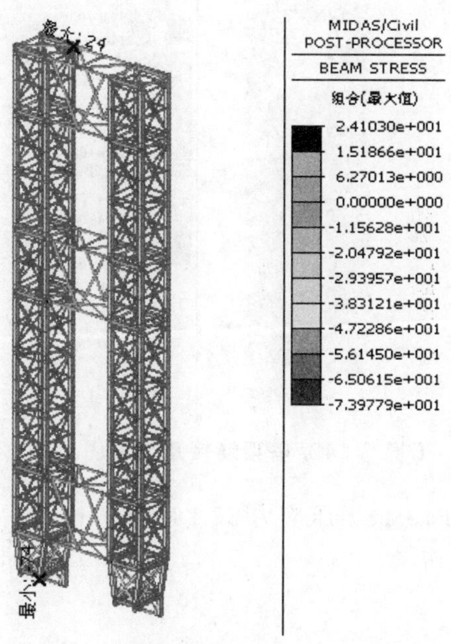

图 9-68　工况 7 塔架应力图（单位：MPa）

最大拉应力 24.1 MPa，最大压应力 74.0 MPa。

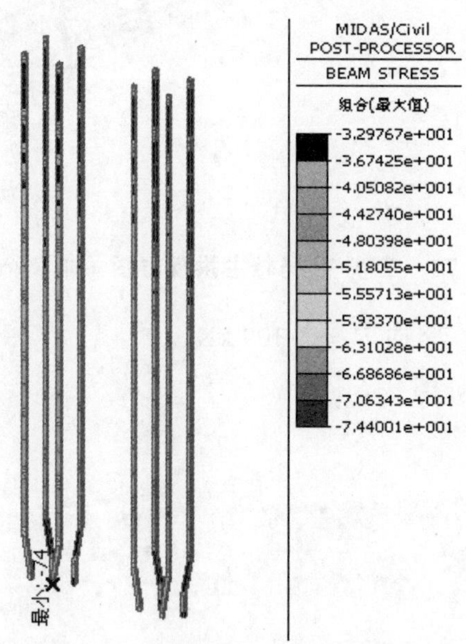

图 9-69　工况 7 143#塔架主肢应力图（单位：MPa）

最小压应力 32.9 MPa；最大压应力 74.4 MPa。

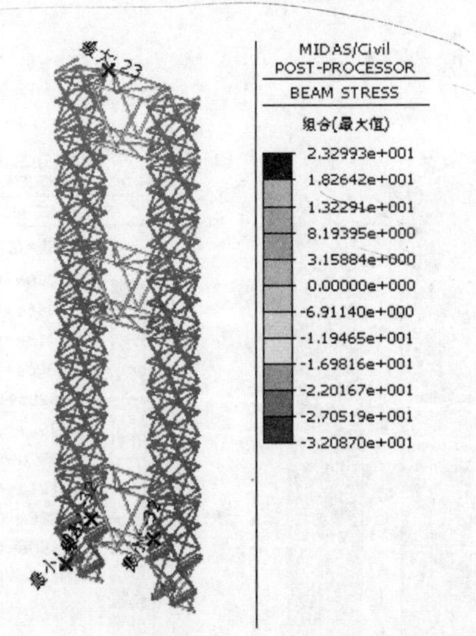

图 9-70　工况 7 143#塔架连接系应力图（单位：MPa）

最大拉应力 23.3 MPa，最大压应力 32.1 MPa。

主拱反力如图 9-71 所示。

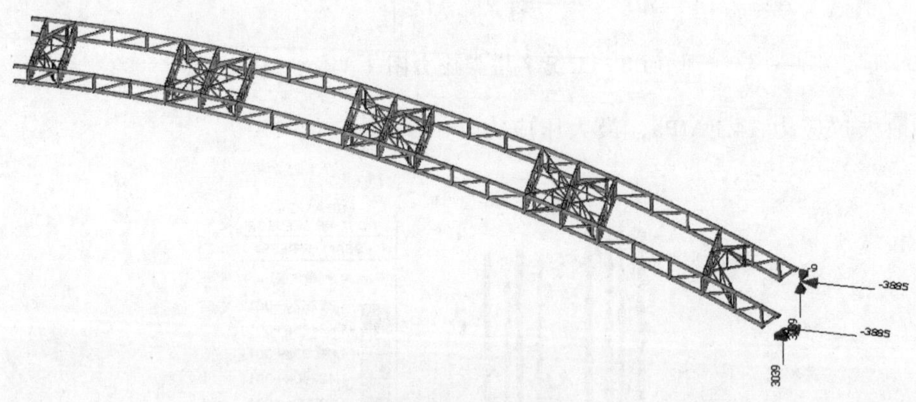

图 9-71　工况 7 竖转主拱反力图（单位：kN）

纵向 $F_X = 3\ 885$ kN，竖向 $F_Z = 3\ 309$ kN。

主拱应力见图 9-72、图 9-73。

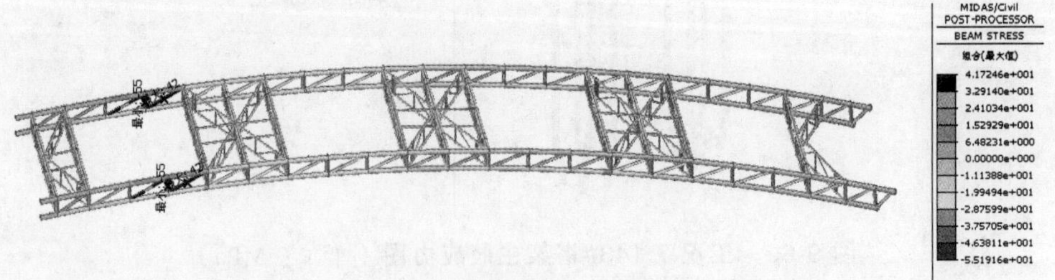

图 9-72　工况 7 主拱应力图（单位：MPa）

最大拉应力 42 MPa，最大压应力 55 MPa。

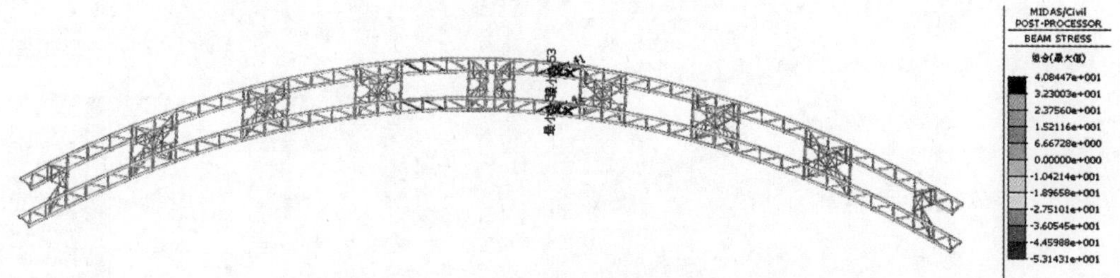

图 9-73　工况 7 主拱应力图（单位：MPa）

141#～142#拱（已合龙）最大拉应力 40.8 MPa，最大压应力 53.1 MPa。

小结：各构件均满足要求。

8．工况 8：142#～143#墩中塔侧半拱竖转开始

（1）计算模型如图 9-74 所示。

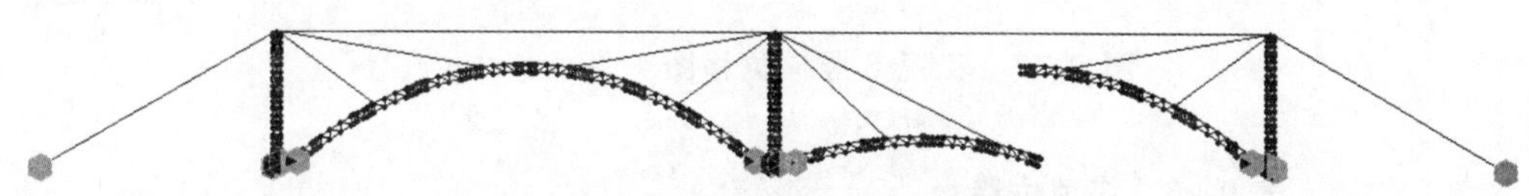

图 9-74　工况 8 计算模型图

（2）计算结果塔底反力如表 9-25。

表 9-25　反　力

节点	F_X/kN	F_Z/kN	节点	F_X/kN	F_Z/kN
21	18	1 289	25	－17	1 413
22	12	1 260	26	－23	1 413
23	18	1 276	27	－17	1 397
24	14	1 276	28	－22	1 426

塔底节点位置如图 9-75 所示。

.28　.27　.26　.25

.24　.23　.22　.21

图 9-75　中塔塔底节点图

塔顶位移如图 9-76、图 9-77 和表 9-26 所示。

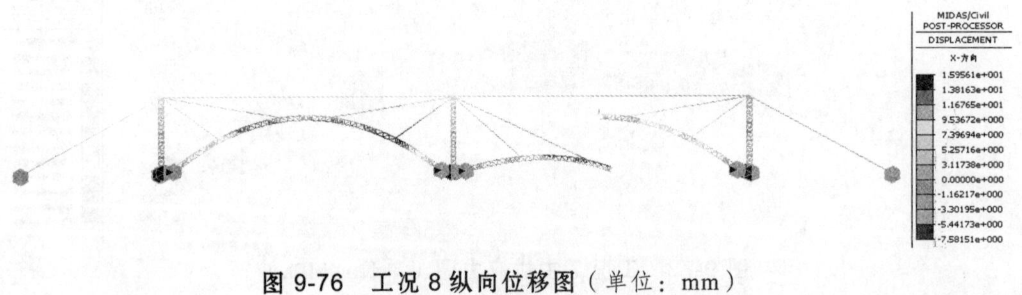

图 9-76　工况 8 纵向位移图（单位：mm）

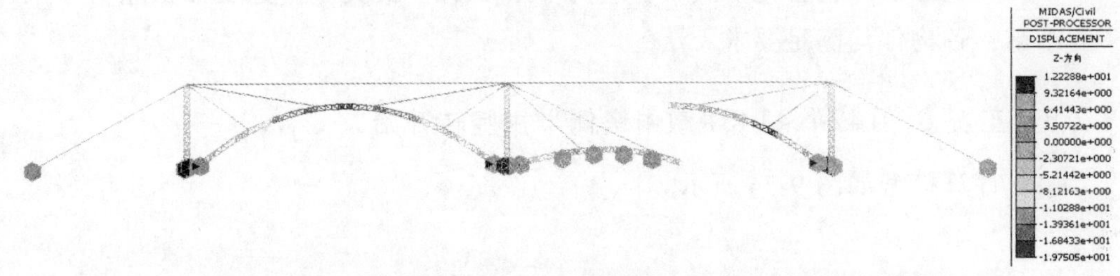

图 9-77　工况 8 竖向位移图（单位：mm）

表 9-26　塔顶位移

塔号	141	142	143
纵向位移/mm	9	8	－3
竖向位移/mm	－13	－13	－12

注：纵向位移负值表示向左，竖向位移负值表示向下。

索力见表 9-27。

表 9-27　索　力　　（单位：kN）

扣索 141-1	扣索 141-2	扣索 142-1	扣索 142-2	扣索 142-3	扣索 142-4	扣索 143-1	扣索 143-2
1 565	1 195	1 770	1 220	1 933	1 345	1 540	1 032
锚索 141-1	锚索 141-2	锚索 143-1	锚索 143-2	压塔索 1	压塔索 2		
1 800	1 200	1 722	1 150	176	172		

塔架应力见图 9-78、图 9-79。

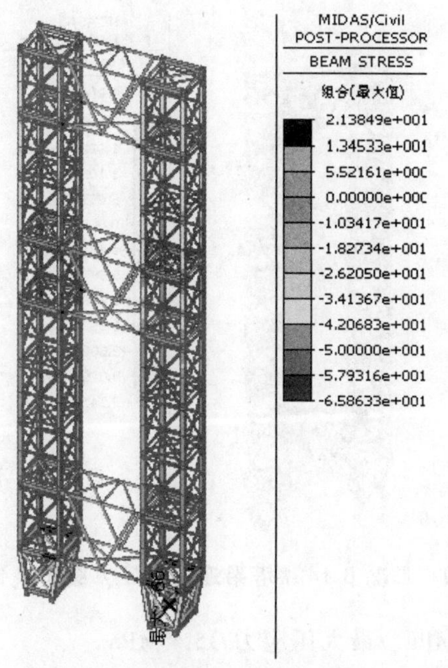

（a）工况 8 142#塔架整体应力图（单位：MPa）

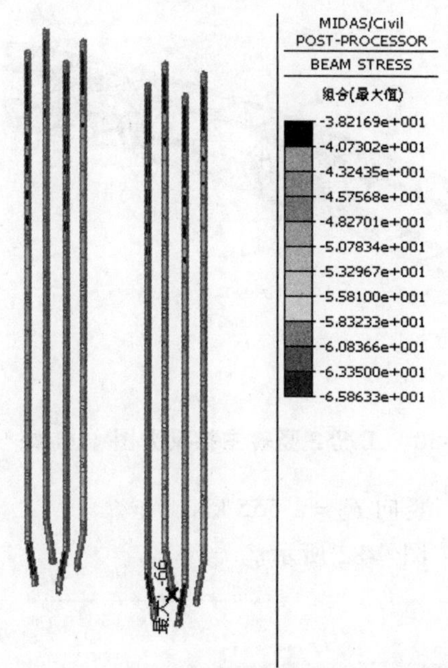

（b）工况 8 142#塔架主肢应力图（单位：MPa）

图 9-78　塔架应力图

最大拉应力 21.4 MPa，最大压应力 65.8 MPa。

最小压应力 38.2 MPa；最大压应力 65.8 MPa。

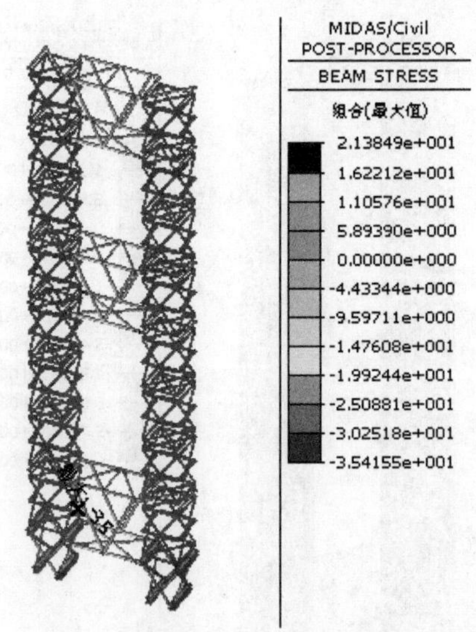

图 9-79　工况 8 142#塔架连接系应力图（单位：MPa）

最大拉应力 21.3 MPa，最大压应力 35.4 MPa。

主拱反力如图 9-80 所示。

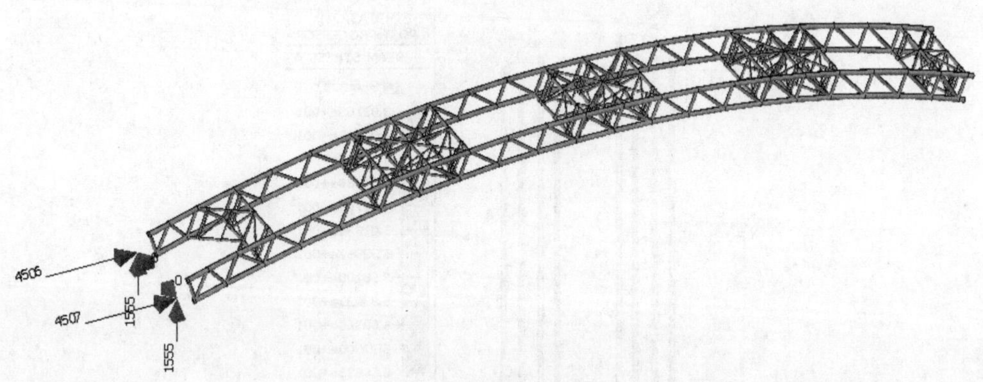

图 9-80　工况 2 竖转主拱反力图（单位：kN）

纵向 F_X = 4 506 kN，竖向 F_Z = 1 555 kN。

主拱应力如图 9-81、图 9-82 所示。

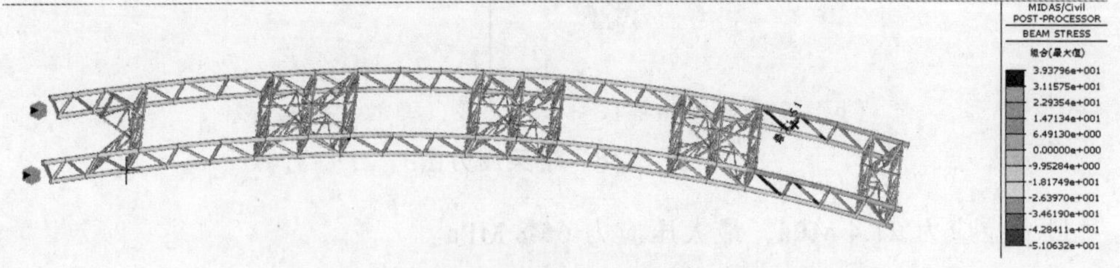

图 9-81　工况 8 主拱应力图（单位：MPa）

最大拉应力 39.3 MPa，最大压应力 51.1 MPa。

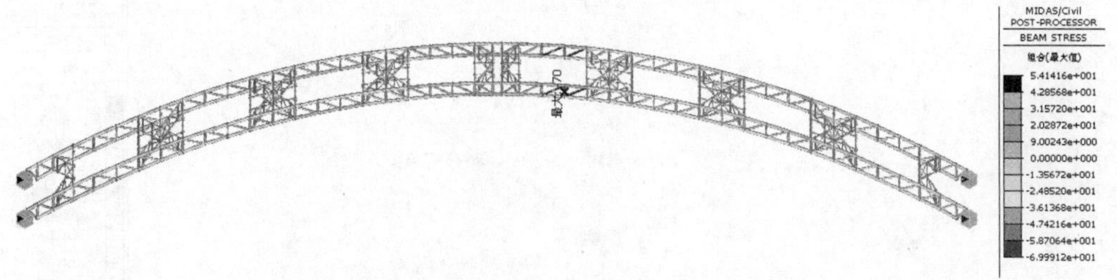

图 9-82　工况 8 主拱应力图（单位：MPa）

141#～142#拱（已合龙）最大拉应力 54 MPa，最大压应力 70 MPa。

小结：各构件均满足要求。

9. 工况 9：142#～143#墩中塔侧半拱竖转到位

（1）计算模型见图 9-83。

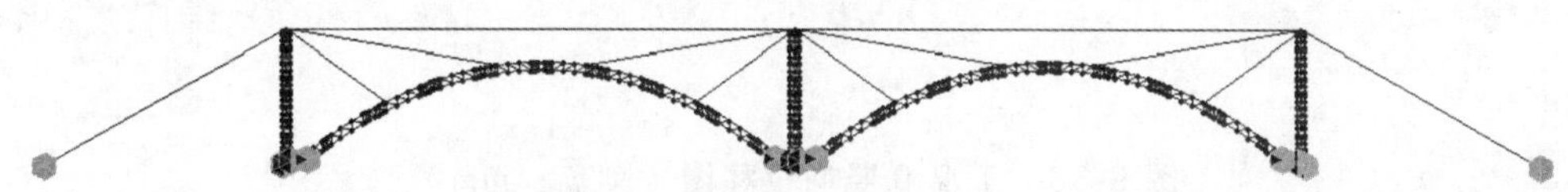

图 9-83　工况 9 计算模型图

（2）塔底反力见表 9-28。

表 9-28　反　力

节点	F_X/kN	F_Z/kN	节点	F_X/kN	F_Z/kN
21	19	1 053	25	− 8	811
22	16	1 036	26	− 12	815
23	20	1 047	27	− 8	804
24	15	1 044	28	− 12	819

塔底节点位置如图 9-84。

.28　.27　.26　.25

.24　.23　.22　.21

图 9-84　中塔塔底节点图

塔顶位移见图 9-85、图 9-86 和表 9-29。

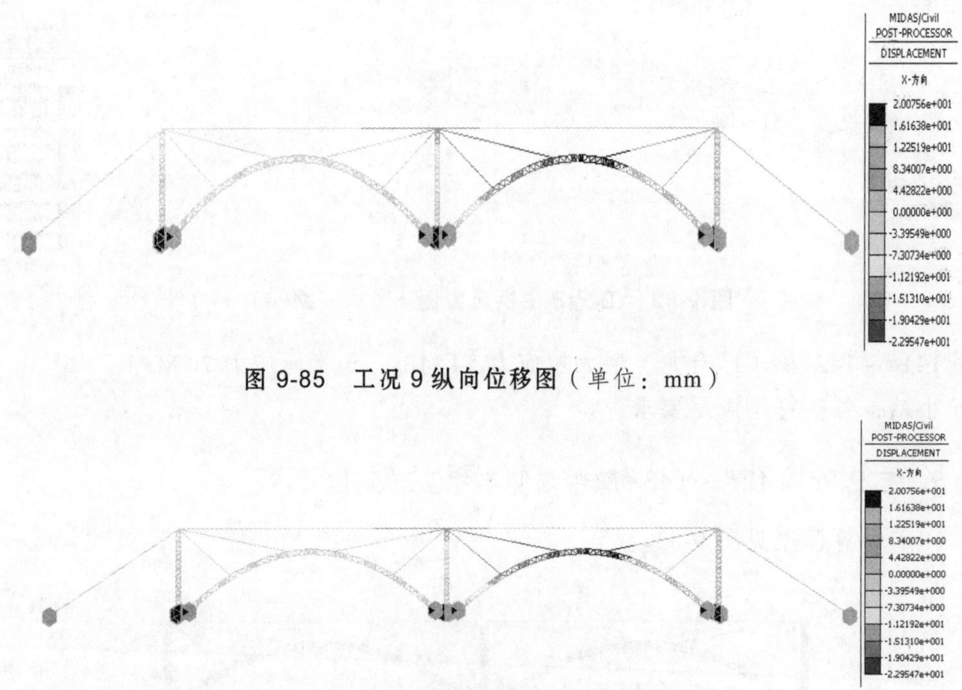

图 9-85　工况 9 纵向位移图（单位：mm）

图 9-86　工况 9 竖向位移图（单位：mm）

表 9-29　塔顶位移

塔号	141	142	143
纵向位移/mm	−5	−14	4
竖向位移/mm	−12	−8	−12

注：纵向位移负值表示向左，竖向位移负值表示向下。

索力见表 9-30。

表 9-30　索　力　（单位：kN）

扣索 141-1	扣索 141-2	扣索 142-1	扣索 142-2	扣索 142-3	扣索 142-4	扣索 143-1	扣索 143-2
1 548	1 080	1 498	1 073	1 498	1 037	1 500	1 032
锚索 141-1	锚索 141-2	锚索 143-1	锚索 143-2	压塔索 1	压塔索 2		
1 755	1 170	1 702	1 136	173	183		

塔架应力如图 9-87 ~ 9-89 所示。

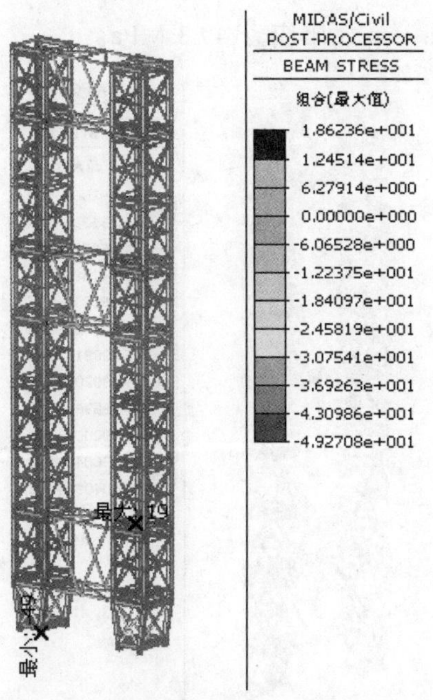

图 9-87　工况 9 142#塔架整体应力图（单位：MPa）

最大拉应力 18.6 MPa，最大压应力 49.3 MPa。

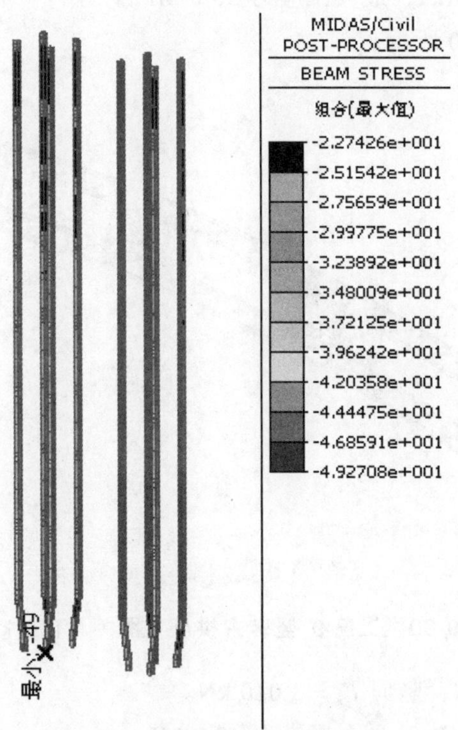

图 9-88　工况 9 142#塔架主肢应力图（单位：MPa）

最小压应力 22.7 MPa，最大压应力 49.3 MPa。

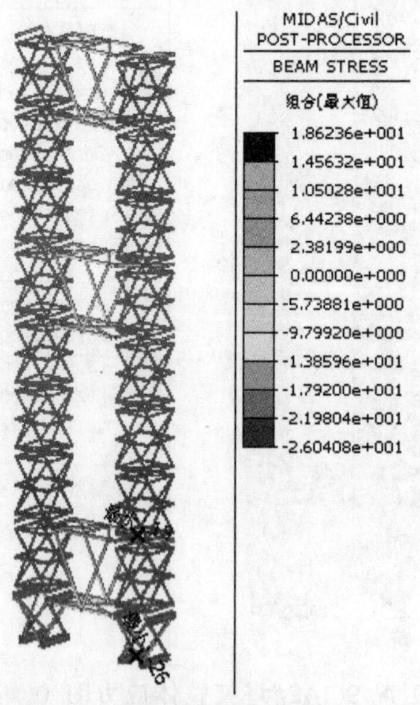

图 9-89 工况 9 142#塔架连接系应力图（单位：MPa）

最大拉应力 18.6 MPa，最大压应力 26.0 MPa。

主拱反力如图 9-90 所示。

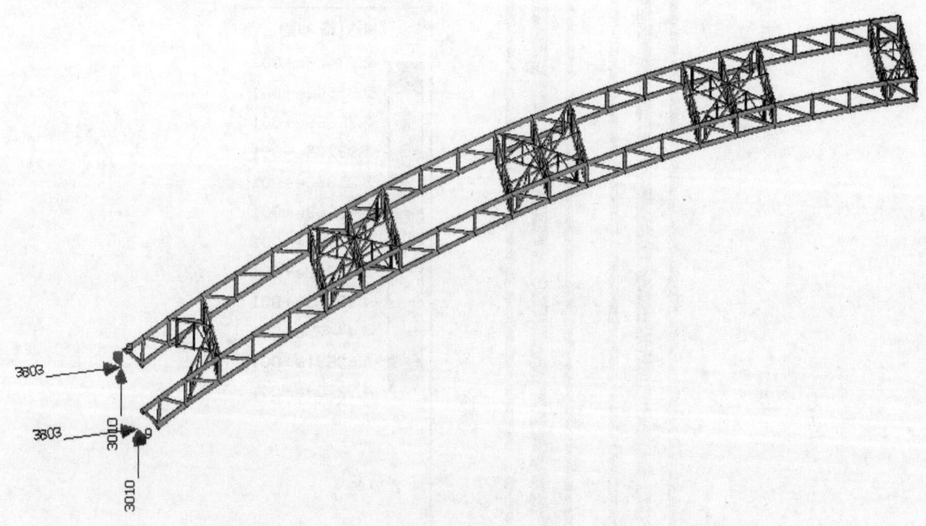

图 9-90 工况 9 竖转主拱反力图（单位：kN）

纵向 F_X = 3 308 kN，竖向 F_Z = 3 010 kN。

最大拉应力 18.8 MPa，最大压应力 47.8 MPa。

主拱应力如图 9-91、图 9-92 所示。

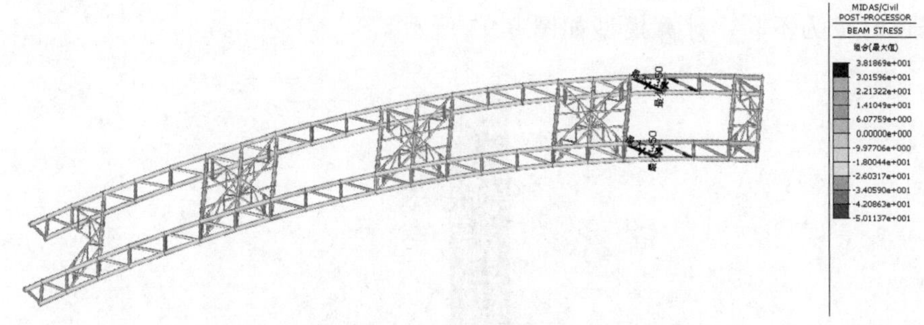

图 9-91　工况 9 主拱应力图（单位：MPa）

142#～143#拱（未合龙）最大拉应力 38.2 MPa，最大压应力 50.1 MPa。

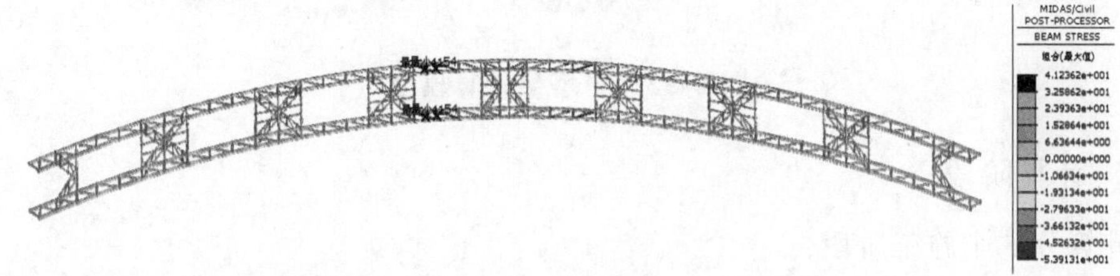

图 9-92　工况 9 主拱应力图（单位：MPa）

141#～142#拱（已合龙）最大拉应力 41.2 MPa，最大压应力 53.9 MPa。

小结：各构件均满足要求。

9.4　非正常工况计算

9.4.1　塔架自立状态非工作风计算

塔架自立状态荷载包括塔架自重及非工作风荷载，根据提供资料，项目所在地非工作风荷载 20 年一遇值风速可达到 41 m/s，相当于 13 级风，故本计算就取该 20 年一遇风速计算，换算基本风压为 1.0 kN/㎡。

因风荷载较大，为防止塔架在施工过程中遭遇风荷载而破坏，在塔架施工过程中应拉设缆风绳。由前述计算可知，塔架薄弱部位为塔架主肢钢管之间的连接，该连接能承受的最大拉力约为 20 t，故以该拉力为控制量，计算塔架在自重及非工作风下的最大自立高度。经试算，塔架在安装第二道横联前应拉设一道缆风绳，在安装到第二道横联高度时应再拉设一道缆风绳。

1. 计算模型

以中塔计算为例进行计算。因塔架纵向刚度小于塔架横向刚度，塔架遇到纵向非工作风时较为不利，计算模型如图 9-93 所示。

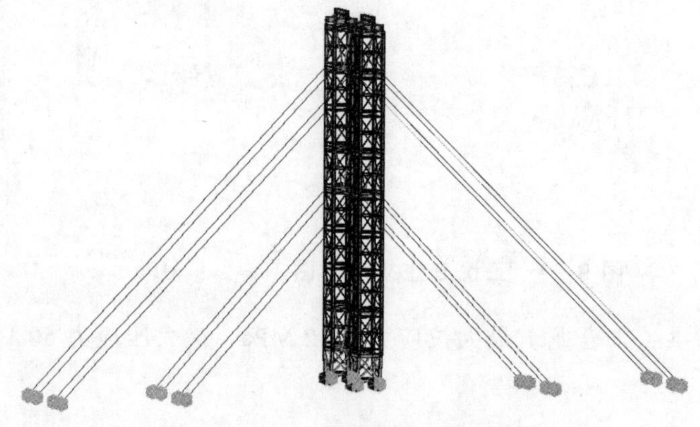

图 9-93　中塔架计算模型

2. 计算阶段

计算分 5 个施工阶段：

阶段示意图	阶段说明
阶段 1 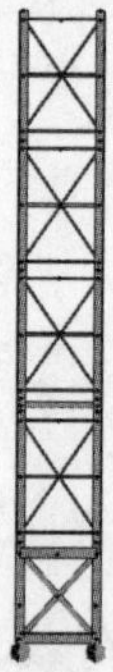	塔柱底节自立高度 30 m
阶段 2 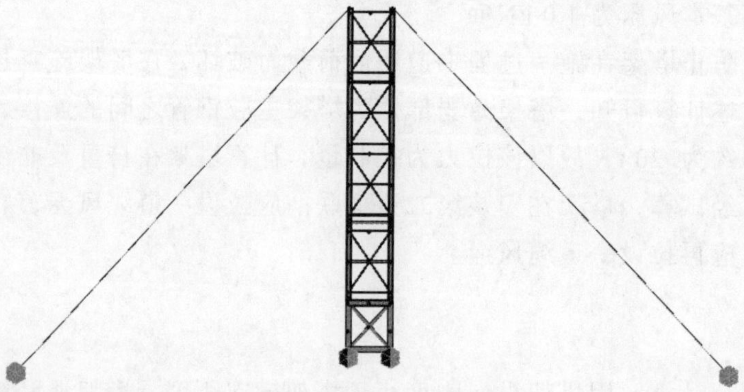	安装第 1 道缆风绳，张拉力每根 10 t（共 40 t）

续表

阶段示意图	阶段说明
阶段 3 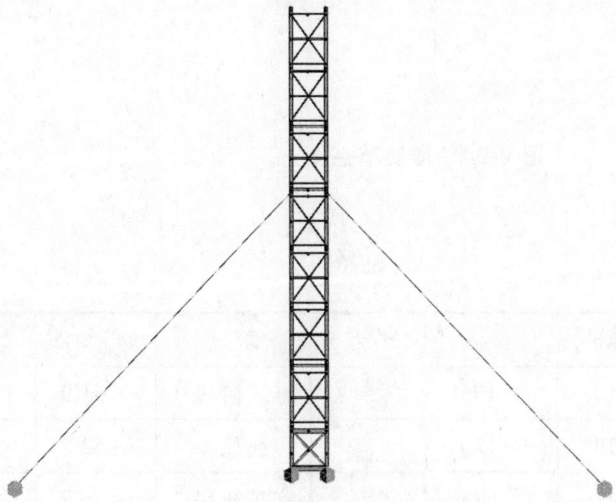	塔柱第二节自立高度 20 m
阶段 4 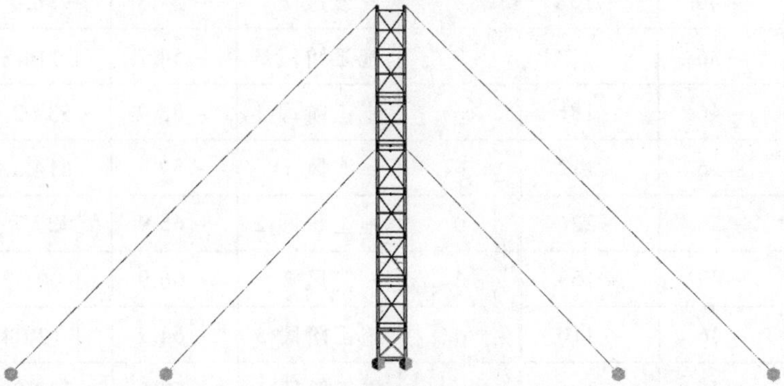	安装第 2 道缆风绳，张拉力每根 10 t（共 40 t）
阶段 5 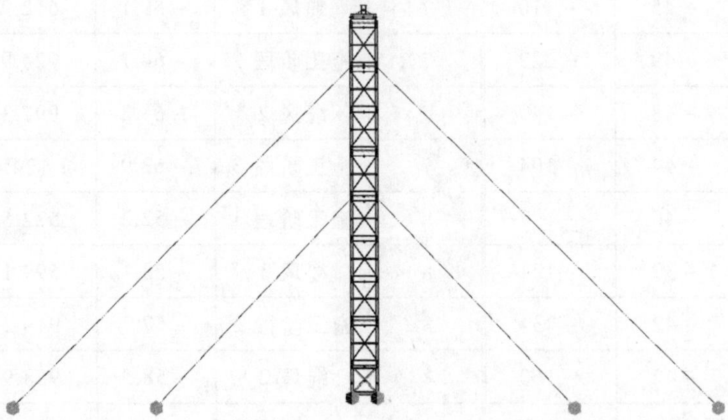	完成剩余塔柱安装

3. 计算结果

塔底节点位置如图 9-94 所示。

图 9-94 塔底节点图

塔底反力见表 9-31。

表 9-31 反 力

节点	阶段	F_X/kN	F_Z/kN	节点	阶段	F_X/kN	F_Z/kN
1	施工阶段 1	− 40	− 196	5	施工阶段 1	− 51.9	522.3
1	缆风 1	− 39	− 120	5	缆风 1	− 52.5	598.1
1	施工阶段 2	− 41	− 233	5	施工阶段 2	− 56.8	912.1
1	缆风 2	− 40	− 158	5	缆风 2	− 57.3	986.0
1	施工阶段 3	− 36	− 113	5	施工阶段 3	− 54.7	1 114.8
2	施工阶段 1	− 46	− 186	6	施工阶段 1	− 58.9	539.2
2	缆风 1	− 46	− 112	6	缆风 1	− 59.8	614.3
2	施工阶段 2	− 50	− 226	6	施工阶段 2	− 65.9	927.7
2	缆风 2	− 49	− 153	6	缆风 2	− 66.9	1 001.2
2	施工阶段 3	− 46	− 110	6	施工阶段 3	− 64.9	1 129.4
3	施工阶段 1	− 46	− 186	7	施工阶段 1	− 58.5	538.8
3	缆风 1	− 45	− 110	7	缆风 1	− 59.1	612.9
3	施工阶段 2	− 49	− 222	7	施工阶段 2	− 64.7	924.9
3	缆风 2	− 48	− 149	7	缆风 2	− 65.2	997.3
3	施工阶段 3	− 44	− 104	7	施工阶段 3	− 62.9	1 124.4
4	施工阶段 1	− 40	− 197	8	施工阶段 1	− 52.2	522.5
4	缆风 1	− 39	− 121	8	缆风 1	− 53.1	599.1
4	施工阶段 2	− 42	− 234	8	施工阶段 2	− 57.7	914.2
4	缆风 2	− 42	− 160	8	缆风 2	− 58.5	988.9
4	施工阶段 3	− 38	− 116	8	施工阶段 3	− 56.2	1 118.8

位移、内力见表 9-32。

表 9-32 位移、内力

阶段	塔顶纵向位移/mm	主肢最大轴力/kN		整体最大应力/MPa	
		拉力	压力	拉应力	压应力
阶段 1	11.0	126	355	22.8	35.5
阶段 2	11.4	52	432	26.2	38.9
阶段 3	41.2	154	735	31.4	54.0
阶段 4	41.8	81	808	31.5	57.0
阶段 5	60.4	47	947	33.4	62.2

注：塔顶指塔柱阶段施工最高位置。

立柱钢管连接计算：

由表 9-32 知塔架在自立施工过程中阶段 3 有最大拉力 154 kN，计算得到钢管焊缝最大应力为：

$$\tau = \frac{N}{h_e \sum L_w} = \frac{154/2\times10^3}{2\times0.7\times10\times(80-2\times10)} = 91.2\ \text{MPa} < [\tau] = 140\ \text{MPa}$$

焊缝强度满足要求。

9.4.2 中塔塔架（142#）抗扭转计算

考虑到中塔两侧起吊时塔纵向两端可能存在方向相反的不平衡力，从而使塔柱产生扭转，对塔柱间连接受力不利，故对中塔，计算该工况下的补充计算。

计算考虑 20 t 的不平衡力，荷载施加如图 9-95 所示。

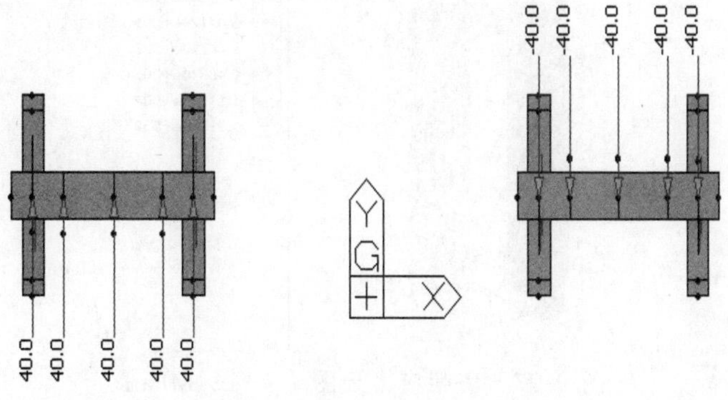

图 9-95 中塔顶扭转力施加图（单位：kN）

计算模型如图 9-96 所示。

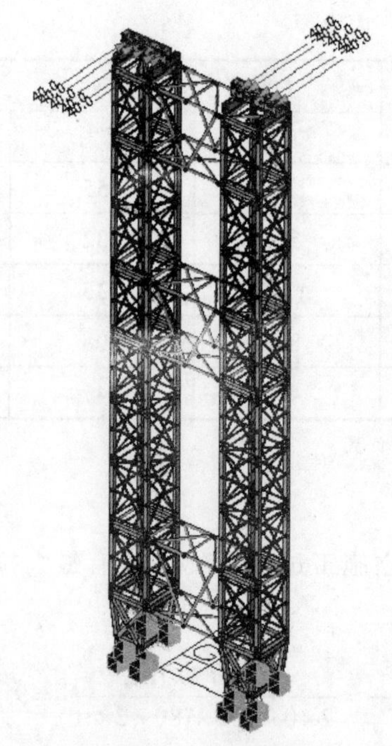

图 9-96　计算模型图

计算结果应力云图如图 9-97 所示。

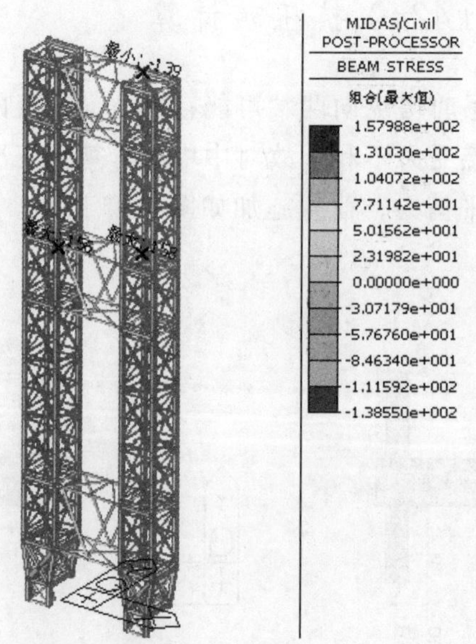

图 9-97　塔架应力云图（单位：MPa）

塔架最大拉应力 157 MPa，最大压应力 138.5 MPa，强度满足要求。

9.5 提升大梁计算

9.5.1 边塔提升大梁

1. 模型及边界条件

每个边塔有两根提升大梁，由于结构及荷载对称，故仅建立一根提升大梁模型进行计算。计算采用通用程序 Ansys 10.0，提升大梁所有板件均用板单元模拟。因提升大梁支撑在垫梁上，梁两端用螺栓连接，故边界条件为螺栓连接位置竖向约束。所有塔顶提升荷载均作为节点荷载施加到销轴孔上，计算模型见图 9-98。

图 9-98 边塔提升大梁计算模型图

2. 计算结果

（1）竖向位移如表 9-33 所示，竖向位移云图如图 9-99 所示。

表 9-33 竖向位移

工况	工况 1	工况 2	工况 5	工况 6
竖向位移/mm	1.4	1.6	1.4	1.7

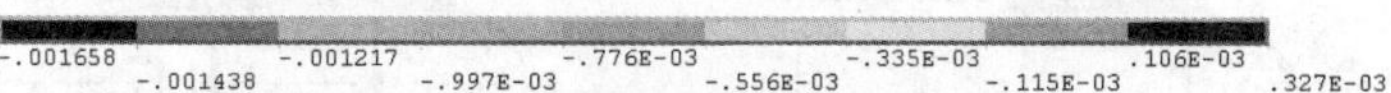

图 9-99 工况 6 竖向位移云图（单位：m）

（2）应力。

经计算，在自重 + 工作风荷载 + 工况 6 索力荷载作用下提升大梁有最大应力，

图 9-100、图 9-101 为最大应力限值 220 MPa 应力云图，从图中可知，提升大梁整体应力水平较低。除个别点出超过 220 MPa 以外，其他部位都在 220 MPa 以下。

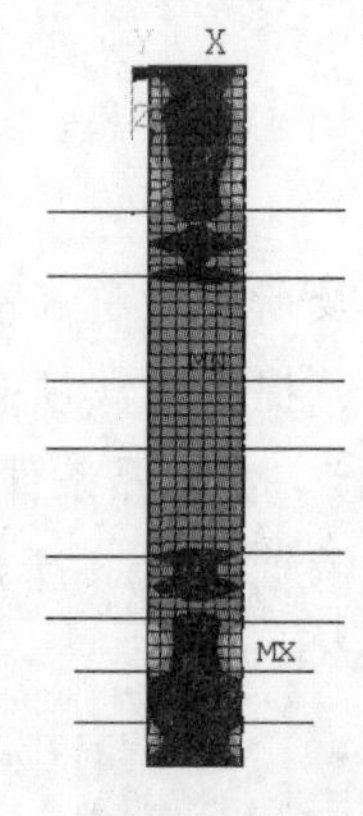

图 9-100　提升大梁Mise应力云图-1（单位：Pa）

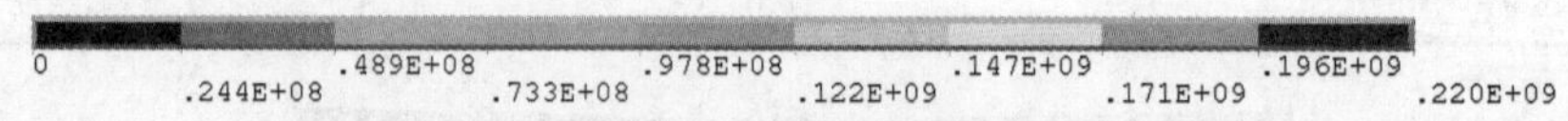

图 9-101　提升大梁Mise应力云图-2（单位：Pa）

（3）销孔计算。

提升大梁断面如图 9-102 所示。

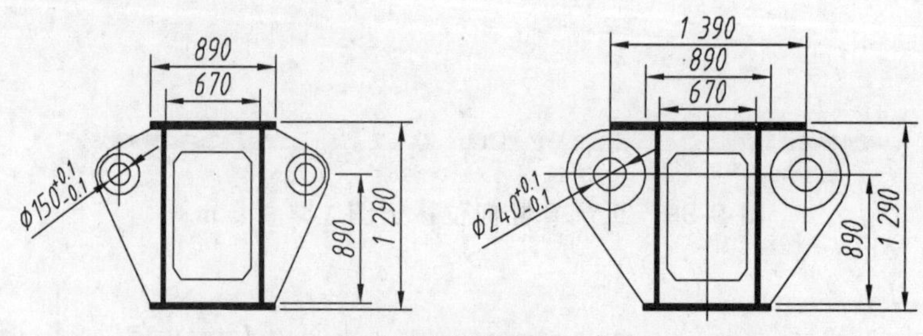

图 9-102　提升大梁断面图（单位：Pa）

① 压塔索最大索力 183 kN。

吊板销孔处局部承压：$\sigma_{ce}=\dfrac{N}{A}=\dfrac{183\times10^3}{2\times150\times(20+30+20)}=8.6\ \text{MPa}<[\sigma_{ce}]=300\ \text{MPa}$，满足要求。

吊板撕裂验算：$\tau=\dfrac{183\times10^3/2}{2\times(140-75)\times(20+30+20)}=10.0\ \text{MPa}<[\tau]=140\ \text{MPa}$，满足要求。

② 背扣索最大索力 1 946 kN。

吊板销孔处局部承压：$\sigma_{ce}=\dfrac{N}{A}=\dfrac{1\,945\times10^3}{2\times240\times(30+50)}=51.5\ \text{MPa}<[\sigma_{ce}]=300\ \text{MPa}$，满足要求。

吊板撕裂验算：$\tau=\dfrac{1\,946\times10^3/2}{2\times(250-120)\times(30+50)}=47.5\ \text{MPa}<[\tau]=140\ \text{MPa}$，满足要求。

9.5.2 中塔提升大梁

计算模型及边界条件同 9.4.1 节，最大竖向位移 1.8 mm，发生在自重 + 工作风荷载 + 工况 7 索力组合作用下，提升大梁 Mise 应力图见图 9-103，其整体应力水平同边塔相当。

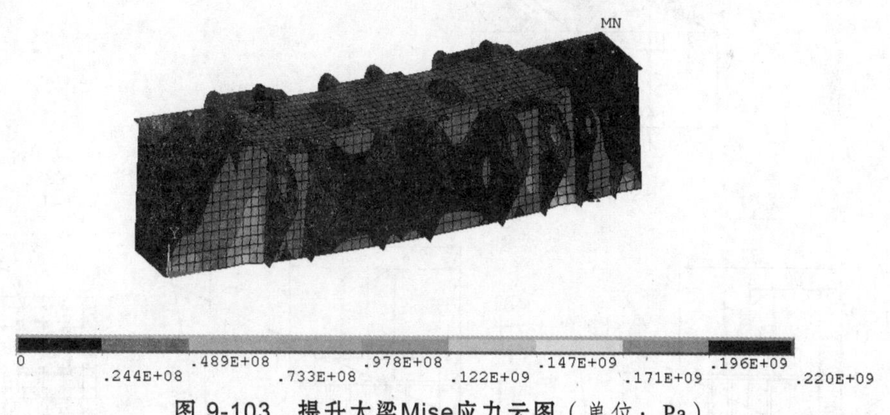

图 9-103 提升大梁Mise应力云图（单位：Pa）

9.6 塔架预埋件计算

9.6.1 预埋件布置

预埋件分边塔预埋件和中塔预埋件两种，边塔包括 141#及 143#塔，每塔有 12 个预埋件，中塔为 142#塔，每塔有 8 个预埋件，其示意图为图 9-104。

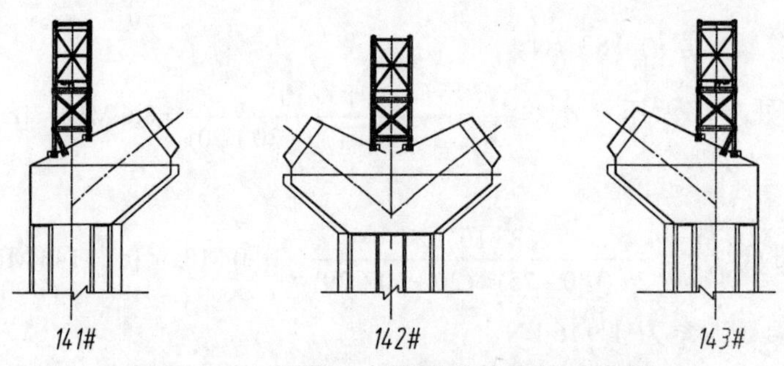

图 9-104 边塔及中塔预埋件布置示意图

边塔预埋件图如图 9-105 所示。

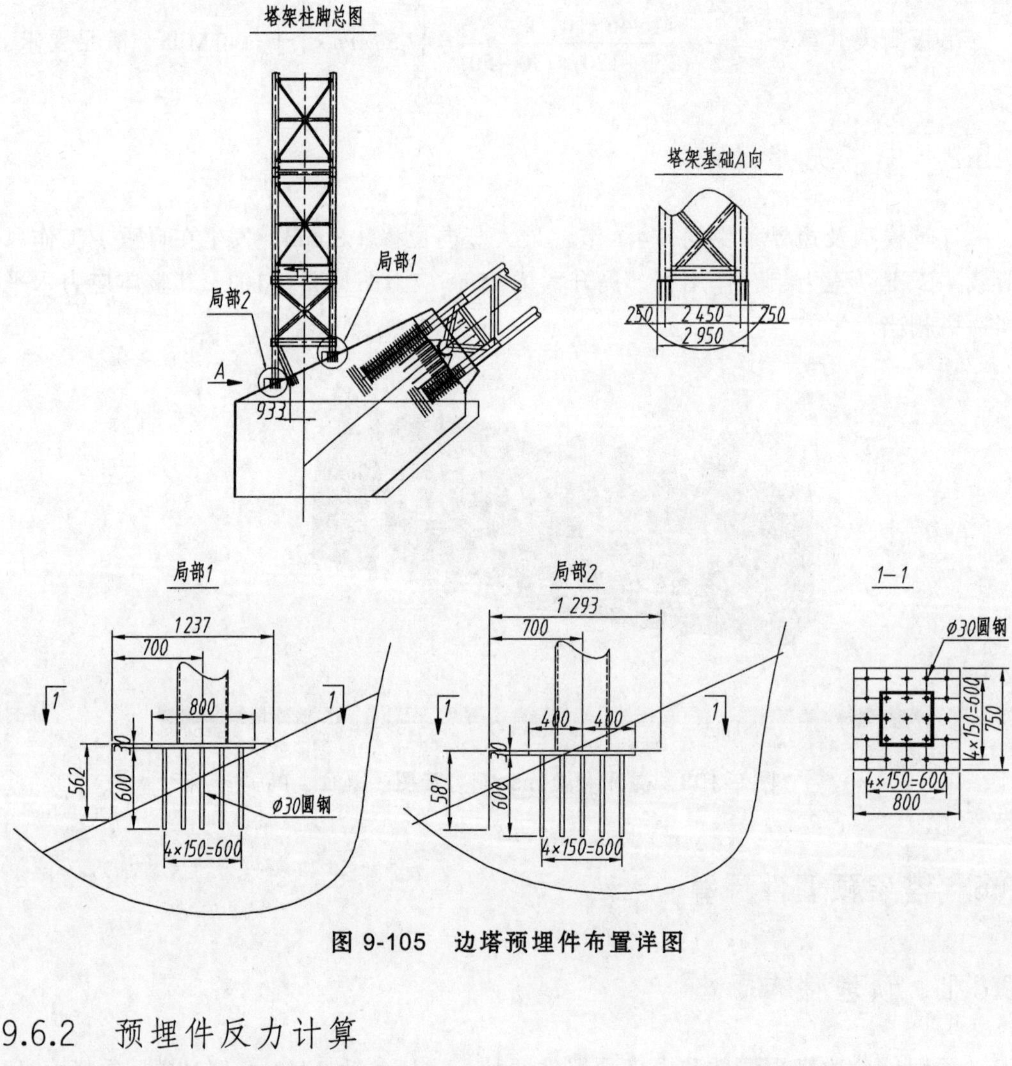

图 9-105 边塔预埋件布置详图

9.6.2 预埋件反力计算

边塔 141#预埋件点号如图 9-106 所示。

.12 .11 .10 .9

.8 .7 .6 .5
.4 .3 .2 .1

图 9-106　141#塔塔底节点图

边塔 143#预埋件点号如图 9-107 所示。

.42 .41 .40 .39

.38 .37 .36 .35
.34 .33 .32 .31

图 9-107　143#塔塔底节点图

中塔 142#预埋件点号如图 9-108 所示。

.28 .27 .26 .25

.24 .23 .22 .21

图 9-108　142#塔塔底节点图

边塔存在两种类型的预埋件，第一类是锚板水平的预埋件，对应表 9-34 中为 1 ~ 4 及 9 ~ 12 点；第二类是锚板倾斜的预埋件，对应表中 5 ~ 8 点。对于第一类预埋件，直接用表中数值即可；对于第二类，因预埋板与拱脚斜坡平行，斜坡水平角度为 24.4°，其内力应考虑斜向分量。

计算时预埋件反力取值为以下工况的反力：

141#墩：工况 1

工况 1 + 工况 2

工况 1 + 工况 3

142#墩：工况 1

工况 1 + 工况 4

工况 1 + 工况 5

工况 1 + 工况 6

工况 1 + 工况 7

143#墩：工况 1

工况 1 + 工况 8

工况 1 + 工况 9

工况 1 取自重 + 风荷载反力，按拉剪构件进行计算，最不利为剪力最大及拉力最大组合；

工况 1+工况 2 至工况 9 组合工况中，因在工况 2 至工况 9 计算中已包括塔架自重作用，故对于工况 1 仅取风荷载作用反力，按压剪构件进行计算，取压力最小、剪力最大组合。

由于工况 1 计算时风荷载仅考虑一个方向，实际中风向并不确定，故取值时对工况 1 反力应做调整，即对工况 1 中的风荷载作用下反力值的水平力 F_X 均用正值，竖向力 F_Z 均用负值。因纵向风影响较横向风大，故仅取纵向风对应值。工况 1 预埋件反力计算，工况 1+工况 2 至工况 9 预埋件反力见表 9-34 及表 9-35。

表 9-34 边塔预埋件反力

141#					143#					141#或 143#	
节点	工况 1+工况 2		工况 1+工况 3		节点	工况 1+工况 6		工况 1+工况 7		F_X最大、F_Z最小	
	F_X/kN	F_Z/kN	F_X/kN	F_Z/kN		F_X/kN	F_Z/kN	F_X/kN	F_Z/kN	F_X/kN	F_Z/kN
1	11	878	9	598	31	11	917	9	639	11	598
2	11	824	9	556	32	11	862	10	596	11	556
3	12	841	10	569	33	12	879	10	609	12	569
4	10	865	9	588	34	10	903	9	628	10	588
5	185	218	151	143	35	188	227	155	153	188	143
6	181	219	148	145	36	184	227	152	154	184	145
7	180	217	147	143	37	183	225	151	152	183	143
8	185	220	152	144	38	189	228	156	154	189	144
9	219	1 173	188	798	39	225	1 130	194	779	225	779
10	215	1 173	186	801	40	221	1 130	192	782	221	782
11	224	1 157	193	789	41	231	1 114	200	770	231	770
12	212	1 186	182	808	42	218	1 143	188	789	218	789

表 9-35 中塔预埋件反力

142#										
节点	工况 1+工况 4		工况 1+工况 5		工况 1+工况 8		工况 1+工况 9		F_X最大、F_Z最小	
	F_X/kN	F_Z/kN	F_X/kN	F_Z/kN	F_X/kN	F_Z/kN	F_X/kN	F_Z/kN	F_X/kN	F_Z/kN
21	47	1 240	44	838	42	859	42	623	47	623
22	44	1 202	43	814	39	831	43	607	44	607
23	51	1 222	48	828	45	847	47	618	51	618
24	41	1 222	40	826	37	846	39	614	41	614
25	42	1 260	36	706	41	983	32	381	42	381
26	52	1 261	44	710	50	985	39	387	52	387
27	45	1 241	39	696	44	969	35	376	45	376
28	48	1 277	40	718	46	996	36	389	48	389

边塔：5 节点，压力最小为：$143\times\cos 24.4^\circ - 188\times\sin 24.4^\circ = 52.5\ \text{kN}$，

对应剪力：$143\times\sin 24.4^\circ + 188\times\cos 24.4^\circ = 230\ \text{kN}$

11 节点：剪力最大 231 kN，对应压力 770 kN。

中塔：26 节点，剪力最大 52 kN，对应压力 387 kN；

27 节点：压力最小 376 kN，对应剪力 48 kN。

9.6.3 预埋件锚筋计算

预埋钢板 $t = 30\ \text{mm}$，尺寸为 750 mm × 800 mm，预埋钢筋直径 $d = 30\ \text{mm}$。结构混凝土等级为 C50，预埋钢筋为 HRB235。

取值：混凝土 $f_c = 23.1\ \text{MPa}$，钢筋 $f_y = 210\ \text{MPa}$。结构预埋件为 5 层>4 层，布置间距为 150 mm × 150 mm，因此可以得到锚筋层数影响系数 $a_c = 0.85$。

锚筋受剪承载力影响系数：$a_v = (4 - 0.08d)\sqrt{\dfrac{f_c}{f_y}} = (4 - 0.08\times 30)\sqrt{\dfrac{23.1}{210}} = 0.53$

锚板弯曲变形折减系数：$a_b = 0.6 + 0.25\dfrac{t}{d} = 0.85$

1. 工况 1 预埋件计算

根据表 9-34 及表 9-35，可知预埋件最不利受力如下：

边塔：10 节点，剪力最大为 140 kN，对应拉力为 85 kN；

12 节点，拉力最大为 94 kN，对应剪力为 132 kN。

中塔：22 节点，剪力最大为 20 kN，对应拉力为 65 kN；

28 节点，拉力最大为 71 kN，对应剪力为 16 kN。

边塔预埋件计算：

10 点对应预埋件水平力：$V = 1.4\times 140 = 196\ \text{kN}$；竖向力：$N = 1.4\times 85 = 119\ \text{kN}$；式中系数 1.4 为按极限状态法计算的荷载系数。

根据《预埋件设计手册》有：

$$A_s = \frac{V}{a_c a_v f_y} + \frac{N}{0.8 a_b f_y} = \frac{196\times 10^3}{0.85\times 0.53\times 210} + \frac{119\times 10^3}{0.8\times 0.53\times 210} = 3\ 410\ \text{mm}^2$$

采用 25Φ30 钢筋，$A_s = 25\times 705 = 17\ 625\ \text{mm}^2 > 3\ 410\ \text{mm}^2$，满足要求。

12 点对应预埋件水平力：$V = 1.4\times 132 = 185\ \text{kN}$；竖向力：$N = 1.4\times 94 = 132\ \text{kN}$。

$$A_s = \frac{185\times 10^3}{0.85\times 0.53\times 210} + \frac{132\times 10^3}{0.8\times 0.53\times 210} = 3\ 438\ \text{mm}^2$$

采用 25Φ30 钢筋，$A_s = 25\times 705 = 17\ 625\ \text{mm}^2 > 3\ 438\ \text{mm}^2$，满足要求。

中塔预埋件计算：

比较可知，工况 1 中塔预埋件受力小于中塔，故满足要求。

2. 组合工况预埋件计算

边塔预埋件计算：

5 点对应预埋件水平力：$V=1.4\times 230=322\ \text{kN}$；竖向力：$N=1.0\times 52.5=52.5\ \text{kN}$；式中水平力系数 1.4 为按极限状态法计算的荷载系数，对于竖向力，为安全起见取系数为 1.0。

根据《预埋件设计手册》有：

$$A_{\text{s}}=\frac{V-0.3N}{a_{\text{b}}a_{\text{c}}f_{\text{y}}}=\frac{322\times 10^3-0.3\times 52.5\times 10^3}{0.85\times 0.53\times 210}=3\ 240\ \text{mm}^2$$

采用 25Φ30 钢筋，$A_{\text{s}}=25\times 705=17\ 625\ \text{mm}^2>3\ 240\ \text{mm}^2$，满足要求。

11 点对应预埋件水平力：$V=1.4\times 231=323.4\ \text{kN}$；竖向力：$N=770\ \text{kN}$。

$$A_{\text{s}}=\frac{323.4\times 10^3-0.3\times 770\times 10^3}{0.85\times 0.53\times 210}=980\ \text{mm}^2$$

采用 25Φ30 钢筋，$A_{\text{s}}=25\times 705=17\ 625\ \text{mm}^2>980\ \text{mm}^2$，满足要求。

中塔预埋件计算：

26 点对应预埋件水平力：$V=1.4\times 52=72.8\ \text{kN}$；竖向力：$N=387\ \text{kN}$。

$A_{\text{s}}=\dfrac{72.8\times 10^3-0.3\times 387\times 10^3}{0.85\times 0.53\times 210}<0$，按构造配筋即可。

27 点对应预埋件水平力：$V=1.4\times 48=67.2\ \text{kN}$；竖向力：$N=376\ \text{kN}$。

$A_{\text{s}}=\dfrac{67.2\times 10^3-0.3\times 376\times 10^3}{0.85\times 0.53\times 210}<0$，按构造配筋即可。

9.7 结论及建议

结论：

塔架各杆件在竖转过程中均满足要求；预埋件锚筋面积满足要求。

建议：

塔架自立施工过程中，为满足结构的受力安全，应拉设 2 道缆风绳；塔架主肢钢管与预埋板连接无详细布置图，委托方应自行校核；由于塔架较高，塔顶的不平衡水平力对塔架受力影响较大，竖转过程中应严格控制塔顶的不平衡水平力，建议塔顶不平衡水平力控制在每幅（横向共为两幅）10 t 以内。

第 10 章　竖转施工风险评估研究

10.1　风险识别

风险源是导致事故发生的根源。风险源普查的目的是掌握各风险源的状况和分布情况，为风险评估、分级、监控和管理提供数据基础。事故致因理论经过多年的发展，形成 5 种主要的经典理论：因果事故论、管理失误论、能量转移论、轨迹交叉论以及综合事故论。在大跨度桥梁工程施工事故中，尚未形成一个同样的普遍规律，但对工程中致险的原因有一个共同的认识：孕险环境、致险因子、承载体、风险事故和风险损失。结合事故致因理论，建立风险发生一般形式。该一般形式体现了风险随时间逐步形成的过程，以及风险发生所造成的施工事故和风险事故发生所造成的影响，它体现了风险事故发生的一般过程。

针对双线铁路桥梁双连拱竖转施工，风险源普查主要包括如下内容：

① 风险源的所处管辖区和具体地点。

② 风险源周边环境和影响范围。

③ 风险源的特征，包括安全状况描述和原因机制分析。

④ 建立风险源数据库。

风险识别是指运用各种方法，对尚未发生的潜在的及存在的各种风险进行系统的辨识和归类，以便确定风险因素，了解风险的性质及后果。风险识别一方面是风险认知，即对单位或个人所面临的各种风险，采取有效的方法进行系统的考察，了解、认识风险的种类、性质及可能发生的风险后果，以便决策者增强风险的识别和感知能力。另一方面是分析各种风险事件存在和可能发生的原因并考察潜在风险的状况。其中，风险事件原因和潜在风险分析主要指风险清单分析和对潜在风险威胁的分析。而制作风险清单是分析风险事件原因的最基本、最常用的方法。图 10-1 为风险管理流程图。

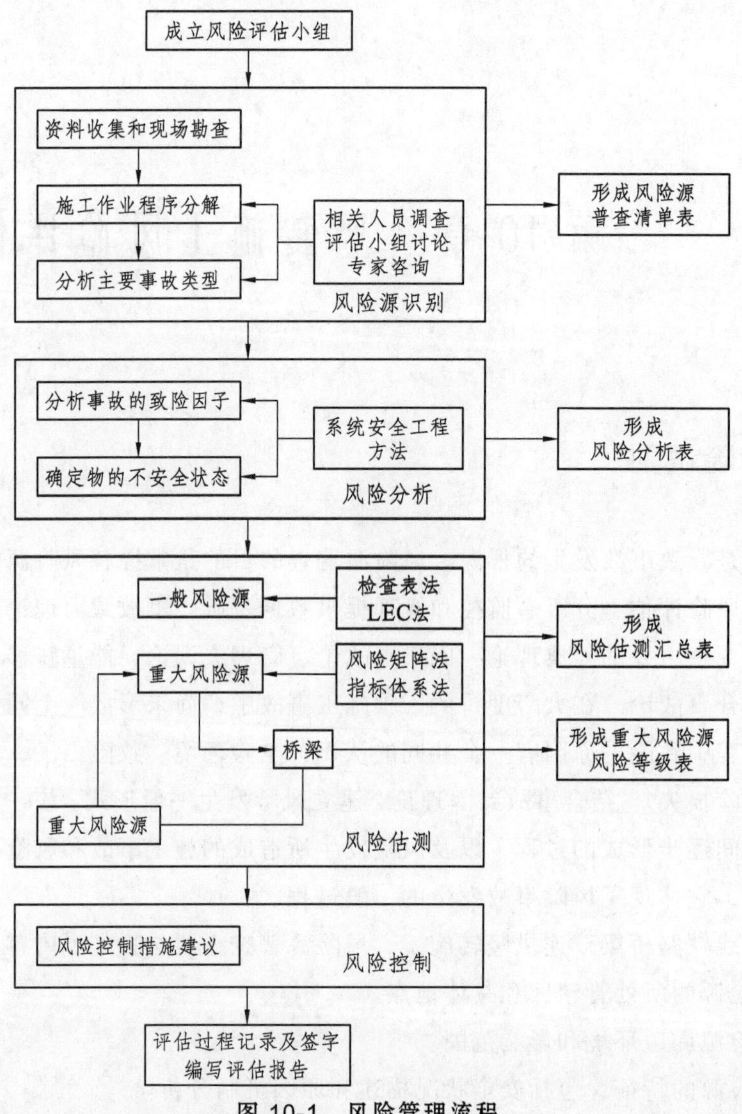

图 10-1 风险管理流程

至于双线铁路桥梁双连拱竖转施工的风险识别，还应特别注意以下几点：

（1）要进行实地调查研究或者至少要获得现场的第一手数据，不仅应了解各线路的建设标准、通过能力以及施工中的关键数据，还要了解相应地区的自然条件、天气情况以及铁路企业的管理情况和工作人员对施工中常发、突发事件的监控情况等，这些因素都决定了能否有效地进行风险识别。因为双线铁路桥梁双连拱竖转施工较为新颖，国内外可借鉴经验少，因而，对它的施工风险源的普查还应包括经验不足、可借鉴因素少等在内。

（2）除去铁路施工的特点，西江桥还具备了桥梁施工应具备的风险，尤其在桥梁运输和架设过程当中，如何保证施工中特别是水上施工的安全和效率是亟待解决的问题，因而，水上作业的特殊性和不确定性也应考虑在内。

对于西江特大桥，其风险源主要包括高温环境、雷雨风暴天气、消防设置、夜间作业、雨季洪水期、水上作业等。

铁路桥梁风险识别的方法很多，像头脑风暴法、德尔菲法、故障树法、表上作业法、风险专家调查列举法、资产财务状况分析法、投入产出分析法、失误树分析法等均可用于风险识别。针对本项目的实际情况，为清晰明了、准确无误地对所存在的风险进行有效识别，项目采用风险分解分析法和头脑风暴法相结合的方法进行风险识别。其中，头脑风暴法是通过小组会议形式，使每位与会成员畅所欲言，鼓励大家大胆提出新思想、新观点、新方法，并促使大家讨论、争鸣和交流，以便启发与会成员之间产生更多更好的主意和想法。这种方法实质是通过相互讨论，产生思维共振，激发与会成员的灵感和思想，激发大家的创见性，以获得更有价值和具有新意的观点、思想和创意。实践证明，头脑风暴法能排除折中方案，对所讨论问题通过客观、连续的分析，找到一组切实可行的方案。而风险分解分析法则是指对一个复杂事物，可能发生各种各样的风险，造成各种风险的因素不尽相同，不宜从一个总的风险角度分析。所以应把风险细化为各种风险要素，然后对每一种风险要素做进一步的分析。因而，两者相结合，既能激发各与会成员之间的主观能动性，又能对项目所面临的风险进行细致全面的识别。

由于铁路桥梁受各种条件影响的原因众多，所以，对双线铁路桥梁双连拱竖转施工的风险识别，可采用风险分解分析法将其施工中的风险进行细化。细化的方法可以不同，铁路桥梁施工风险源大致可分为两大类：自然风险和人为风险。其中，自然风险主要包括地震、暴风雪、严寒和酷热等气象灾害；人为风险主要包括设计的错误、施工管理的错误和问题、施工操作的错误等。从风险事故表现上来看大致可分为三类：一是桥梁主体本身的质量事故和质量缺陷；二是完成主体工程采取必要的临时工程的事故而造成的人员伤亡和财产损失；三是桥梁施工过程中出现的其他相关事故，如环境污染事故等，此类风险事态虽然不直接影响桥梁工程结构损伤、人员伤亡、工期延误等，难以用量化指标表达，但是会破坏周边环境、影响施工企业形象。如此对所有相关风险因素进行分类，再对分类后的因素做风险识别就变得相对简单了。在实际操作中，铁路桥梁所面临的施工风险往往难以由一种孤立的方法来考察和测量。因此，必须同时采用多种方法对铁路桥梁施工风险因素进行综合考察，本项目中将头脑风暴法和风险分解分析法结合起来进行风险识别就是一种值得深入探讨的思路。

10.2　风险评价

在系统地收集完风险源资料后，需要对风险进行评价，目的是确定风险等级水平，以便在事故预防和应对中分清主次，有的放矢。

风险评价是一项十分复杂的技术性工作。风险评价即评价事故发生的可能性和严重程度，对重大危险源的关键部分，尤其应该进行分析和评价，找出预防重点。应尽可能采用定量风险评价方法对风险源的危害程度进行分级。

一般来说，重大风险源的风险分析评价包括下述几个方面：

① 依次评价普查到的危险事故发生的概率；

② 评价风险事件的后果；

③ 进行风险分级，即对风险概率和事故后果的联合作用进行量化界定；

④ 风险控制，即检查风险值是否达到可接受的水平，是否需要采取进一步措施，降低风险水平。

风险评价的方法基于风险度量，其基本公式为：

$$R = P \cdot D$$

式中　R——事故的风险；

P——事故发生的概率；

D——事故可能造成的损失。

在有些情况下，事故可能被认为是连续的作用，它的概率和影响都随 t 而变化，则这种风险是一种积分形式，可以表示为：

$$R = \int P(t)D(t)\mathrm{d}t$$

式中　t——一定类型的事故；

$P(t)$——事故发生的概率；

$D(t)$——事故造成的损失。

风险是用事故的概率与事故所造成的经济损失的数量之间的关系来定义的。为了定量地估计风险的水平，必须要考虑一系列重要的事故原因，并评估在每一事件中发生事故的概率及所造成的人身伤害的后果。根据造成事故的概率和后果来计算每种事件的风险，把各种事件的结果相加，就能得到设备风险水平。英国卫生安全执行局（HSE）公布了风险的标准，确定了可以接受的风险范围。即计算出的风险水平都是经过合理的努力可达到的最低水平（ALAPP）。只有考虑到一切能降低风险的可行方式后才能达到这一水平。根据卫生安全执行局（HSE）的说法，为了达到经过合理的努力可达到的最低（ALAPP）风险水平，为降低风险所付出的代价与降低风险后所得到的收益相比必然是大得不成比例。风险分类见表 10-1。

表 10-1 风险分类表

风险类别	风险因素
管理风险	管理机构或管理机制不合理，决策或判断失职/失误/疏忽
人因风险	关键人员离职、设计人员、技术人员、管理人员、工人的素质（能力、效率、健康状况、责任心、品质）的不足
设备风险	材料及设备制造/采购/供应不当，设备或材料质量不合格、设备或材料不能及时供应
技术风险	设计严重缺陷，设计不完善，技术方案不合理，新技术未经充分检验，零件制造工艺落后

通常来讲，风险的评价分为定性和定量两种，铁路桥梁施工阶段的风险，首先应进行定性评价，确定出评价方向和重点，在此基础上尽可能作定量评价，以提供精确的依据和参考。

风险评价逻辑模型至少包括 5 个因素：基本事件（低级的原始事件）、初始事件（对系统正常功能的偏离）、后果（初始事件发生的瞬时结果）、损失（描述死亡、伤害及环境破坏等的财产损失）、费用（损失的价值）。目前应用于工程风险评估的方法主要包括德菲尔法、模糊综合评价方法，基于铁路桥梁项目风险的特点，采用层次分析法结合模糊综合评价方法较为合适。

层次分析法是美国著名运筹学专家 StaatyT.L 在 20 世纪 70 年代提出的一种系统分析，特别是进行决策分析的方法。近年来，风险管理界把层次分析法引入风险评价和决策过程中，其基本思路为：找出解决问题所牵涉的主要因素，将这些因素按其隶属关系构造成递阶层次模型，通过对层次结构中各因素之间相对重要性的判断及简单的排序计算解决问题，运用层次分析法评价桥梁施工阶段风险，综合考虑主观因素，避免单靠直觉与经验进行评价的弊病。

而模糊数学是用数学方法研究和处理模糊性现象的数学，所谓模糊性是指客观事物中的不确定性，模糊性的根源在于客观事物的差异之间存在着中介过渡，模糊事物是指人类目前尚无法找到精确分类标准的事物，该事物的类属还很难做出明确的判断，概念的外延较为模糊。模糊数学作为一门新的数学领域，在其自身严格的理论体系下，事物的模糊性不确定问题就通常用模糊数学来解释。模糊综合评价方法就是在对多种因素所影响的事物或现象进行总的评价过程中涉及模糊因素或模糊概念的一种评价方式，需建立在模糊集合论的基础上。模糊综合评价可以满足多因素、多级评价的要求。

经过层次分析法结合模糊综合评价方法，确定出本项目重大风险为横风破坏、竖转结构失稳、水上运输等，一般风险为高空作业、施工用电、高温作业等。

10.3 风险控制和管理

项目风险被识别、分析和评价后，管理人员可按照项目总体目标，规划并选择合理的风险管理策略，以尽可能地降低项目风险的潜在损失，提高对项目风险的控制能力。一般来讲可分为风险回避、风险转移、风险缓解和风险自留四种方法。

考虑本项目竖转过程中存在风险较大、风险概率高、风险损失大，故采用购买保险等风险转移方法和优化施工组织、增强施工纪律等风险缓解的方法进行风险的控制与管理。

10.4 风险控制措施

随着桥梁的发展和跨径的不断增大，桥梁的结构刚度、结构的几何非线性效应越来越高，影响桥梁安全的因素越来越多。目前，国内外学者已对结构中的确定性问题进行了大量的研究，但是，对于影响结构安全的各种不确定性问题研究依然较少。而事实上，和其他结构物一样，大跨度桥梁结构中也存在着大量的不确定性。同时，由于大跨度桥梁结构体系复杂，施工难度大，施工工序多，施工工艺复杂，施工周期又短，各种不利因素进一步增加了大跨度桥梁在施工中的不确定性。结合西江特大桥所处工程环境的特殊性，进行风险分析，针对包括了高温、夜间、雨季洪水期、大风雷暴天气、船舶通航等在内的风险源进行风险控制，提出以下策略：

10.4.1 防雷暴、抗台风实施措施

1. 机械设备的防雷暴措施

（1）在施工现场专用的中性点直接接地的电力线路中必须采用 TN-S 接零保护系统。电气设备的金属外壳必须与专用的保护零线连接。专用保护零线应由工作地线、配电室的零线或第一级漏电保护器电源侧的零线引出。

（2）做防雷接地的电气设备，必须同时做重复接地。同一台电气设备的重复接地与防雷接地可使用同一个接地体，接地电阻应符合重复接地电阻值的要求。施工现场的电气设备和避雷装置可利用自然接地体接地，但应保证电气连接并校验自然接地体的稳定。

（3）施工现场的电力系统严禁利用大地作相线或零线。

（4）保护零线不得装设开关或熔断器。

（5）保护零线应单独敷设，不做它用。重复接地线应与保护零线相连接。

（6）保护零线的截面，应不小于工作零线的截面，同时必须满足机械强度要求。

（7）与电气设备连接的保护接零线应为截面不小于 2.5 mm^2 的绝缘多股铜线。保护接零的统一标志为绿/黄双色线。在任何情况下不准使用绿/黄双色线作负荷线。

2. 台风季节安全措施

台风季节，防台领导小组成员实住工地人数保持在 80%以上，职工实住工地人数保证在 90%以上。

（1）完善生活区、生产区各排水系统，保持各排水系统通畅。

建立气象信息网，由办公室昼夜监听、记录气象预报，并用彩色笔在台风标示图上标明台风编号、风力、风向及台风登陆中心、登陆时间等，并且随时将台风信息向防台领导小组汇报。

（2）服从当地防台领导机构的统一指挥，统一调度。

当获悉在区域内 48 h 内可能有 6 级以上大风时，停止一切吊装作业；当遇有 7 级以上大风预报时，通知各工点停止生产，人员撤离至安全之处，并迅速按防台领导小组的统一部署开展工作。

10.4.2 针对雨季洪水期的风险控制措施

该地区属亚热带季风海洋性气候，夏季湿热多雨，由于地处沿海，受南亚季候风影响，台风、暴雨及冷风都比较强烈，造成冬春季节多阴雨并有冷空气侵袭。

1. 及时掌握天气状况

项目部调度室积极与当地水利、气象部门取得联系，了解历年来的水文、气象资料，收听、收看天气预报，了解未来几天的天气状况，同时建立气象雨晴表，掌握施工期间气候趋势及动态，以利安排施工，做好预防和准备工作。

2. 提前做好防洪准备

在进行施工现场布置时，充分考虑工程气象、水文特点，大型施工机械、材料库、人员驻地一律不安排在河滩及地势低洼处存放，确保汛期施工时，人员、设备、材料的安全，以及工程的安全。

3. 设置防雨覆盖设施

混凝土在刚浇筑完时要覆盖好，不能让雨水冲刷；施工用电严格管理，并设防雨设施。

4. 备足物资安全度汛

在汛期及时与地方防汛部门取得联系，并成立防汛工作领导小组，加强值班调度和安全检查，备足防汛物资、器材及施工设备，随时听候调遣，确保安全度汛。

10.4.3 针对大风雷暴天气的风险控制措施

为了安全地渡过雷暴、台风季节，尽可能地避免雷暴、台风对人员和设备造成的伤害，选择适宜的施工时间，确保大桥施工的顺利进行，结合现场实际，特制定以下措施。

1. 成立防暴、抗台风领导小组及抢险突击队

成立抗灾领导小组，负责抗灾工作中的领导、指挥、组织和协调等日常工作。各作业队成立抗灾抢险突击队，选择身强力壮、素质高的生产骨干为突击队员，以确保防台抢捡能招之即来，来之能战，战之必胜。

2. 建立台风季节气象信息网

与当地气象局签订服务协议，配备气象警报接收机，并落实专人，建立气象日志，坚持每天收听、记录气象预报。特殊时段加强气象预报接收、记录工作，增加记录密度。

3. 做好防暴、抗台准备工作

落实和完善防台组织机构，制订防台应急预案和防范措施，组织一批具有快速反应能力的抢险队伍，落实通信、装备等各项保障措施，开展多形式、多层次的宣传活动，增强全体施工人员的防范意识，切实做好防暴、抗台工作。

备齐各类施工机械设备的安全零部件，备足缆风绳、铁丝和麻袋、草袋等抢险物资。

10.4.4 停 电

采用以下预案措施：

（1）请业主协调供电局，在拱肋竖转期间，尽量保证电力供应。

（2）停电后，千斤顶退出工作状态，锚具夹片顶紧，竖转拱肋处于扣挂平衡状态，拉设足够的侧向缆风索增加拱肋稳定。等待下次供电后继续竖转。

（3）自备 50 kW 发电机，做好检修保养工作，且备足柴油。

10.4.5 千斤顶故障

（1）选择工况良好的千斤顶进场，并做好维护保养。本桥使用双顶串联工作方式，在其中一台千斤顶发生故障时，其余千斤顶仍确保能继续竖转。

（2）锚具夹片夹松脱、打滑。

夹片后均设置有后挡板，并通过螺栓固定在锚头或钢横梁上，防止退锚。夹片在反复使用多次后，可能出现打滑或损坏的情况。首先，准备足够的工具夹片，在竖转过程中，经常检查，发现问题及时更换。

10.4.6 钢丝绳断丝、破断

本桥竖转钢丝绳安全系数取 4.5，4 根钢丝绳吊一单肋半拱结构，钢丝绳走线方式采用单根走 4 线方式，并在吊耳端加安全保险绳头，及时意外情况切断 1～2 根钢丝绳，仍能保证有 2 根以上钢丝绳扣挂吊耳，安全系数仍保持在 2.0 以上。

10.4.7 钢绞线断丝、滑丝

单根钢绞线扣索偶然出现断丝、滑丝数量不超过 3 捻丝时，可不考虑更换，多根钢绞线累计断丝、滑丝数量超过 7 捻丝，必须更换新的钢绞线。更换时，暂停竖转施工，扣好备用调整钢绞线，与 YCW25 小千斤顶连接后张拉锚固，并拉设好缆风索再更换破断钢绞线。

10.4.8 针对高温环境的风险控制措施

当昼夜平均气温高于 30 °C 时，混凝土工程的施工应采取施工措施。

1. 原材料储存、降温要求

（1）对水泥、砂、石的储存仓、料堆等进行遮阳防晒处理，或在砂石料堆上喷水降温，以便降低原材料进入搅拌机的温度。

（2）采用冷却装置冷却拌合水，并对水管及水箱加遮阳和隔热设施，也可在拌和水中加碎冰作为拌和水的一部分。

（3）水泥进入搅拌机的温度不宜大于 40 °C。

2. 坍落度要求

搅拌机料斗、储水器、皮带运输机、搅拌楼都要尽可能采取遮阳措施，尽量缩短搅拌时间。应经常测定混凝土的坍落度，调整混凝土的配合比，满足施工必需的坍落度要求。

3. 温度要求

尽可能在气温较低的夜间搅拌混凝土，以保证混凝土的入模温度满足设计要求。混凝土入模温度不高于 30 °C。

4. 混凝土浇筑

（1）混凝土浇筑须连续进行。混凝土从搅拌机到入模的传递时间及浇筑时间要尽量缩短，并尽快开始养护。

（2）混凝土浇筑在一天温度较低的时间内进行。

（3）混凝土浇筑前应将模板或基底喷水润湿。浇筑宜连续进行。

5. 混凝土的养护

（1）混凝土浇筑完成后，表面立即覆盖清洁的塑料膜，初凝后撤去塑料膜，用浸湿的粗麻布覆盖，并经常洒水，保持湿润状态至少 7 d。

（2）大体积混凝土应提前养护，且养护时间不应少于 28 d。

6. 防暑要求

该地区夏季气候炎热，室外温度高，持续时间长，主要是做好防止中暑工作。

7. 休息要求

合理调整作息时间，避开中午高温时间工作，严格控制工人加班加点，高处作业工人的工作时间要适当缩短。保证工人有足够的睡眠时间。

8. 高温区作业要求

对高温条件下的作业区，采取措施，搞好通风和降温。

9. 降暑供应

供应合乎卫生要求的茶水、清凉含盐饮料、绿豆汤等。

10.4.9 针对夜间施工的风险控制措施

（1）夜间施工区必须有足够的照明设施，对运输车辆设专人指挥调度，确保夜间行车安全。

（2）道路交叉处设红灯示警，并设专人负责交通防护，穿越既有道路时，要减速慢行。

（3）合理安排作业倒班制度，凡夜间进行施工的人员，在白天要保证有充足的睡眠，不得疲劳施工。

（4）夜间施工时，安排食堂定时供应夜餐，夜餐要保证营养搭配合理，并做到热菜、热汤送到工地。

（5）对机械设备的照明系统定期检修和保养，做到照明系统保持良好状态，满足夜间施工或行车要求。

（6）临近居民区尽量不安排夜间作业，确需在夜间施工的，要控制好作业时间，尽量避免使用高噪声的机械，不得影响附近居民的正常作息。

10.4.10 针对船舶通航的风险控制措施

1. 基本原则

任何情况下都要按照“既要修建，又要通航”的原则，根据不同时期施工特点、水位条件，采取不同的对策来兼顾两者要求。在考虑开工顺序、施工方案的同时，要主动考虑航道问题。

2. 理顺三方关系

在江上航道区修桥，直接涉及船舶单位和水上管理部门如港监局、航道局。施工单位、船舶单位和水上管理单位需互相支持、互相理解，在此项工作中港监起决定性作用。

（1）施工前，先将海上施工作业方案进度安排、安全措施报航道、港监部门审批，规定江上施工区域，决定航道的设置和调整、航行通告的发布。另一方面，制定海上法规，对桥区进行管理，对海上施工进行维护，处理江损事故。

（2）超前进行准备。

本工程无论是基础施工还是上部结构施工，技术复杂，规模宏大，施工进度要求快，需要江上各方的理解、支持、配合，在协调工作中要有超前意识。作为施工单位，我们将对施工方案，包括占用水域范围、施工时间、安全措施、航道设置等重大问题提前考虑，及早与港监协商。

（3）强化安全管理。

遵守水上施工纪律。水上施工手续齐备，先报告，后施工，大型单项工程需办理施工许可证。桥区水域范围内，施工水域范围外的其他作业，在向港监书面报告征得同意后再进行。

对工程船舶，租用面驳和长期外协船队进行安全教育。不侵占航道，并按要求在该段设置信号灯，以标示航道及施工范围。

掌握当天的天气预报，收听当地气象预报，分析气象资料，选择在风浪较小的时段进行作业，根据设计，大型吊船作业时风力不能大于 6 级，如超过 6 级则要停止作业，且择地抛锚避风。

材料运输船队拖航前应申请拖航检验，经检验合格后方可实施拖航。

施工作业前制订详细的施工组织方案，绘制施工作业区的平面布置图，申请施工作业许可证，提供给航道管理部门审阅，以便协调施工中可能存在的安全问题。

施工作业区域以通信临时通航的航道应设置必要的航标，制定航行和作业安全的管理规定，用以规范航舶和施工船舶水上交通，避免相互干扰。

晚间各施工作业点按规定显示警戒灯标或灯光照明，避免航行船舶碰撞水中建筑物，在安装灯光照明时应避免强光直射海面，影响船舶驾驶人员的瞭望。

（4）台风期施工安全。

密切与气象部门联系，提前做好台风到来时的防范措施。吊船、驳船等船只在台风到来驶进避风坞避风。派专人值班，监视过往船只。

（5）施工平台、机具、模架的安全保障。

施工临时结构的安全保障有两个方面，一是在设计时必须考虑台风对其影响；二是台风到来前采取加固措施。

吊机、汽车撤离施工区域，钻机等与平台固结，钻头提升至钢护筒内，防止塌孔埋钻头。

台风到来前5天，停止梁部现浇作业，防止梁体在张拉前遭受台风侵袭破坏。

（6）船舶通航安全措施。

按照本工程建设单位提供的水上作业区分布图，确定本标段水上施工船舶和水上起重设备的作业范围，并依据作业范围编制出相应的水上交通组织方案，定出各种船舶航行路线和施工周期，并报建设单位审批、备案。

向当地人员了解和掌握施工和航道江域内的各种障碍物情况。

制订施工船舶航行线路计划，并交工程建设单位审阅，通过后严格执行。航行中须不断测量实际船位，校正航线，以利安全。

定期向建设单位汇报施工作业区，已建桥桩、作业区内施工船舶的抛锚等情况。同时获得相邻标段的相关资料，以避免发生施工船舶间锚链缠绕、碰撞等江损事故。

经常进行水上航道维护，与施工作业无关的船舶严禁进入施工作业区，严禁施工船舶进入、穿越其他施工作业区。

施工船舶应按照建设提供的桥区作业图进出作业区，并加强值班瞭望，谨慎航行。

施工单位对已建施工平台在夜间应悬挂规定的信号，对已建平台，应设置规定的灯标，以起到警示作用。

按照海区航道助航标志的要求，设置好标段内的航标，并落实定期保养，以保障通航船舶和施工的安全。

做好施工船舶的安全教育工作，施工船舶严禁驶入禁航区域，并设置水上交通指挥船，指挥施工船舶的航行路线。

成立以项目经理为总指挥，项目部各部室负责人为成员的险情、事故等抢救指挥部，全权负责水中墩险情、事故抢救和指挥工作，事故报告，并采取救助措施。

10.5 本章小结

经过对广珠铁路西江特大桥工程中双线铁路桥大跨度钢管混凝土双连拱竖转施工进行风险评估研究，结论如表 10-2 所示。

表 10-2 风险评估结论

序号	作业活动	危险源	可导致的事故	LEC 法评价				是否重大危险源	控制计划措施
				发生事故的可能性 L	暴露于其中的频繁程度 E	发生事故的结果 C	风险等级评价 D		
1	卧拼施工	卧拼支架坍塌	人员伤亡	2	3	40	240	√	通过计算，合理设置
2		拱肋运输过程中拱肋倾覆	人员伤亡	1	3	40	120	×	通过计算，合理选用设备
3		拱肋吊装过程中坠落	人员伤亡	2	3	30	180	√	定期检查吊装设备
4		拱肋拼装过程中遇台风，导致拱肋失稳	人员伤亡	3	2	40	240	√	密切关注天气，合理规避台风
5	卧拼施工	拱肋拼装过程中遇强对流天气，拱肋失稳	人员伤亡	1	2	40	80	×	密切关注天气，合理规避强对流天气，做好预警机制
6	竖转塔架施工	塔架拼装过程中遇台风倾覆	塔架倾覆、人员伤亡	2	3	40	240	√	合理设置缆风绳
7		塔架拼装过程中遇强对流天气	塔架倾覆、人员伤亡	1	3	40	120	×	合理设置缆风绳
8		塔架吊装过程中塔架节段坠落或倾覆	人员伤亡	1	2	30	60	×	起吊前严格检查吊具
9		塔架基础破坏	塔架倾覆、人员伤亡	1	3	60	180	√	塔架基础施工质量检测

续表

序号	作业活动	危险源	可导致的事故	LEC 法评价				是否重大危险源	控制计划措施
				发生事故的可能性L	暴露于其中的频繁程度E	发生事故的结果C	风险等级评价D		
10	竖转施工	锚点脱落	塔架倾覆、拱肋坠落、人员伤亡	1	2	120	240	√	选用安全设备并具有高的安全系数
11		竖转千斤顶出现机械故障	塔架倾覆、拱肋坠落、人员伤亡	1	2	120	240	√	选用安全设备并具有高的安全系数
12		竖转塔架受力失稳	塔架倾覆、拱肋坠落、人员伤亡	1	2	120	240	√	通过计算选用
13		竖转过程中千斤顶不同步，导致拱肋扭转	塔架失稳、拱肋变形过大	1	2	80	160	√	
14		竖转扣索断裂或滑脱	塔架倾覆、拱肋坠落、人员伤亡	1	2	120	240	√	通过计算选用
15		竖转过程中遇台风	塔架倾覆、拱肋坠落、人员伤亡	1	2	120	240	√	密切关注天气，合理规避台风天气
16		竖转过程中遇强对流天气	塔架倾覆、拱肋坠落、人员伤亡	1	2	120	240	√	密切关注天气，合理规避强对流天气，做好预警机制

第 11 章　连续刚构柔性拱线形监控及仿真分析

11.1　研究背景

11.1.1　研究现状

计算机仿真分析在土建工程中的应用已有大约 50 年的历史，比一般其他的领域要晚些。仿真分析需要考虑的环境、交通、商业等多种因素，给计算机仿真造成了更多的困难。随着计算机仿真技术的飞速发展，现在土建工程中的大部分理论已经实现了“软化”，可以模拟更多考虑信息不确定或不确知的现象。仿真分析可更灵活地得到比常规结构计算更充分、直接、精确、实用的结果，较传统的结构计算模型有实质性的提高和改善[55]。

连续刚构桥梁悬臂施工线形控制分为 2 个方面[56]，一是平面线形控制，即控制桥梁轴线在平面上符合设计要求或规范要求。二是竖向线形控制。一般是在梁上选取若干个点，通过控制这些点的标高来实现对线形的控制，线形控制能为合龙提供保证，避免桥面纵向产生起伏等情况而导致桥面恒载超重，防止预应力筋偏角增大而使得梁内力与设计不符并且影响桥梁外观[57]。

大跨径桥梁线形监控测量技术介绍了高程基准建立、监测点布置、监控测量等技术，建立了一套科学合理的测量技术体系[58]。沪杭客运专线 10 处连续梁高程控制中分析了 EDM 高程导线测量主要误差来源，通过制订相关控制方案，可达精密水准等级要求[59]。

悬臂浇筑方法施工，由于混凝土收缩、徐变和温度等影响，随着混凝土浇筑或构件拼装过程的变化[60]，由于各节段龄期的不同，实测应力与设计应力必然会有较大的偏差，如何由实测应变推算出弹性应力，以便与设计应力进行对比，是连续刚构桥应力监控中应着重考虑的问题。应力监控对校核结构设计、预警阶段性施工和工程事故的发生有着重要的意义。

桥梁施工控制是桥梁建设质量控制所必需的，并已被桥梁建设者所认识。施工控制的重要性主要体现在以下几方面：

1. 控制是确保桥梁施工宏观质量的关键

衡量一座桥梁的施工宏观质量标准就是其成桥的线形以及受力情况符合设计要求。对于桥梁的下部结构，只要基础埋置深度和尺寸以及墩台尺寸准确就能达到标准要求；而对于采用多工序、多阶段施工的桥梁上部结构，要求结构内力和标高的最终状态符合设计要求，就不那么容易了。比如预应力混凝土刚构桥和斜拉桥在悬臂安装块件时，如预抛高设置不准，可能影响到以后各节段和合龙标高以及全桥的线形。为确保桥梁最终的内力状态和结构线形满足设计要求，对施工过程进行控制是必不可少的。

2. 桥梁施工控制是桥梁建设的安全保证

施工中的每一阶段，结构的内力和变形是可以预计的，同时可通过监测手段得到各施工阶段结构的实际内力和变形，从而完全可以跟踪掌握施工进程和发展情况。当发现施工过程中监测的实际值与计算的预计值相差过大时，就要进行检查和分析原因，而不能再继续施工，否则，将可能出现事故。例如跨径 546.64 m 的加拿大魁北克桥就是因为在施工过程中两次发生事故而闻名于世的。该桥采用悬臂拼装法施工，当南侧锚石锭析架快架完时，突然崩塌坠落，原因是悬出的析架太长（176.8 m），因此，靠近中间墩处的下弦杆受压力过大，导致下弦杆腹板失去稳定而引起全精架严重破坏。尽管造成事故的原因是设计问题，但是若当时采用了施工控制手段，在内力较大的杆件中布置监控测点，当发现异常现象时，及时停工检查，就不会发生突然崩塌事故，由此可知，安全建成一座桥，避免突发事故的出现，施工控制是有力的保证。也可以这样说，对于造价昂贵的大跨度桥梁来说，施工控制系统是桥梁建设的安全系统。

3. 施工控制是桥梁运营中安全性和耐久性的保证

桥梁建成后，随着交通事业的发展，荷载等级、交通流量、行车速度等必然提高，还有一些不可测的自然破坏力也将会危及桥梁的安全，若在建设桥梁时进行了施工控制，并预留长期观测点，将会给桥梁创造终身安全监测的条件，从而给桥梁运营阶段的养护工作提供科学的、可靠的数据，给桥梁安全使用提供可靠保证。这方面的反面事例在工程界是存在的。比如韩国圣水桥，于 1994 年 10 月突然在中跨断塌 50 m，造成重大事故。据称造成该桥在行车高峰期突然断裂的原因是该桥长期超负荷运营，钢桁梁螺栓和杆件疲劳。又如我国广州海印大桥，因斜拉索的防护措施不够完善、可靠，造成斜拉索超应力，只使用几年就突然断裂，创造了世界损桥年限最短的纪录，不但造成了重大的经济损失，也带来了不良的社会影响。

以上实例说明，对于桥梁的运营阶段仍然急需一套长期有效的监测系统，使桥梁养护部门能根据该桥的实际使用情况进行有效的维护，而不是目前主要靠外观检查等简单手段，得到粗略的依据，进行不切要害的养护。要彻底改变目前我国桥梁养护部门的现状，科学地、较为主动地预报桥梁各部位运营情况，必须在桥梁施工中建立施工控制系统，并使其能长期对桥梁运营阶段进行监测，这样才能确保这些耗资巨大、与国计民生密切相关的大桥安全耐久。

基于施工控制的重要性，本研究以正在建设中的广珠铁路复工工程的关键控制工程——西江特大桥为依托，建立以施工为中心且拥有实用的测试技术和现场计算分析技术的施工监测和控制系统，实时监测各施工阶段的线形变化，并通过预测控制法及时调整预拱度，消除误差，确保全桥顺利合龙，是本研究项目的主要目的，同时实时监测施工过程中关键截面的应力变化，确保施工安全，亦是本课题研究的目的和意义。

11.1.2 工程概况

广珠铁路西江特大桥主桥采用（110 + 2 × 230 + 110）m 连续刚构拱跨越西江主航道。主桥长 682.1 m。主墩墩号分别为 141# ~ 143#，边墩墩号为 140#、144#。

1. 主墩简介

142#墩为变截面空心墩，墩高为 30.5 m，底脚高度为 2 m。从底脚向上 12.817 m 高部分为等截面设置，横桥向 10 m、顺桥向 9 m，内部空心尺寸为横桥向 7 m、顺桥向 6.6 m。等截面向上高度 4.932 m 为在墩身侧面设置的半径为 30 m 的弧线区域高度。再向上为在墩身侧面设置的 16.621 m 长的斜线墩身，墩身正面为直坡。

141#和 143#墩为变截面双柱式板式墩，墩高为 30.5 m。墩身底脚上口尺寸为横桥向 10 m、顺桥向 2.4 m，下口尺寸为横桥向 12 m、顺桥向 3.4 m，底脚高度为 2 m。墩身截面变化与 142#墩相同。墩身形式见 141# ~ 143#墩身立面图（图 11-1）。主墩采用 C50 混凝土。

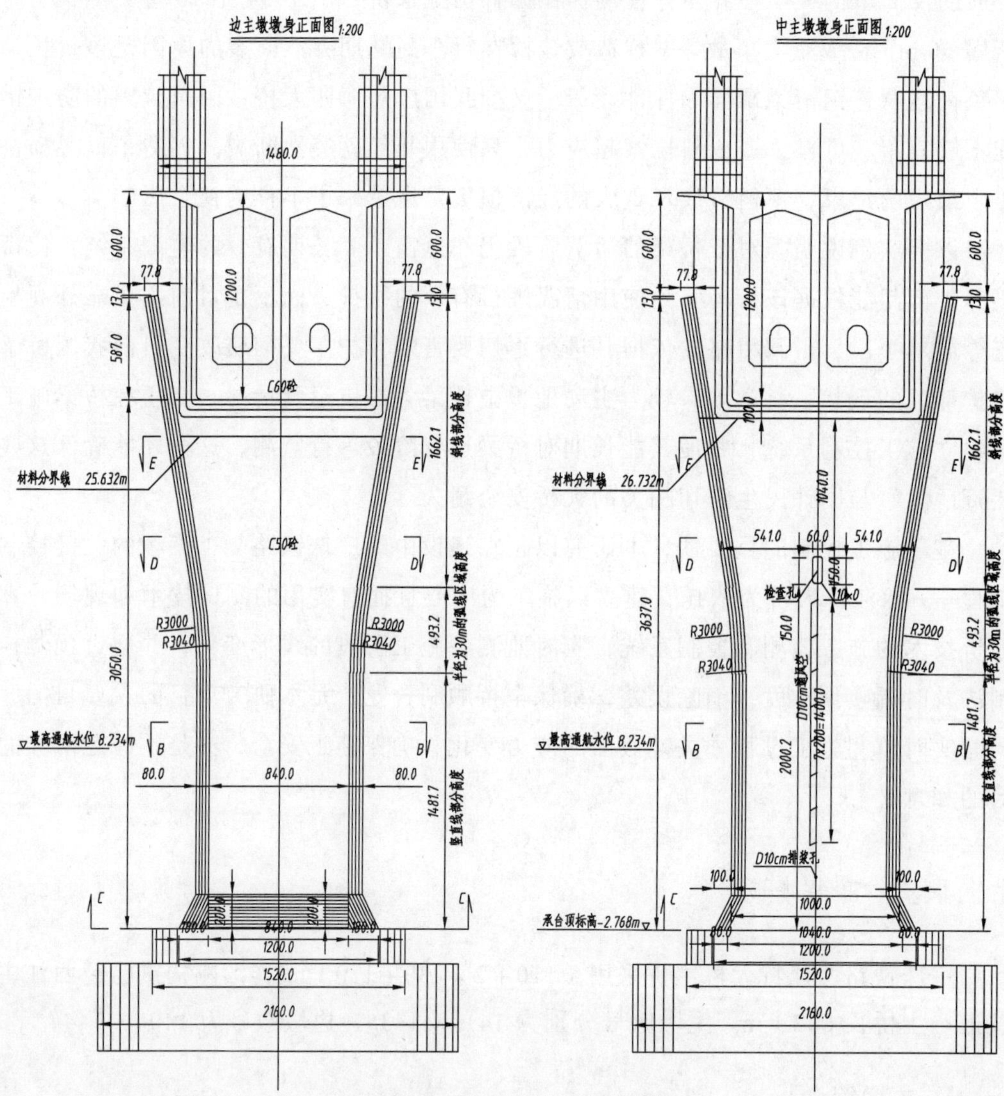

图 11-1　141#～143#墩身立面图

2. 上部结构简介

（1）刚构梁概况。

① 主梁构造。

主梁采用单箱双室截面，两边腹板为直腹板。吊杆索采用箱外牛腿锚固形式。箱梁中支点处梁高 12.0 m，端支点及中跨中处梁高 4.0 m，其中中支点处平段长 11.0 m，中跨中平段长 23.0 m，中间 98.0 m 长度变高段梁底曲线为抛物线，抛物线方程为 $y = -8x^{1.5}/98^{1.5}$。

主梁顶板除梁拱墩结合区局部加宽到 14.8 m（不含人行道加宽）外，其余宽为 13.2 m，箱梁顶板布置双层索区域厚 64 cm，布置单层索区域厚 42 cm。箱梁底板宽 10.2 m，底板厚度由中跨 4.0 m 梁高处的 40 cm 渐变至中支点附近处的 157.5 cm，局部加厚到 200 cm。箱梁腹板厚度分 35 cm、50 cm、65 cm 3 种，并在梁拱墩结构结合块附近一定区域渐变加厚到 100 cm。

主梁共布置横隔板 14 道，即在梁的两端各设厚 170 cm 的横隔板，每个主墩双薄壁墩柱顶主梁各设置 240 cm 厚横隔板一道，边跨 S19、中跨 M22 各设 30 cm 厚横隔板一道。所有横隔板均设过人孔。

中跨吊杆索各锚固点主梁箱内分别设置 1.5 ~ 1.66 m 高横梁（含顶板厚）一道，全梁共计 42 道（不含 S19、M22 梁段横隔板）。

主梁共分 149 个梁段，根据梁段所处位置，边跨依次编号 S24 ~ S1，梁拱墩结合块编号 S0；中跨编号 M1 ~ M25，梁拱墩结合块编号 M0。梁拱墩结合块 M0、S0 号梁段长 23 m，边跨合龙段 S23 号梁段长 2.0 m，中跨合龙段 M25 号梁段长 3.0 m，悬臂梁长分 3.0 m、3.5 m、4.0 m、4.5 m、5 m 5 种；箱梁除边跨直线段 S24 号梁段及 S0、M0 号梁段在支架（或托架）上施工外，其余各节段均采用挂篮悬臂浇筑。悬浇梁块段最重 4 028 kN。箱梁采用 C60 少徐变、抗开裂高性能混凝土。

主梁形式见边跨主梁立面图和中跨主梁立面图（图 11-2、图 11-3）。全桥立面布置图见图 11-4。

② 箱梁体内预应力。

纵向预应力索规格：主梁纵向均采用符合 ASTMA416/A416 M-98 标准、公称直径 15.24 mm、抗拉强度标准值 f_{pk} = 1 860 MPa、$E = 1.95 \times 10^5$ MPa 的低松弛钢绞线。下弯索（W 系列）规格为 27-ϕ15.24 mm，顶板悬臂索（T 系列）规格为 25-ϕ15.24 mm，边跨顶板合龙索（BT 系列）规格为 25-ϕ15.24 mm，中跨顶板合龙索（MT 系列）规格为 25-ϕ15.24 mm，边跨底板索（SB 系列）、中跨底板索（MB 系列）规格均为 19-ϕ15.24 mm。金属波纹管成孔，真空辅助压浆。

竖向预应力筋：竖向采用抗拉强度标准值 f_{pk} = 930 MPa、$E = 1.95 \times 10^5$ MPa、直径 ϕ32 mm 高强精轧螺纹钢筋。每片腹板布置双根竖向预应力筋，顺桥向间距 40 cm。竖向预应力筋采用内径为 45 mm 的铁皮套管成孔。

横向预应力索：主梁横向均采用符合 ASTMA416/A416 M-98 标准、公称直径 15.24 mm、抗拉强度标准值 f_{pk} = 1 860 MPa、$E = 1.95 \times 10^5$ MPa 的低松弛钢绞线。横向预应力规格为 5-ϕ15.24 mm 低松弛预应力钢绞线，采用直径 90 mm × 19 mm 金属波纹管制孔，真空辅助压浆，要求一端固定、一端张拉，张拉端和锚固端在主梁两侧交错布置。

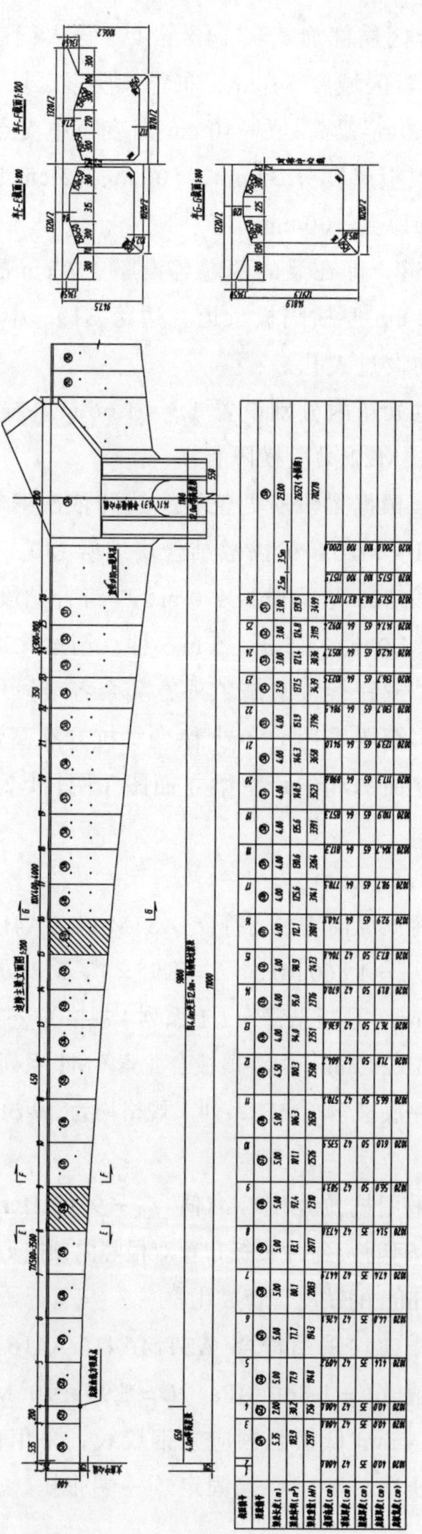

图 11-2　边跨主梁立面图

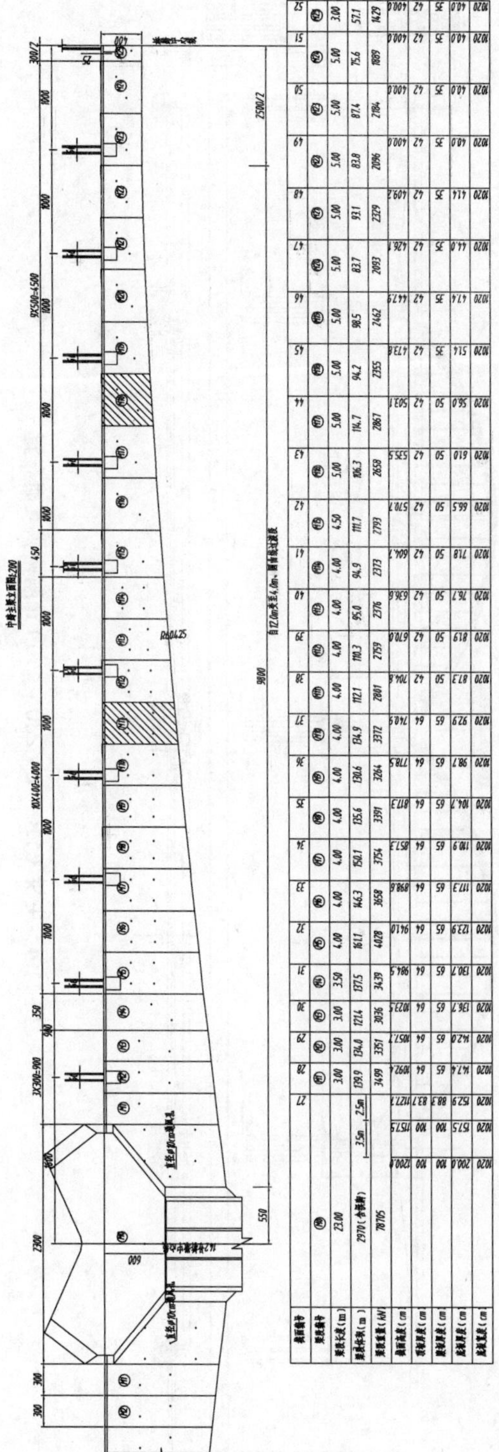

图 11-3　中跨主梁立面图

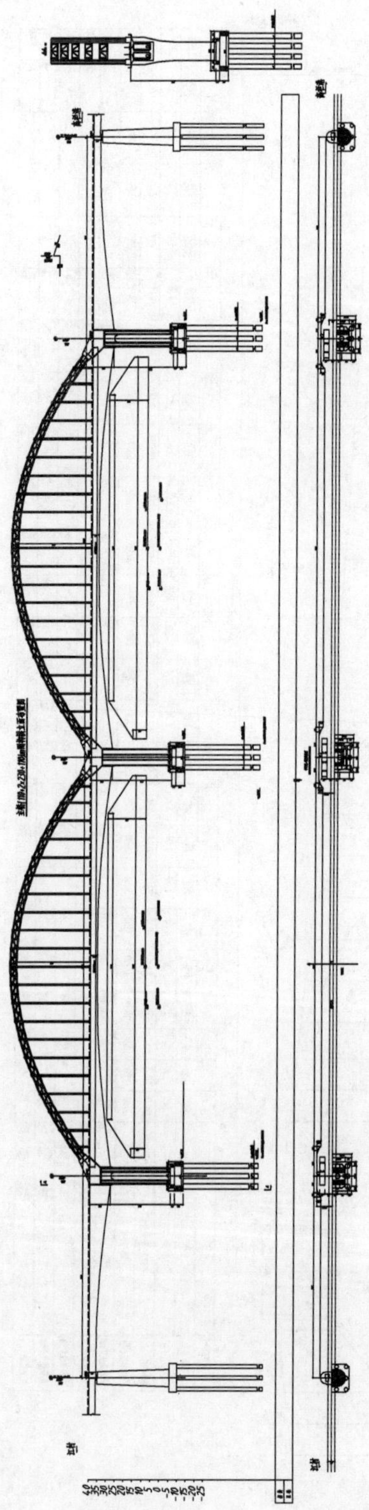

图 11-4 主桥（110 + 2 × 230 + 110）m刚构拱立面布置

③ 箱梁普通钢筋设计。

主梁纵向按预应力混凝土构件设计，顶板、腹板、底板纵向均布置直径ϕ16 mm、间距 10 ~ 15 cm 的 HRB335 钢筋。箱梁横向按普通钢筋混凝土构件设计，顶、底板布置直径为ϕ16 mm、间距 10 ~ 15 cm 的 HRB335 钢筋，两根一束。腹板箍筋按受力计算要求布置ϕ16 mm、间距 10 ~ 15 cm 的 HRB335 钢筋。

（2）钢管拱概况。

① 拱肋。

拱轴线立面投影采用二次抛物线，拱肋计算跨度 220 m，矢跨比 1/5，矢高 44.0 m。

每片拱肋由 4-ϕ750 mm 钢管混凝土组成，由横向平联板、竖向腹杆连接成为钢管混凝土桁架，其中横向平联板之间亦灌注混凝土。钢管及平联板钢板厚度由拱脚至拱顶分 28 mm、24 mm、20 mm、18 mm、16 mm 5 种，拱肋钢管法向中心距 3.5 m。每片拱肋钢管横向中心距 1.4 m，两片拱肋中心距 12.0 m。其中钢管间竖腹杆规格为ϕ450 mm，厚壁分 12 mm、16 mm 两种，平联板与对应位置钢管等厚。

每跨拱肋共布置 9 道横撑，其中跨中共布置 7 道“米”字撑，其水平间距 25 m；拱肋两端各布置一道“K”字撑，其水平间距 24 m，全桥横撑共 18 道。钢管拱管内采用 C50 微膨胀混凝土。拱肋弦管、腹杆及横撑均采用 Q345qD 钢材，吊杆预埋导管采用 HPB235 钢材。

② 吊杆索。

吊杆索采用抗拉标准强度为 1 860 MPa 的整束挤压式钢绞线拉索体系，间距为 10 m 和 9 m。除主梁两端 D10、D9 吊杆采用规格 OVM.GJ15-12 外，其余吊杆均采用规格 OVM.GJ15-19。

11.2 总体施工方案

11.2.1 墩身施工

141#、143#为双柱板式墩、142#为矩形空心墩，各墩高度为 30.5 m。模板使用钢模板，以 6 ~ 12 m 高度为基本浇筑高度。钢筋采用人工绑扎，钢筋绑扎高度以 6 ~ 12 m 为基本节，保证钢筋始终伸出墩身的高度为 1 m。墩身混凝土使用混凝土运输车运输，到墩身处使用混凝土泵车浇筑混凝土。混凝土使用覆盖塑料薄膜的方法养生。

11.2.2 上部结构施工

主桥上部结构按“先梁后拱法”施工，即先将刚构梁施工贯通，再在梁面上安装钢管拱。刚构梁使用挂篮对称悬浇法施工；拱肋在梁面拼装成4个半跨拱节段，然后竖转合龙。

主梁0#块采用墩顶托架法现浇施工。0#块设计长度为23 m，墩顶处梁高为12 m。0#块施工水平分层，分3次浇筑施工。0#块完成两次浇筑后在其上安装挂篮，然后利用挂篮逐块悬臂浇筑主梁。待挂篮施工至4#节段时，再完成0#块第三次（即拱脚段第一期混凝土）混凝土的浇筑。

140#、144#墩边跨现浇段采用托架法现浇施工。待主梁边跨合龙后，在边跨压重，继续用挂篮逐段悬浇施工主跨箱梁至跨中合龙；在中跨合龙前对两侧的主梁施加对顶力，锁定后再进行中跨合龙。

主梁合龙后进行上部钢管拱安装。钢管拱采用竖转法施工。连续刚构施工完毕后在墩顶桥面上安装扣索塔架，在梁面上拼装拱节段拼装支架，在梁面上设运输车及两台汽车吊机负责两跨拱的运输及安装，将主拱逐段在梁面支架上组拼成4个半跨拱，然后利用扣索牵引主拱竖转到位并进行合龙。主拱合龙后，按设计顺序压注钢管混凝土，待混凝土达到设计强度后，安装张拉吊杆，按设计要求张拉吊杆，铺装桥面及其他附属设施，调整吊杆索力。

11.3 监控方案

11.3.1 施工监控的目的

该桥为连续刚构-柔性拱组合体系，桥梁兼具有连续刚构桥及钢管混凝土拱桥的特点，主跨达230 m，桥梁跨度大，结构新颖。本桥所采用的施工工艺复杂，难度大，施工中要根据施工观测应力及位移的情况及时修正施工方案，因此，对该桥进行施工监控是非常必要的。

施工监控的总目标是确保结构在施工中应力、变形与稳定状态在允许范围内。控制手段是在施工过程中针对具体施工方案的桥梁受力、变形和稳定模拟分析为基础，通过理论计算与实测值的比较和误差分析、调整，来对结构状态甚至施工工艺和方案进行必要的调整，使结构状态处于控制中。

就具体的目的而言，根据该桥结构和施工特点，分别建立仿真分析系统及施工全过程监控系统，力求达到以下目的：

（1）通过全桥施工全过程的整体和局部仿真计算分析，定量掌握桥梁在施工各阶段的受力变形，对每一工况的安全性进行验算，以备在施工监测时进行对比分析。掌握复杂构造和受力部位的应力分布和大小。

（2）通过桥梁施工全过程监控，保证连续刚构部分和钢管混凝土拱部分的顺利合龙，保证整个施工的安全性。掌握桥梁在施工过程中结构的实际变形和受力大小，使施工始终在安全、可控状态下进行，保证施工过程中结构的安全性以及成桥后线形和应力状态满足设计要求，为优化桥梁的施工工序提供可靠的数据。

掌握桥梁施工过程中自重、施工荷载以及由于安装误差和其他不定因素产生的结构内力，得出成桥状态的实际受力状态，评定结构的受力安全性。

11.3.2 施工监控的思路及方法

对主桥的每一施工阶段进行详细的分析、验算，求得主梁、拱肋、墩柱的变形及应力等施工控制参数的理论计算值，并在施工过程中有效地加以控制。本桥施工控制主要包括以下两个方面内容：

仿真计算分析——根据选定的施工方法对施工的每一个阶段进行理论计算，求得各施工阶段施工参数的理论计算值，形成施工控制文件。

施工监控——针对实际施工过程中由于种种因素所引起的理论计算值与实测值不一致的问题，协同业主、设计、监理单位采用一定的方法在施工中加以控制、调整。

1. 仿真计算分析

在桥梁施工前，对桥梁的施工全过程进行系统的仿真分析，一方面对设计进行一次校核；另一方面从理论上掌握桥梁在整个过程中的变形和受力特征，做到事先心中有数，并据此制订针对性强和有效的监控实施方案。为保证仿真计算分析的可靠性，桥梁的仿真计算分析采用3套程序进行；一套是国际上信誉很高、广泛应用的ANSYS结构分析系统，一套是国际上桥梁专用软件MIDAS结构分析系统，另一套是国内应用较多的桥梁博士分析系统。仿真分析包括施工过程的结构分析和局部应力分析两部分。

（1）按实际施工过程对结构进行仿真计算，如在施工过程中加载程序或结构参数或约束发生变化，则按实际状态再进行计算分析。

（2）按结构分析得出的内力，施加在复杂构造的节点周围，采用块体单元进行局部应力和强度分析。

施工阶段的测试分析采用倒拆分析法，其基本思路是假定 $t=t_0$ 时刻的结构内力分布满足设计计算值。对结构进行倒拆，分析每次拆除或减少一个施工节段对剩余结构的影响，在一个阶段内分析得到的结构位移、内力状态便是该阶段结构的理想施工状态。

2. 施工监控

（1）主要工序。

主桥为连续刚构-柔性拱组合结构，主要施工工序如下：

① 桩基础、承台、墩身、0#块施工；

② 0#块上拼装挂篮后进行悬浇施工，至连续刚构部分合拢；

③ 在主墩上拼装吊索塔架，设置塔架正式风缆；

④ 在连续刚构梁上拼装 4 个半拱拱肋，安装拱肋横撑及扣点；

⑤ 挂设扣锚索，先进行第一孔钢管拱转体、合拢，再进行第二孔钢管拱转体、合拢；

⑥ 同步分级卸除扣索，拱脚合拢，安装并分阶段张拉吊杆；

⑦ 安装桥面附属设施，上砟铺轨，调整吊杆张拉力至设计值。

（2）施工过程控制的重点。

根据本桥的结构特点及上述施工方案，整个施工过程控制的重点有：

① 连续刚构部分悬臂浇筑。

连续刚构部分施工以线形控制为主，应力控制为辅。

标高控制：悬臂浇筑过程中以标高控制为主，采用倒拆法确定每个悬浇块的立模标高，然后根据现场实测结果（主要是挂篮的变形、梁体的收缩徐变、施工时的温度等不确定因素的影响），采用正装法调整各个悬浇块的立模标高，确保主梁的顺利合拢。

平面坐标控制：本桥施工时分为 3 个 T 构进行施工，在施工中对梁轴线进行监控，以保证主梁的顺利合拢。

梁体主要控制截面的应力测试：对梁体悬臂浇筑，体系转换过程中悬臂根部截面、四分点截面、跨中截面的应力进行监控。

主墩的稳定性控制：在悬臂浇筑过程中，主墩的稳定性也是监测的重点，主要测试主墩墩顶的水平位移、墩底的应力。

② 钢管混凝土拱部分施工。

塔架的稳定性监控：本桥采用在主墩上搭设塔架，采用扣索竖转拱肋的方法进行施工，因此，整个施工过程中塔架的稳定性尤为重要，在施工过程中对塔架顶位移、风缆及扣索的应力进行监控，确保塔架的稳定性。

拱肋的合拢监控：主要对拱肋的线形进行监控，通过计算及测试的方法分析温度对拱肋线形的影响，对合拢的坐标进行调整，确保拱肋的顺利合拢。

主墩的稳定性控制：在拱肋合拢过程、浇筑钢管混凝土、吊杆索力调整阶段，主墩承受较大的水平推力，考虑到该阶段连续刚构桥已合拢，因此，以对主墩墩底应力测试为主，以确保主墩的稳定性。

吊杆索力控制：在调索过程中，主要对吊杆索力进行监测，同时对拱肋线形、梁体的线形、应力进行测试，控制结构的合理线形及应力状态。

3. 施工监控流程

施工监控流程见图 11-5。

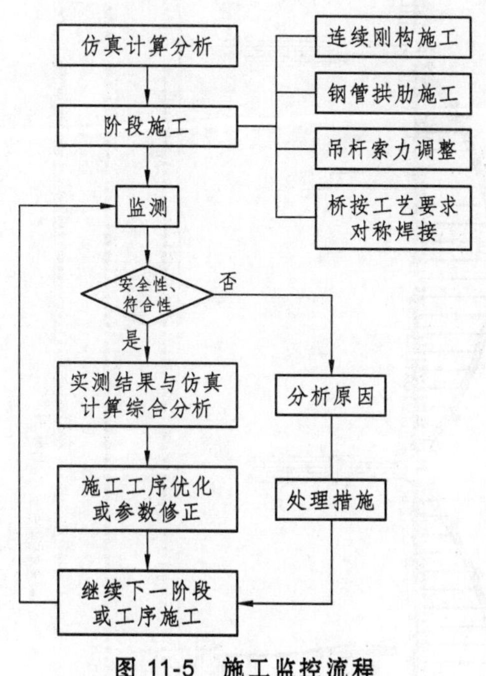

图 11-5　施工监控流程

11.3.3　连续刚构梁体线形监测

在连续刚构悬臂浇筑施工过程中，以梁体线形控制为主。在每个节段上桥梁左右侧各布设 1 个标高测点，在每个节段上桥梁中线布设 1 个平面坐标测点。标高测试采用 Leica DNA03 数字式水准仪，平面坐标采用 Leica TCA1800 全站仪进行测试（进行三维坐标测量，其中竖向坐标可用作标高测试结果的复核），全桥共计 314 个标高测点，157 个平面坐标测点，另布设高程及坐标测试基准点各 3 个，见图 11-6。在刚构施工时，对上述测点进行通测，刚构合拢后，梁体线形测点仅测试边跨 8 分点及主跨 16 分点附近的测点。

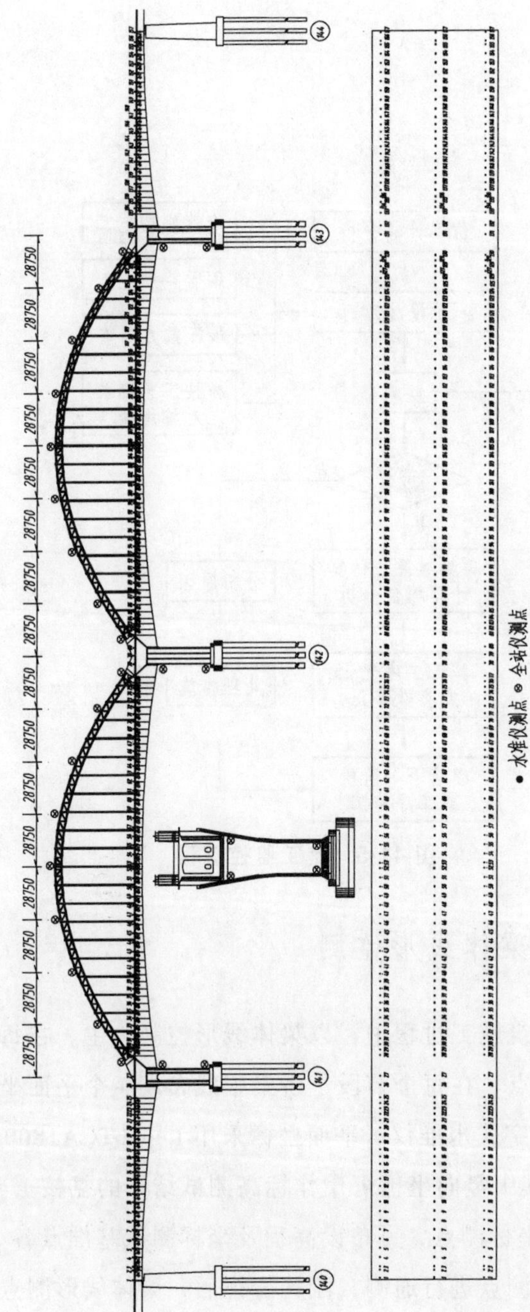

图 11-6 主桥线形测点布置图

11.3.4　连续刚构梁体及墩柱应力监测

在连续刚构部分施工中，梁体根部截面、墩底截面的应力是非常重要的，在钢管拱施工阶段，墩底截面的应力是监测的重点，在吊杆调整索力阶段，梁体跨中部位应力是指导施工的重要参数。因此，在此次施工监测过程中，梁体分别选取边跨 0.4*L*、中跨跨中及各墩顶截面进行应力监测，此外在第二孔 1/4 截面亦增设一个测试截面，以比较全面地反映连续刚构梁体的应力状况；主墩 141#～143#墩墩底应力测试截面选择在墩底变截面上方、离承台顶 3 m 位置处，主要用于监测连续刚构悬臂施工、拱肋拼装及合龙等工况下墩柱的应力状况。应力监测采用内埋钢筋计进行，全桥共计 90 个钢筋计测点（梁体 66 个，墩柱 24 个），另埋设温度补偿测点 10 个，如图 11-7 所示。

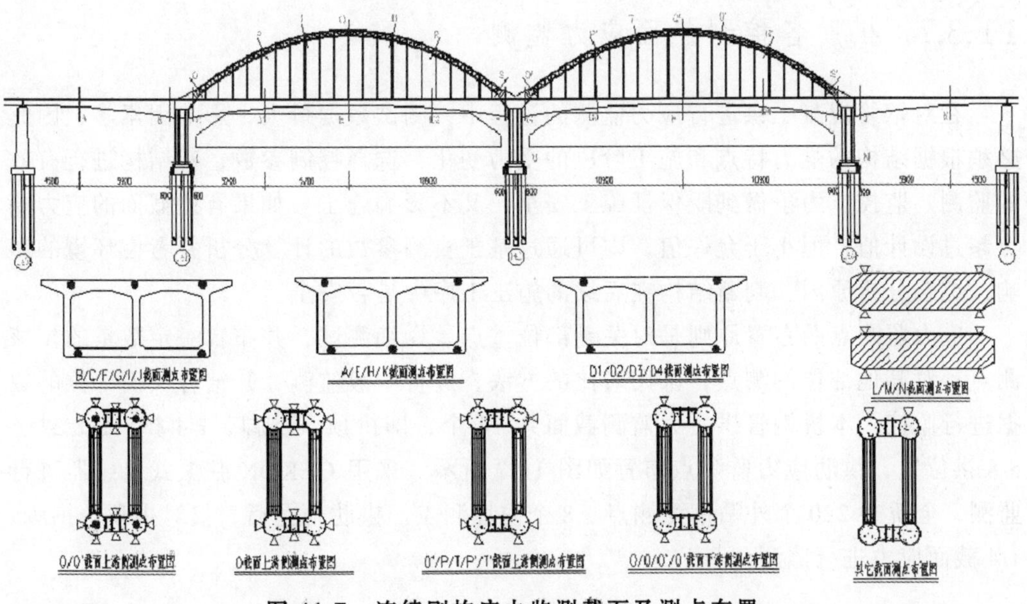

图 11-7　连续刚构应力监测截面及测点布置

11.3.5　桥墩水平位移监测

在连续刚构桥悬臂施工、钢管拱拼装、竖转、合龙及灌注混凝土、吊杆张拉各工况中，桥墩均会产生水平位移。为保证桥墩的合理受力，控制由此产生的拱肋内力变化，保证施工安全，须对 141#～143#主墩的水平位移进行测试。在 3 个主墩墩顶及墩底部位均布置水平位移测点（棱镜），采用 Leica TCA1800 全站仪，全桥共计 12 个，测点布置如图 11-7 所示。

11.3.6 主拱肋拱轴线形、旁弯监测

拱肋实际轴线若偏离设计值，将引起拱肋内力变化。施工过程中拱肋局部偏离拱轴线过大将会引起施工安全隐患或安全事故。特别是在钢管拼装、灌注混凝土和松掉扣索状态下，必须严格控制拱轴线的偏移量，根据监测数据及时调整。拱肋线形测试仪器采用 TCA1800 型全自动全站仪。

拱肋变形监测不仅测试拱肋在扣索吊点（或设计给出的特征点）的标高，还要测试拱肋的横向变位（旁弯），保证成桥阶段的轴线与设计吻合，使拱桥在使用期间受力合理。主拱肋采用支架拼装、缆索扣挂竖向转体法施工，在节段拼装焊接及竖向转体阶段，拱肋的线形观测点分布在拱肋的八分点及扣点位置，当拱肋合龙后，观测点选择在拱肋的八分点位置，全桥共计 44 个拱肋线形测点，测点布置如图 11-7 所示。

11.3.7 拱肋各控制截面应力监测

在对钢管混凝土拱进行应力监测的过程中，测试数据量大，影响因素多，因此必须根据结构的受力特点和施工阶段的受力变化，选择控制参数，对结构进行有效的监测、监控，力争做到既保证施工安全，又不影响施工。如果有些截面的应力测点超过设计值，但小于允许值，则可通过基于实测参数的计算分析并考虑环境的影响，综合分析原因，判断结构在后续的施工工序中是否安全。

应力监测点的布置原则是对关键部位重点、详细测试，并布置一定数量的校核测点；对其他部位的测点，采用对比的方法，进行一般监测，并结合关键部位的数据进行监控。本桥钢管拱应力监测截面共 14 个，即拱顶、拱脚、1/4 拱、3/8 拱、5/8 拱位置，拱肋应力监测点布置如图 11-7 所示。采用 GEKON 弦振式传感器进行监测，全桥共 220 个外贴钢弦测点、8 个内埋测点。拱肋合龙后，仅对拱顶、拱脚、1/4 截面应力进行监测。

11.3.8 吊杆索力监测

吊杆张拉前，锚固端安装了磁通量传感器及配套数据监控软件，为确保张拉索力的均匀性和准确性，采用索力仪对其进行测试，综合索力仪及磁通量传感器的索力测试结果对吊杆索力进行控制，鉴于该方法的局限性，仅监测长索的索力。

测试原理：在拉索的张力测量中，常采用振动法，其基本原理是假定拉索为两端铰支张紧的弦，先测试其固有频率，通过频率与张力的关系式推算张力。由于拉索的固有频率不仅受拉索张力的影响，而且还受拉索挠曲刚度、垂跨比以及倾角的

影响，因此在用振动频谱法推算拉索张力时必须考虑这些因素。当拉索较细长并处于足够张紧状态时，用公式（11-1）进行计算就具有足够的精度。公式（11-1）是假定拉索为两端铰支张紧的弦，根据弦振方程推导出来的，这个公式在拉索张力测量中被广泛应用。

$$T = 4ml^2 f^2 \tag{11-1}$$

式中 T——拉索张力；

m——单位长度质量；

l——拉索长度；

f——拉索的基频。

11.3.9 钢管拱内混凝土填充密实度检测

钢管内混凝土的灌注质量和填充的密实程度直接影响结构的受力特性，国内大部分钢管拱桥均存在混凝土与钢管脱离的现象，故在施工过程中，选取典型截面进行钢管中混凝土的填充密实度检测，通过敲击结合超声波检测法的手段检测混凝土的填充密实程度，来决定是否需要进行二次压浆处理。

测试方法及步骤如下：

（1）根据以往同类桥梁实体模型测试结果，确定本桥钢管拱沿钢管及混凝土传播的应力波波速的范围。

（2）根据拱肋截面尺寸确定应力波沿不同的传播途径传播的时间，进一步推算出应力波沿不同传播途径传播的频率，确定采样频率。

（3）现场测试时，在测点位置粘贴一加速度传感器，先对钢管进行水平敲击测试，同时现场对测试的加速度波形进行初步分析，确定水平方向传播的应力波主频存在，然后进行竖直敲击测试，判断应力波沿竖直方向传播的主频。

（4）根据水平方向及竖直方向传播的应力波主频推算对应传播途径的传播时间，进一步推算钢管填充密实度状况。

11.3.10 梁体、拱肋温度场监测

为保证梁体、拱肋的合龙，也为计算分析提供依据，对连续刚构梁体及钢管混凝土拱肋进行温度监测。连续刚构桥梁体温度监测共设 2 个截面，钢管混凝土拱肋监测共设 4 个截面，测试截面及测点布置见图 11-8。大气温度采用温度计进行测量。

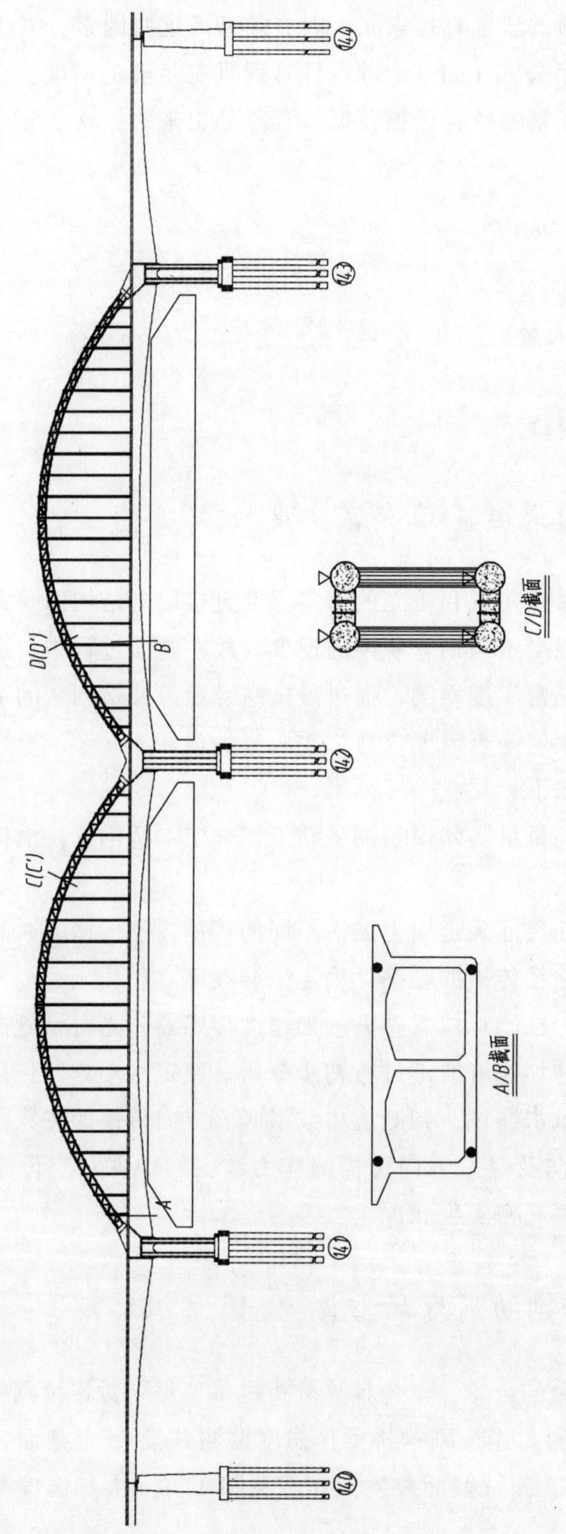

图 11-8 温度监测测试截面及测点布置

11.4 施工控制与分析

11.4.1 施工控制目标值

在施工监测过程中，现场监测采集的数据是结构受力变形的真实反映，该数据与监测监控的目标值（即设计值）的偏离程度，是设计和施工中最为关注的问题。因此，首先应由设计单位提出在施工中各（或主要）阶段监测项目的目标值（或允许偏差值），以使施工过程得到安全的保障，施工质量得以控制。桥梁施工控制的任务就是对桥梁施工过程实施监控，确保在施工过程中桥梁结构的内力、变形始终处于容许的安全范围内，确保成桥状态（包括成桥线形与结构内力）符合设计要求。

11.4.2 测试分析

结合本桥的结构形式及施工工序，进行以下几个方面的计算工作：

（1）连续刚构部分的施工阶段位移、应力及稳定性分析，提供每个施工节段的计算值，根据现场实测结果修正计算参数，提供各施工节段的立模标高。

（2）钢管拱施工阶段拱肋、梁体及桥墩的位移、应力分析，提供各监测项目的计算值；分析温度对拱肋线形的影响，提供合龙温度下拱肋线形的计算值。

（3）钢管拱竖转合龙阶段塔架、桥墩的稳定性分析。

（4）吊杆索力调整阶段的拱肋、梁体应力及变形分析，结合实测结果修正参数计算，保证成桥线形与设计线形基本一致。

11.4.3 施工监控方法

桥梁施工控制的主要任务是桥梁施工过程的安全控制和桥梁结构线形与内力状态控制。施工控制采用预测控制法，即在全面考虑影响桥梁结构状态的各种因素和施工所要达到的目标任务后，对结构的每一个施工阶段形成的前后状态进行预测，使施工沿着预定状态进行。由于预测状态与实际状态间总是有误差存在，某种误差对施工目标的影响则在后续施工状态的预测予以考虑，以此循环直到施工完成和获得与设计相符的结构状态。

在实际监控中，首先将由设计单位计算确定的若干个施工阶段（包括静动载试验）主要测试部位的施工控制目标值输入监控管理系统，然后再对施工阶段完成后的现场监测数据进行判别，对两组数据进行分析，最后提出有关信息供施工控制的决策。在桥梁施工过程中，由于混凝土龄期短，其徐变、收缩影响大，必须加以分析和控制，混凝土徐变、收缩的计算理论就是要确定在结构的使用寿命中，某一时间考虑徐变、收缩后的应力、应变、拱度等状态。在每一个施工阶段前一周或更早，监控实施单位应根据设计提出的拱肋内力、变形、桥墩位移、系杆张拉力等的控制值进行分析，预测制订本阶段的监测目标，并在施工实施后进行偏差分析。施工控制的核心任务是对各种误差进行分析、识别、调整，对结构未来状态进行预测。

11.4.4 施工监测频率

根据该桥的结构受力及施工工序特点，将监测工况大致划分如下：

（1）下部基础、桥墩及0#块施工；

（2）连续刚构悬臂施工；

（3）塔架搭设；

（4）拱肋节段拼装；

（5）拱肋竖转合龙；

（6）灌注管内混凝土；

（7）桥面铺装施工，吊杆调整索力。

该桥施工难度大，监测内容及测点多，为尽量减小工作量、突出工作重点，对各监测工况下相应的测试内容及测试频率进行归纳，如表11-1所示。

表11-1 施工监测内容及频率

工况	梁体线形	梁体坐标	拱肋线形	桥墩位移	梁体应力	桥墩应力	拱肋应力	温度监测
工况1						√		
工况2	★	★			▲	▲		▲
工况3	√			√				
工况4	√		★	√	√	√	√	▲
工况5	√		★	▲		▲	★	★
工况6	√		★	▲		▲	★	
工况7	▲		▲	√	√	√	√	

注：1. 表中★表示该工况下该测试项目为重点测试项目，频率1～2天一次；▲表示该工况下该测试项目为比较重要的测试项目；频率3～4天一次，√表示该工况下该测试项目为一般测试项目，频率7天一次。

2. 表中各测试项目及频率根据实际施工情况可能会有所调整。

3. 各工况下各测试项目中的具体测试内容（测试的测点）根据实际工程进度确定。

11.4.5 仪器设备及测试系统

本桥监测使用仪器设备清单见表11-2。

表 11-2　本桥所用监测仪器

序号	仪器设备名称	测试精度	产地	数量	特点
1	GEKON 钢弦应变计（外贴）	1 με	美国	220	钢管拱应力监测
2	GEKON 钢弦应变计（内埋）	1 με	美国	8	钢管拱应力监测
3	钢筋应变计	1/2.5 με	江苏	100	连续刚构梁体应力监测
4	GK-403 读数仪	1 με		1	应力测试
5	JC-J4 静态应变、温度测试系统	1 με 0.2 °C	国产	1	应力测试
6	FW2000 分布式网络测试系统	1 με	南京	4	应力测试
7	DNA03 水准仪	±0.3 mm/km	瑞士	1	桥梁线形测试
8	Leica-TCA2003 全站仪	0.5″	瑞士	1	拱肋线形测试及梁体、墩柱水平位移测试
9	超声雷达检测仪			1	检测钢管混凝土填充密实度、裂缝宽度及混凝土强度
10	长沙金码索力仪		长沙	1	索力测试

11.5　具体实施措施

11.5.1　计算模型

结构整体计算采用 MIDAS/civil2006 进行，根据桥梁施工图建立空间杆系模型，主梁采用空间梁单元进行模拟，吊杆采用桁架单元进行模拟，拱肋弦杆、腹杆采用梁单元进行模拟，同时为考虑平联板混凝土灌注过程，平联板亦采用梁单元进行模拟，主拱腹杆及平联板采用软件所提供的施工阶段联合截面进行模拟。全桥共建立梁单元 4 107 个，桁架单元 84 个。结构计算模型参见图 11-9。

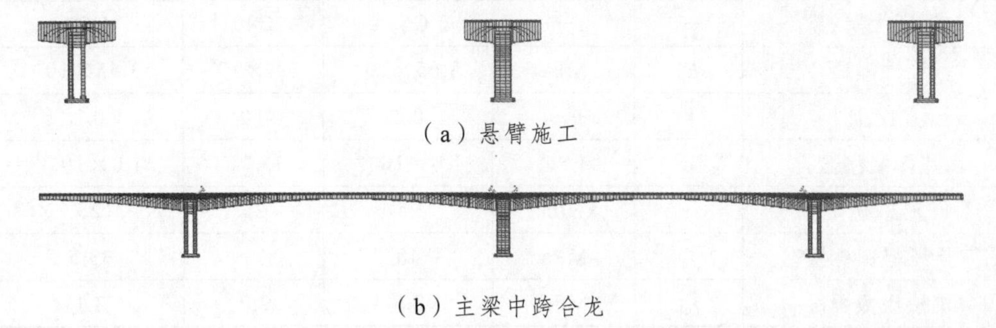

（a）悬臂施工

（b）主梁中跨合龙

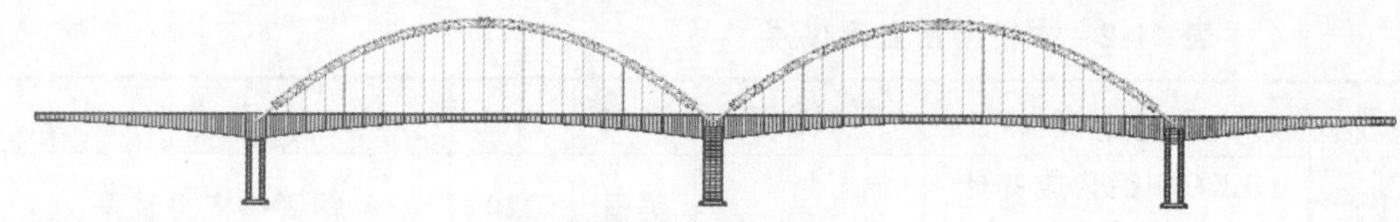

（c）主拱合龙

图 11-9 结构计算模型

本次进行内力计算时拱肋截面的刚度采用钢管与混凝土刚度直接叠加，即参考中国工程建设标准化协会于 1990 年颁布的《钢管混凝土结构设计和施工规程》（CECS28：90）进行刚度取值，公式如下：

$$EA = E_s A_s + E_c A_c$$

$$EI = E_s I_s + E_c I_c$$

式中 EA——钢管混凝土压缩和拉伸刚度；

EI——钢管混凝土结构弯曲刚度；

E_c——混凝土弹性模量；

A_c——混凝土截面面积；

I_c——混凝土惯性矩；

E_s——钢管弹性模量；

A_s——钢管截面面积；

I_s——钢管抗弯惯性矩。

11.5.2 材料参数

结构计算混凝土材料参数见表 11-3，结构计算预应力钢筋材料参数见表 11-4。

表 11-3 结构计算混凝土材料参数

项目	符号	单位	混凝土		
			主梁	墩柱	钢管混凝土
混凝土等级	—	—	C60	C40	C50
弹性模量	E_c	MPa	3.65×10^4	3.4×10^4	3.55×10^4
泊松比	ν	—	0.2	0.2	0.2
热膨胀系数	α	1/°C	1.0×10^{-5}	1.0×10^{-5}	1.0×10^{-5}
容重	γ	kN/m³	25	25	25
抗压极限强度	f_c	MPa	40	27	33.5
抗拉极限强度	f_{cl}	MPa	3.5	2.7	3.1

表 11-4　结构计算预应力钢筋材料参数

项目	符号	单位	预应力钢筋		
			纵向	横向	竖向
规格	—	—	$\varphi^{s}15.2$	$\varphi^{s}15.2$	JL32
公称面积	A_p	mm^2	140	140	—
弹性模量	E_p	MPa	1.95×10^5	1.95×10^5	2.0×10^5
热膨胀系数	α	1/°C	1.1×10^{-5}	1.1×10^{-5}	1.1×10^{-5}
容重	γ	kN/m^3	78.5	78.5	78.5
标准强度	f_{pk}	MPa	1 860	1 860	930
张拉控制应力	σ_{con}	MPa	1 200/1 265/1 350	1 250	790.5
编束根数	—	股	19/25/27	5	—
孔道内径	—	mm	107/117	—	45
管道摩阻系数	μ	—	0.23	0.16	—
孔道偏差系数	k	1/m	0.002 5	0.001 5	—

11.5.3　计算荷载

恒荷载：结构自重根据截面实际构造按 26 kN/m³ 计，主梁横隔板、锚固块重量拱肋与吊杆附属构件重量作为外荷载施加在结构上。桥面二期恒载按 127.1 kN/m 计。

活荷载：按双线中-活载考虑。

混凝土收缩、徐变：参考规范《公路钢筋混凝土及预应力混凝土桥涵设计规范》（JTG D62—2004）考虑。

施工荷载：根据施工图设计，悬臂浇筑施工挂篮重按 1 413.16 kN 计。

11.5.4　施工阶段梁体应力计算

结合施工监测内容，依据《铁路桥涵钢筋混凝土和预应力混凝土结构设计规范》（TB 1002.3—2005）6.4.4 条规定，预应力混凝土构件，在传力锚固及存梁阶段计入构造自重作用后混凝土正应力应符合下列条件。

1. 压应力

$$\sigma_c \leqslant \alpha f_c'$$

式中　σ_c——混凝土压应力（MPa）；

α——系数，C50 ~ C60 混凝土为 0.75，C40 ~ C45 混凝土为 0.70。

f_c'——混凝土抗压极限强度（MPa）。

2. 拉应力

$$\sigma_t \leqslant 0.7 f'_{ct}$$

式中　σ_t——混凝土拉应力（MPa）；

f'_{ct}——混凝土抗拉极限强度（MPa）。

各阶段施工顺序为：安装空挂篮、浇筑混凝土、张拉预应力钢束、移动挂篮、进行下一节段安装。结构应变测试截面布置如图 11-7 所示，其中 AI 截面表示双柱墩近跨中侧墩柱监控截面，AO 截面表示双柱墩远离跨中侧墩柱监控截面。主梁施工阶段最大正压应力为 13.8 MPa，最大正拉应力为 1.6 MPa，均满足规范要求。

11.5.5　主梁施工线形控制计算

1. 线形控制原则

为确保桥梁结构合龙精度、成桥线形和运营一定时间后能达到设计所要求的标高，施工时需控制每个施工阶段梁端的立模标高。

立模标高 = 设计标高 + 预拱度 + 挂篮变形

式中，设计标高为结构设计线形；预拱度包括施工预拱度和运营预拱度。

施工预拱度等于本阶段至全桥合龙完成各阶段施工对本悬浇梁段立模前端所产生的挠度之和的反号值。运营预拱度等于悬浇梁段立模前端处二期恒载挠度、二分之一静活载挠度和成桥后 10 年收缩徐变所产生的挠度之和的反号值。

挂篮变形为阶段湿重作用挂篮上所产生的变形，从试验数据计算出底模前下横梁的加载重量与挠度的关系回归方程 $y = 0.066\,72x + 2.934\,91$（mm），具体见图 11-10。根据回归方程，进行相应施工阶段挂篮变形推算，并在施工过程中对挂篮挠度观测与理论计算值（理论计算模型见图 11-11）进行比较，在下一个阶段进行修正。

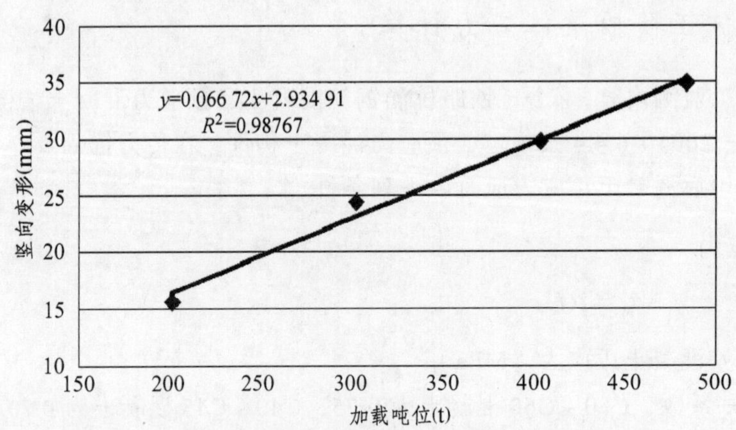

图 11-10　挂篮预压试验实测变形与加载吨位关系图

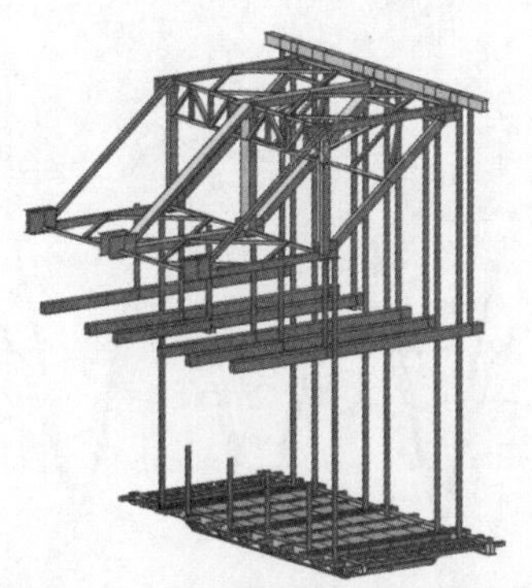

图 11-11　挂篮理论分析模型

2. 累计位移计算

累计位移计算是施工监控中的一个重要的环节，它不仅是施工中立模标高的重要组成部分，而且还是结构在不同的体系转换下，结构的位移预警数据。因此，累计位移的计算是连续梁施工监控的重要组成部分。大桥竣工时主梁各梁段累积位移及活载作用下主梁位移与设计计算结果对比见图 11-12～11-14，由图可以看出双方计算结果基本一致，个别梁段略有差异，但差别不大，推断与计算软件、模型细节、计算参数存在一定差异有关。

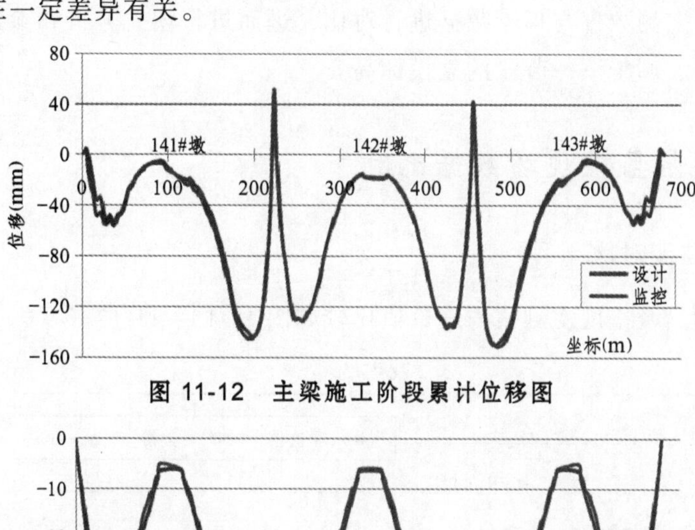

图 11-12　主梁施工阶段累计位移图

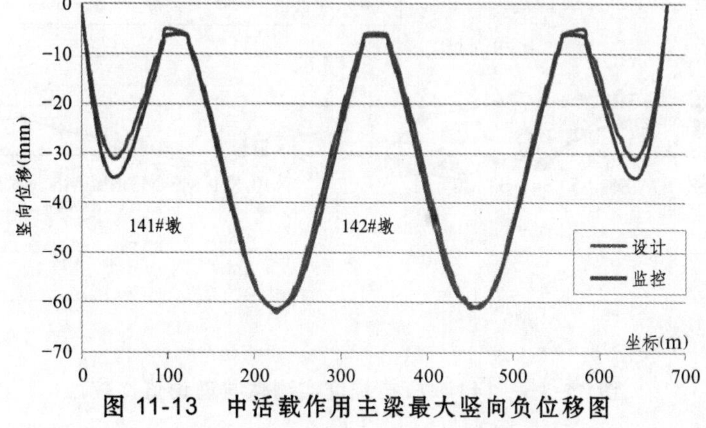

图 11-13　中活载作用主梁最大竖向负位移图

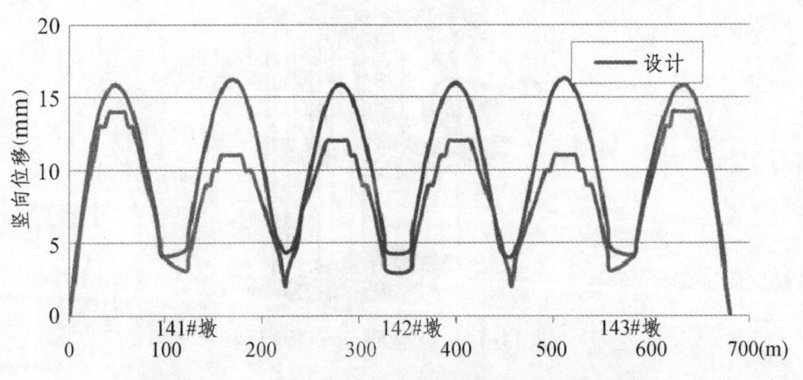

图 11-14　中活载作用主梁最大竖向正位移图

（图中的位移正负为：向上为正，向下为负）

3. 立模标高的确定

根据结构理论计算分析得出的结果，实际结构变形及受力受材料、刚度、环境等因素的影响，同理论计算分析存在一定的差异，在监控过程中需进行实时跟踪分析，不断地将实测数据与理论数据进行对比，进而进行误差分析和参数识别，修正理论计算模型、调整下一节段的立模标高。

11.5.6　线性监控现场数据比对

1. 挠度监测对比

141#～143#墩挠度实测值与理论值比较如图 11-15～11-17。

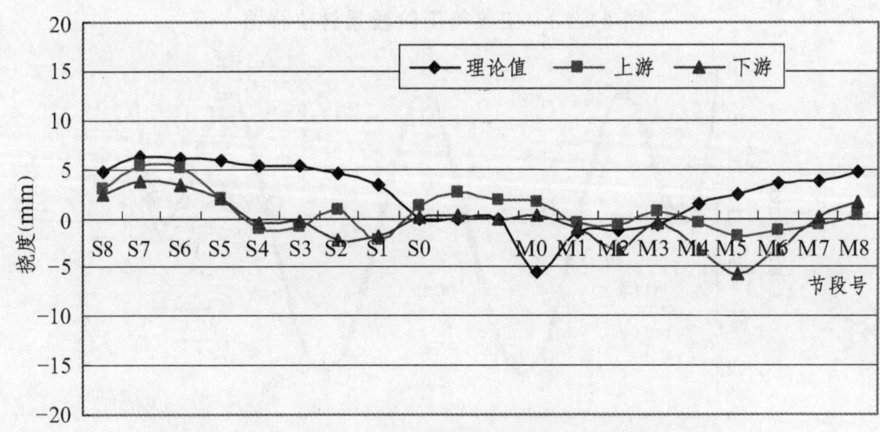

图 11-15　141#墩T构挠度实测值与理论值比较

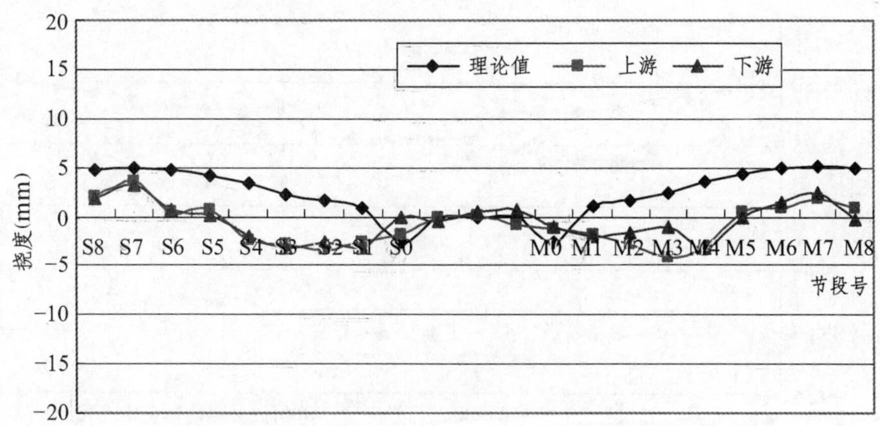

图 11-16　142#墩T构挠度实测值与理论值比较

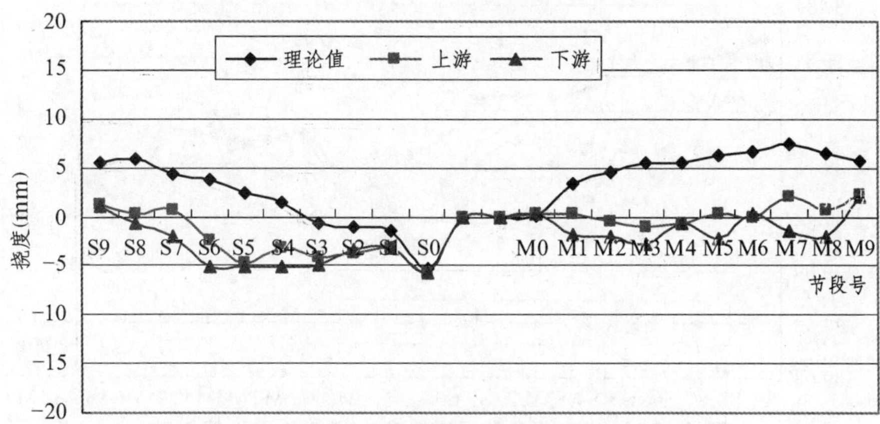

图 11-17　143#墩T构挠度实测值与理论值比较

2. 线形监测对比

141#～143#墩标高实测值与理论值比较如图 11-18～11-20。

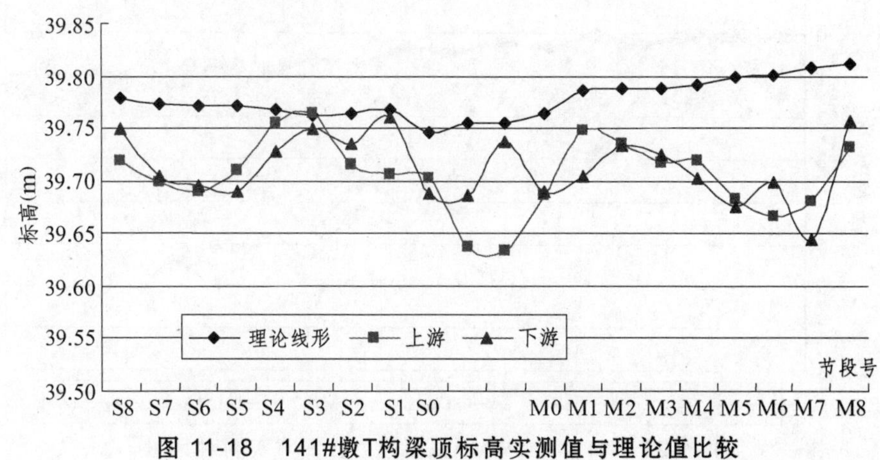

图 11-18　141#墩T构梁顶标高实测值与理论值比较

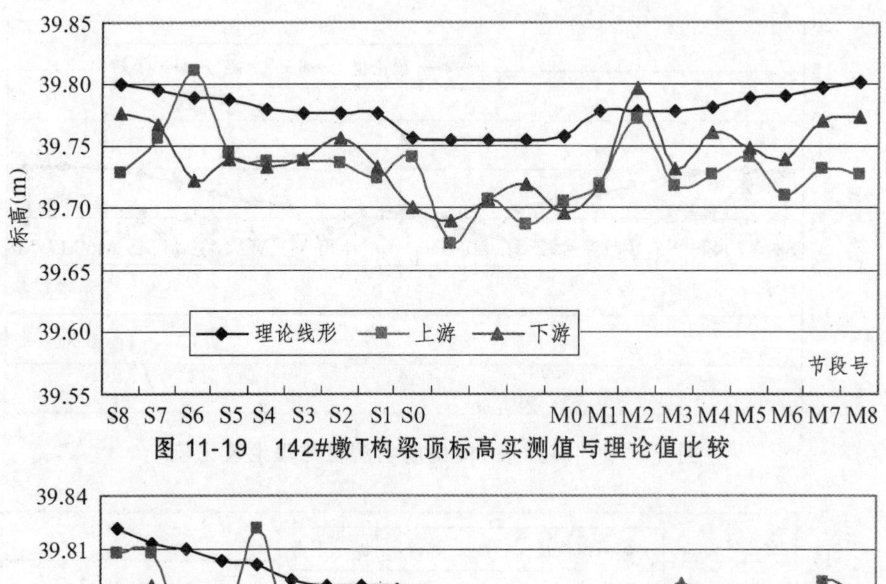

图 11-19 142#墩T构梁顶标高实测值与理论值比较

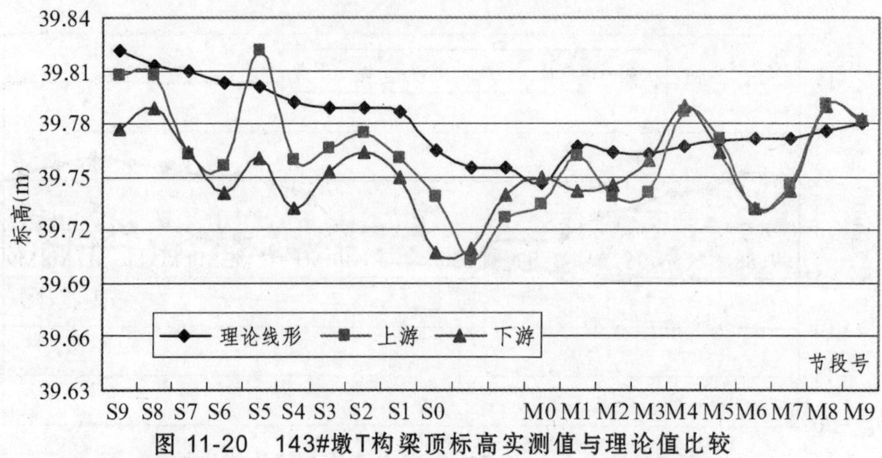

图 11-20 143#墩T构梁顶标高实测值与理论值比较

3. 应力监测对比

141#～143#墩截面应力计算值与实测值比较如图 11-21～11-23。

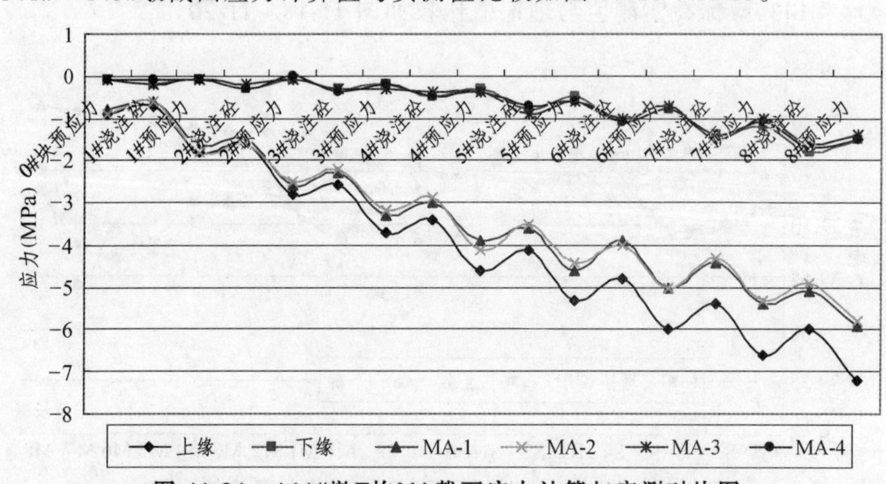

图 11-21 141#墩T构MA截面应力计算与实测对比图

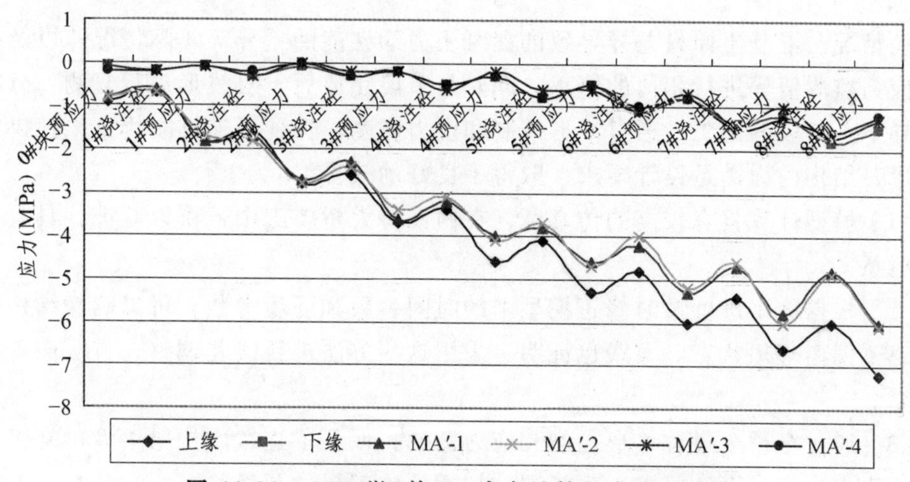

图 11-22　142#墩T构MA′应力计算与实测对比图

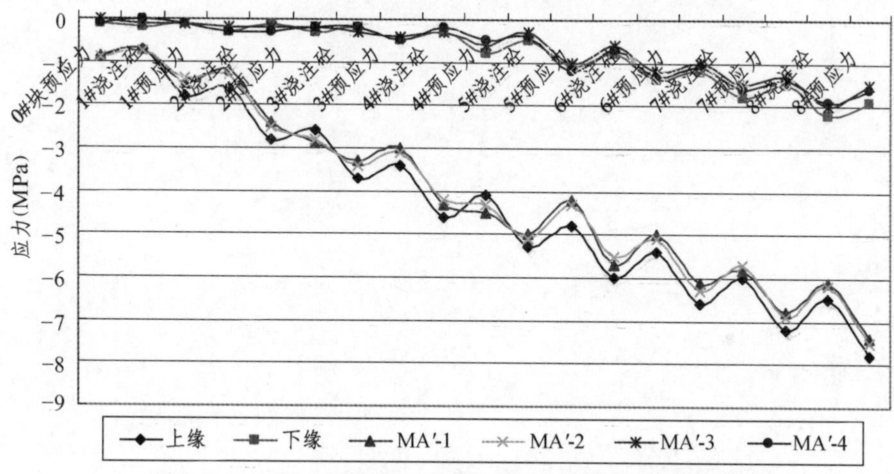

图 11-23　143#墩T构MI′截面应力计算与实测对比图

应力控制：

（1）结构在自重下的应力：实际应力与设计相差宜控制在 + 5%。

（2）结构在施工荷载下的应力：实际应力与设计相差宜控制在 + 5%。

（3）结构预加应力：结构预加应力除对张拉实施双控（压力表控制和伸长量控制），伸长量误差允许在 ± 6%以内外，还必须考虑管道摩阻影响（对于后张结构）。

（4）温度应力，特别是大体积基础、墩柱等。

（5）其他应力，如基础变位、风荷载、雪荷载等引起的结构应力。

11.6　本章小结

刚构连续梁线形监控是个连续动态的系统过程，施工时，根据环境温度、预应力张拉情况、混凝土原材差异导致的混凝土力学性能的差异等实际情况，以及各阶段的应力监测值等进行相应的修正，同时每节段完成后，对线形进行复测、分析，以指导下一节段的施工，通过线形控制和应力监测，保证了连续刚构梁柔性拱施工中线形、结构内力满足设计要求，取得了良好的效果。

（1）模型计算具有较高的仿真度，在西江特大桥施工中，得以验证，具有广泛的借鉴意义。

（2）根据施工进度及时修正模型中的时间参数和环境参数，可以确保结构的实际状态不偏离理想状态。实践也证明，采用这些方法进行误差调整，方法简单，效果可靠。

（3）通过全桥全过程线形控制和应力监测，保证了连续刚构梁柔性拱施工中线形、结构内力满足设计要求，为相同结构桥梁施工提供了经验。

第 12 章　经济社会效益分析

新建广州至珠海铁路全长 189.376 km，从京广线江村编组站接轨，终点为珠海市高栏港站，是一条双线货运铁路，建成后将成为珠三角的一条铁路大动脉。作为全线的重难点项目，西江特大桥共 186 孔、长 7 024.775 m，主桥跨越国内第二大水系西江主航道，枯水期水深依然达 35 m，部分江底为无覆盖层裸岩，这在国内同类桥梁施工中非常罕见，桩基础长，从作业平台到桩基础底部深 101 m。西江特大桥主桥设计为（110 + 2 × 230 + 110）m 长 682 m 的大跨度连续刚构-柔性拱组合结构，而跨越主航道的两孔梁上部是纵横竖三向预应力混凝土连续刚构柔性钢管拱结构，跨度均达 230 m，居同类结构双线铁路桥梁世界第二。

项目施工难度大，在建设过程中，该公司坚持科技攻关与工程施工同步，针对大桥特点，优化施工方案、工序、人机料的配置，不断进行适应性修正，直至达到最佳效果，取得了良好的社会效益、经济效益和环境效益。

12.1　经济效益

本成果已成功应用于广珠铁路西江特大桥主桥，解决了西江特大桥主桥（110 + 2 × 230 + 110）m 连续刚构拱桥施工的关键技术，提出了一套先进完整的实施性的施工技术方案。该桥采用的各项新技术保证了施工质量和安全，节约了大量的人力、物力，确保了本工程施工的顺利进行，在栈桥平台建设、深水高桩承台围堰、连续刚构 0#块托架设计施工、钢管拱拼装竖转等方面直接降低施工成本 1 000 多万元。

12.2　社会效益

复杂条件下深水大跨双线铁路连续刚构拱特大桥施工综合技术研究，所取得的科研成果用于指导西江特大桥的施工，取得了很好的经济效益，加快了施工进度，保证了该桥的施工质量和安全。同时也为今后类似桥梁项目的施工，总结出了一套先进、成熟的施工技术、工法、经验。科研小组取得的成果和新技术可广泛应用于跨江、跨海深水裸岩大跨度混凝土桥梁的施工，为以后类似工程施工提供了经验，值得在国内外进行推广和应用。

第 13 章　基于施工物流管理的铁路桥梁质量保证体系研究

13.1　研究背景

物流概念的产生和发展经历了三个阶段：第一个阶段是物流概念的孕育阶段，从 20 世纪初到 50 年代。这一个阶段是物流概念的孕育和提出阶段，主要有两种意见、两个提法：一是美国市场营销学者阿奇·萧 1915 年提出的叫作 physical distribution 的物流概念，他是从市场分销的角度提出的；二是美国少校琼西·贝克于 1905 年从军事后勤的角度提出的 logistics 的物流概念。第二个阶段是分销物流（physical distribution）阶段，从 20 世纪 50 年代中期开始到 80 年代中期。这一个阶段的基本特征是分销物流学（physical distribution）的概念进一步发展而占据了统治地位，并且从美国走向了全世界，成为世界各国一致公认的一个比较统一的物流概念。这一时期促进了物流管理学的形成和发展，进而形成了物流学派、物流产业和物流领域。第三个阶段是现代物流（logistics）阶段，从 20 世纪 80 年代中期开始一直到现在。通过第二阶段分销物流的发展，全世界都意识到，物流已经不仅限于分销领域，而且已经涉及项目物资供应、项目生产、项目分销以及项目废弃物再生等全范围和全领域[61]。

物流管理从宏观上讲，就是运用管理的基本原理和方法，以物流系统为研究对象，研究现代物流活动中的经济问题，以实现物流系统的最佳经济效益，不断促进物流业的发展，更好地为社会服务。从微观上说，就是运用计划、组织、控制三大管理职能，借助物流理念和物流技术，通过运输、搬运、存储、保管、包装、装卸、流通加工和物流信息处理等物流基本活动，对物流系统各要素进行有效组织和优化配置，来解决物流系统中供需之间存在的时间、空间、数量、品种、价格等方面的矛盾，为物流系统各类客户提供满足要求的物流服务[62]。

现今工程的管理通常都以项目管理的形式出现。在国外，项目管理的科学在理论研究上已经有很长的历史，被广泛地应用到工程建设中。特别在日本和德国等发达国家，工程项目的总体管理水平已经相当高。与之相适应的，这些国家的物流企业也在多年的工程物流实践中总结和升华了工程物流的管理理论，他们的物流企业都具有很强的国际竞争能力。但是，由于工程物流总体上属于比较新的专门性的物流，国际国内对其专门的研究及其成果还不多见，远没有工业产品物流、供应链管理等的研究来得广泛和深入。即使在国际上，绝大多数的工程物流从业者都主要从普通的全球货运代理、大件海陆运输的角度部分结合项目管理的特征来理解他们所从事的工程物流，所以不可避免地带有很大的局限性。另外，业界对工程物流的运作方面专门的研究成果或指导理论也不多见。

近年来，工程物流已经引起了国内物流学界的重视。2005 年 9 月，中国物流与采购联合会就曾经在全国范围内的物流研讨会上就工程物流组织过专门的研讨，其研究的议题为：大型工程物流项目的规划和整体运作实践。在国内，工程项目管理水平还较低。许多的物流企业或许正在从事着许多中小型的工程物流服务，但是也只是将其视同为相对大批量的普通的货物运输，而对于整体的工程物流的概念并不清晰。由于总体的物流社会化水平也不高，绝大多数的第三方物流企业还没有机会在国际、国内全面参与和体会大型现代工程物流的管理和运作，即使是中远物流这样领先的大型第三方物流企业也仅是处于起步阶段。这直接导致相关的研究还很不充分，有限的指导和实践都来源于同国外的物流公司的分包合作中，缺乏系统性和针对性。相信随着国内越来越多的物流公司可以参与工程物流项目的运作，以及工程物流引起的众多关注，相关的研究和理论支持将得到不断的加强[63]。

13.2 现实状况

本桥位于珠江三角洲的冲积平原区，地处佛山市南海区与江门鹤山市。桥中心里程为 DK72 + 713.11 m，起点里程为 DK69 + 194.845 m，终点里程为 DK76 + 219.620 m，全长为 7 024.775 m。全桥孔跨布置为 62-32 m 简支梁 + 1-24 m 简支梁 + 1-32 m 简支梁 + (40 + 72 + 40) m 连续梁 + 66-32 m 简支梁 + (56 + 5 × 80 + 56) m 连续梁 + (110 + 2 × 230 + 110) 连续刚构拱 + (48 + 80 + 48) m 连续梁 + 28-32 m 简支梁，共 175 孔。东岸引桥位于 5.9‰、5.6‰、6.0‰的上坡；主桥位于平坡；西岸引桥位于 5.8‰的下坡。

桥址处地势较平缓，沿途经过大量鱼塘。本桥于 DK73 + 870 ~ DK75 + 060 跨越西江，西江为国家航运主航道，属一级航道。桥位处常水位河面宽约 950 m，桥轴线与河道基本正交。河道东岸大堤顶宽 5.2 m，与线路夹角 87°，实际堤顶标高 9.16 m；西岸堤顶宽 7.9 m，与线路夹角 89°，实际堤顶标高 10.73 m。桥区河面较宽，水流较为平顺，主流偏向西岸，河床由两岸向中间逐渐加深，桥轴线深槽居于西岸。河床高程介于 – 27.26 ~ 2.65 m。

桥位上游约 3.8 km 有既有公路桥高明大桥，西岸上游约 2.5 km 有盈昌（西江）道路沥青厂的物资码头，东岸上游约 3.8 km 处有河清码头，下游 10 km 处有既有九江公路大桥。

13.3 目 标

针对目前铁路桥梁施工管理的现状，从分析铁路桥梁施工所需设备以及构件运输的特点及其相关物流特性入手，促进我国铁路施工企业物流管理水平，从而完善施工企业质量管理体系。

13.4 具体实施措施

13.4.1 工程物流管理概念

对工程物流，从字面上理解，属于一种物流的服务形式，而工程项目是该物流服务的对象。所谓项目，按 IPMA 的定义，项目是一个特殊的，将被完成的有限任务，它是在一定时间内，满足一系列特定目标的多项相关工作的总称。其具有三层含义：第一，项目是一项有待完成的任务；第二，项目在一定的组织机构内，有特定的环境和要求：利用有限的资源在规定的时间内完成任务；第三，该任务必须要满足一定的性能、质量、数量、技术指标等要求。由于现代项目管理科学的发展，通常的，工程被理解为是一种最常见的项目，工程施工和建设满足项目的三个要素，而工程的设计和建设也以项目管理的形式进行。所以，国外对工程物流直接冠以“项目”的称谓。早期，在国内，许多公司设立服务于工程的物流业务部门时，都以直译的“项目物流”来称呼。但由于项目的广泛的外延，许多并非服务于施工建设工程的产品物流形式也可以被理解为项目物流，比如“TCL 彩电欧洲出口项目物流”，本身也完全是一个项目，也是服务于一个具体项目的物流形式。所以，用工程来进行称呼，比较恰当。按国际物流业界的通常理解，我们可以认为，工程物流的服务对象指的是各种规模的以形成固定资产为目的的投资建设工程，如石化、电力、冶金、环保等工程。

物流这个术语在今天已经非常流行，被广泛使用于各种商务和学术联合会中。

但物流这一概念在作为商业概念前，最早是在军事中被应用并进行了大量实践，物流与战略、策略一起，是军事后勤组织的三大职能之一。虽然物流概念已经被广泛使用，但是直到目前仍然对这一概念没有一个统一公认的定义。美国物流管理协会最新的物流定义是："物流是供应链流程的一部分，是为了满足客户需求而对商品、服务及相关信息从原产地到消费地的高效率、高效益的正向和反向流动及储存进行的计划、实施与控制过程。"这一定义涵盖了采购、产品配送、运输、仓储、信息系统以及供应链管理等范畴，是目前比较公认的定义。欧洲物流联合会（ELA）对物流的定义是："规划、控制和执行从设计、采购，经过生产、销售，直到最终用户的商品流，目标在于以最小的成本和资金运用来满足市场的需求。"2001 年 8 月 1 日开始实行的《中华人民共和国国家标准物流术语》对物流的定义则为："物品从供应地向接收地的实体流动过程。根据实际需要，将运输、储存、搬运、包装、流通加工、配送、信息处理等基本功能实施有机结合。"从以上几个权威的组织给出的物流定义中可以看出，物流的内涵和外延是相当广泛的。

结合物流的普遍的定义，根据工程物流的服务对象，我们可以这么概括工程物流的定义：项目管理形式下工程物资从供应地到接收地的实体流动过程。根据实际需要，将运输、储存、搬运、包装、加工、配送、工程物资管理信息处理等基本功能实施的有机结合。

物流作为建筑物施工过程中的重要组成部分，至关重要。成功的物流组织可以使得原材料在供应链中顺利地在施工过程中得以运输、加工。为实现这一目标，时间、地点、数量和质量都是至关重要的。施工物流与各供应链的接口如图 13-1 所示。

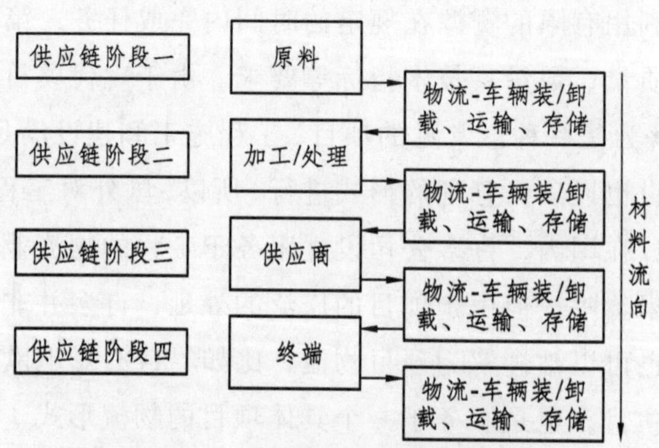

图 13-1　物流与各供应链接口

物流的好坏从很大程度上影响各投资者和相关利益者的决策，作为工程建设的一个重要方面，物流影响着工程的造价、工期以及可行性。图 13-2 显示了物流可能影响的一些因素。

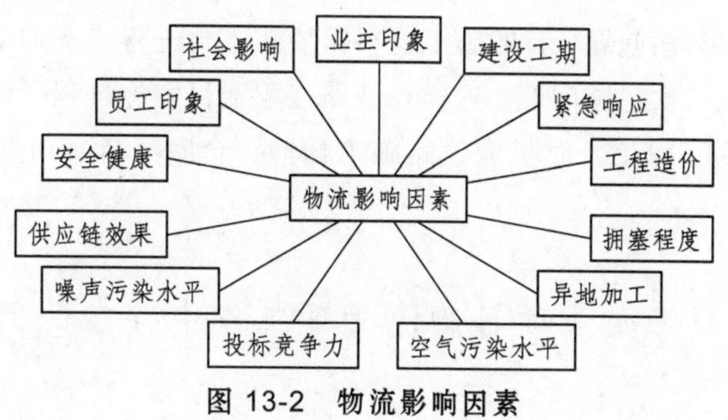

图 13-2　物流影响因素

13.4.2　铁路施工项目物流管理特点

1. 施工项目物流需求量不均衡

在施工项目的建设初期，首先需要完成项目的“三通一平”工作，即水通、路通、电通和场地平整。这时材料需用量非常少，物流工作量也非常小。进入施工项目的建设中期后，大规模的土建类施工展开，需要大量的建筑材料，这时的物流量非常大。而进入施工项目的建设期末，只有零星的土建和收尾施工，物流量又变得很小。

2. 施工项目物流主体众多

在施工项目建设过程中，由于工程发包模式以及采购模式的不同，导致采购主体众多，如有些物料是由业主自购的，有些物资是由总承包单位采购的，还有些物资是由分包单位采购的。导致工程建设项目物流主体众多的原因，增加了物流服务的协调难度。

3. 施工项目物流服务方式多样

在施工项目建设过程中，不同项目由于受项目内部和外部条件的制约和影响，物流服务方式往往不同。如业主组织工程建设项目的物资招标、采购、运输和仓储等物流服务，也有承包商或供应商组织的物流服务，还有生产厂家或第三方物流企业组织物料运输和仓储等物流服务。

4. 施工项目二次性物流数量多而导致物流服务地点的变动

施工项目所需要的建筑材料往往体积大，需要占用大量的施工场地。但由于施工场地空间有限，往往不能提供足够的仓储空间，导致许多材料不能一次运输到位，存在二次运输问题。另外，在线形施工项目中，由于建设空间分布过长，一般沿线设置若干中心仓库，物料进场先进中心仓库储存，施工中再运到具体施工地点，也存在二次运输问题。有的施工材料需要在工地进行二次加工，原材料和成品在加工前后都存在二次运输问题。这样在铁路工程项目实施过程中，随着铁路路线建设的不断延伸，为了保证及时供应铁路施工物资，仓库不断变动，物流服务地点在不断变动。

13.4.3 铁路施工企业项目物流管理工作中存在的问题

1. 采购方面

铁路施工企业在物料采购之后，开始成本管理，失去了同上游供应商开展战略合作的机会。从而铁路施工企业常出现供应商断货或压货，供应链的运行效率受到影响。此外，铁路施工企业代替供应商的部分职能，为保证工程建设的进度，建立自己的物料储备系统，使得库存加大，物料周转速度放慢，资金占用增多。同时，在实际的施工运作中，物流管理部门、工程技术管理部门和作业队之间信息沟通不够及时、准确，造成购买物料的计划与施工进度计划不相符，致使物料积压或停工待料。铁路施工企业集团公司和子公司、分公司都成立物资供应中心，各级物资采购部门建立的供应网络是相互独立的,并且与供应方之间没有形成稳定的供应关系。铁路企业的供应部门只考虑承担满足施工物资需要的职责，而不考虑物流管理的原则，未能利用自身优势和技术方法，使供应工作产生更大的经济效益，提高铁路施工物流工作的附加值。

2. 运输方面

物流运输效率不高。在铁路施工项目内部物流运输过程中，由于仓库选址不当造成的迂回运输，使铁路施工项目内部物流运输的空载率居高不下，严重影响物流运输效率，增加项目物流成本。

3. 选址方面

铁路施工企业目前选址方式依然是人工判断选址，很少用动态的选址方法，即使使用也是简单的动态规划，没有用智能算法考虑施工进度科学选址。

4. 回　收

回收物资利用率不高。铁路施工项目部对回收物资处理带来的经济效益重视程度不足，没有设置回收物资账目。项目结束时，因为处理时间仓促等原因，大量可再利用的物资，被低价出售，甚至当作废料处理。没有体现回收物资的经济价值，不但降低物资的利用率，也不利于环境保护。

5. 信息化程度

在铁路施工企业物流管理工作中，物流管理息化水平低。现在我国一些施工企业未能采用很多成熟的物流技术，物流服务功能单一，服务能力跟不上现场要求。缺乏必要的技术、设备支持，这在很大程度上降低了信息的准确性。有些企业虽配备了电脑，但也只是停留在办公自动化阶段，信息自动化处理程度不强，信息分散，信息处理能力低，还没有形成系统，更没有形成网络。

6. 人　才

由于物流管理学科是近年来我国才正式提倡的管理理论，相关院校的人才培养主要是针对一般性的商品物流管理，专业性较强的施工企业物流管理缺乏专业人才，从而导致既懂施工又懂物流管理的复合型人才少之又少。

13.4.4　铁路施工物流优化战略方针

1. 采购流程的战略思考

铁路施工企业采用物流供应链伙伴合作关系，采购的前提是要建立一个高效的组织结构。

（1）施工企业的总部设机料管理中心，组建区域物料采购中心。为了整合各项目的采购资源，加强项目间的联系，按地域划分为界限，成立区域物料采购中心，主要负责各项目部采购业务的共同部分的集成，如长期供应商的管理，市场信息收集，采购信息分析、处理，成本分析，项目部人员业绩的考核等。各项目部继续延用分散的采购组织结构，项目经理对其采购结果负责，成立独立的采购部，部门经理直接向项目经理汇报。将服务型物资的采购从办公室划分出来，由物料采购部门负责。区域内的各项目物料采购部同时受项目和区域物料采购中心的领导；为了便于资金统一调度，项目的财务部实行委派制，同时隶属于集团财务部和项目部管理。

（2）直接与设计院设计人员在材料选择、材料更新等方面进行沟通，从施工进度的影响因素考虑建立需求预测机制，在最大程度上降低采购成本。

（3）采购部门的岗位设置：施工企业生产所需的材料种类多，专业性强，因此，可根据采购的物品类别设置采购人员。

2. 仓库选址及库存控制的战略思考

传统大批量的订货会使企业库存增加，虽然企业在众多方面获得优势，如降低原材料采购价格，减少订货次数和订货费用，减少因缺货造成的停工损失。

（1）库存控制考虑价格波动带来的风险因素。

因市场环境变化，导致主要材料价格波动，对铁路工程建设成本有着重要影响。铁路使用的钢材、水泥、碎石等主要材料难以预测和控制，使工程成本增加。因市场变化引起材料在一段时期内短缺，承包商难以承受价格变化，不能及时采购材料，工程进度减慢。一些材料和生产资料价格的上涨甚至抵消了承包商的利润，使其产生了抗拒履行合同的心理因素，增加索赔的愿望，甚至导致承包人破产，无力履行合同。企业根据材料的价格波动规律，有计划性、有针对性地增加一部分库存，使企业受价格影响减小。

（2）仓库的设施选址考虑随施工进度的变化而动态选址。

由于铁路施工现场地形复杂，沿线距离较长，许多原材料、半成品等需要二次转运，合理的场地布局、选择合适的运输路线和恰当的运输工具可以有效降低二次运输费。当企业在一个较长的规划期内确定自己的选址布局时，为了保证各时间段的选址都是最优的，需要确定一个随时间变化的选址布局，即动态选址。这种选址方法与只在单一时间段内寻找最佳的数量、规模、位置是不同的。企业仓储设施从一种布局形式转换到另一种布局需要支付一定的转移成本。当采用新的选址方案所带来的成本节约大于转移成本时，企业就应该考虑更换地址。特别当企业采用第三方的公共物流设施或合同物流设施服务时，由于只需按租用的节点设施空间支付租金，没有节点设施的固定投资，在转移到新的选址时相对容易，转移成本也比自营时的转移成本低。因此，铁路施工企业可以根据规划期内所用材料在数量、地点等随施工进度的变化预测，利用 p-中值模型建立数学模型，然后用智能算法求解最优选址方案。

（3）加强信息管理。

在采购和回收运作中加强对 EDI、个人电脑、人工智能/专家系统、通信、条形码和扫描等先进信息技术的应用。专门开发铁路施工企业物流管理系统软件，一切物质进入系统监控。从而避免项目在“采购黑洞”“物流陷阱”中造成腐败。

13.4.5 西江桥施工物流措施

西江桥针对现场施工采取了以下施工物流措施：

1. 墩 身

141#、143#为双柱板式墩，142#为矩形空心墩，各墩高度为 30.5 m。模板使用钢模板，以 6 ~ 12 m 高度为基本浇筑高度。钢筋采用人工绑扎，钢筋绑扎高度以 6 ~ 12 m 为基本节，保证钢筋始终伸出墩身的高度为 1 m 高度。141#和 143#墩身混凝土运输使用混凝土运输车运输，到墩身处使用混凝土泵车浇筑混凝土。

142#墩混凝土运输需用混凝土运输车将混凝土运输到144#平台上，然后将混凝土倒装到混凝土运输船，混凝土运输船再将混凝土运送到142#平台旁的混凝土输送泵上，然后用混凝土输送泵通过泵管将混凝土输送到墩身上完成混凝土浇筑任务。混凝土养生使用覆盖塑料薄膜的方法养生。

2. 主桥上部结构

西江特大桥施工范围内设置两个120搅拌站，分别为西江东岸搅拌站和西江西岸搅拌站。142#墩墩身、梁部悬浇段混凝土运输由混凝土运输车运送到144号墩处码头上，倒运到混凝土运输船上，然后再由运输船运输送到142#墩平台的混凝土输送泵船上，由输送泵泵送到混凝土浇筑处；其余部分的混凝土浇筑均由混凝土运输车经过栈桥运送到墩位处，然后由输送泵泵送到梁面上。

3. 钢管拱

钢管拱在工厂制造并预拼，分节段船运至工地，然后根据拼装施工进度需要，按安装顺序直接运输至143#墩至144#墩之间的相应起吊位置（不影响通航），运输船抛锚定位，由固定式提升站先后将拱节吊装至桥面运输车上，运输至安装位置，然后由50 t门吊机起吊拱节段安放在拼装支架上，并准确对位临时固定。

提升站龙门吊机高度约为 12.2 m，净跨 24.77 m，立柱柱脚固结于梁面上。为能从桥下水面运输船上提升拱肋节段至梁面，门吊设计为悬臂结构，并有横移大梁，以便于将拱肋节段横移至梁面上的运梁台车上。提升站使用钢管组焊成型，上部使用贝雷梁作为纵梁，提升能力为50 t，自重约100.5 t。

门吊起吊质量为50 t，门吊自身的质量约为133 t。架拱门架设计为走行式，站位在桥中线，可沿纵桥向移动，其上布置悬臂式横移大梁可以架设拱肋及横撑，门架净宽4.3 m，净高10 m，顺桥向长29.23 m；门架桁宽1.53 m，供运输台车从中穿行。横移大梁提拱后沿横桥向移动，把拱肋吊运到设计位置；悬臂端用来起吊及安放1#、2#、3#横撑。横移大梁上起吊拱肋的吊点与起吊横撑的吊点各自独立，且均为固定式吊点。梁面运输台车负责运输拱肋及横撑散件，轨道行驶，卷扬机牵引。

13.4.6 各环节对质量的影响

1. 采购进料环节

采购进料环节所涉及的材料有：甲供料、钢筋、水泥、粉煤灰、线上料、地材、砂、碎石等。

工程是否能按照计划进度顺利执行，很大程度上取决于项目采购工作的进度，采购产品交货的延误将直接影响项目的进度。当设计部门向采购部门按时提出合格的采购清单后，采购必须按采购进度计划执行采购程序的各个环节，使之完全符合工程进度的要求。

工程采购必须密切配合工程施工部门有计划地安排设备、散材，及时供货到现场，以保证施工的顺利实施。既不能使工程因设备、散材供应不及时而造成窝工，也不能盲目采购，造成积压和占用较多的资金。

2. 储存、发放、调配环节、二次倒运

在大型土木工程项目的物流运作管理中，对于一般物资的仓储管理以及配送管理是关系到采购到的物资能否按时、按质、按量送达需求地点的关键。而这两个子系统之间又存在着紧密的联系。一般来说，仓库除了作为储存物资的场地以外，还兼代作为配送中心的角色。因此，仓储与配送虽然隶属于不同的物流活动的阶段，但是却有着不可分离的关系——仓储是配送的基础，而配送则是仓储的目的。

配送的整体管理是一个复杂且艰巨的过程，因为涉及的物资种类繁多，物资的特性又各不相同。配送子系统在管理过程中的流程如下：

（1）配送申请（配送合同）的管理。

（2）在确定配送需求的基础上，制订配货计划。

（3）根据配货、送货时间和物品量等需求生成有关所有实物流动所需要的运输任务，并向运输商发送运输订单。

（4）运输商在客户位置信息的基础上划分配送区域，管理配送路径。

（5）运输商在接收到物流商的运输订单后，根据需求和自身资源情况生成配送计划，即配送货的合理排程。在配送计划的编制过程中，重点就是车辆的调度和人员的调度。

（6）根据配送计划生成针对执行任务车辆的配送单，同时根据实际业务量确定所需要的人员（这里的人员指配送执行人员中除去司机以外的以随车人员为主的人员），生成派工单。

（7）根据物品订单和自身物品的供应能力进行入出仓库的管理。

3. 钢管拱超大构件、超远距离、桥上运输

由于超限物件的特殊性，对于超限物件的物流运作管理主要涉及运输这个重要过程，而运输中最为重要的就是关于路线的选择问题。水路运输大型超限设备，需要根据水路运输的航道、船舶通行能力、设备的结构形式、重量等情况来选择船只。一般短距离的水路运输采用甲板驳船装载；对于内河航道，由于受航道净空高度的

限制，一般采用舱口驳船装载。（其间还应该考虑到对选择船舶的加固和到时候装卸会涉及的一系列内容。）

对于超限物件运输方案的制订来说，其中运输路线的选择是一件既需要技术又需要经验的工作。超限物件的运输线路不是单一的选择最短路径，或是成本最低的路径。这是一个综合了成本、时间、可行性以及路径长短等综合要素的复杂选择。超限物件的路线选择，既需要对超限物件本身特质的熟悉，又需要对整个被选路线的各种数据参数的了解。因此，只有综合了对于以上所有因素的考虑，才能真正选择到最为合理的路线并且制订最为合适的路线加固方案。

13.5 结 论

本章针对目前铁路桥梁施工管理的现状，从分析铁路桥梁施工所需设备以及构件运输的特点及其相关物流特性入手，促进我国铁路施工企业物流管理水平，从而完善施工企业质量管理体系。

参考文献

[1] 周水兴，沈培文，等. 国内外大跨度拱桥发展与展望[C]//全国结构工程学术会议. 2010.

[2] 翁湛. 高桩承台钢吊箱围堰的设计与施工. 浙江水利水电学校学报，2009（21）：16-18.

[3] 孟昊. 预应力混凝土连续刚构桥的概念设计[D]. 成都：西南交通大学，2013.

[4] 钱桂枫，程飞，等. 沪杭高铁超大吨位转体施工拱桥建造技术[M]. 北京：中国铁道出版社，2012.

[5] 张鸿，刘先鹏，等. 特大型桥梁深水高桩承台基础施工技术[M]. 北京：中国建筑工业出版社，2005.

[6] 袁舫. 杭州市九堡大桥施工栈桥设计计算研究[D]. 重庆：重庆交通大学，2011.

[7] 成利民，王如金. 杭州湾大桥岩土工程勘察[J]. 上海地质，2004（3）：1-5.

[8] 佟海鹏，张世奎. 杭州下沙大桥栈桥施工[J]. 重庆交通学院学报，2003（S1）.

[9] 李宏辉，等. 妫水河大桥施工栈桥设计[J]. 桥梁建设，1997（3）.

[10] 谢修发. 三峡施工栈桥设计优化[J]. 人民长江，2002（4）.

[11] 赵剑发. 三门峡黄河公路大桥施工用高栈桥的设计[J]. 桥梁建设，1994（3）.

[12] 李宗长，唐宏路，维勇. 巴东长江公路大桥北岸栈桥方案设计与施工[J]. 2004（4）.

[13] 于建军. 大辽河特大桥栈桥基础的施工[J]. 公路交通技术，2000（4）.

[14] 王永旗，田兴善. 风陵渡黄河大桥施工栈桥设计[J]. 铁道建筑，1999（10）.

[15] 巫洪安. 海上栈桥及平台的设计与施工[J]. 西部探矿工程，2003（3）.

[16] Cooper River Bridge Replacement Project. 参见 www. scdot. org

[17] www. regions ru，August 14，2003.

[18] 龙亮. 钢栈桥施工技术[J]. 黑龙江科技信息，2009.

[19] 王爱国. 深水扩大基础圆型单壁钢围堰施工技术[J]. 铁道工程学报，2000（4）：50-53.

[20] 杨常青. 西江特大桥栈桥施工[J]. 装备制造，2009（5）.

[21] 陈重，刘平. 钢栈桥施工方法研究[J]. 技术论坛，2001（1）.

[22] 裘锦芬. 钢竹式栈桥设计[J]. 化工设计与优化，1993（4）.

[23] 交通部. JTJ 024—85 公路桥涵地基与基础设计规范[S]. 北京：人民交通出版社，2002.

[24] 程晔. 超长大直径钻孔灌注桩承载性能研究[D]. 南京：东南大学，2005.

[25] 于长海. 大直径钻孔灌注桩施工技术及桩底注浆研究[D]. 西安：长安大学，2009.

[26] 陈培震. 大直径钻孔灌注桩群桩竖向承载性能数值分析与研究[D]. 大连：大连理工大学，2011.

[27] 陈开御. 大直径多柱式桥梁基础在日本的运用[J]. 铁道工程学报，1996，49.

[28] O' Neill M W. Applications of Large-Diameter Bored Piles in The United States[A]. //Deep Foundation on Bore and Auge Piles[C]. Van ImPe& Heageman（eds），Balkema，Rotterdam，1998：3-19.

[29] Cock E De. Design of Axially Load Bored Piles-European Codes，Practice[A]. //Deep Foundationon Bore and Auger Piles[C]. Van ImPe&Heageman（eds），Balkema，Rotterdam，1998：3-74.

[30] 王伯惠，上官兴. 中国钻孔灌注桩新发展[M]. 北京：人民交通出版社，1999.

[31] 乔为国，伊学智. 钻孔桩施工技术问题探讨及处理措施[J]. 中国科技信息，2007（18）：75.

[32] 尹玉林，等. 谈单壁钢吊箱围堰的设计与施工[J]. 公路交通科技，2011（4）.

[33] 余本俊，等. 苏通大桥辅桥主墩单壁吊箱设计要点[J]. 铁道建筑技术，2006（4）.

[34] 王桂鹏. 钢吊箱围堰的计算与实验研究[D]. 天津：天津大学，2008：3-5.

[35] 欧阳效勇，任回兴，徐伟. 桥梁深水桩基础施工关键技术[M]. 北京：人民交通出版社，2006，175-254.

[36] 杨进. 拆装式水密底板吊箱围堰设计[J]. 桥梁建设，1981，2：65-72.

[37] 方卫东，刘元平，李洪乾. 鄂黄长江公路大桥主塔墩一个枯水期出水的成功实践[J]. 公路，2001，8：51-55.

[38] 孙同兴. 钢吊箱围堰水下不离析混凝土封底的施工技术[J]. 公路，2002，7：65-67.

[39] 杨世全，郑兆刚. 南京长江二桥北汊桥主桥墩承台钢吊箱围堰施工实例[J]. 济南交通高等专科学校校报，1999，7（3）：10-14.

[40] 袁炜，包龙生，于玲. 辽河特大桥深水高桩承台轻型吊箱施工方法[J]. 沈阳建筑工程学院学报：自然科学版，2001，18（3）：170-172.

[41] 张庭华. 杭州湾跨海大桥南滩涂区承台钢吊箱围堰设计与施工[J]. 铁道工程学报，2005，4：30-32.

[42] 米翠芳. 吊箱围堰的创新设计与施工技术[J]. 工程建设与设计，2006，5：91-93.

[43] 庞建军，肖建平. 高桩承台钢吊箱围堰施工工艺[J]. 铁道建筑，2006，5：27-30.

[44] 时天利，任回兴，贺茂生. 苏通大桥深水双壁钢围堰设计与施工[J]. 世界桥梁，2007，3：28-31.

[45] 孙黄花. 帕克西桥承台吊箱围堰施工方法[J]. 桥梁建设，2003（S1）：52-55.

[46] 土广涛，马祖桥，张其云. 涡阳涡河大桥主桥承台吊箱施工[J]. 华东公路，2000，1：18-19.

[47] 宋文明，吴学武，傅松岩. 深水高桩承台钢吊箱围堰设计与施工[J]. 黑龙江交通科技，2002，9：54-57.

[48] 都玉兵，张建红，邱琼海，等. 东海大桥近岛段工程海上墩吊箱围堰设计与施工[J]. 桥梁建设，2005（S1）：17-20.

[49] 李军堂，秦顺全. 天兴洲长江大桥主墩双壁钢围堰基础施工的技术创新[J]. 世界桥梁，2006，12：17-20.

[50] 闰文卿. 天兴洲长江大桥北汊桥钢吊箱围堰设计与施工[J]. 山西建筑，2007，33（16）：335-336.

[51] 时天利，任回兴，贺茂生. 急流水中钢吊箱围堰施工技术[J]. 建筑安全，2006，2：41-45.

[52] 张清华，唐亮，李乔. 安庆长江大桥双壁钢吊箱围堰设计与关键施工技术[J]. 铁道建筑设计，2004，6：1-5.

[53] 张晓华. 东湖特大桥 112 m 提篮拱卧拼竖转施工技术[J]. 铁道建筑，2010（1）：75-77.

[54] 李艳明，肖飞. 丫髻沙大桥主桥竖转施工控制技术[J]. 铁道标准设计，2001，21（6）.

[55] 郑凯锋，陈宁，张晓翘. 桥梁结构仿真分析技术研究[J]. 桥梁建设，1998（2）：10-14.

[56] 武芳文，薛成凤，赵雷. 连续刚构桥梁悬臂施工线形控制分析[J]. 铁道工程学报，2006（4）：29-33.

[57] 肖勃. 嘉悦大桥索梁锚固区模型试验研究[D]. 重庆：重庆交通大学，2010.

[58] 冯上朝，段东旭. 大跨径桥梁线形监控测量技术[J]. 西部探矿工程，2011（8）：205-206.

[59] 冯上朝. EDM 高程导线在桥梁线形监控中的应用[J]. 北京测绘，2010（3）：91-92.

[60] 张于良，王斐，梁利辉. 大跨连续刚构桥的应力监控[J]. 公路，2008（8）：52-55.

[61] 劳动和社会保障部，中国就业培训技术指导中心. 物流师[M]. 北京：中国劳动社会保障出版社，2005.

[62] 劳动和社会保障部，中国就业培训技术指导中心. 物流师基础[M]. 北京：中国劳动社会保障出版社，2005.

[63] 林毅. 工程物流业务运作体系研究：中国远洋物流有限公司的运作实践[D]. 北京：北京交通大学，2007.